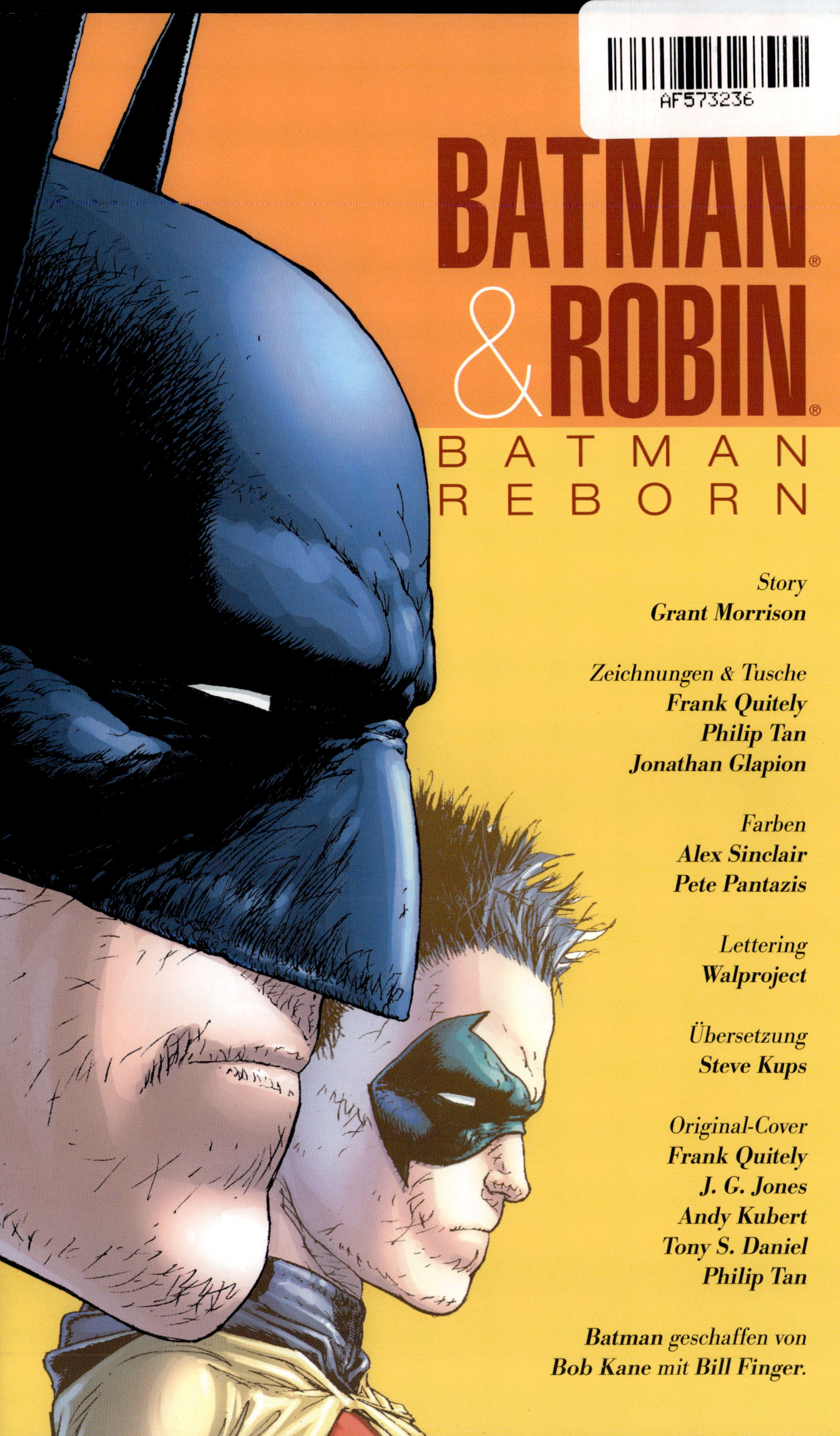
AF573236
BATMAN®
& ROBIN®
BATMAN
REBORN
Story
Grant Morrison
Zeichnungen & Tusche
Frank Quitely
Philip Tan
Jonathan Glapion
Farben
Alex Sinclair
Pete Pantazis
Lettering
Walproject
Übersetzung
Steve Kups
Original-Cover
Frank Quitely
J. G. Jones
Andy Kubert
Tony S. Daniel
Philip Tan
Batman geschaffen von
Bob Kane mit Bill Finger.

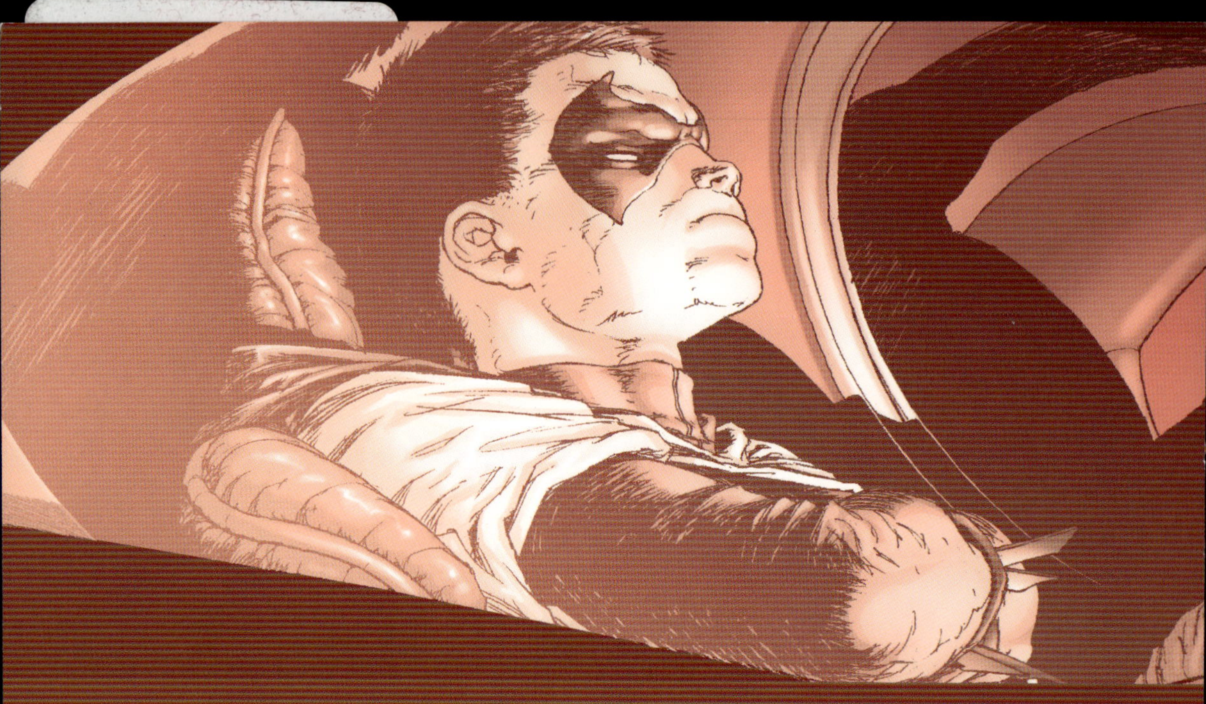

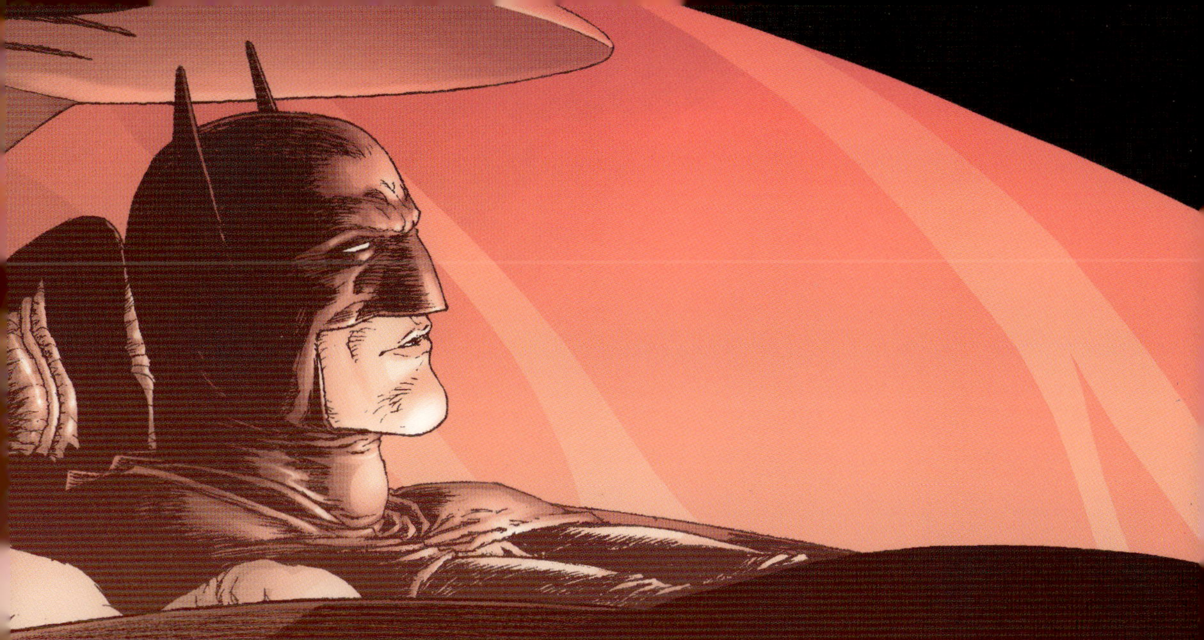

BATMAN & ROBIN: BATMAN REBORN erscheint bei **PANINI COMICS**, Schloßstraße 76, D-70176 Stuttgart. Druck: Tecnostampa srl – Pigini Group – Loreto – Trevi. Pressevertrieb: Stella Distribution GmbH, D-22297 Hamburg. Direkt-Abos auf **www.paninicomics.de**. Anzeigenverkauf: BLAUFEUER VERLAGSVERTRETUNGEN GmbH, info@blaufeuer.com. Es gelten die Anzeigenpreise gemäß der Mediadaten 2023. Geschäftsführer **Hermann Paul**, Publishing Director Europe **Marco M. Lupoi**, Finanzen/Logistik **Felix Bauer**, Marketing Director **Holger Wiest**, Marketing **Thorsten Kleinheinz**, Vertrieb **Alexander Bubenheimer**, PR/Presse **Steffen Volkmer**, Publishing Manager **Lisa Pancaldi**, Redaktion **Tommaso Caretti**, **Christian Endres**, **Christian Grass**, **Peter Thannisch**, **Monika Trost**, **Daniela Uhlmann**, Übersetzung **Steve Kups**, **Christian Langhagen**, Proofreading **Enza Ceraudo**, Lettering **Walproject**, grafische Gestaltung **Rudy Remitti**, **Nicola Spano**, Art Director **Alessandro Gucciardo**, Redaktion Panini Comics **Annalisa Califano**, **Beatrice Doti**, Prepress **Francesca Aiello**, **Andrea Bisi**, Repro/Packager **Alessandro Nalli** (coordinator), **Anna Boselli**, **Mario Da Rin Zanco**, **Valentina Esposito**, **Luca Ficarelli**, **Linda Leporati**. Cover von **Frank Quitely**, *Batman and Robin* 1. Variant-Cover von **Frank Quitely**.

Digitale Ausgaben:
ISBN 978-3-7569-0260-6 (.pdf) / ISBN 978-3-7569-0261-3 (.epub) / ISBN 978-3-7569-0259-0 (.mobi)

Bibliografische Information der Deutschen Nationalbibliothek
Die Deutsche Nationalbibliothek verzeichnet diese Publikation in der Deutschen Nationalbibliografie; detaillierte bibliografische Daten sind im Internet über dnb.d-nb.de abrufbar.

FRISCH & DYNAMISCH

2006 startete die große **Batman**-Saga von Superstar **Grant Morrison**. Gleich zu Beginn führte Morrison **Damian Wayne**, den Sohn von Batman **Bruce Wayne** und Schurkentochter **Talia al Ghul** aus einer Alternativwelt-Geschichte der 1980er in den offiziellen Comic-Kanon der Moderne ein. Zudem begann Morrison damit, den Mythos des **Dunklen Ritters** zu zerlegen, von allen Seiten zu betrachten und neu zusammenzusetzen. Dazu gehörte auch, Bruce Wayne für eine Weile aus dem Spiel zu nehmen. Das passierte im Event FINAL CRISIS, das Morrison zwischen 2008 und 2009 inszenierte – und in dem der **Fledermausritter** dem kosmischen Gott **Darkseid** gegenübertrat, was scheinbar fatale Folgen für Bruce hatte, immerhin fand **Superman** am Ende den Leichnam seines Freundes. In Wahrheit hatte Darkseids Macht den **Mitternachtsdetektiv** jedoch durch die Zeit geschleudert. Während Familie und Freunde ihn für tot hielten, musste sich Bruce von der Altsteinzeit aus durch den Zeitstrom zurück in sein Leben kämpfen. Aber das ist eine andere Geschichte …

Nach der FINAL CRISIS sowie der BATMAN-Storyline über den **Kampf um die Maske** lancierten Morrison und der kongeniale Zeichner **Frank Quitely**, das Dream-Team hinter ALL-STAR SUPERMAN, im Sommer 2009 die neue Serie BATMAN & ROBIN – mit dem ersten Abenteuer von **Dick Grayson** als Batman und Damian Wayne als **Robin**. Noch heute spürt man die Frische, die Morrison und Quitely diesem **Dynamischen Duo** injizierten – etwas, das weit über das coole neue Batmobil oder **Professor Pyg** als unverbrauchten Gegenspieler hinausgeht. Dick, der schon während der **Knightfall**-Saga der 1990er einmal vorübergehend zu Batman wurde, tickt eben anders als sein brütender Mentor – so, wie der kratzbürstige, von der **League of Assassins** ausgebildete Damian ein anderer Robin ist. Sogar noch krasser als **Jason Todd**, der nach Dick einst der zweite Robin an Batmans Seite war, 1988 das Zeitliche segnen musste, erst 2005 durch die Macht der **Lazarusgruben** zurückgebracht wurde und als brutaler Rächer das Alias **Red Hood** annahm …

Christian Endres

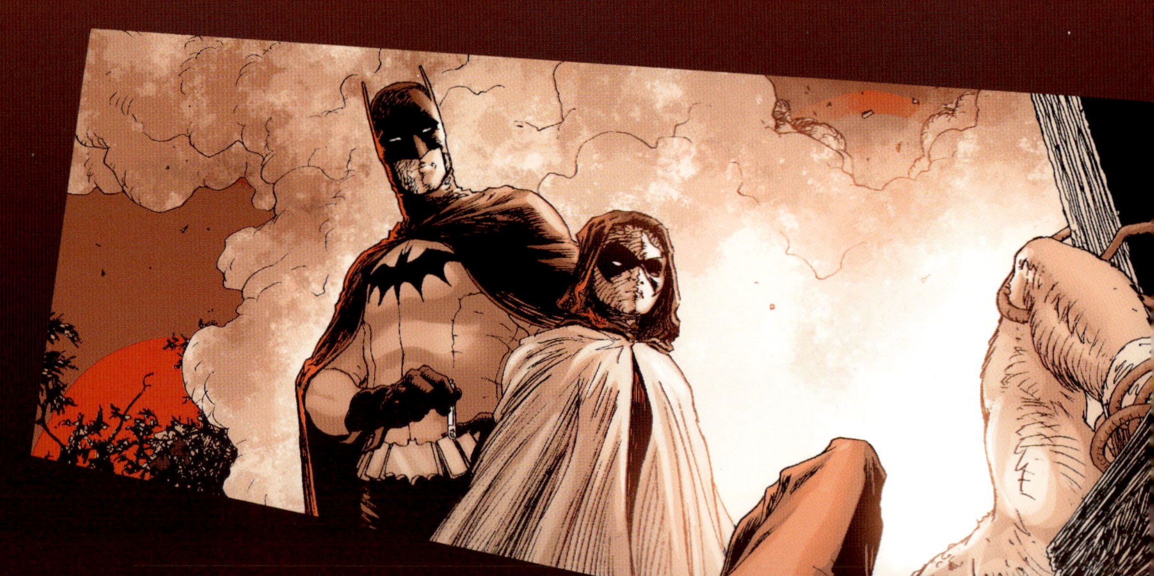

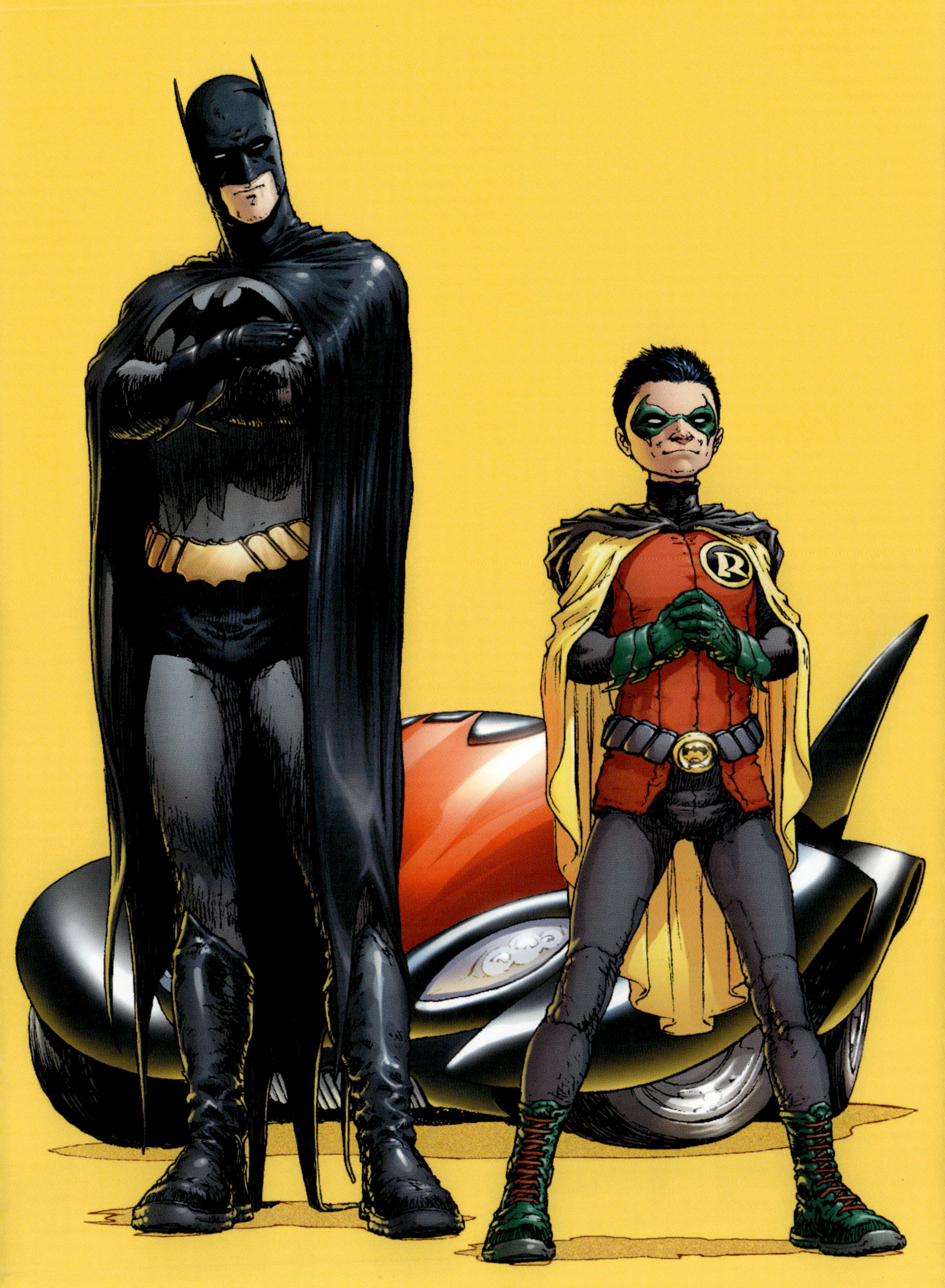

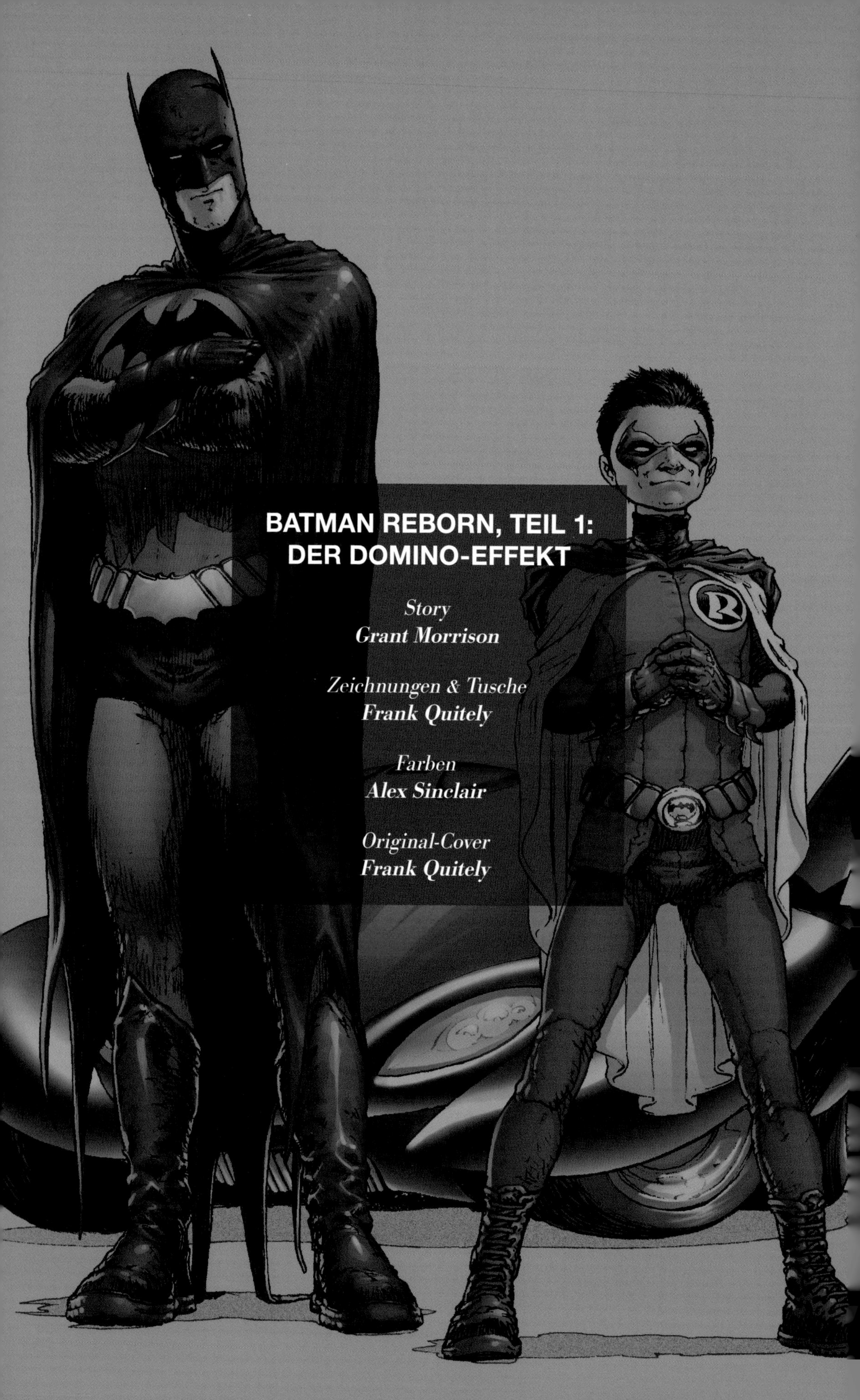

BATMAN REBORN, TEIL 1: DER DOMINO-EFFEKT

Story
Grant Morrison

Zeichnungen & Tusche
Frank Quitely

Farben
Alex Sinclair

Original-Cover
Frank Quitely

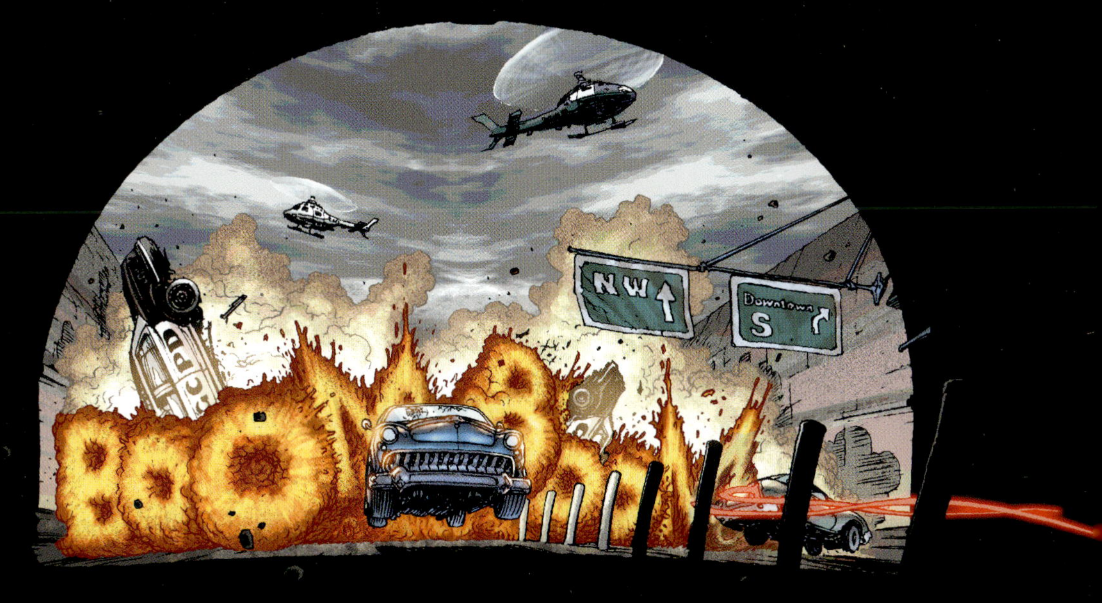
NW
Downtown
S
BOOM

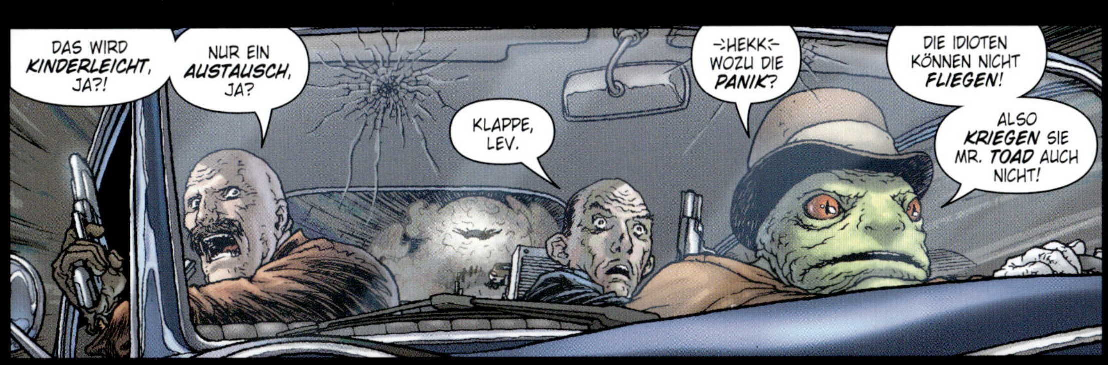
DAS WIRD KINDERLEICHT, JA?!
NUR EIN AUSTAUSCH, JA?
KLAPPE, LEV.
-HEKK- WOZU DIE PANIK?
DIE IDIOTEN KÖNNEN NICHT FLIEGEN!
ALSO KRIEGEN SIE MR. TOAD AUCH NICHT!

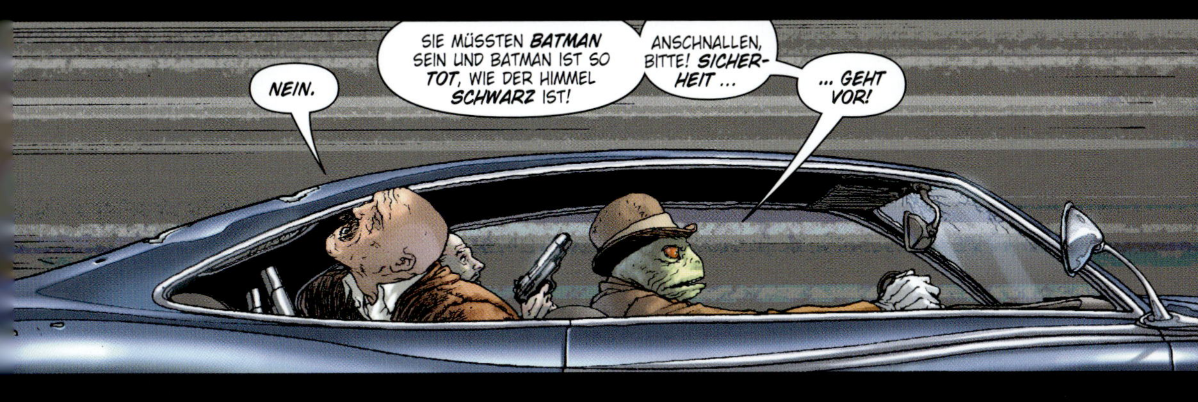
NEIN.
SIE MÜSSTEN BATMAN SEIN UND BATMAN IST SO TOT, WIE DER HIMMEL SCHWARZ IST!
ANSCHNALLEN, BITTE! SICHERHEIT ...
... GEHT VOR!

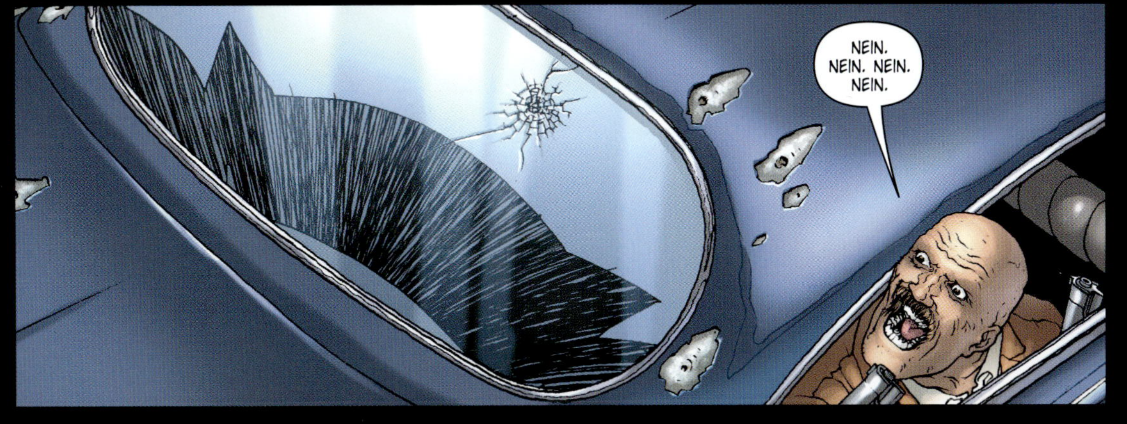
NEIN. NEIN. NEIN. NEIN.

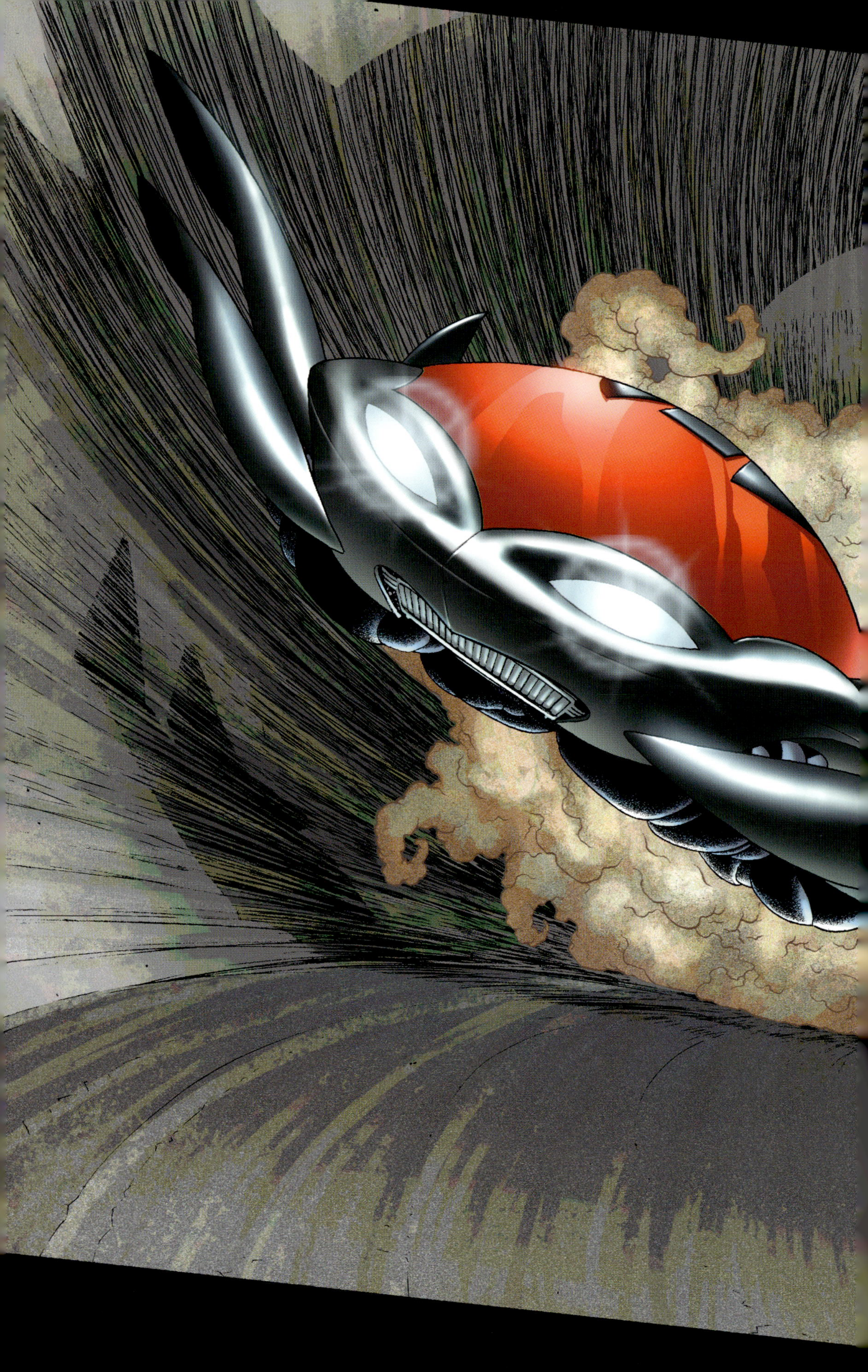

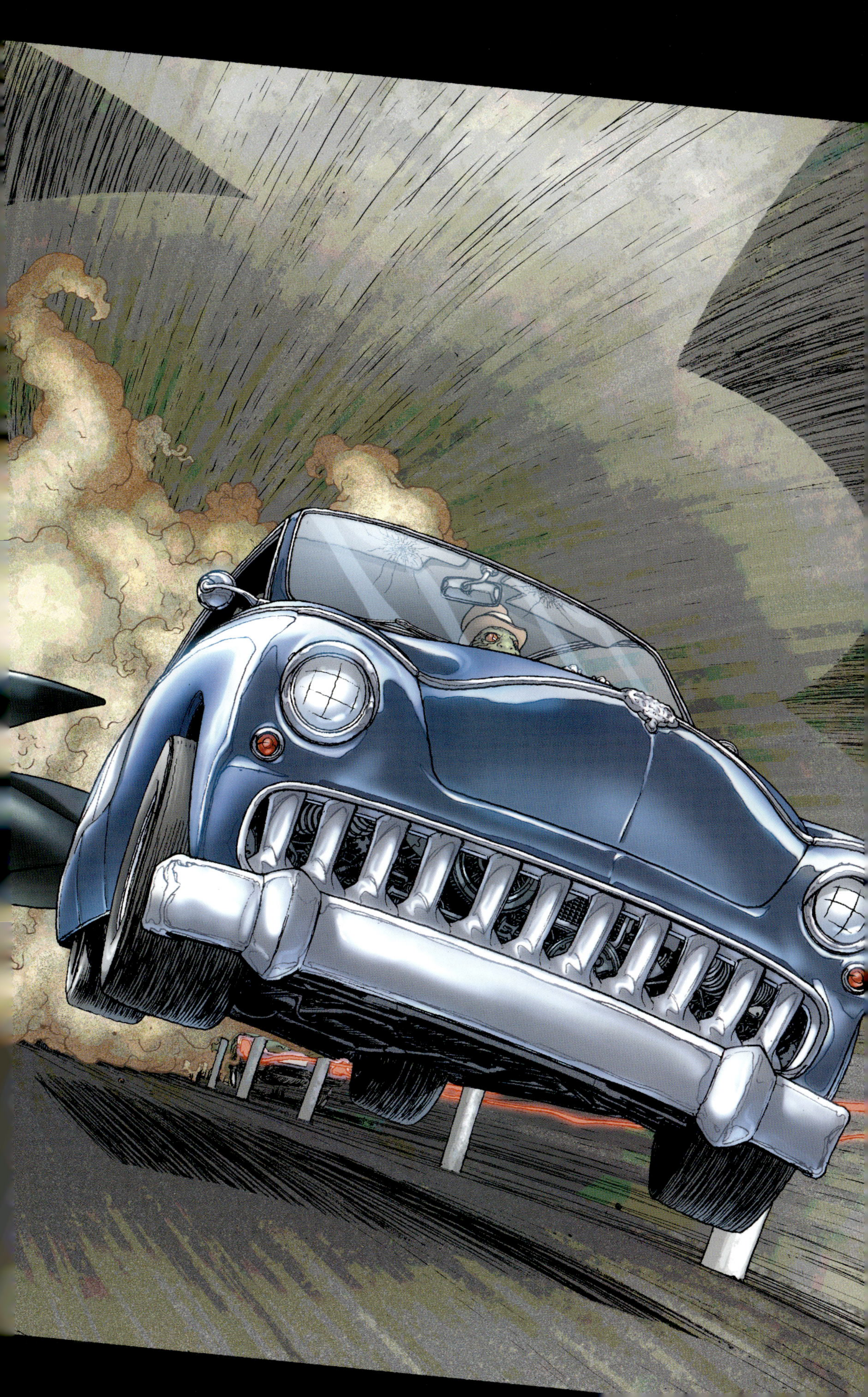

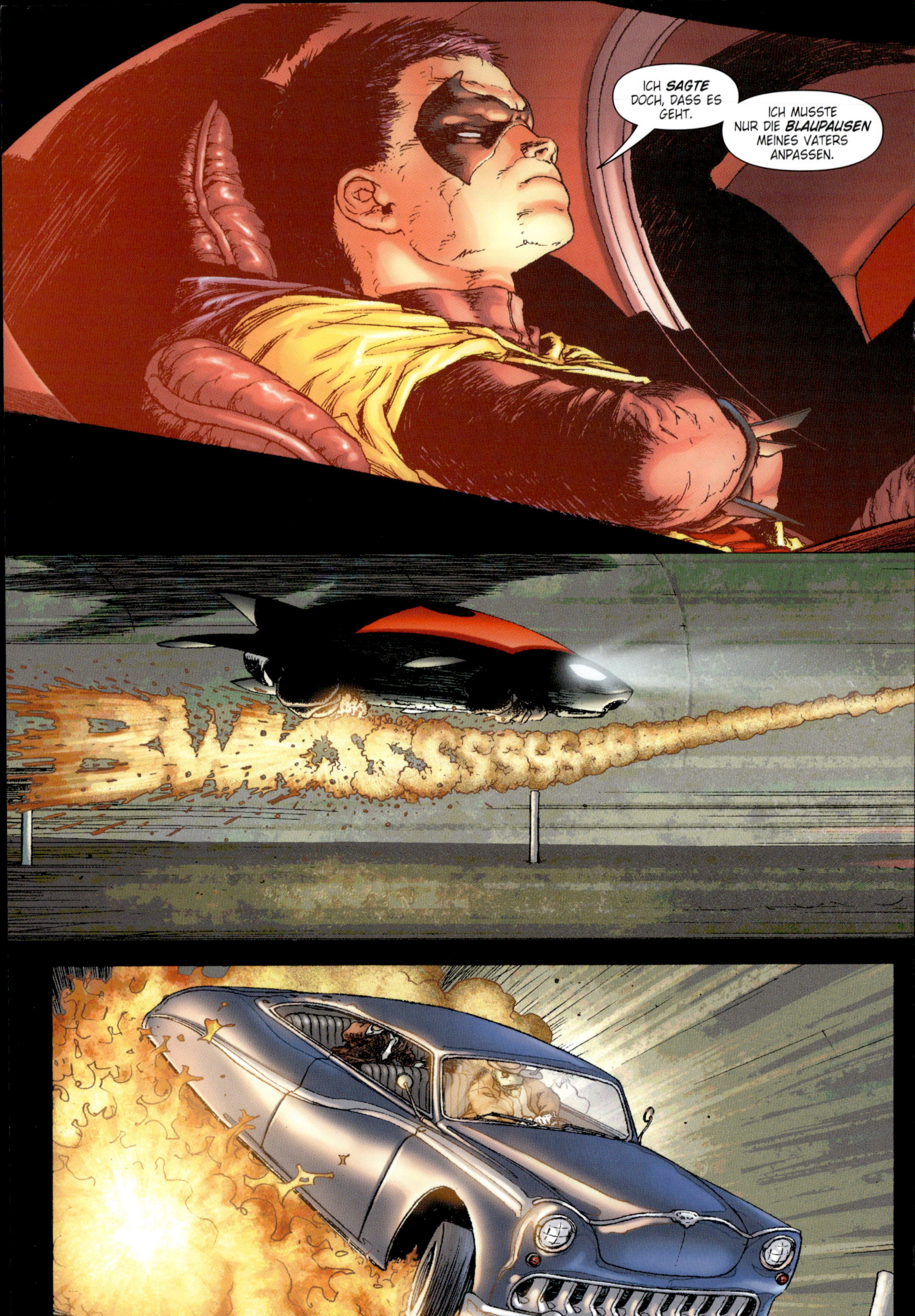
ICH SAGTE DOCH, DASS ES GEHT.
ICH MUSSTE NUR DIE BLAUPAUSEN MEINES VATERS ANPASSEN.
BWASSSSSSS

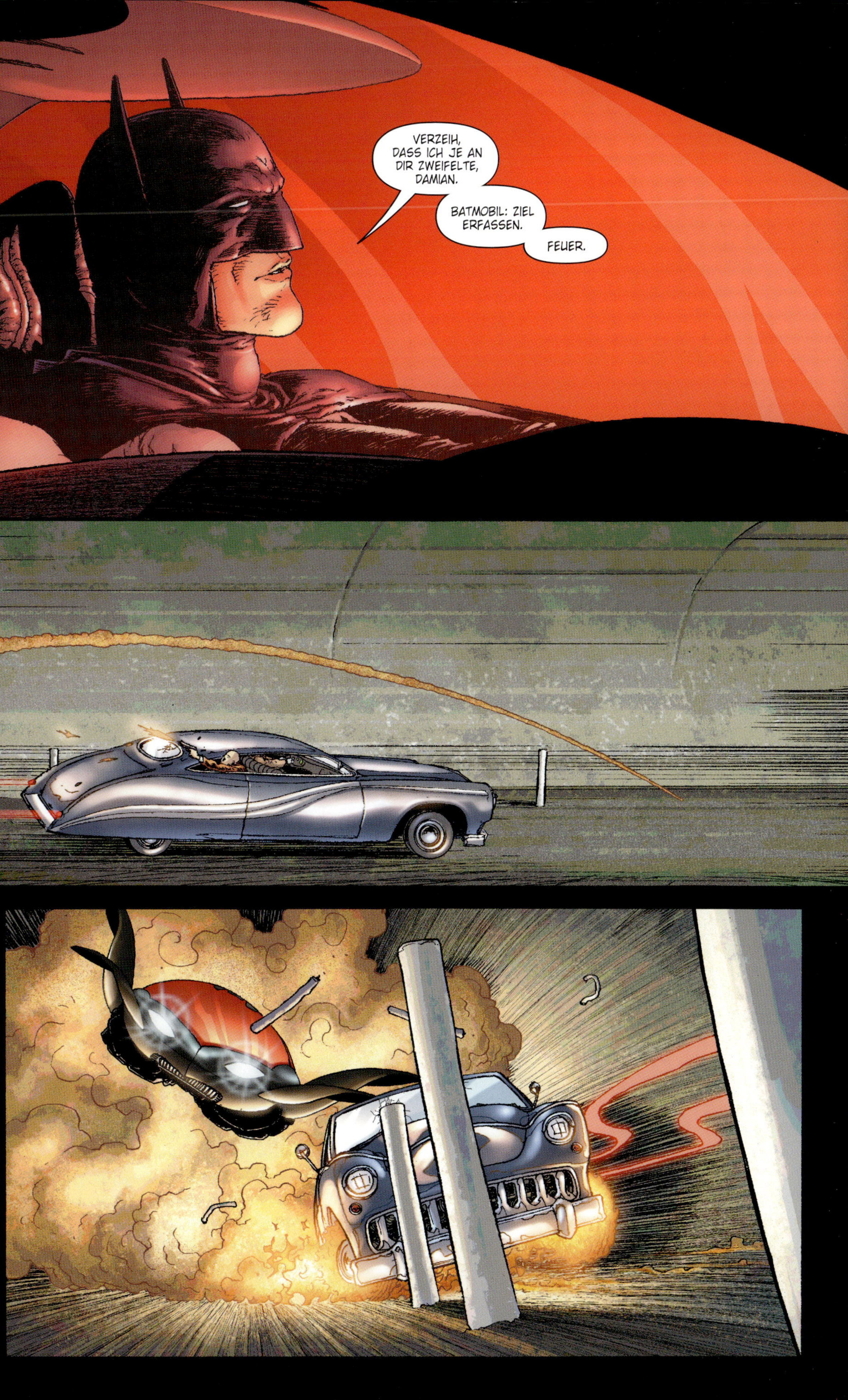
VERZEIH, DASS ICH JE AN DIR ZWEIFELTE, DAMIAN.
BATMOBIL: ZIEL ERFASSEN.
FEUER.

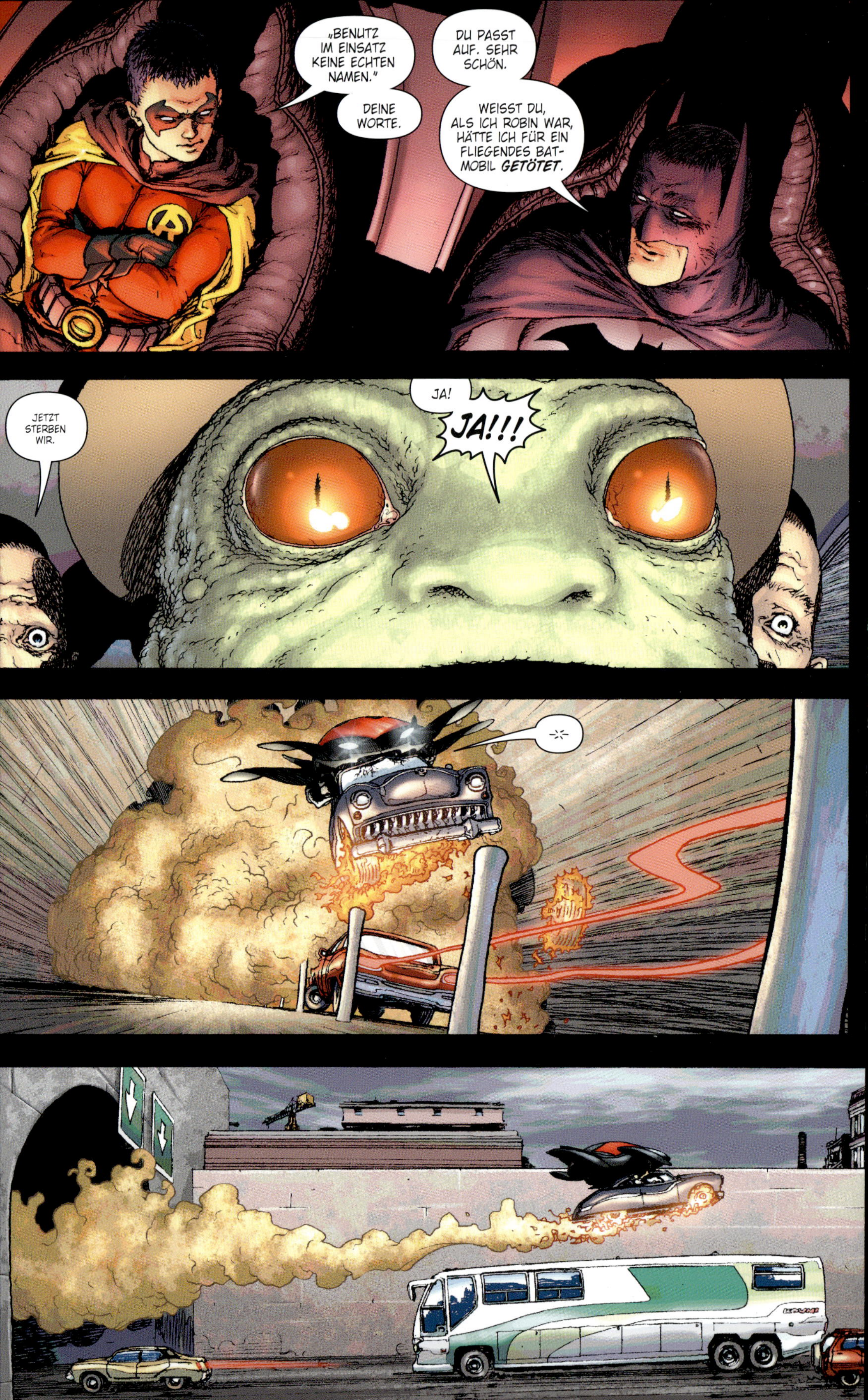

„BENUTZ IM EINSATZ KEINE ECHTEN NAMEN."
DEINE WORTE.
DU PASST AUF. SEHR SCHÖN.
WEISST DU, ALS ICH ROBIN WAR, HÄTTE ICH FÜR EIN FLIEGENDES BATMOBIL **GETÖTET**.

JETZT STERBEN WIR.
JA!
JA!!!

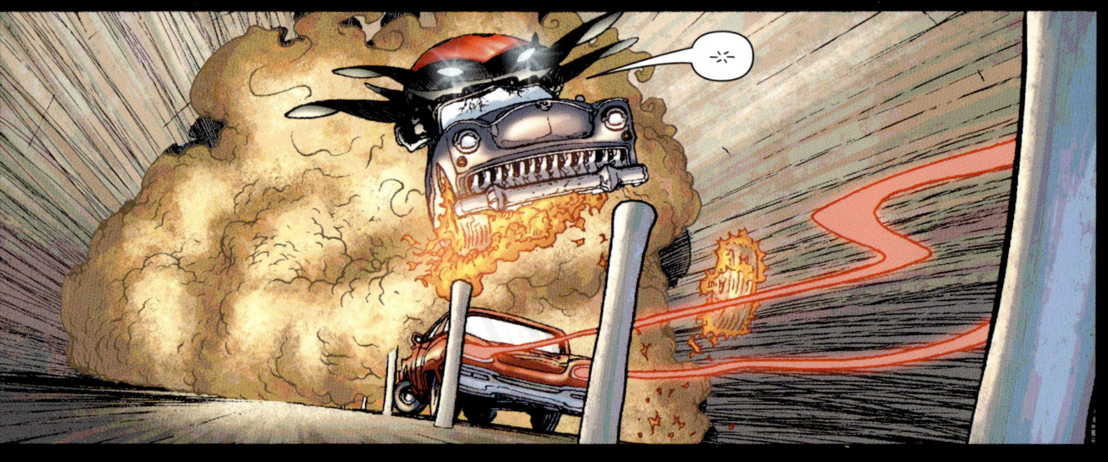

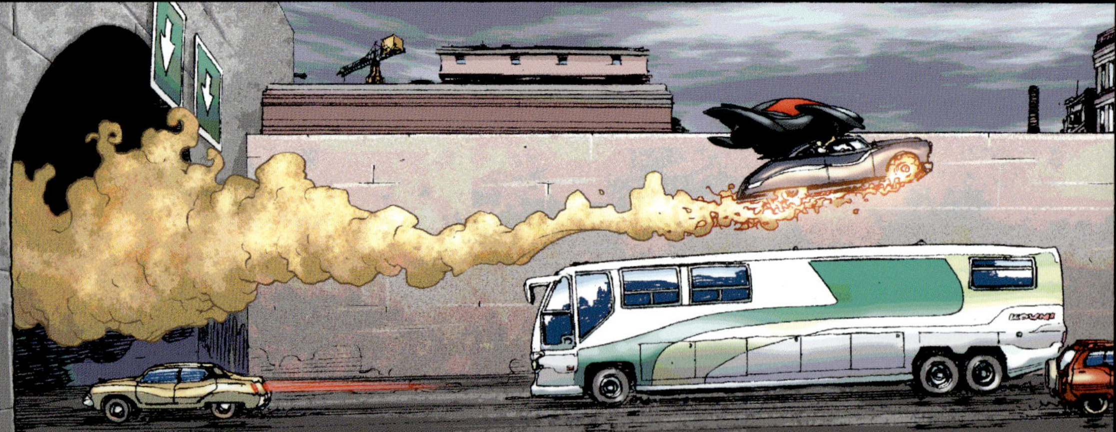

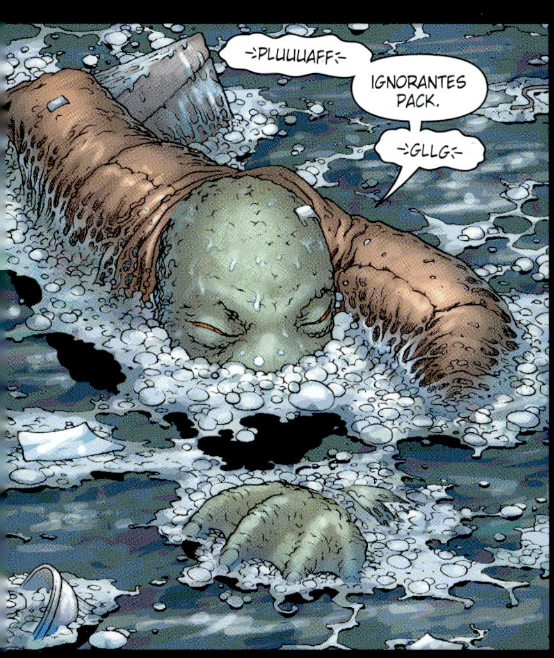
-PLUUUAFF-
IGNORANTES PACK.
-GLLG-

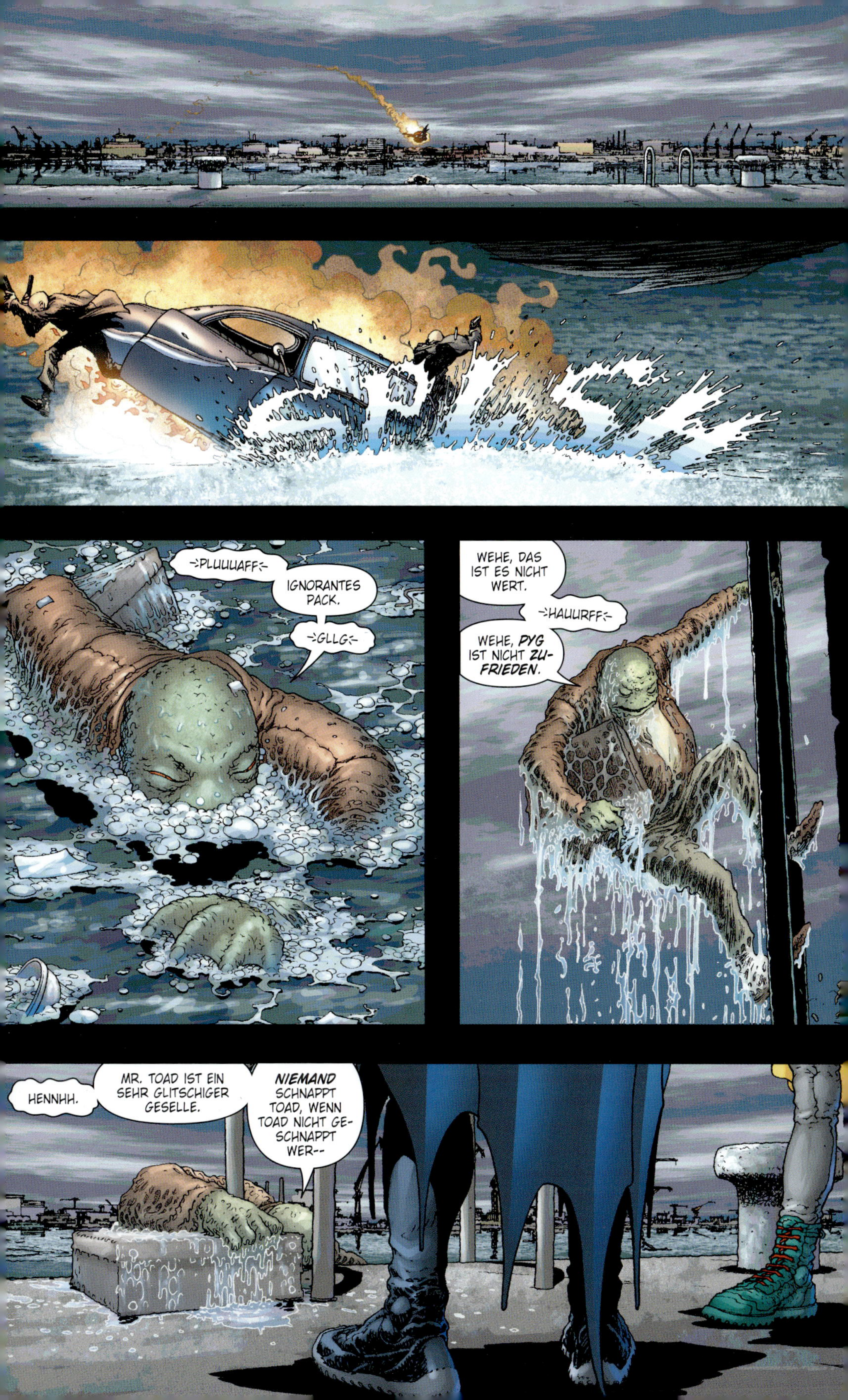

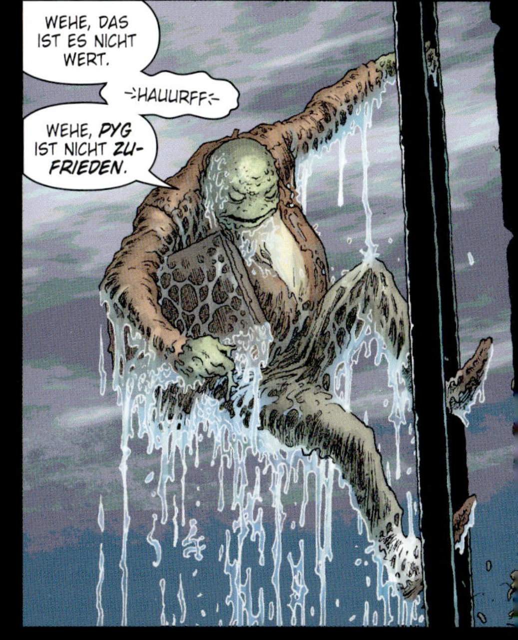
WEHE, DAS IST ES NICHT WERT.
-HAUURFF-
WEHE, PYG IST NICHT ZUFRIEDEN.

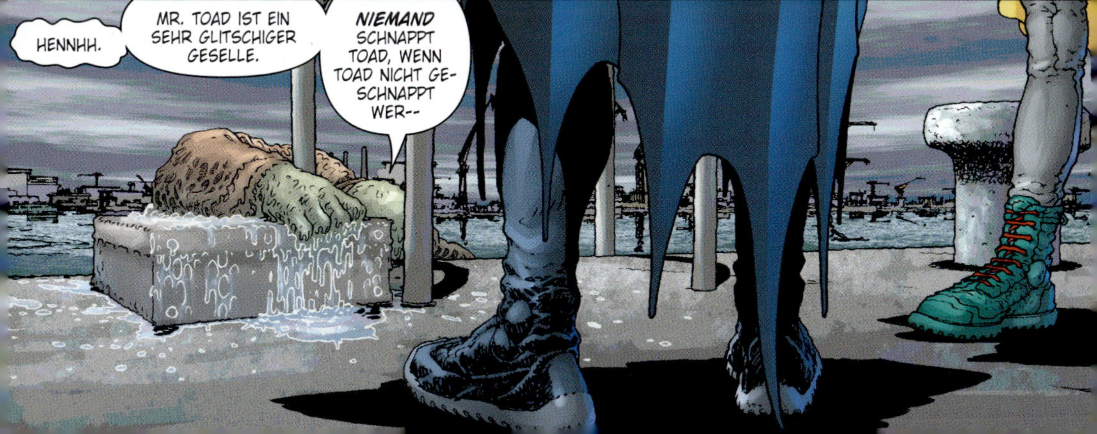
HENNHH.
MR. TOAD IST EIN SEHR GLITSCHIGER GESELLE.
NIEMAND SCHNAPPT TOAD, WENN TOAD NICHT GESCHNAPPT WER--

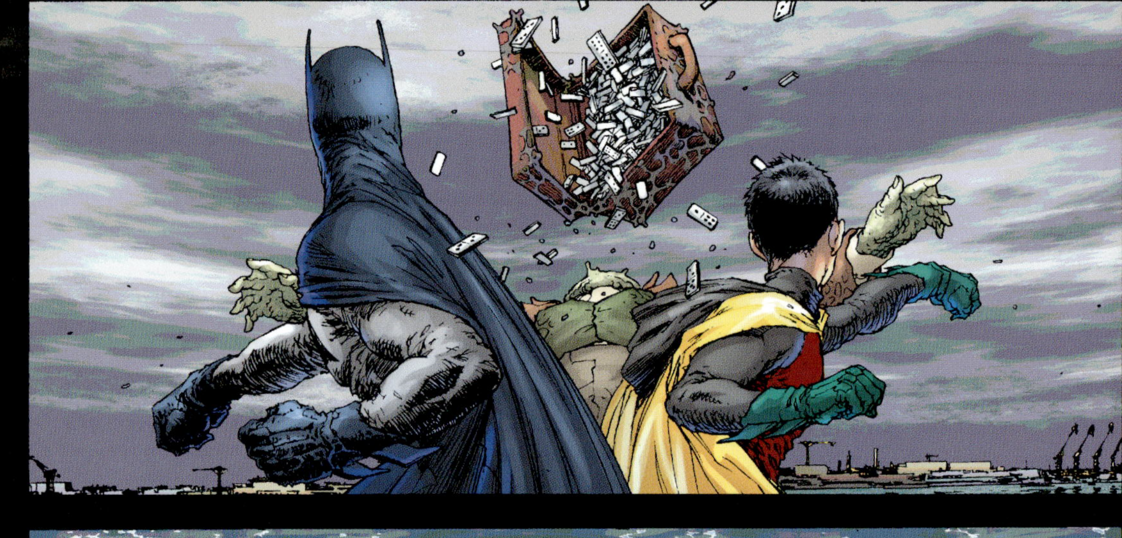

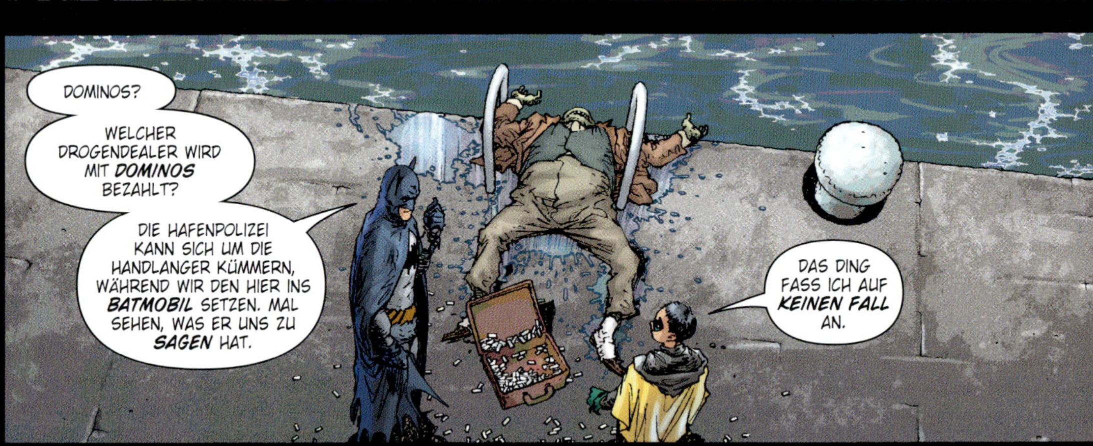
DOMINOS?
WELCHER DROGENDEALER WIRD MIT **DOMINOS** BEZAHLT?
DIE HAFENPOLIZEI KANN SICH UM DIE HANDLANGER KÜMMERN, WÄHREND WIR DEN HIER INS **BATMOBIL** SETZEN. MAL SEHEN, WAS ER UNS ZU **SAGEN** HAT.
DAS DING FASS ICH AUF **KEINEN FALL** AN.

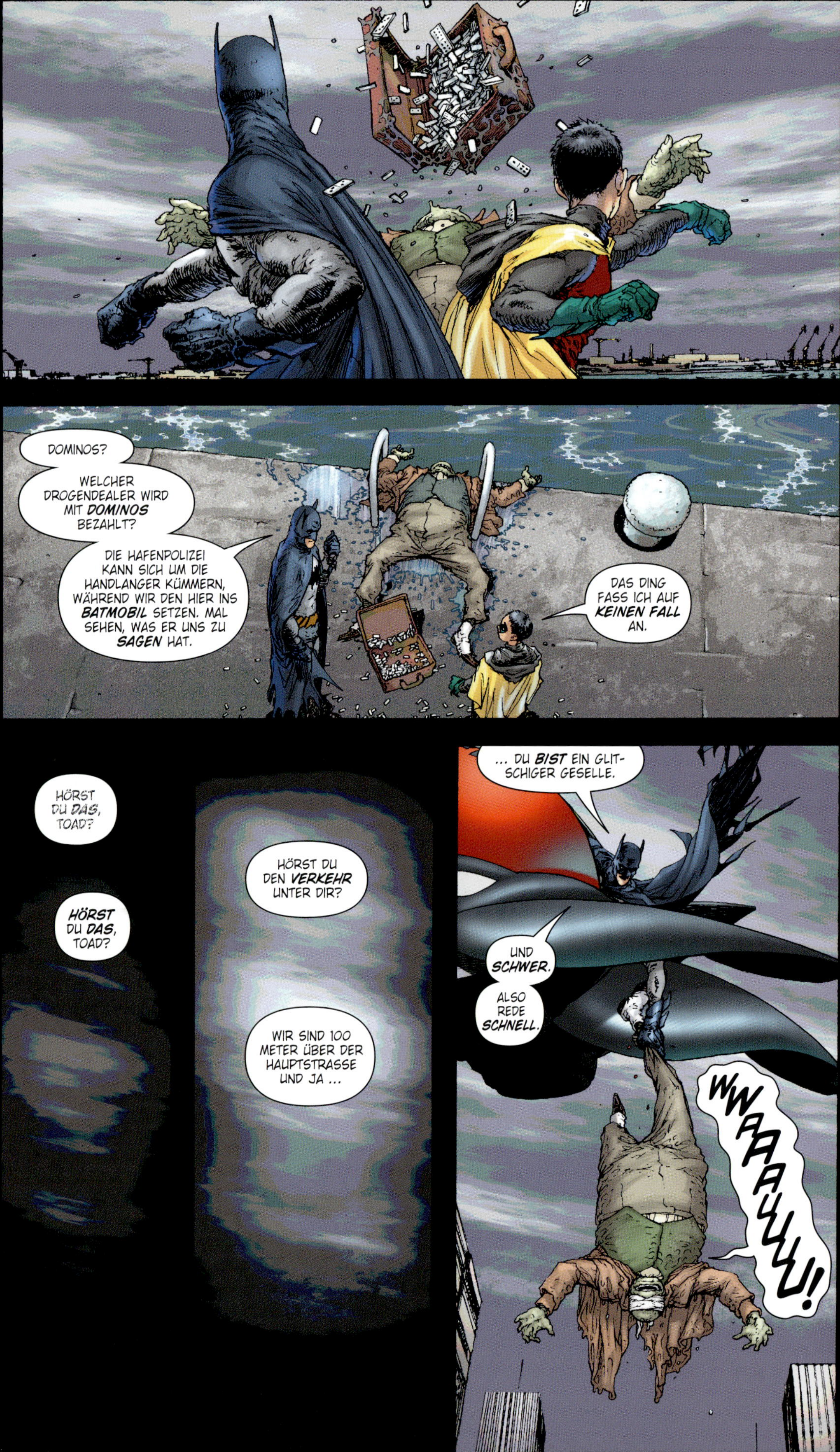

HÖRST DU **DAS**, TOAD?
HÖRST DU **DAS**, TOAD?
HÖRST DU DEN **VERKEHR** UNTER DIR?
WIR SIND 100 METER ÜBER DER HAUPTSTRASSE UND JA ...
... DU **BIST** EIN GLIT-SCHIGER GESELLE.
UND **SCHWER**.
ALSO REDE **SCHNELL**.
WWAAAUUUU!

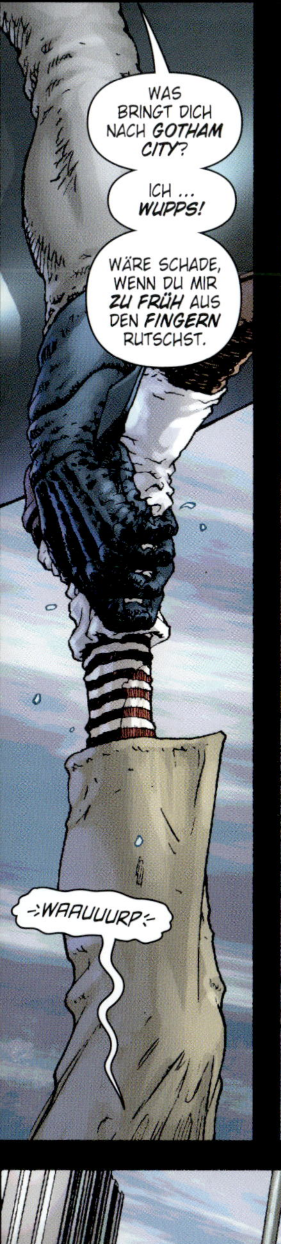

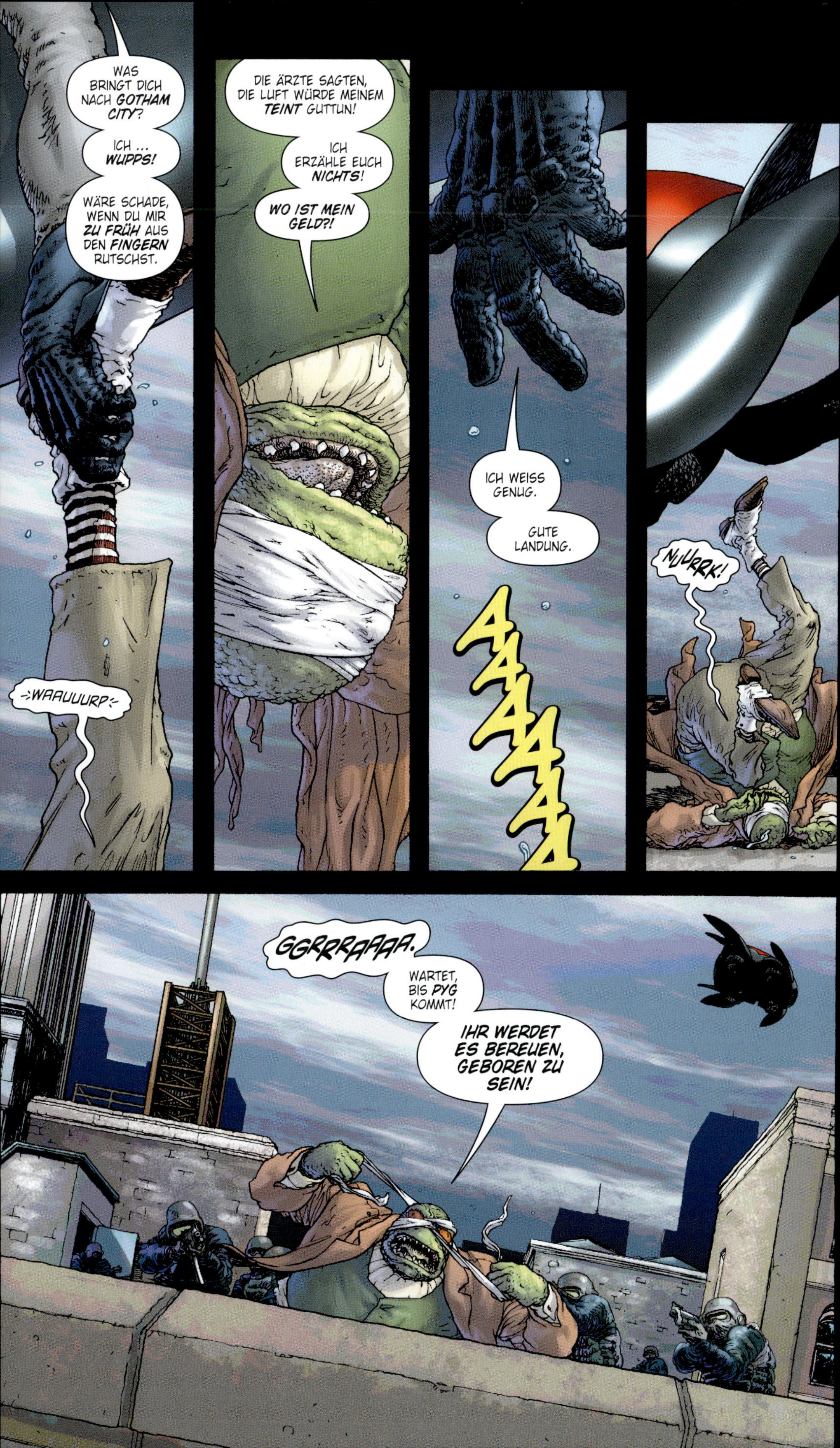

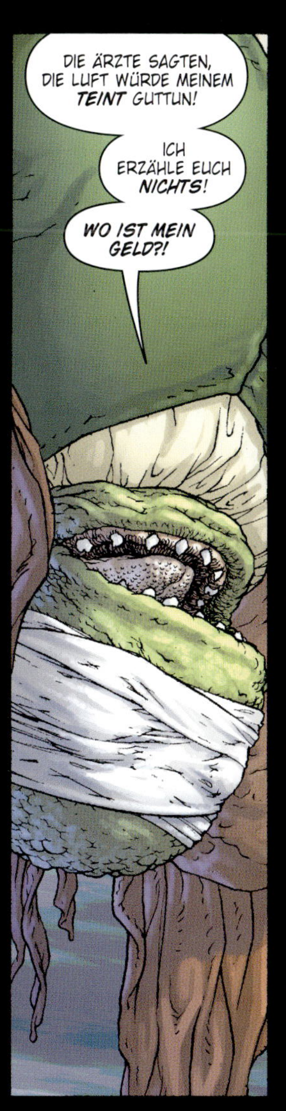

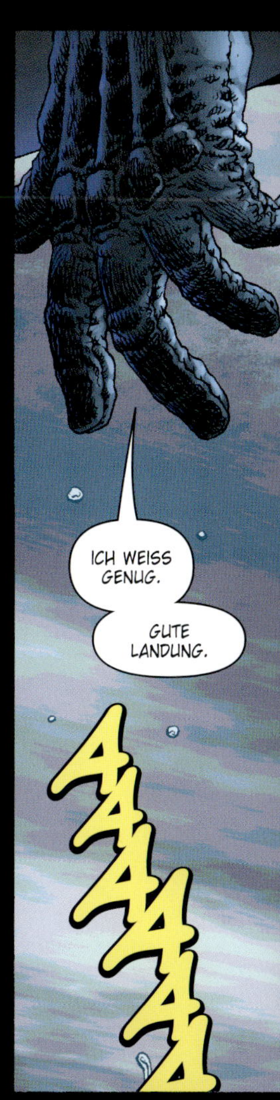

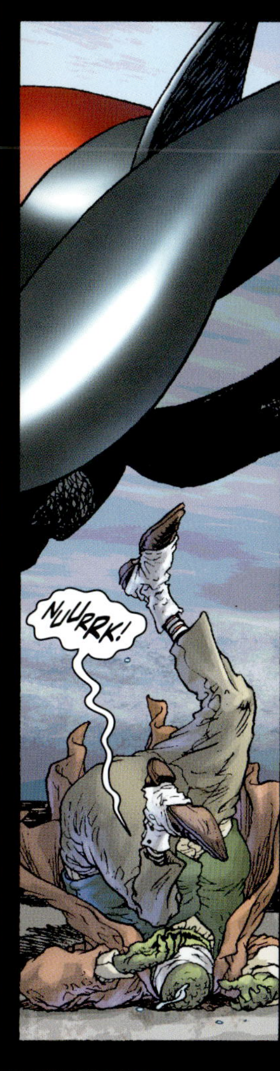

GGRRRAAAA.
WARTET, BIS PYG KOMMT!
IHR WERDET ES BEREUEN, GEBOREN ZU SEIN!

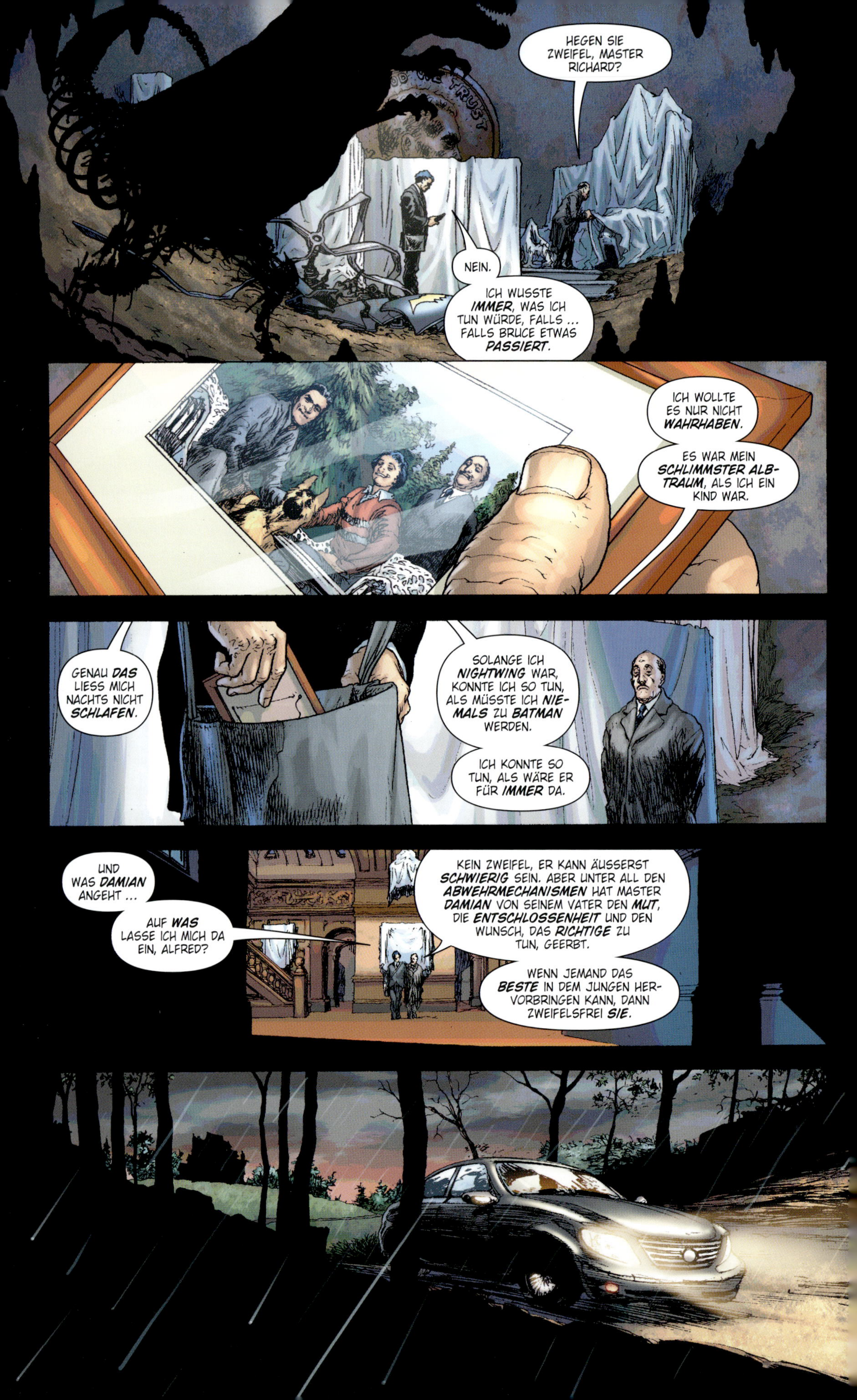

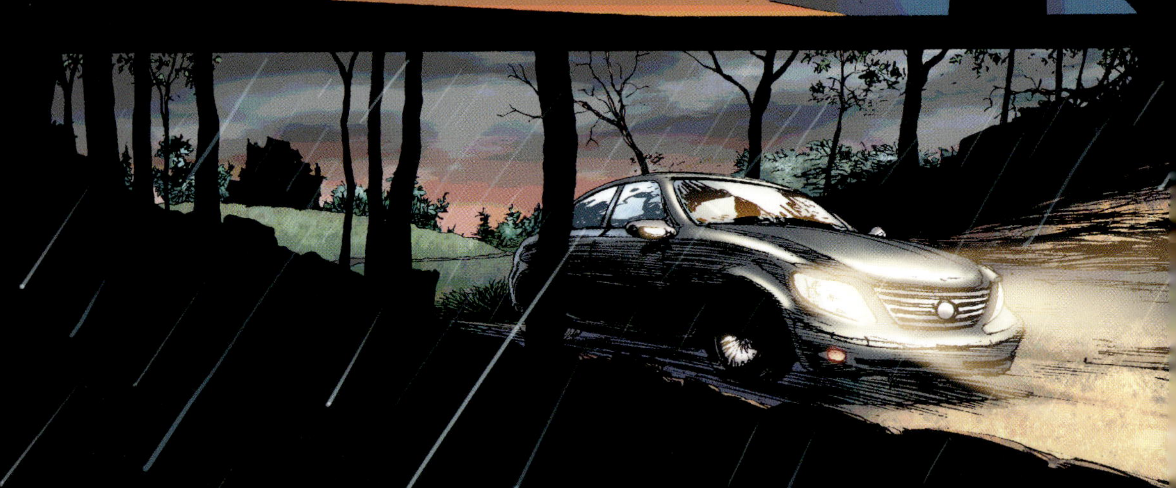
HEGEN SIE ZWEIFEL, MASTER RICHARD?
NEIN.
ICH WUSSTE IMMER, WAS ICH TUN WÜRDE, FALLS ... FALLS BRUCE ETWAS PASSIERT.
ICH WOLLTE ES NUR NICHT WAHRHABEN.
ES WAR MEIN SCHLIMMSTER ALBTRAUM, ALS ICH EIN KIND WAR.
GENAU DAS LIESS MICH NACHTS NICHT SCHLAFEN.
SOLANGE ICH NIGHTWING WAR, KONNTE ICH SO TUN, ALS MÜSSTE ICH NIEMALS ZU BATMAN WERDEN.
ICH KONNTE SO TUN, ALS WÄRE ER FÜR IMMER DA.
UND WAS DAMIAN ANGEHT ...
AUF WAS LASSE ICH MICH DA EIN, ALFRED?
KEIN ZWEIFEL, ER KANN ÄUSSERST SCHWIERIG SEIN. ABER UNTER ALL DEN ABWEHRMECHANISMEN HAT MASTER DAMIAN VON SEINEM VATER DEN MUT, DIE ENTSCHLOSSENHEIT UND DEN WUNSCH, DAS RICHTIGE ZU TUN, GEERBT.
WENN JEMAND DAS BESTE IN DEM JUNGEN HERVORBRINGEN KANN, DANN ZWEIFELSFREI SIE.
IN GOD WE TRUST

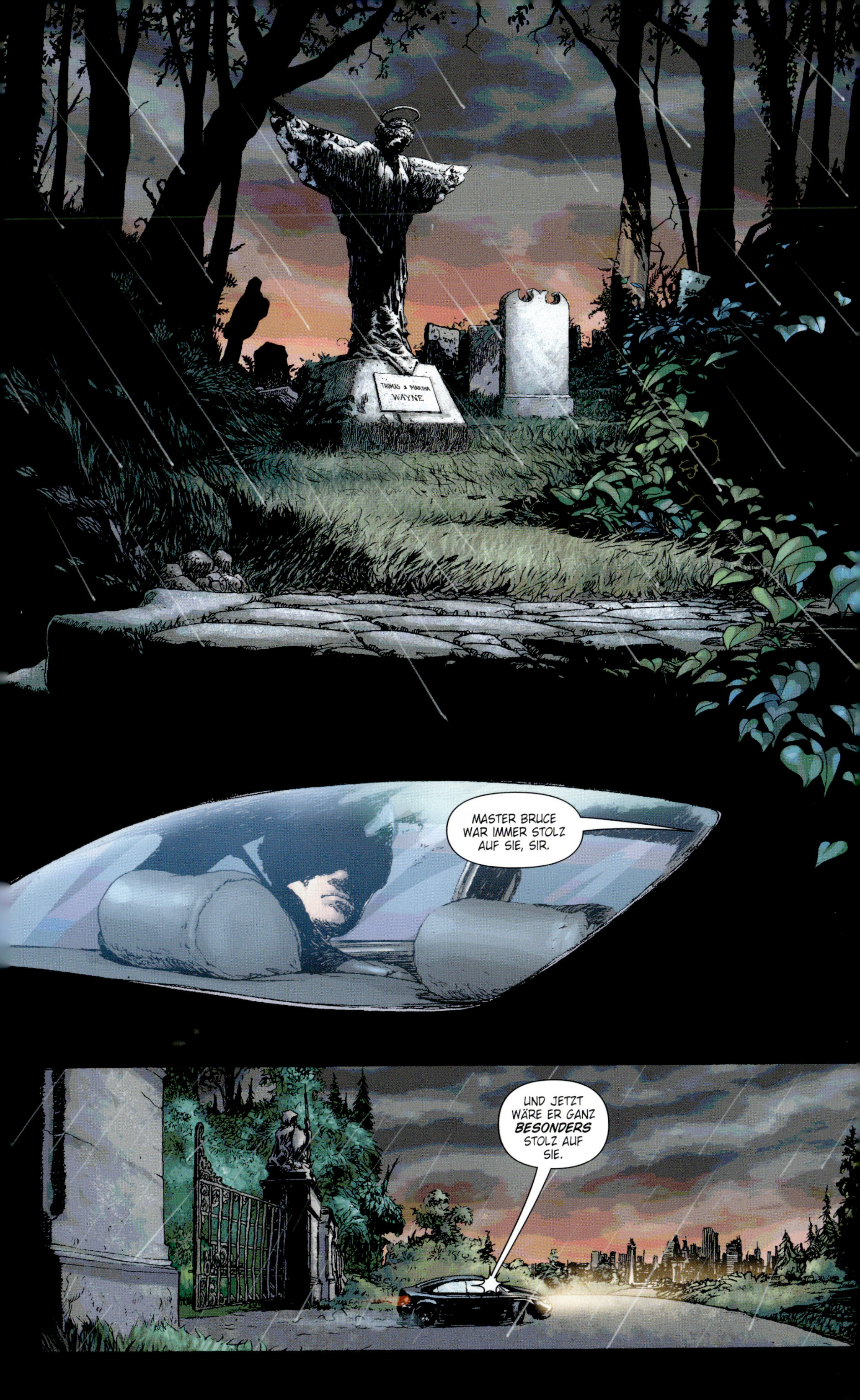
THOMAS & MARTHA
WAYNE
MASTER BRUCE WAR IMMER STOLZ AUF SIE, SIR.
UND JETZT WÄRE ER GANZ ***BESONDERS*** STOLZ AUF SIE.

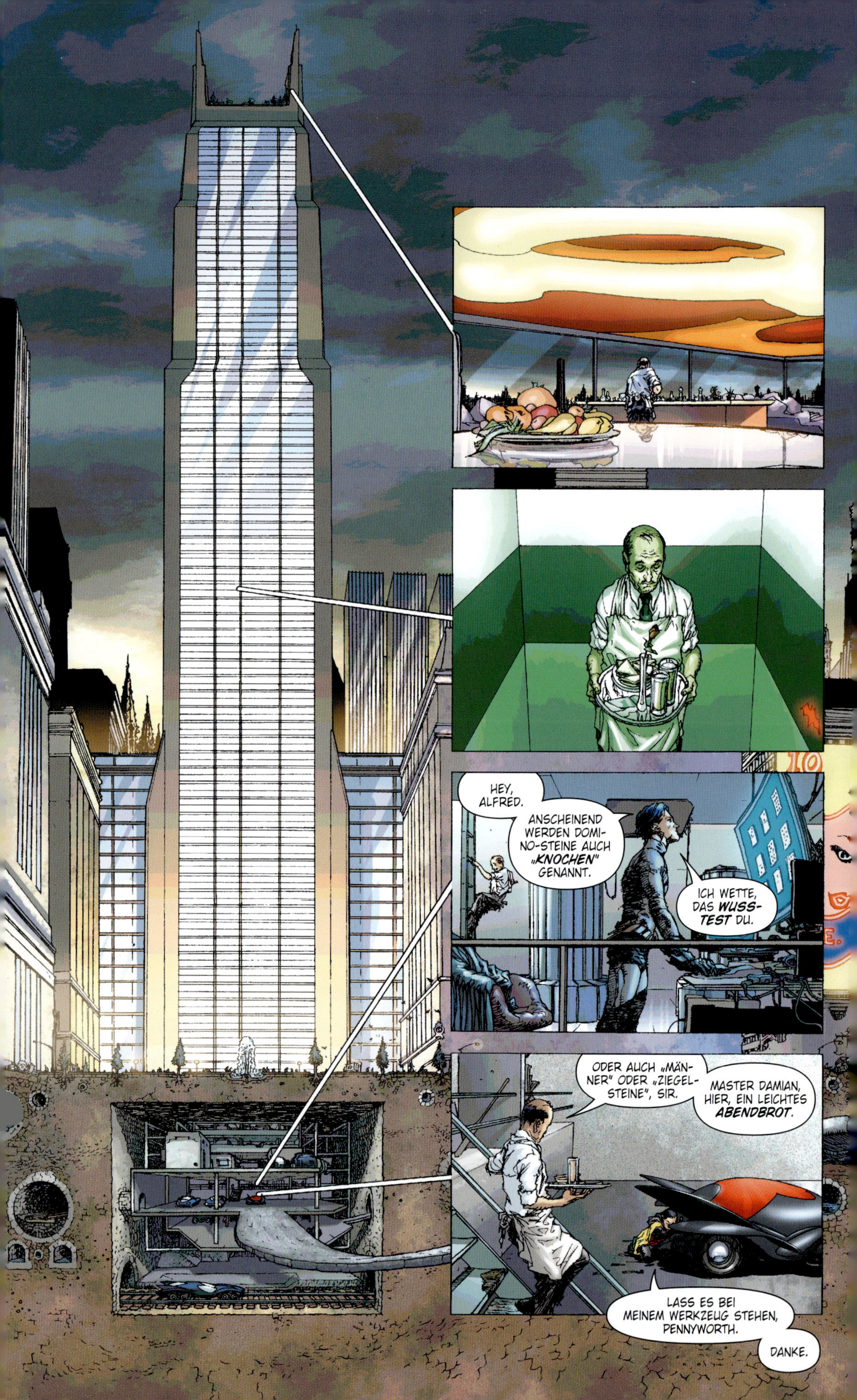
HEY, ALFRED.
ANSCHEINEND WERDEN DOMINO-STEINE AUCH „KNOCHEN" GENANNT.
ICH WETTE, DAS WUSSTEST DU.
ODER AUCH „MÄNNER" ODER „ZIEGELSTEINE", SIR.
MASTER DAMIAN, HIER, EIN LEICHTES ABENDBROT.
LASS ES BEI MEINEM WERKZEUG STEHEN, PENNYWORTH.
DANKE.

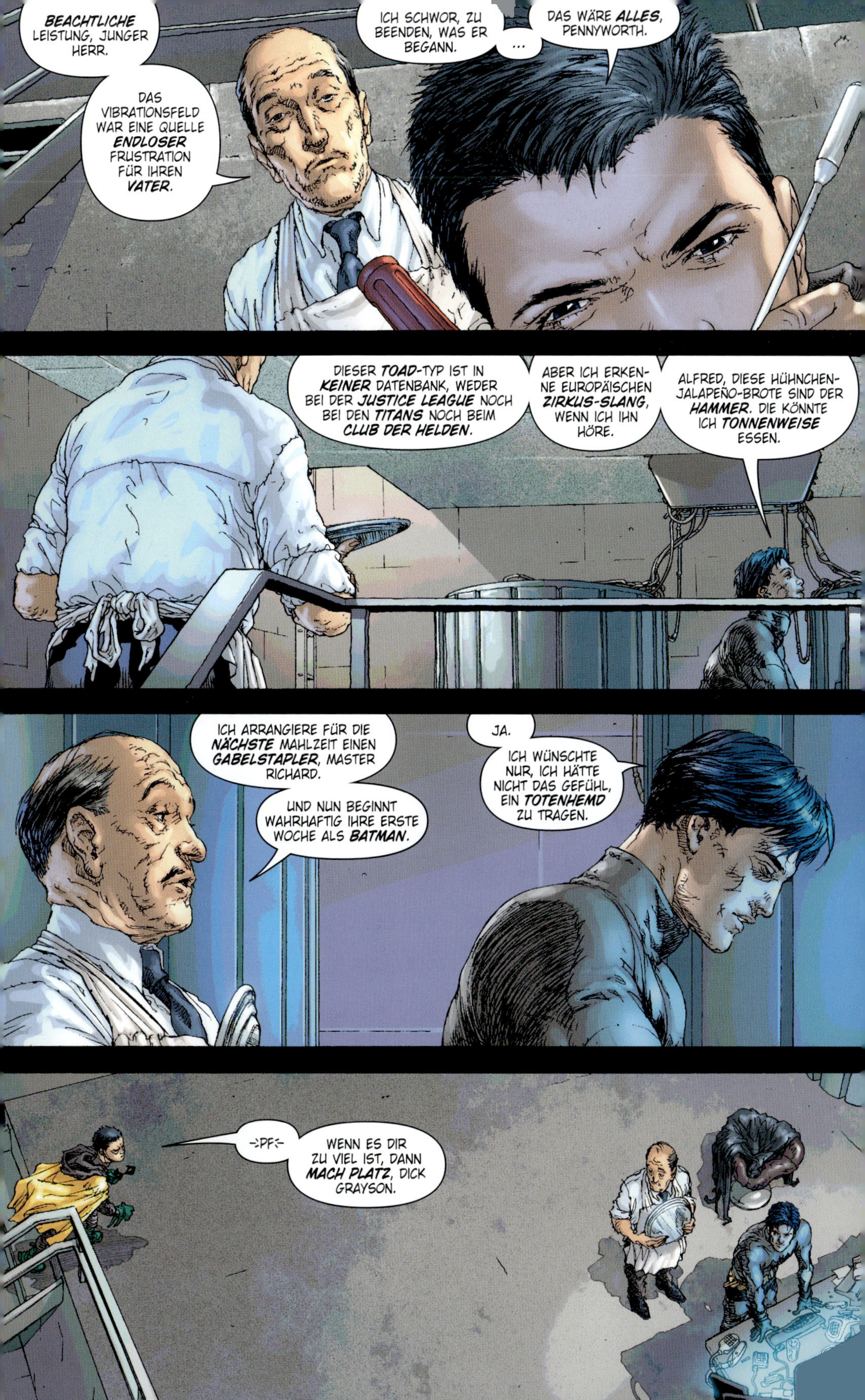

BEACHTLICHE LEISTUNG, JUNGER HERR.
DAS VIBRATIONSFELD WAR EINE QUELLE ENDLOSER FRUSTRATION FÜR IHREN VATER.
ICH SCHWOR, ZU BEENDEN, WAS ER BEGANN.
...
DAS WÄRE ALLES, PENNYWORTH.
DIESER TOAD-TYP IST IN KEINER DATENBANK, WEDER BEI DER JUSTICE LEAGUE NOCH BEI DEN TITANS NOCH BEIM CLUB DER HELDEN.
ABER ICH ERKENNE EUROPÄISCHEN ZIRKUS-SLANG, WENN ICH IHN HÖRE.
ALFRED, DIESE HÜHNCHEN-JALAPEÑO-BROTE SIND DER HAMMER. DIE KÖNNTE ICH TONNENWEISE ESSEN.
ICH ARRANGIERE FÜR DIE NÄCHSTE MAHLZEIT EINEN GABELSTAPLER, MASTER RICHARD.
UND NUN BEGINNT WAHRHAFTIG IHRE ERSTE WOCHE ALS BATMAN.
JA.
ICH WÜNSCHTE NUR, ICH HÄTTE NICHT DAS GEFÜHL, EIN TOTENHEMD ZU TRAGEN.
-PF-
WENN ES DIR ZU VIEL IST, DANN MACH PLATZ, DICK GRAYSON.

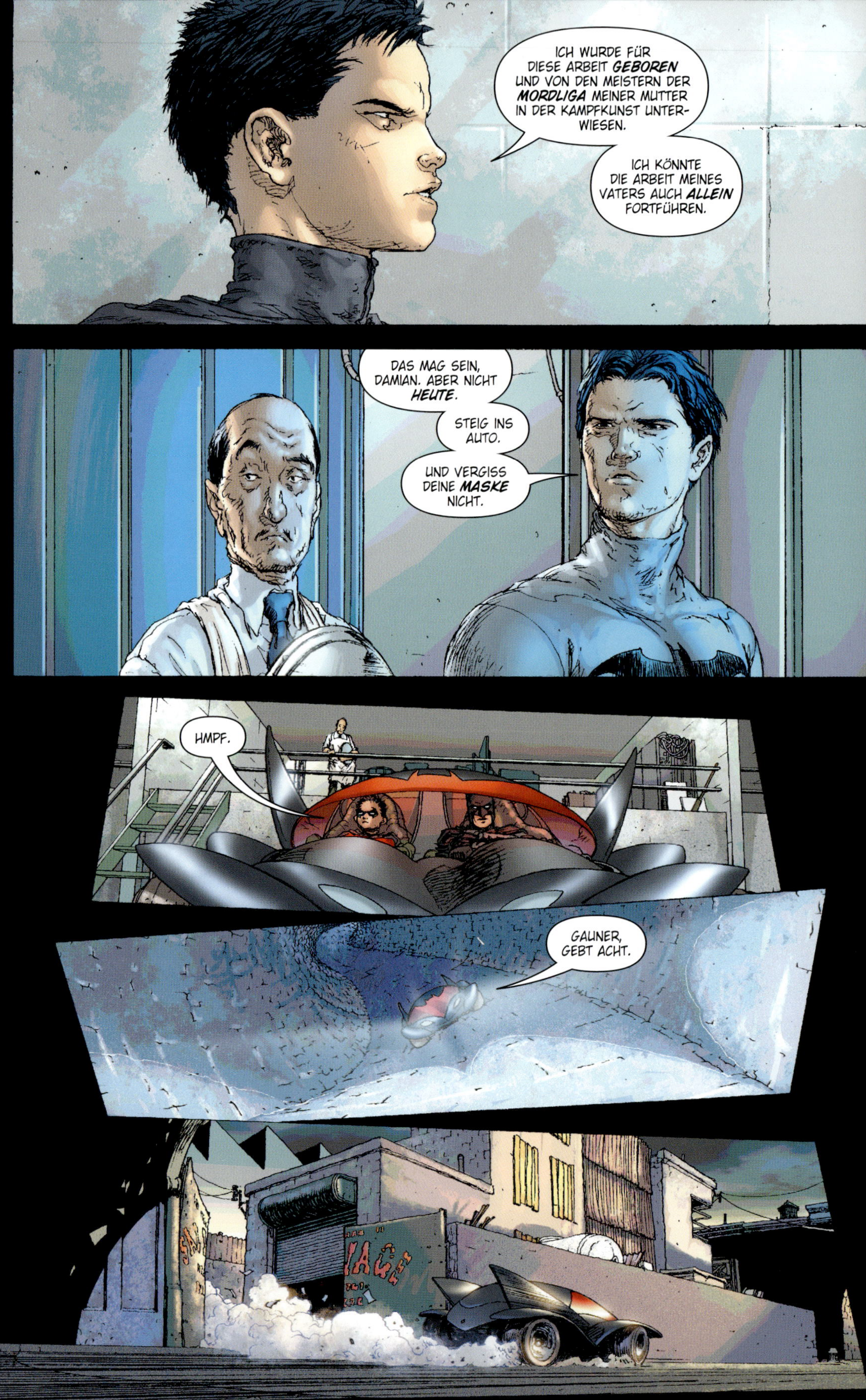
ICH WURDE FÜR DIESE ARBEIT GEBOREN UND VON DEN MEISTERN DER MORDLIGA MEINER MUTTER IN DER KAMPFKUNST UNTER-WIESEN.
ICH KÖNNTE DIE ARBEIT MEINES VATERS AUCH ALLEIN FORTFÜHREN.
DAS MAG SEIN, DAMIAN. ABER NICHT HEUTE.
STEIG INS AUTO.
UND VERGISS DEINE MASKE NICHT.
HMPF.
GAUNER, GEBT ACHT.

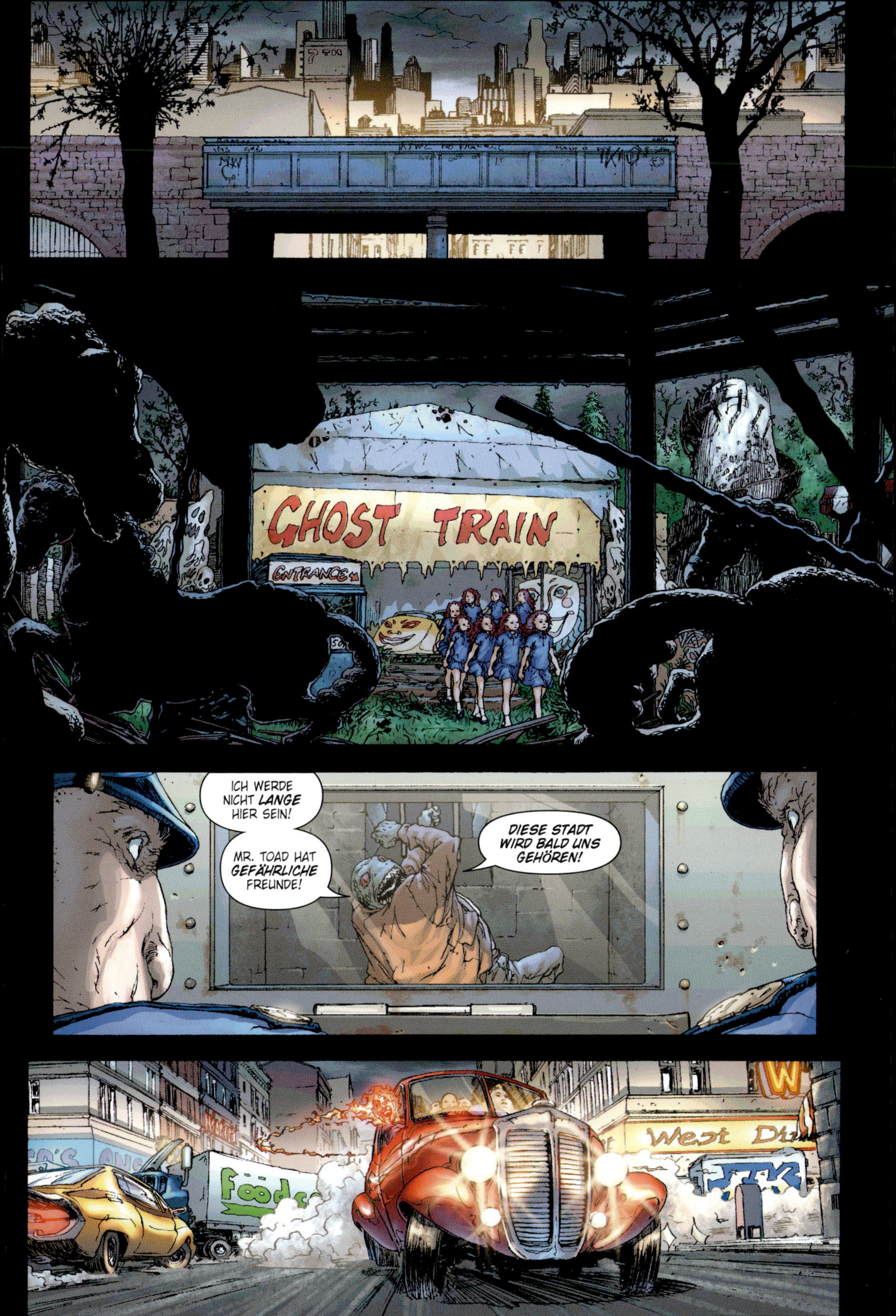

GHOST TRAIN

ENTRANCE

ICH WERDE NICHT **LANGE** HIER SEIN!

MR. TOAD HAT **GEFÄHRLICHE** FREUNDE!

DIESE STADT WIRD BALD UNS GEHÖREN!

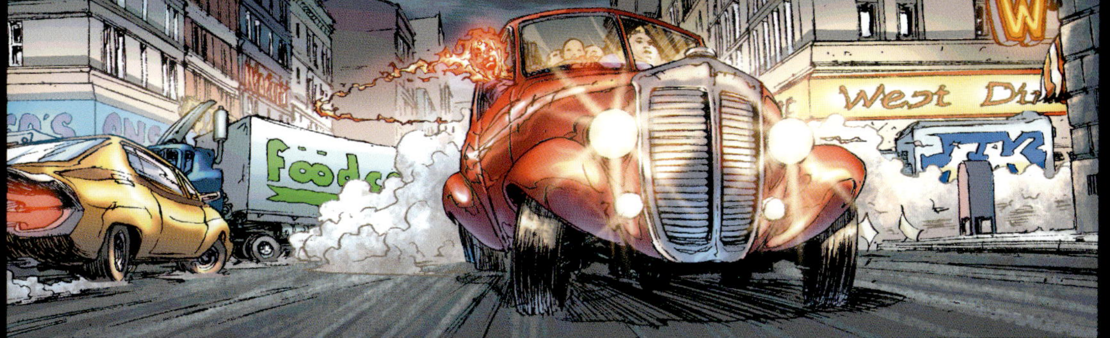

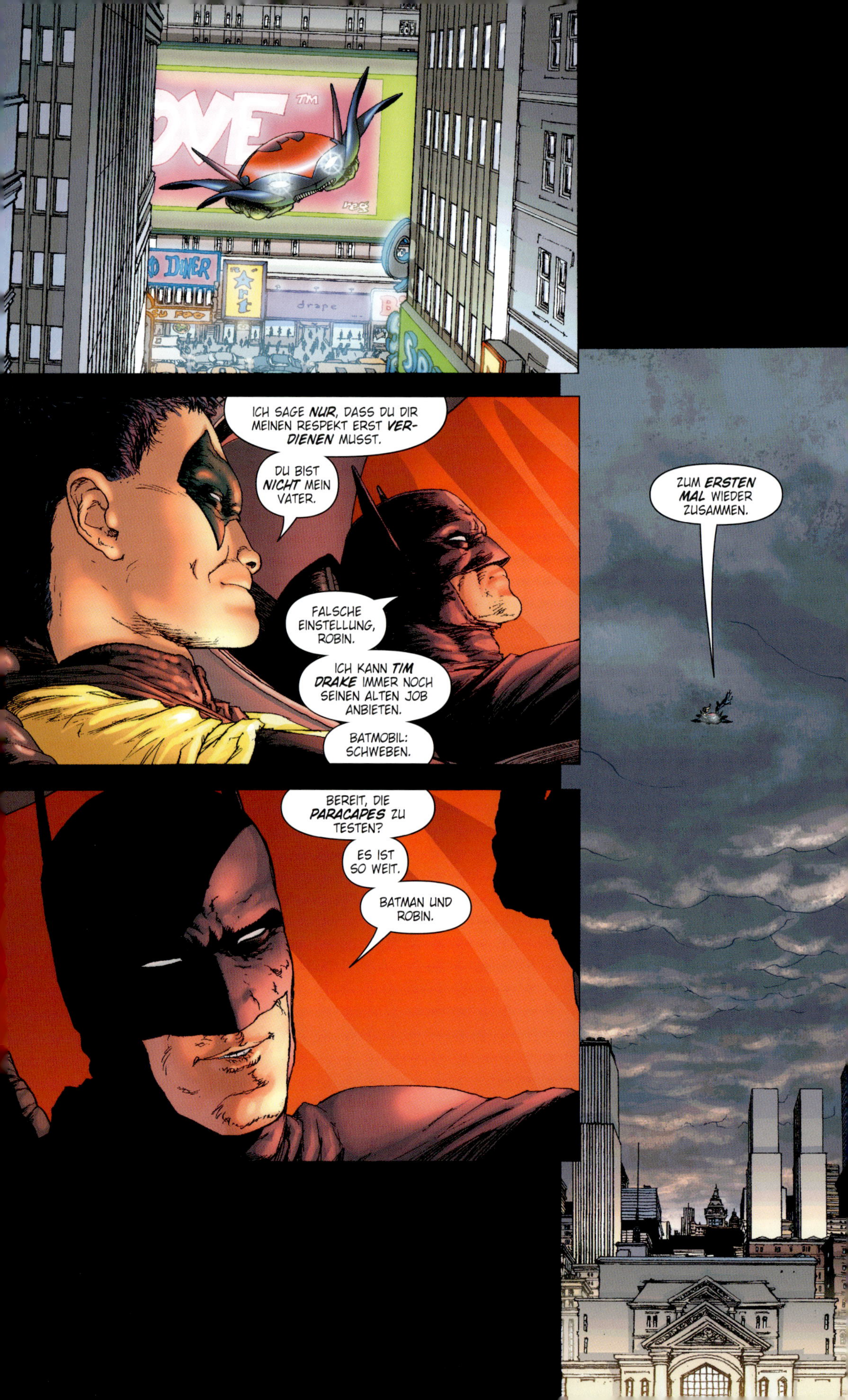
DINER
Art
drape
ICH SAGE **NUR**, DASS DU DIR MEINEN RESPEKT ERST **VERDIENEN** MUSST.
DU BIST **NICHT** MEIN VATER.
FALSCHE EINSTELLUNG, ROBIN.
ICH KANN **TIM DRAKE** IMMER NOCH SEINEN ALTEN JOB ANBIETEN.
BATMOBIL: SCHWEBEN.
BEREIT, DIE **PARACAPES** ZU TESTEN?
ES IST SO WEIT.
BATMAN UND ROBIN.
ZUM **ERSTEN MAL** WIEDER ZUSAMMEN.

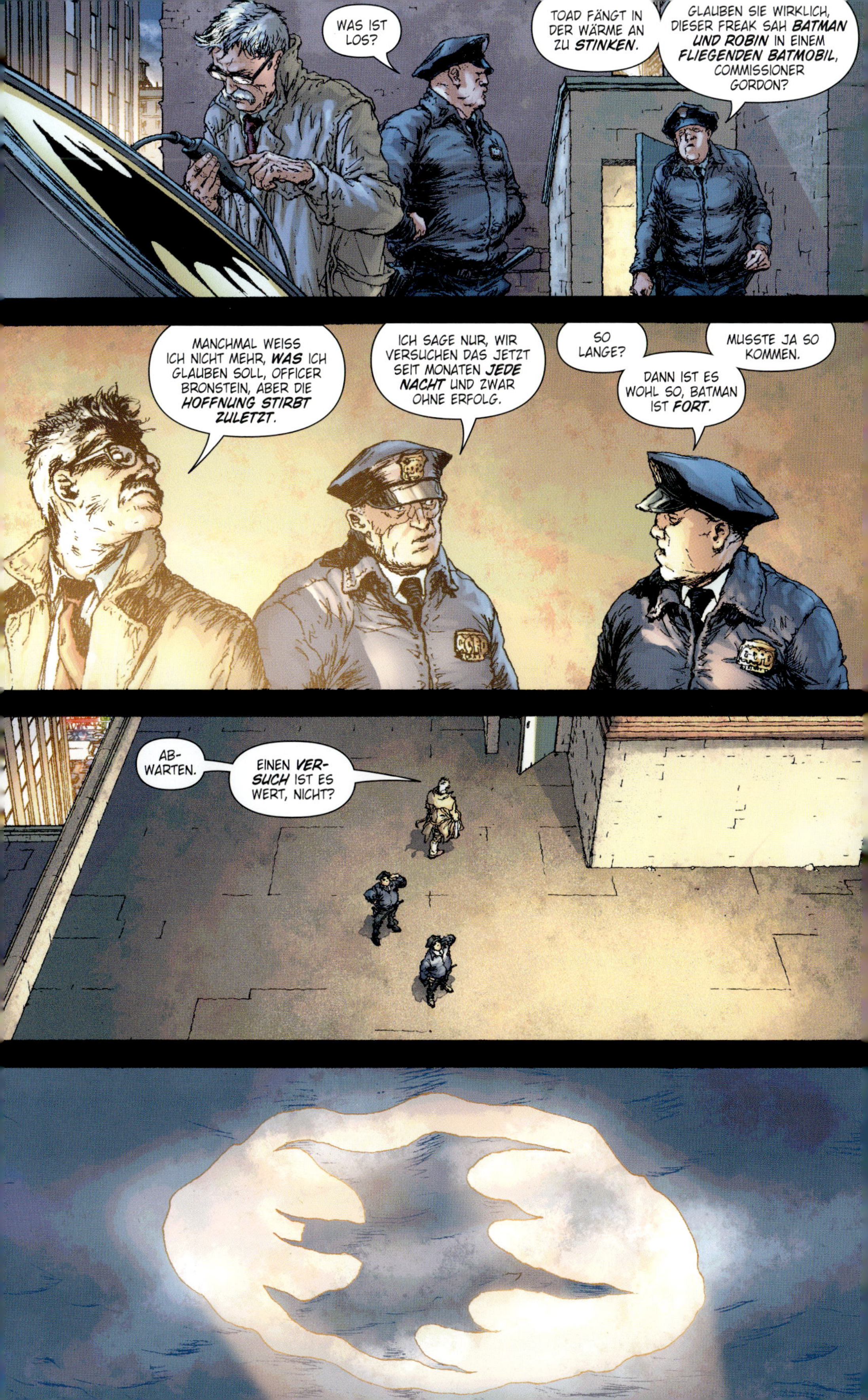
WAS IST LOS?
TOAD FÄNGT IN DER WÄRME AN ZU STINKEN.
GLAUBEN SIE WIRKLICH, DIESER FREAK SAH BATMAN UND ROBIN IN EINEM FLIEGENDEN BATMOBIL, COMMISSIONER GORDON?
MANCHMAL WEISS ICH NICHT MEHR, WAS ICH GLAUBEN SOLL, OFFICER BRONSTEIN, ABER DIE HOFFNUNG STIRBT ZULETZT.
ICH SAGE NUR, WIR VERSUCHEN DAS JETZT SEIT MONATEN JEDE NACHT UND ZWAR OHNE ERFOLG.
SO LANGE?
MUSSTE JA SO KOMMEN.
DANN IST ES WOHL SO, BATMAN IST FORT.
AB-WARTEN.
EINEN VER-SUCH IST ES WERT, NICHT?

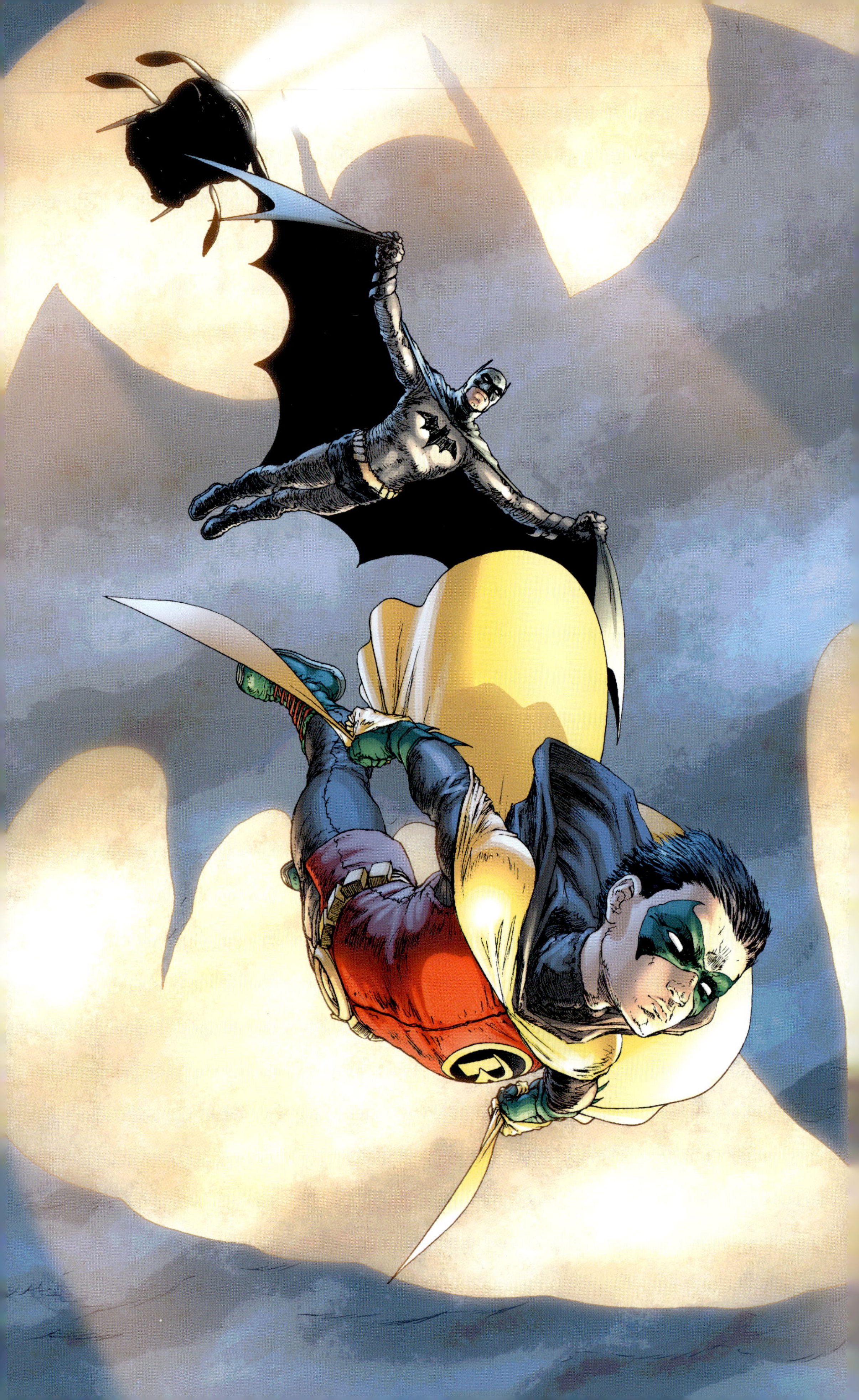

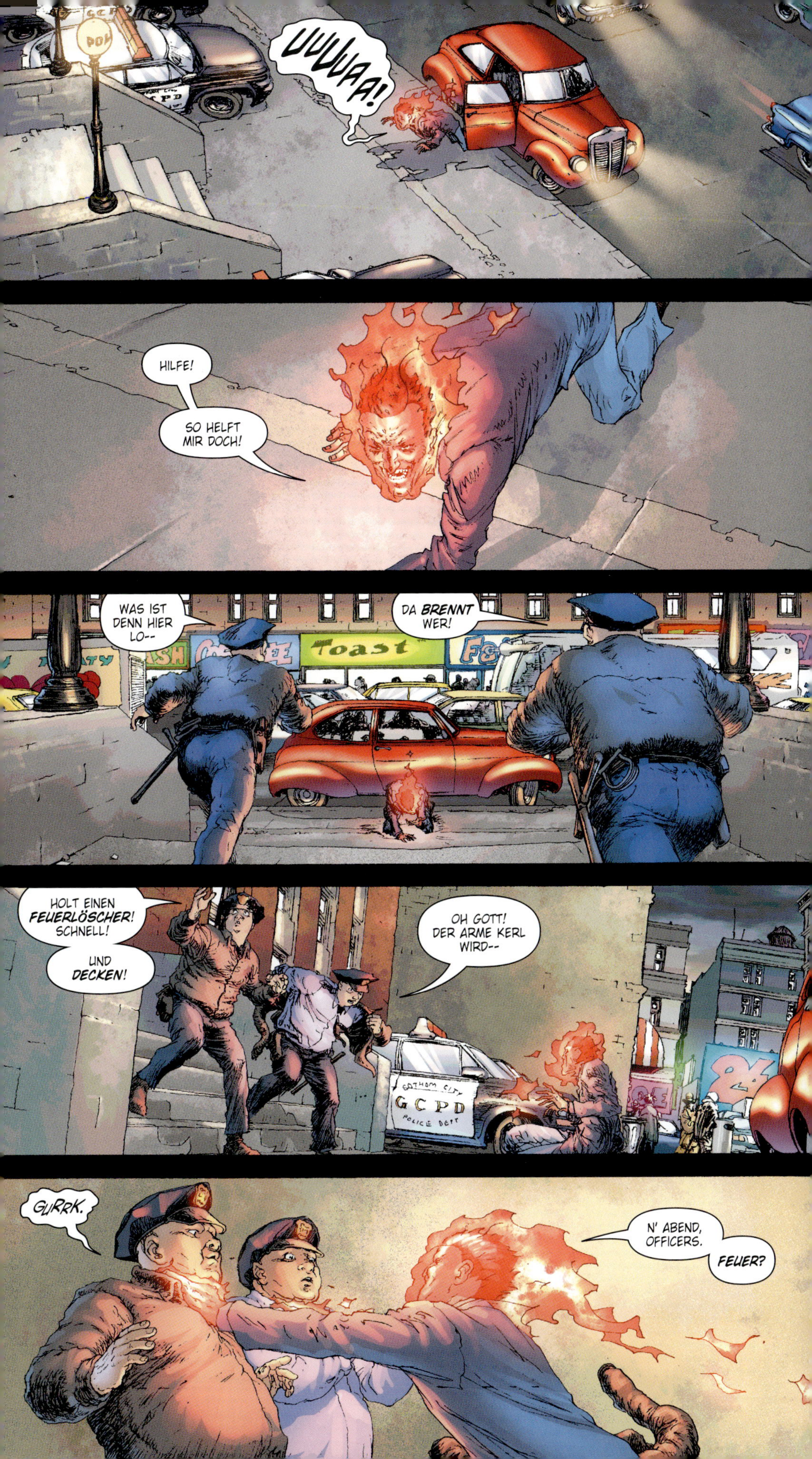
UUUUAA!
HILFE!
SO HELFT MIR DOCH!
WAS IST DENN HIER LO--
DA BRENNT WER!
HOLT EINEN FEUERLÖSCHER! SCHNELL!
UND DECKEN!
OH GOTT! DER ARME KERL WIRD--
GURRK.
N' ABEND, OFFICERS.
FEUER?

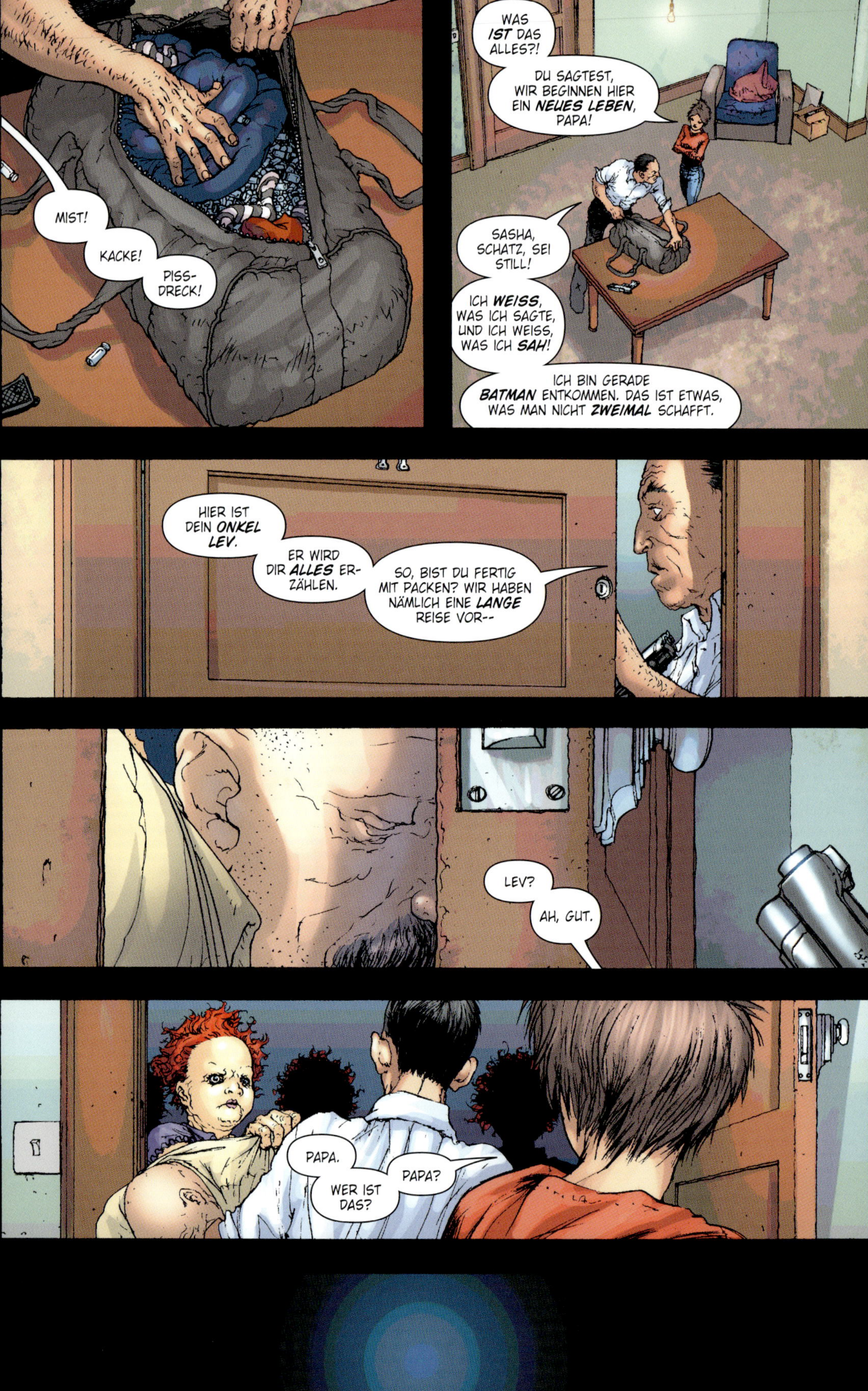
MIST!
KACKE!
PISS-DRECK!
WAS IST DAS ALLES?!
DU SAGTEST, WIR BEGINNEN HIER EIN NEUES LEBEN, PAPA!
SASHA, SCHATZ, SEI STILL!
ICH WEISS, WAS ICH SAGTE, UND ICH WEISS, WAS ICH SAH!
ICH BIN GERADE BATMAN ENTKOMMEN. DAS IST ETWAS, WAS MAN NICHT ZWEIMAL SCHAFFT.
HIER IST DEIN ONKEL LEV.
ER WIRD DIR ALLES ERZÄHLEN.
SO, BIST DU FERTIG MIT PACKEN? WIR HABEN NÄMLICH EINE LANGE REISE VOR--
LEV?
AH, GUT.
PAPA.
PAPA?
WER IST DAS?

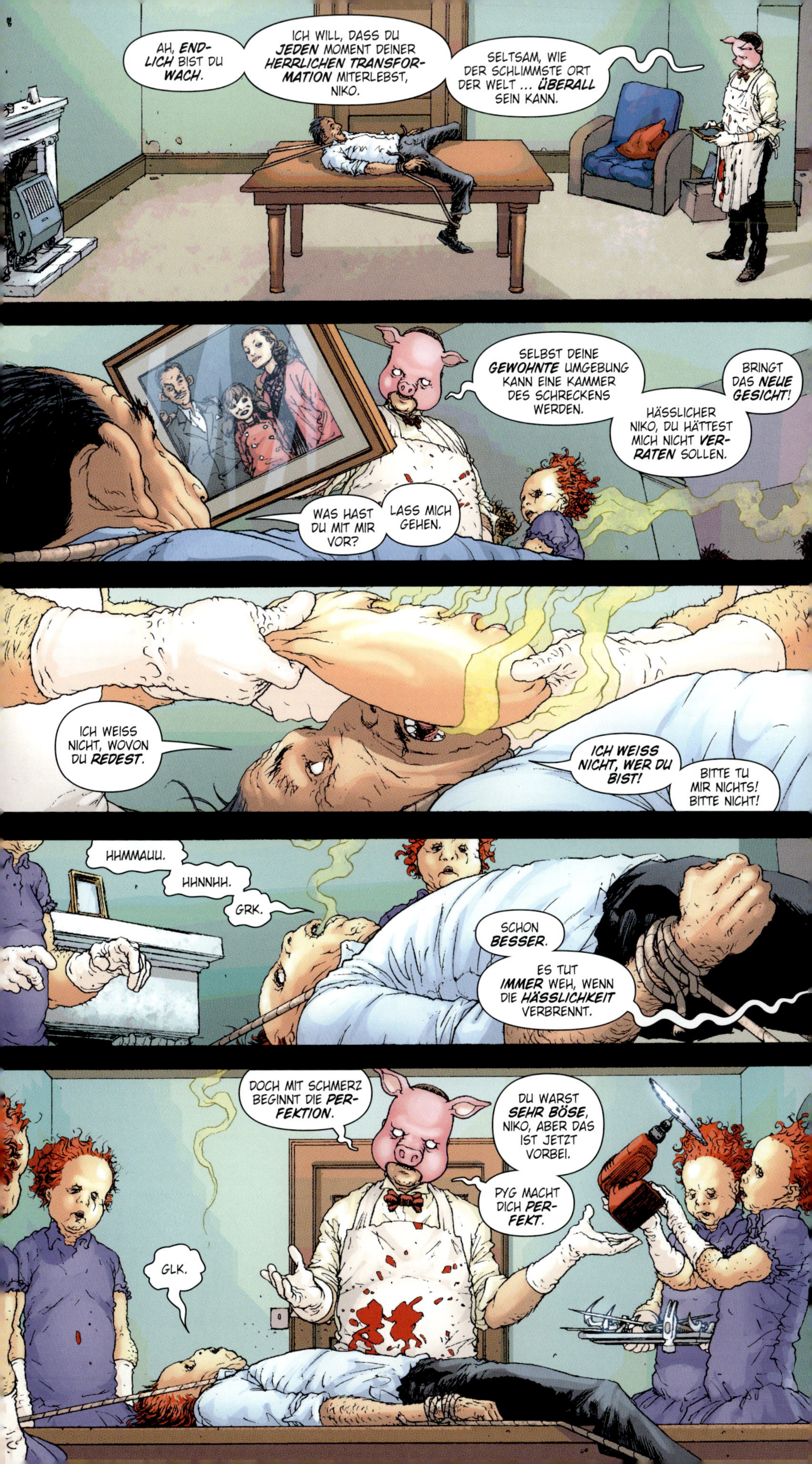
AH, ENDLICH BIST DU WACH.
ICH WILL, DASS DU JEDEN MOMENT DEINER HERRLICHEN TRANSFORMATION MITERLEBST, NIKO.
SELTSAM, WIE DER SCHLIMMSTE ORT DER WELT ... ÜBERALL SEIN KANN.
SELBST DEINE GEWOHNTE UMGEBUNG KANN EINE KAMMER DES SCHRECKENS WERDEN.
BRINGT DAS NEUE GESICHT!
HÄSSLICHER NIKO, DU HÄTTEST MICH NICHT VERRATEN SOLLEN.
WAS HAST DU MIT MIR VOR?
LASS MICH GEHEN.
ICH WEISS NICHT, WOVON DU REDEST.
ICH WEISS NICHT, WER DU BIST!
BITTE TU MIR NICHTS! BITTE NICHT!
HHMMAUU.
HHNNHH.
GRK.
SCHON BESSER.
ES TUT IMMER WEH, WENN DIE HÄSSLICHKEIT VERBRENNT.
DOCH MIT SCHMERZ BEGINNT DIE PERFEKTION.
DU WARST SEHR BÖSE, NIKO, ABER DAS IST JETZT VORBEI.
PYG MACHT DICH PERFEKT.
GLK.

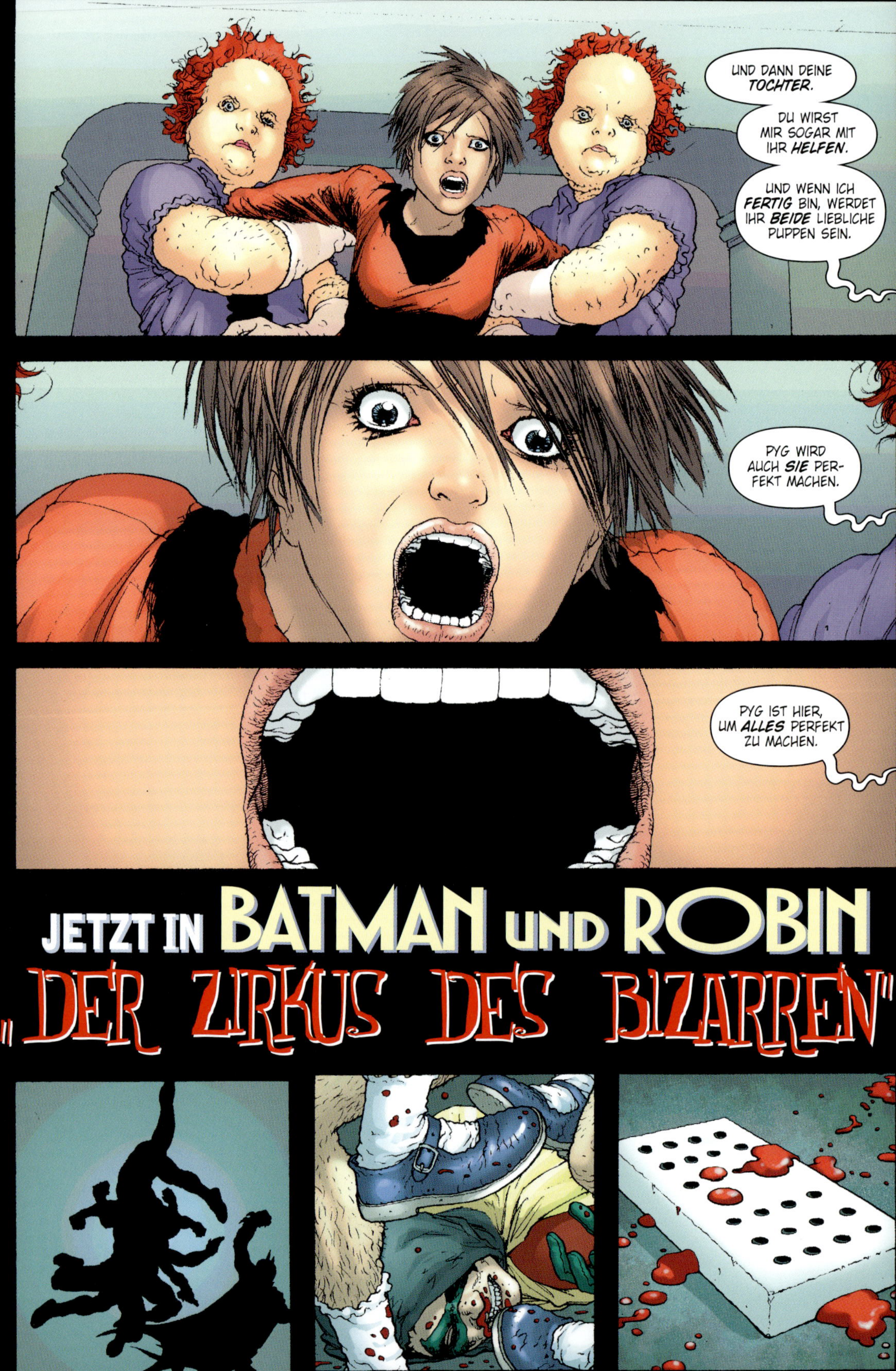

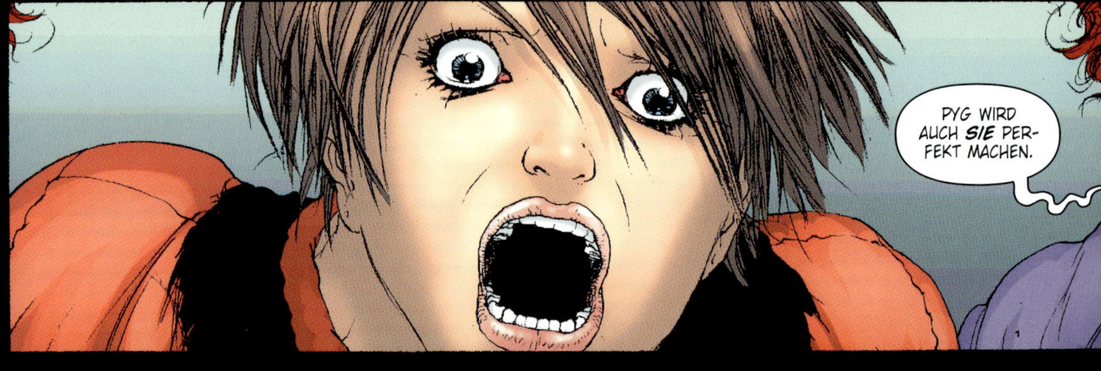

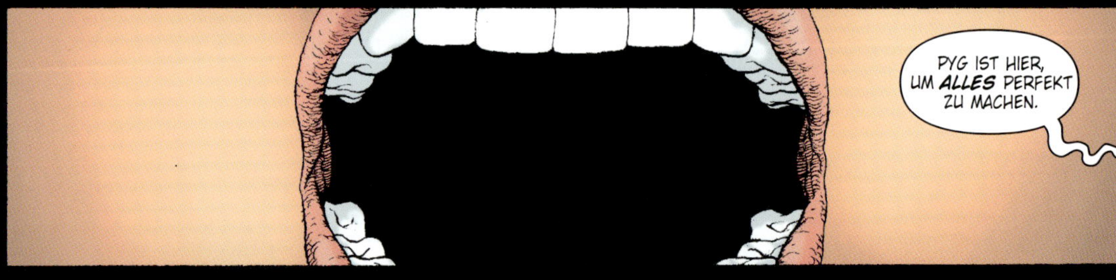

JETZT IN BATMAN UND ROBIN
„DER ZIRKUS DES BIZARREN"

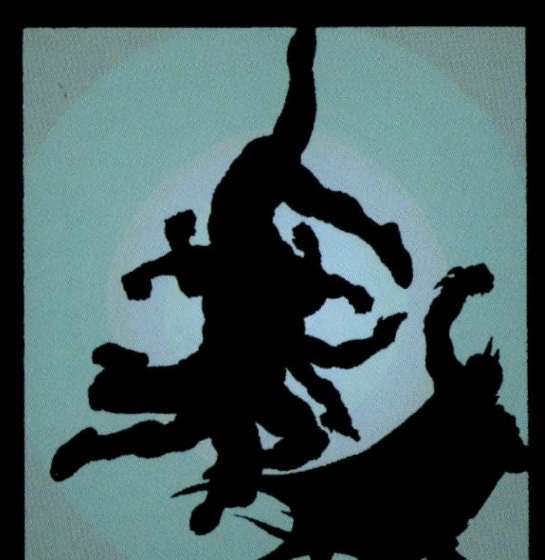

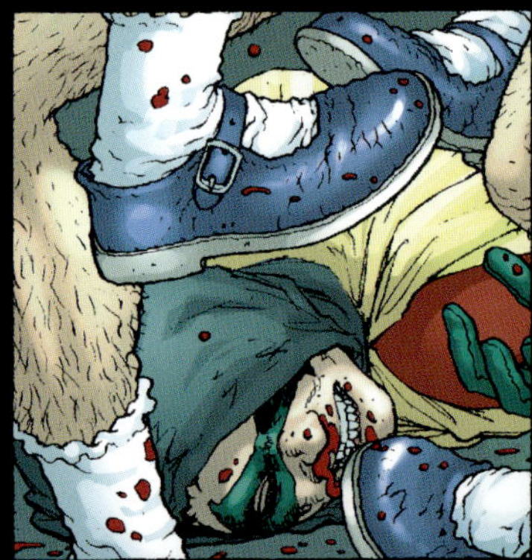

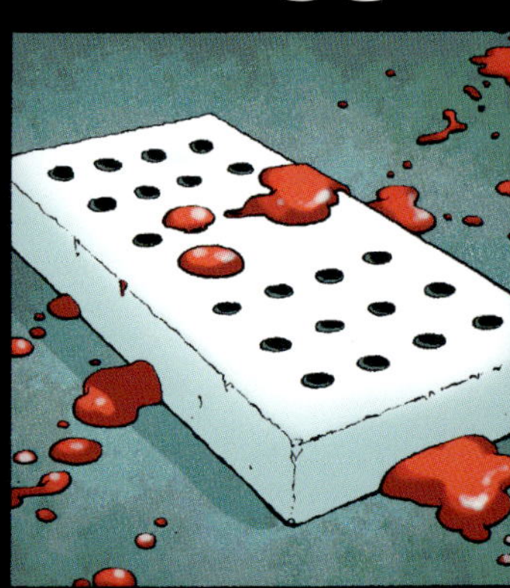

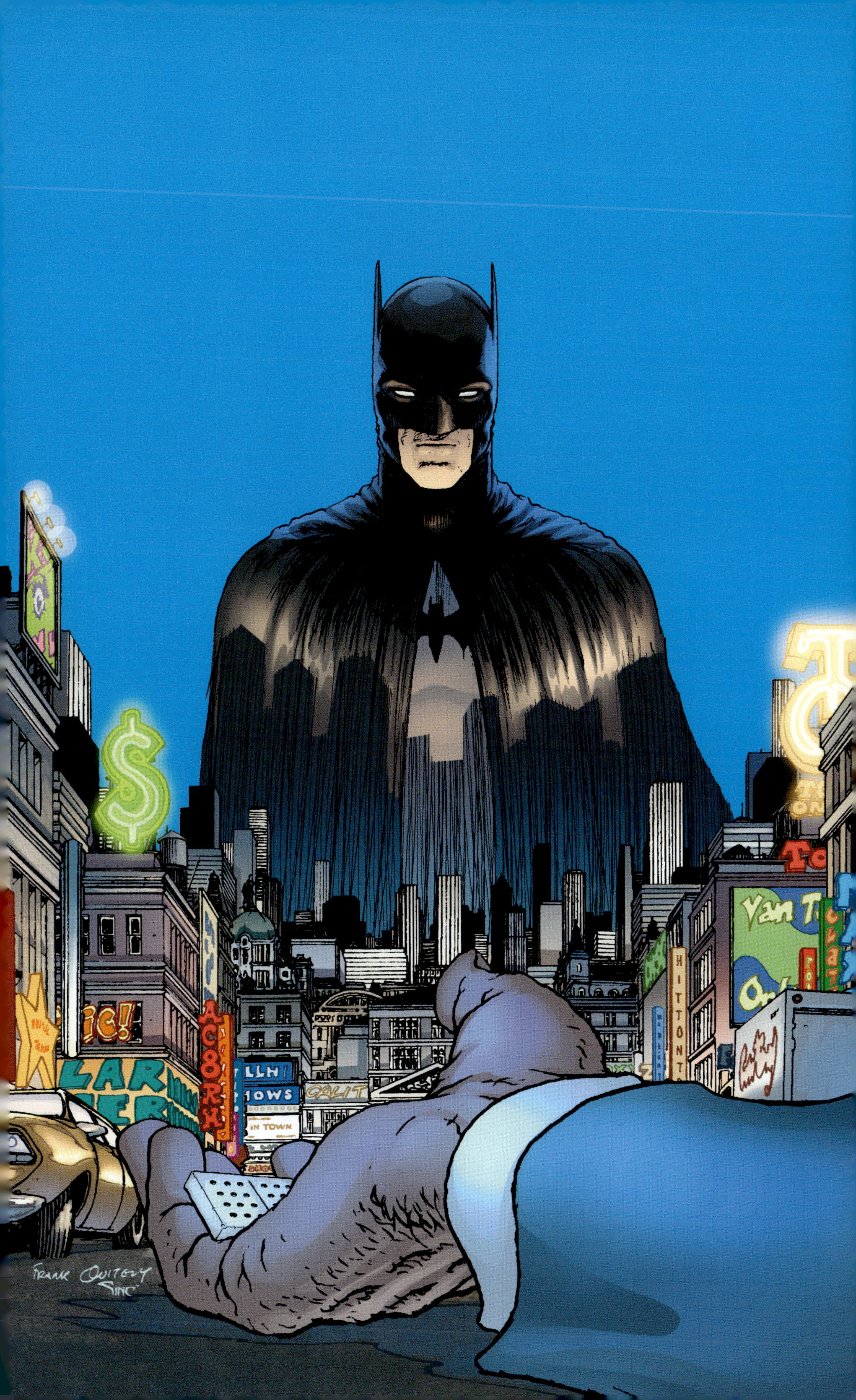
IN TOWN
FRANK QUITELY
SINC

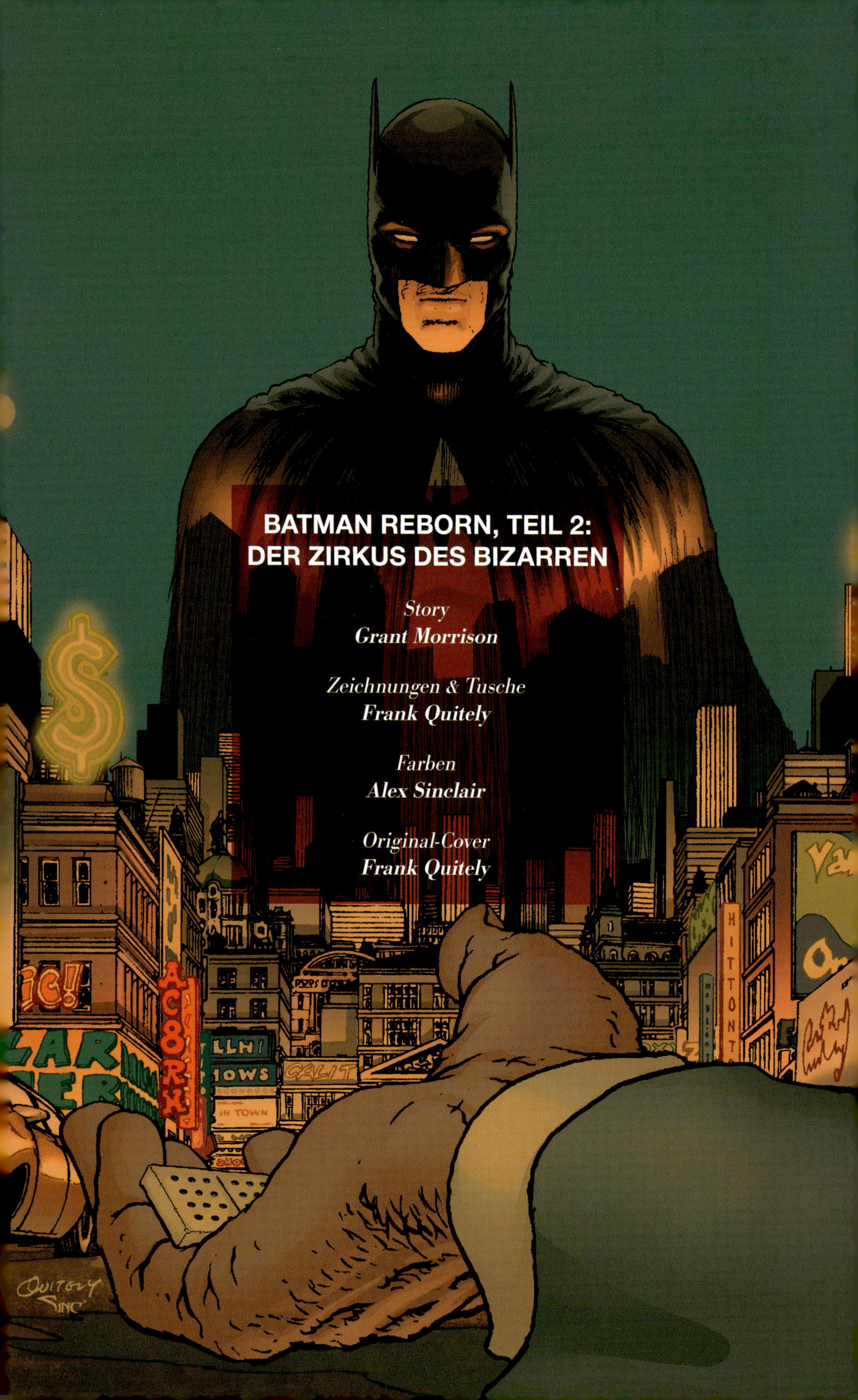

BATMAN REBORN, TEIL 2: DER ZIRKUS DES BIZARREN

Story
Grant Morrison

Zeichnungen & Tusche
Frank Quitely

Farben
Alex Sinclair

Original-Cover
Frank Quitely

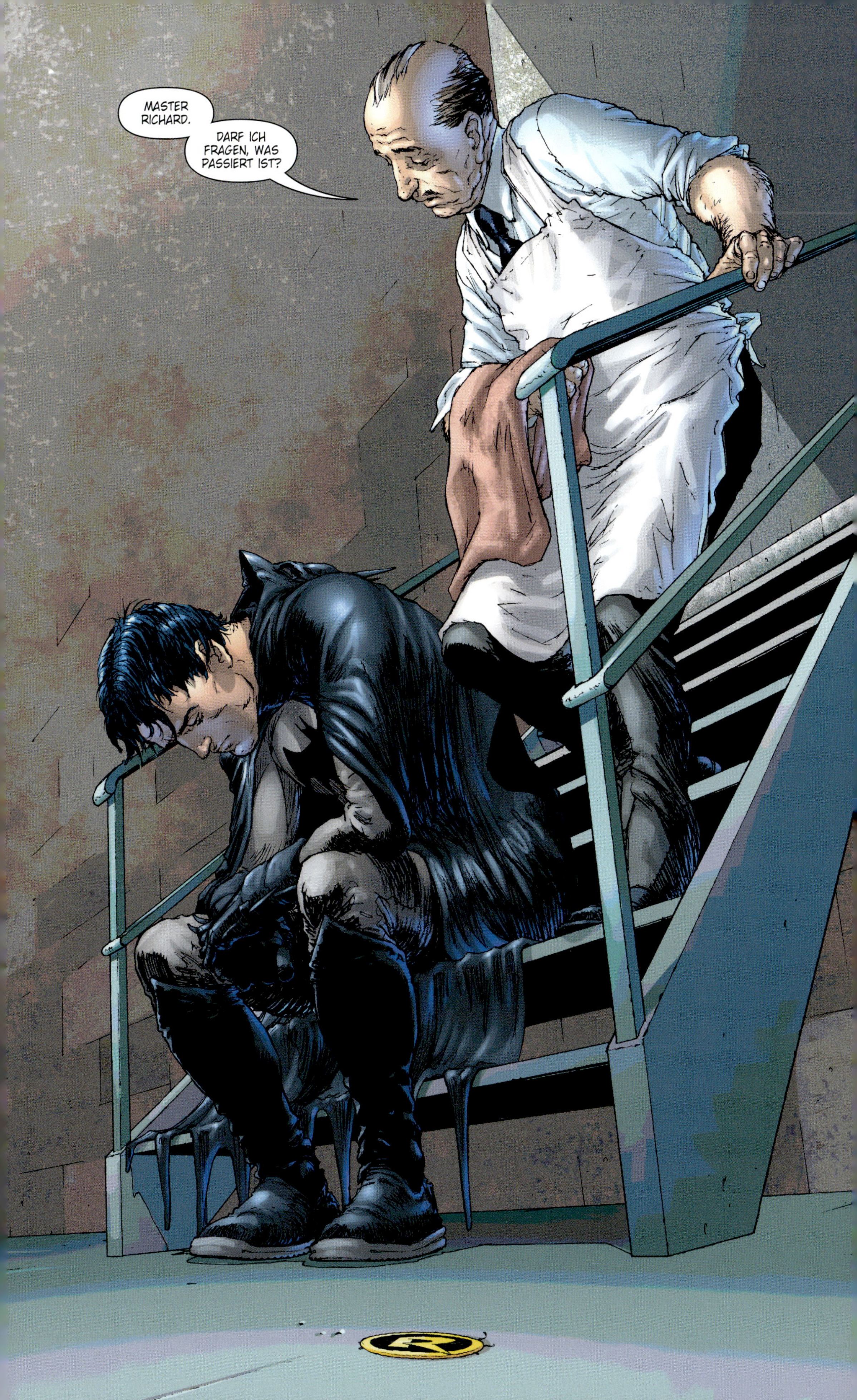
MASTER RICHARD.
DARF ICH FRAGEN, WAS PASSIERT IST?

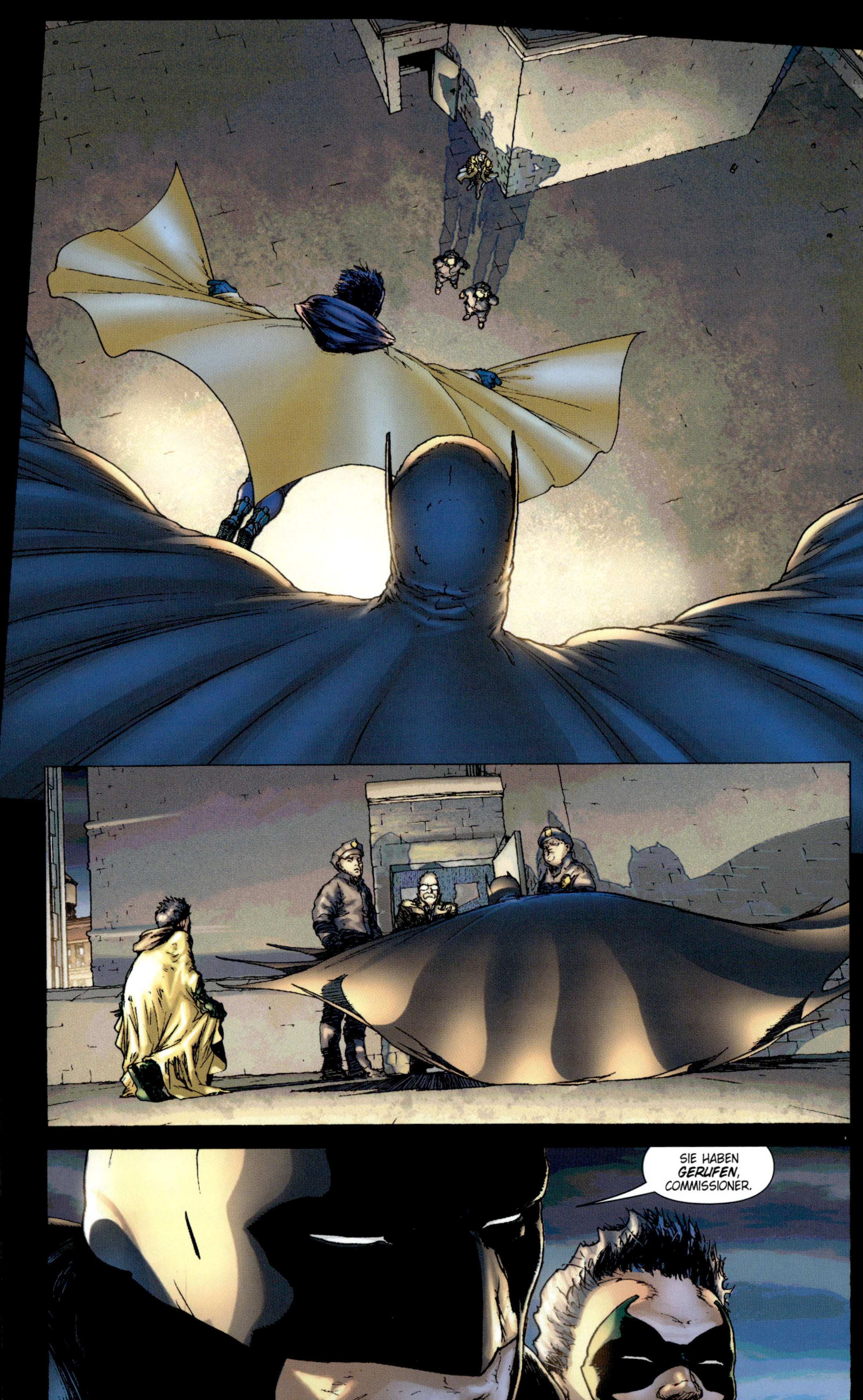
SIE HABEN
GERUFEN,
COMMISSIONER.

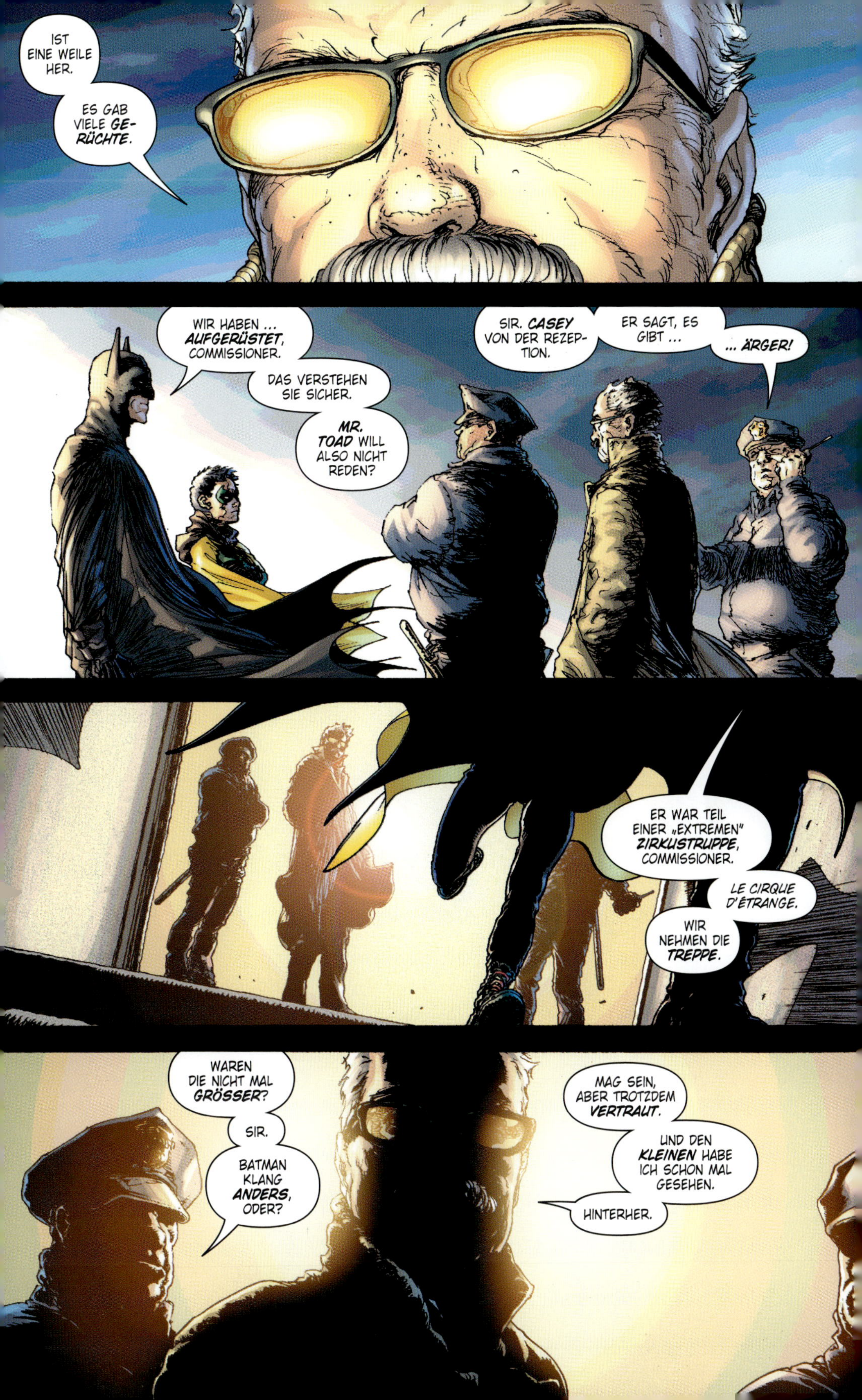
IST EINE WEILE HER.
ES GAB VIELE GE-RÜCHTE.
WIR HABEN ... AUFGERÜSTET, COMMISSIONER.
DAS VERSTEHEN SIE SICHER.
MR. TOAD WILL ALSO NICHT REDEN?
SIR. CASEY VON DER REZEP-TION.
ER SAGT, ES GIBT ...
... ÄRGER!
ER WAR TEIL EINER „EXTREMEN" ZIRKUSTRUPPE, COMMISSIONER.
LE CIRQUE D'ÉTRANGE.
WIR NEHMEN DIE TREPPE.
WAREN DIE NICHT MAL GRÖSSER?
SIR.
BATMAN KLANG ANDERS, ODER?
MAG SEIN, ABER TROTZDEM VERTRAUT.
UND DEN KLEINEN HABE ICH SCHON MAL GESEHEN.
HINTERHER.

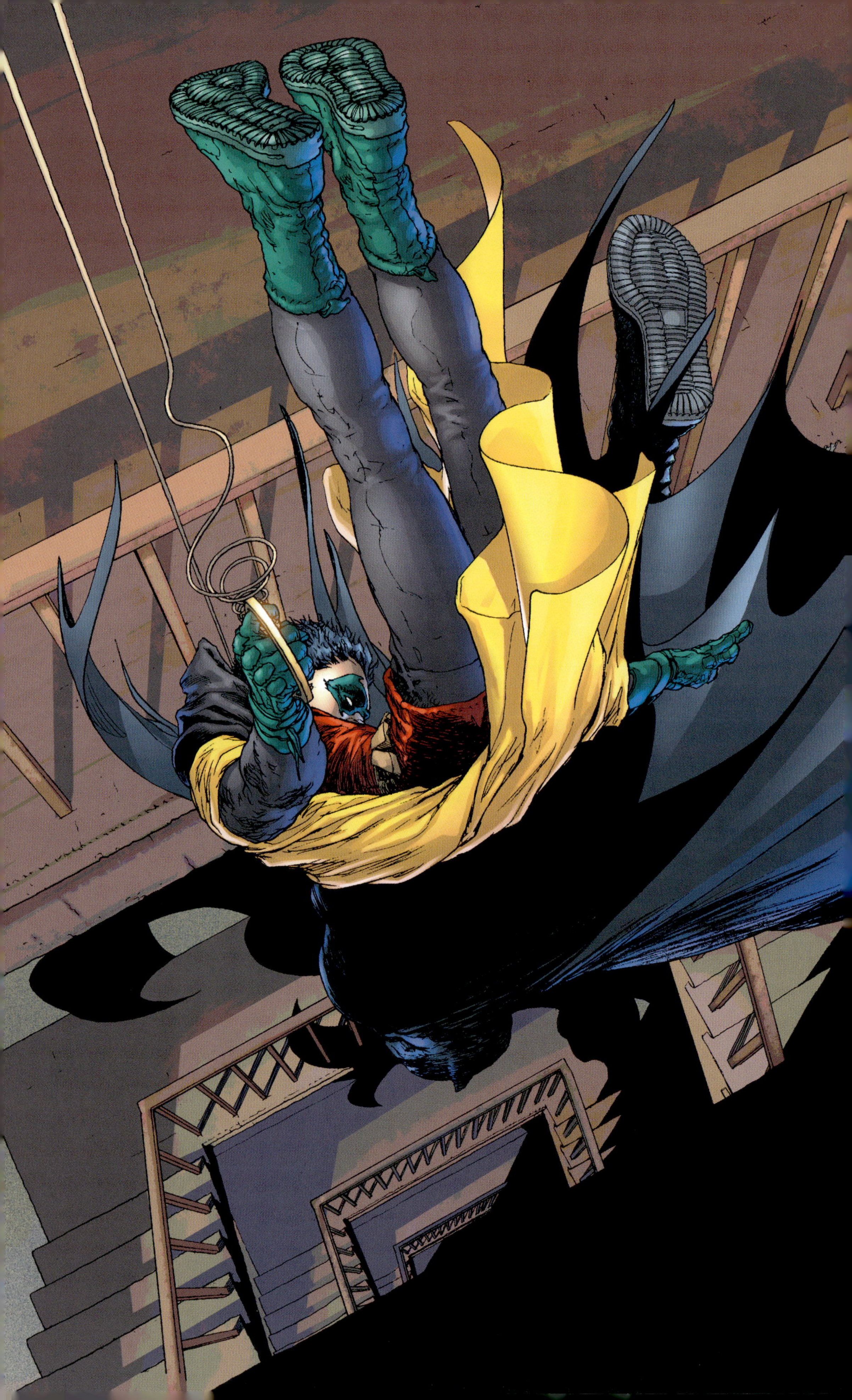

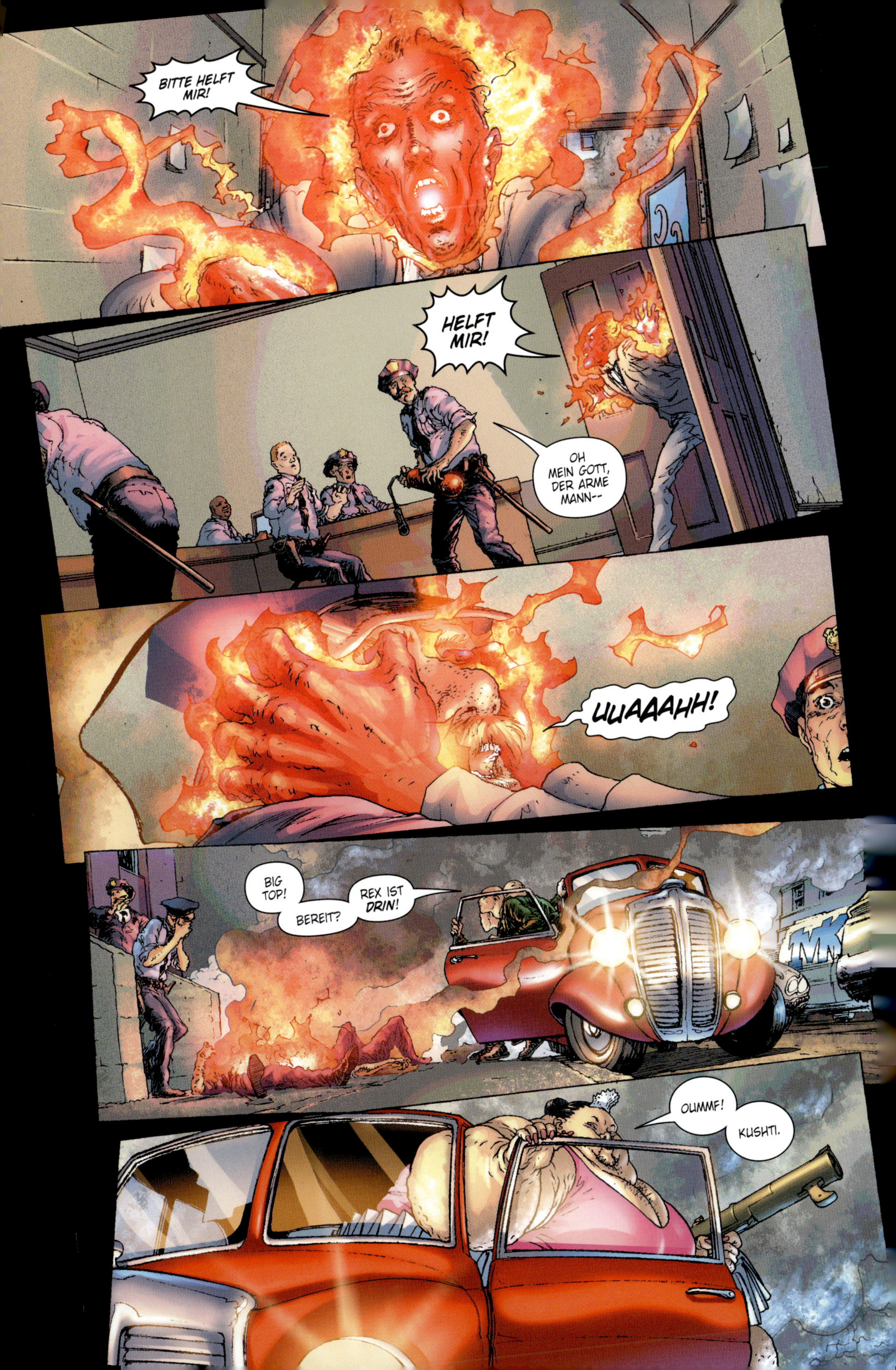
BITTE HELFT MIR!
HELFT MIR!
OH MEIN GOTT, DER ARME MANN--
UUAAAHH!
BIG TOP!
BEREIT?
REX IST DRIN!
OUMMF!
KUSHTI.

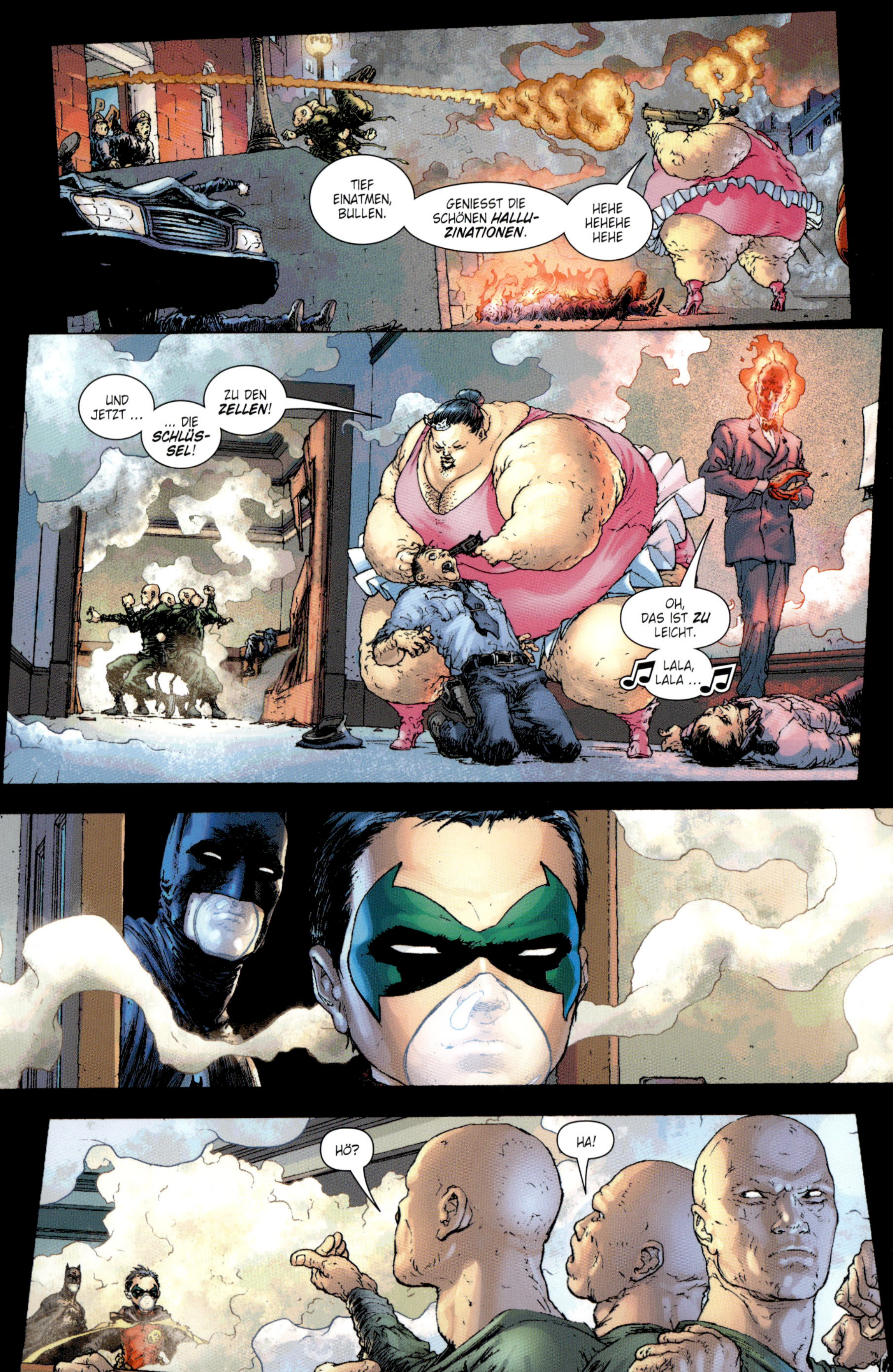
SSSO
PF
TIEF EINATMEN, BULLEN.
GENIESST DIE SCHÖNEN HALLUZINATIONEN.
HEHE HEHEHE HEHE
UND JETZT ...
... DIE SCHLÜSSEL!
ZU DEN ZELLEN!
OH, DAS IST ZU LEICHT.
LALA, LALA ...
HÖ?
HA!

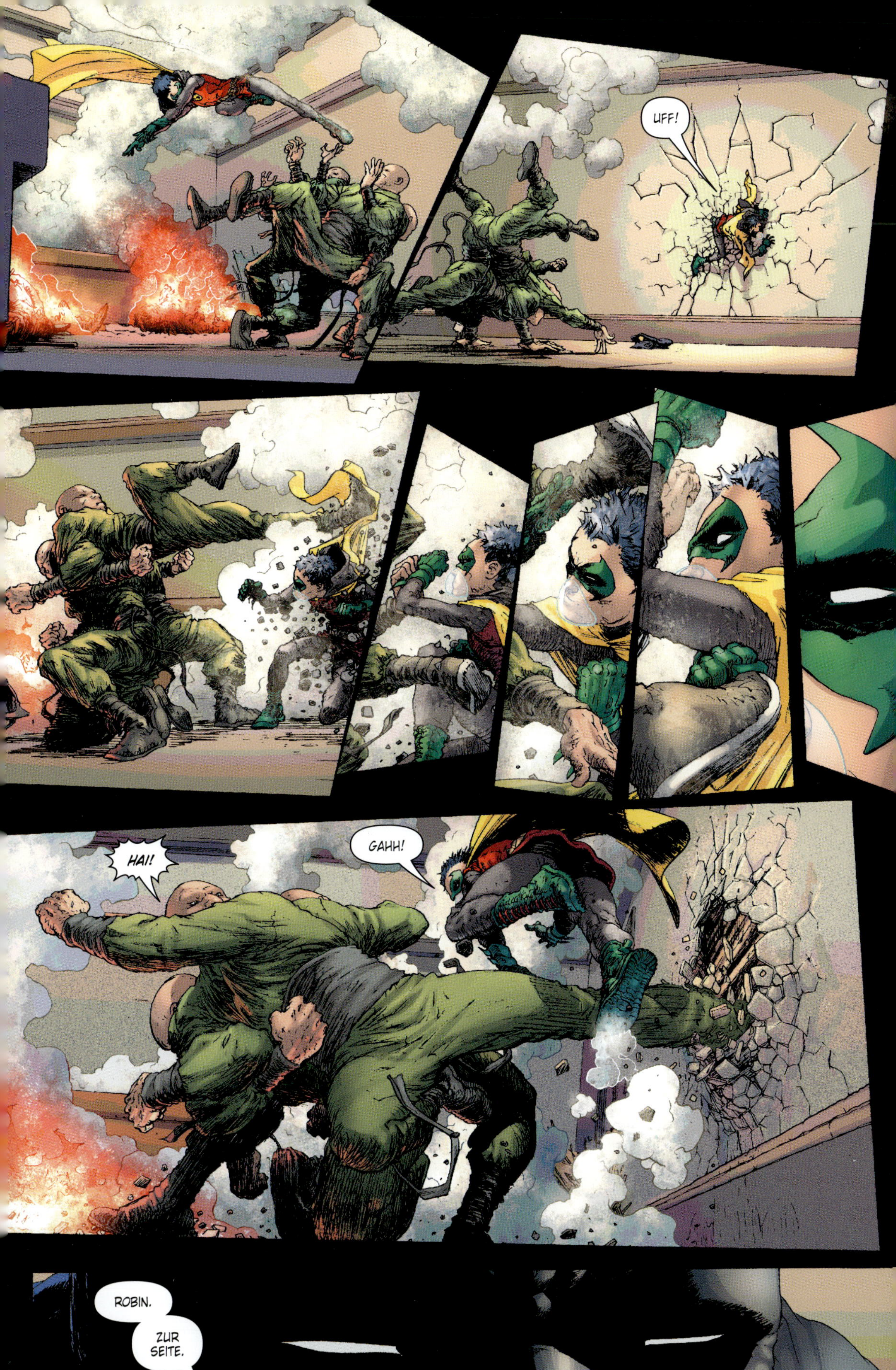
UFF!
HAI!
GAHH!
ROBIN.
ZUR SEITE.

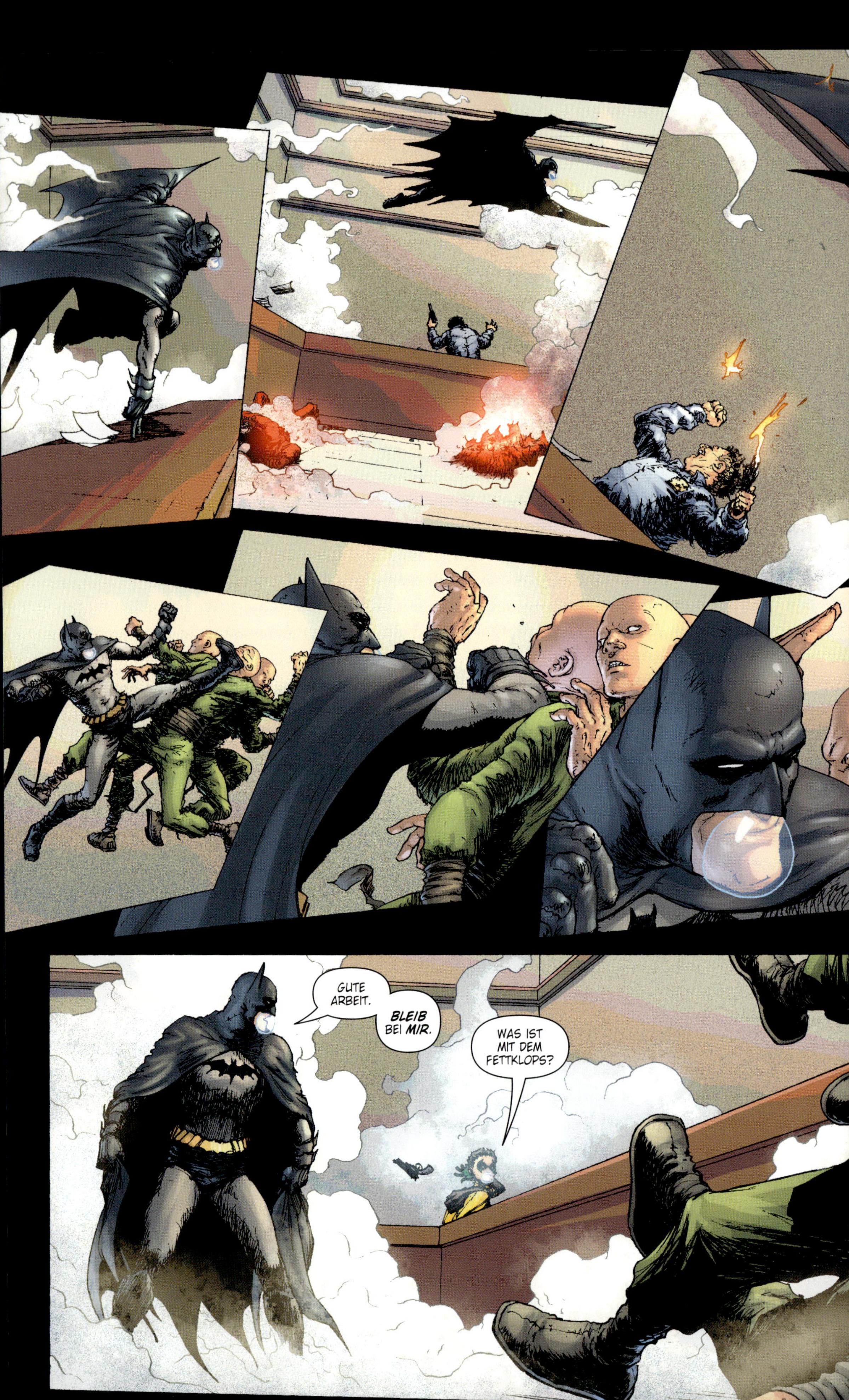
GUTE ARBEIT.
BLEIB BEI MIR.
WAS IST MIT DEM FETTKLOPS?

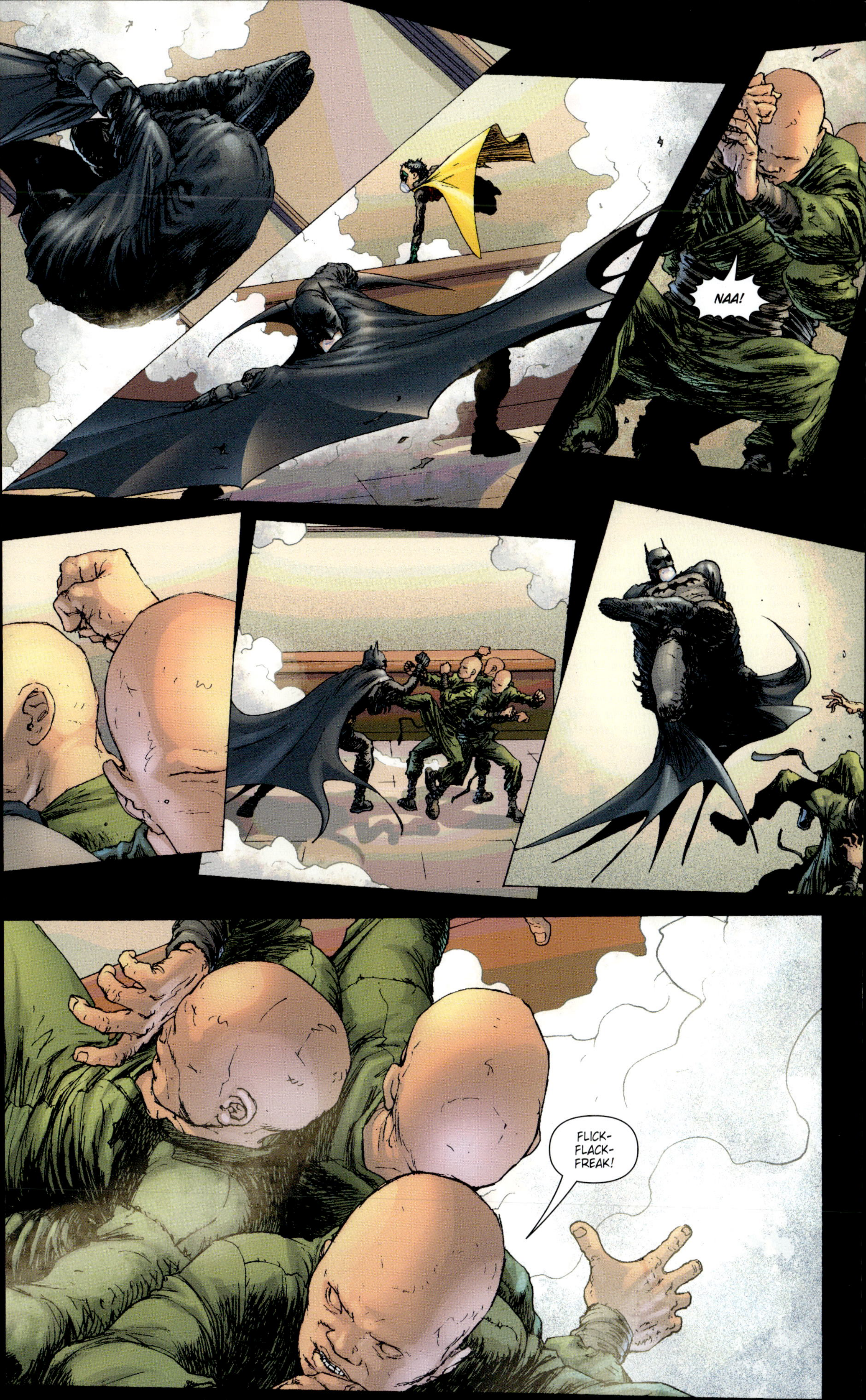
NAA!
FLICK-
FLACK-
FREAK!

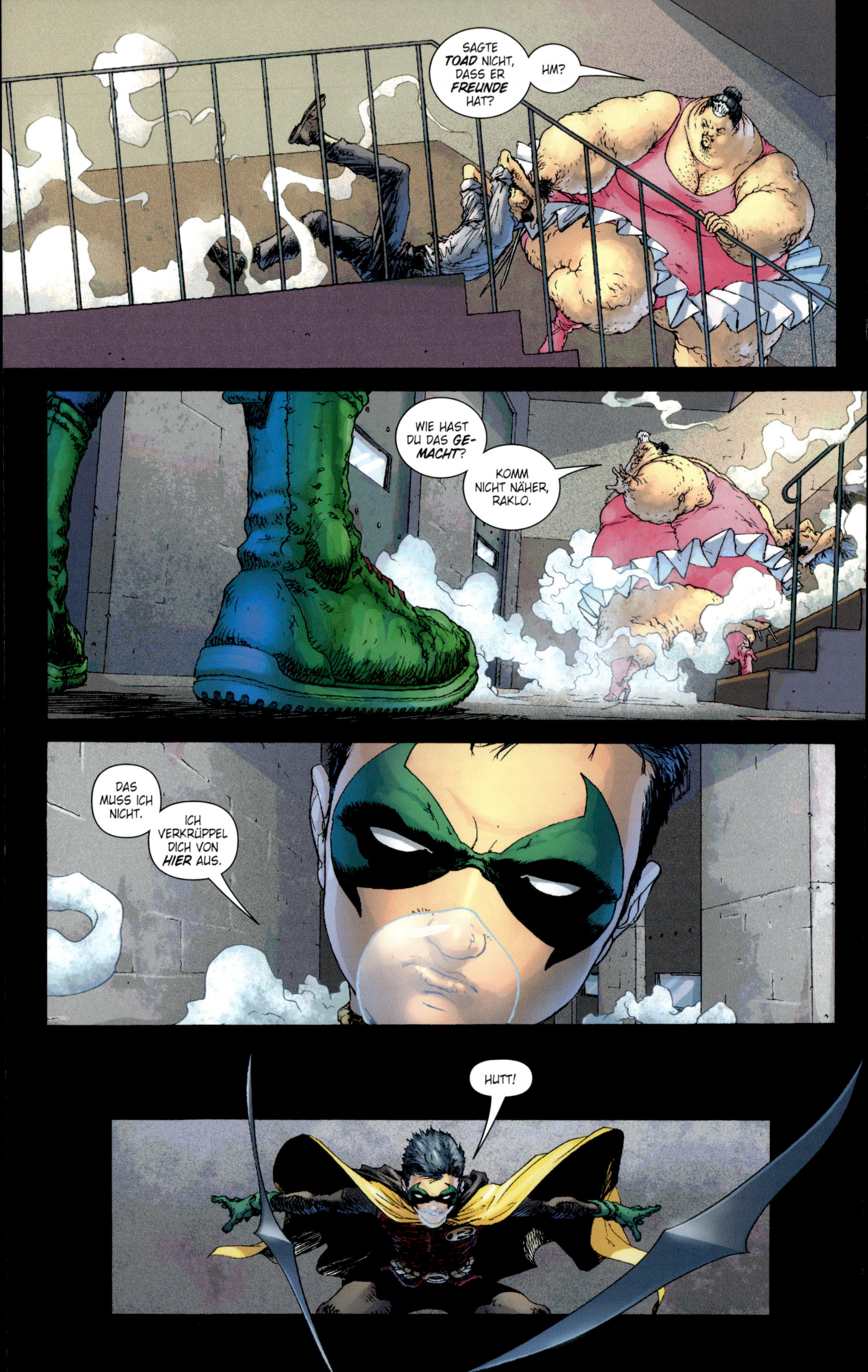

SAGTE TOAD NICHT, DASS ER FREUNDE HAT?
HM?

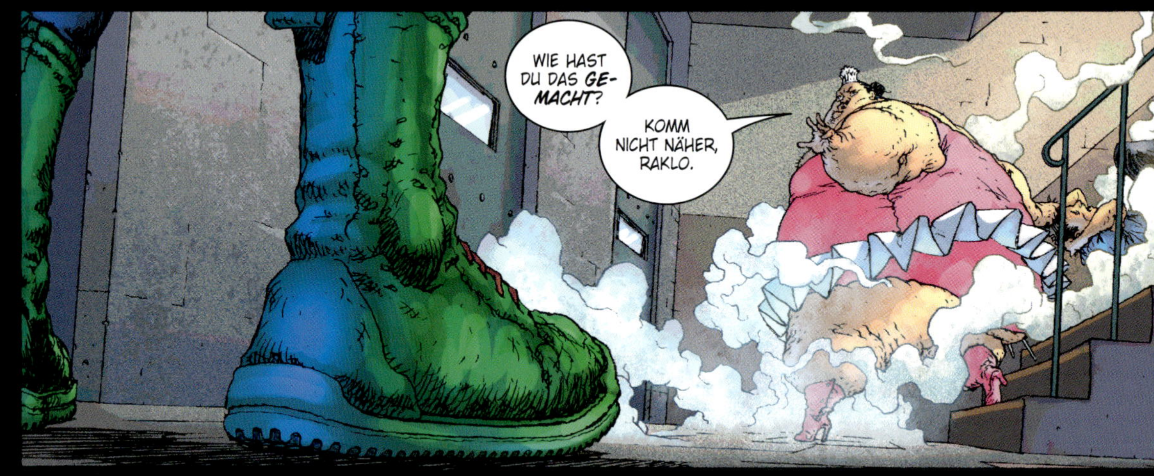
WIE HAST DU DAS GE-MACHT?
KOMM NICHT NÄHER, RAKLO.

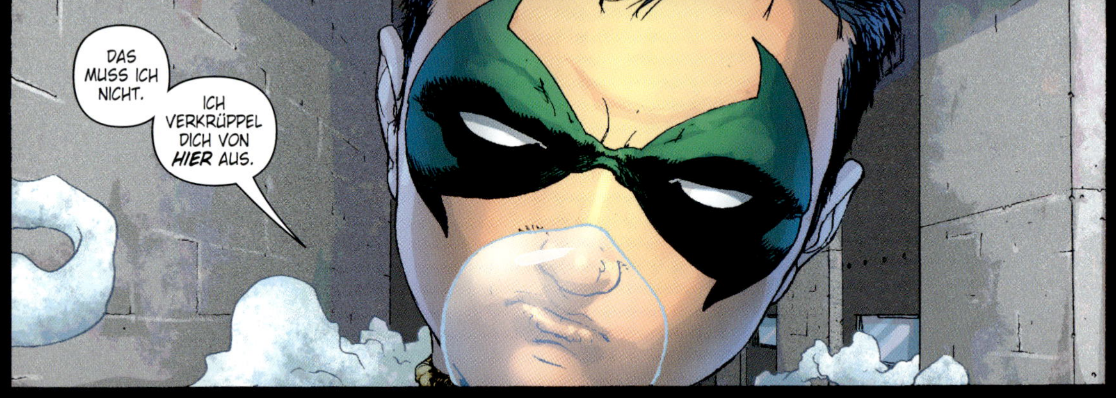
DAS MUSS ICH NICHT.
ICH VERKRÜPPEL DICH VON HIER AUS.

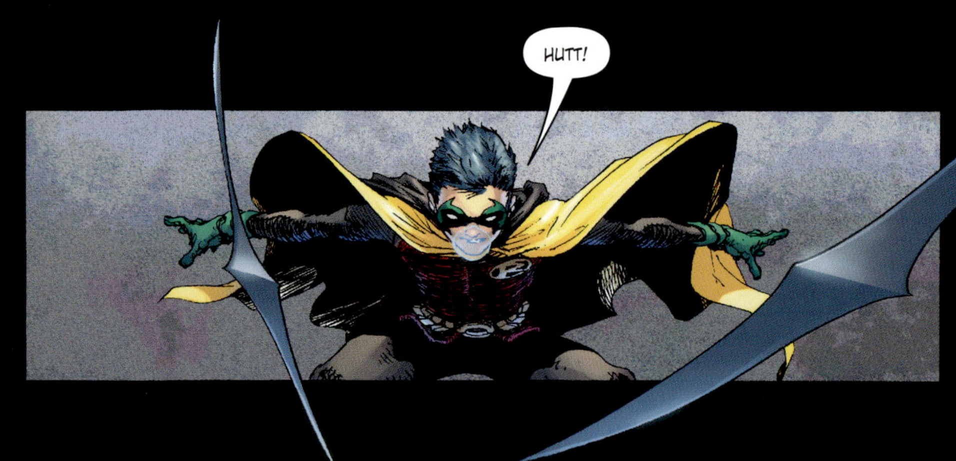
HUTT!

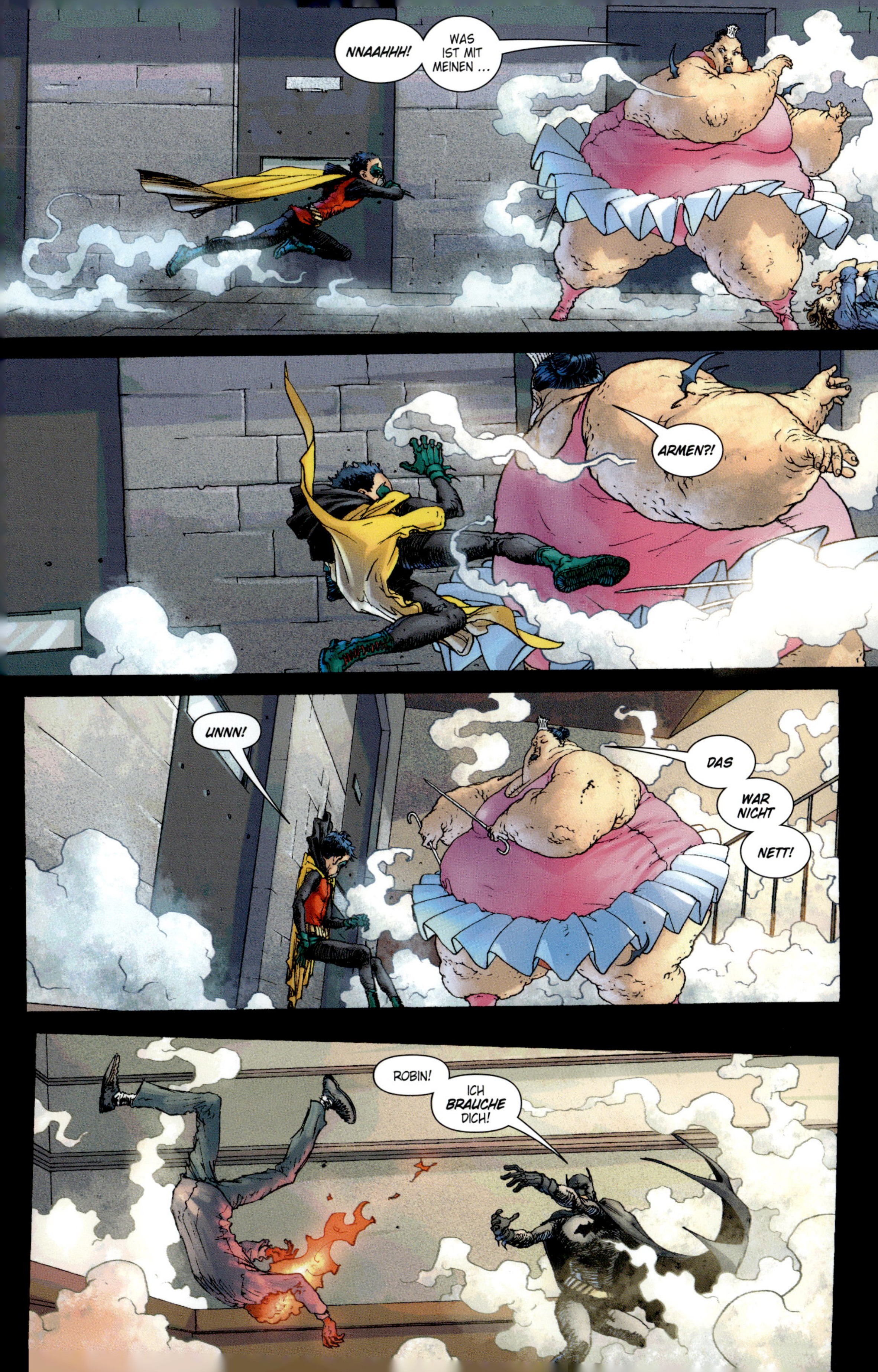
NNAAHHH!
WAS IST MIT MEINEN …
ARMEN?!
UNNN!
DAS
WAR NICHT
NETT!
ROBIN!
ICH BRAUCHE DICH!

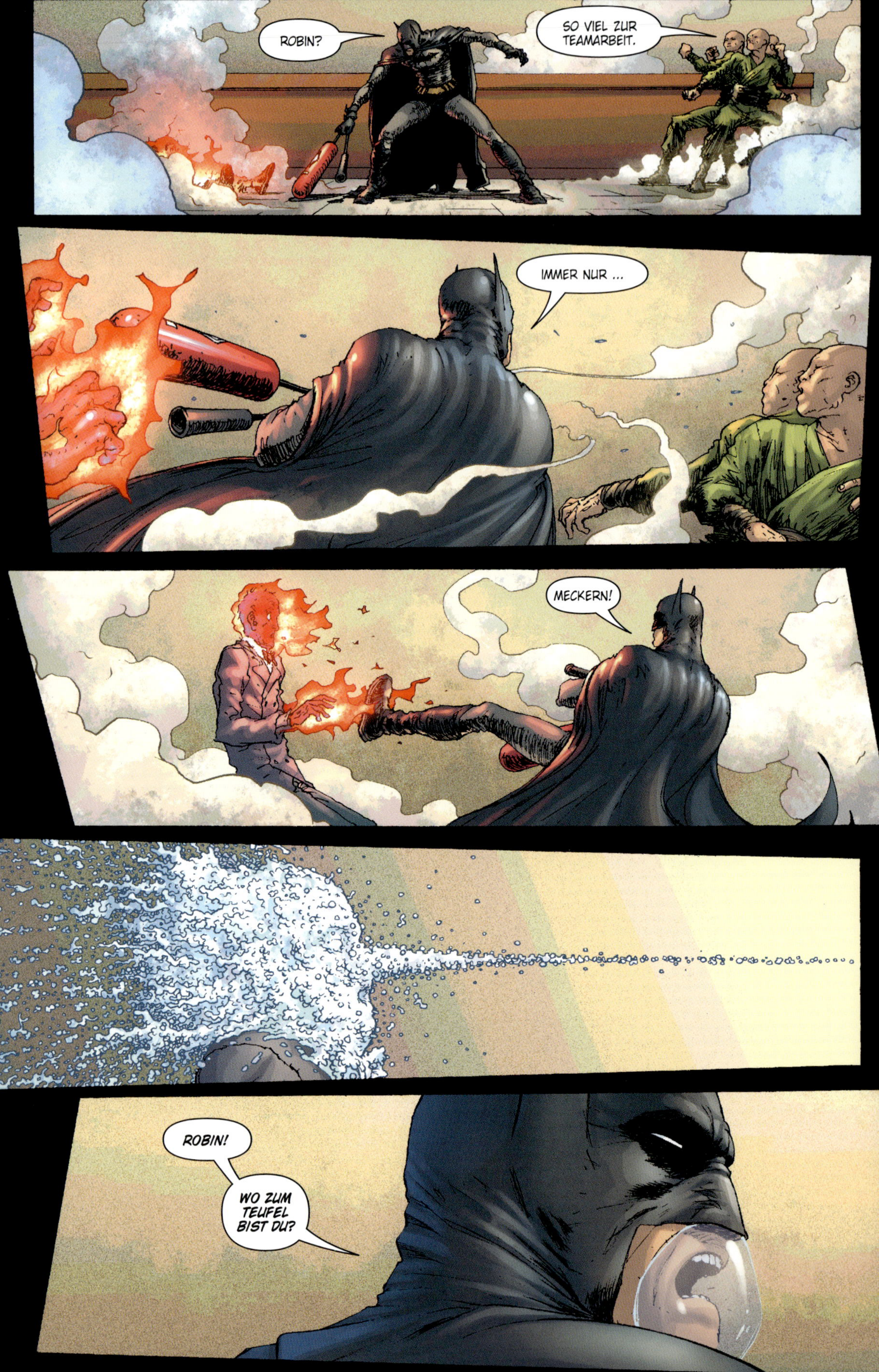
ROBIN?
SO VIEL ZUR TEAMARBEIT.
IMMER NUR ...
MECKERN!
ROBIN!
WO ZUM TEUFEL BIST DU?

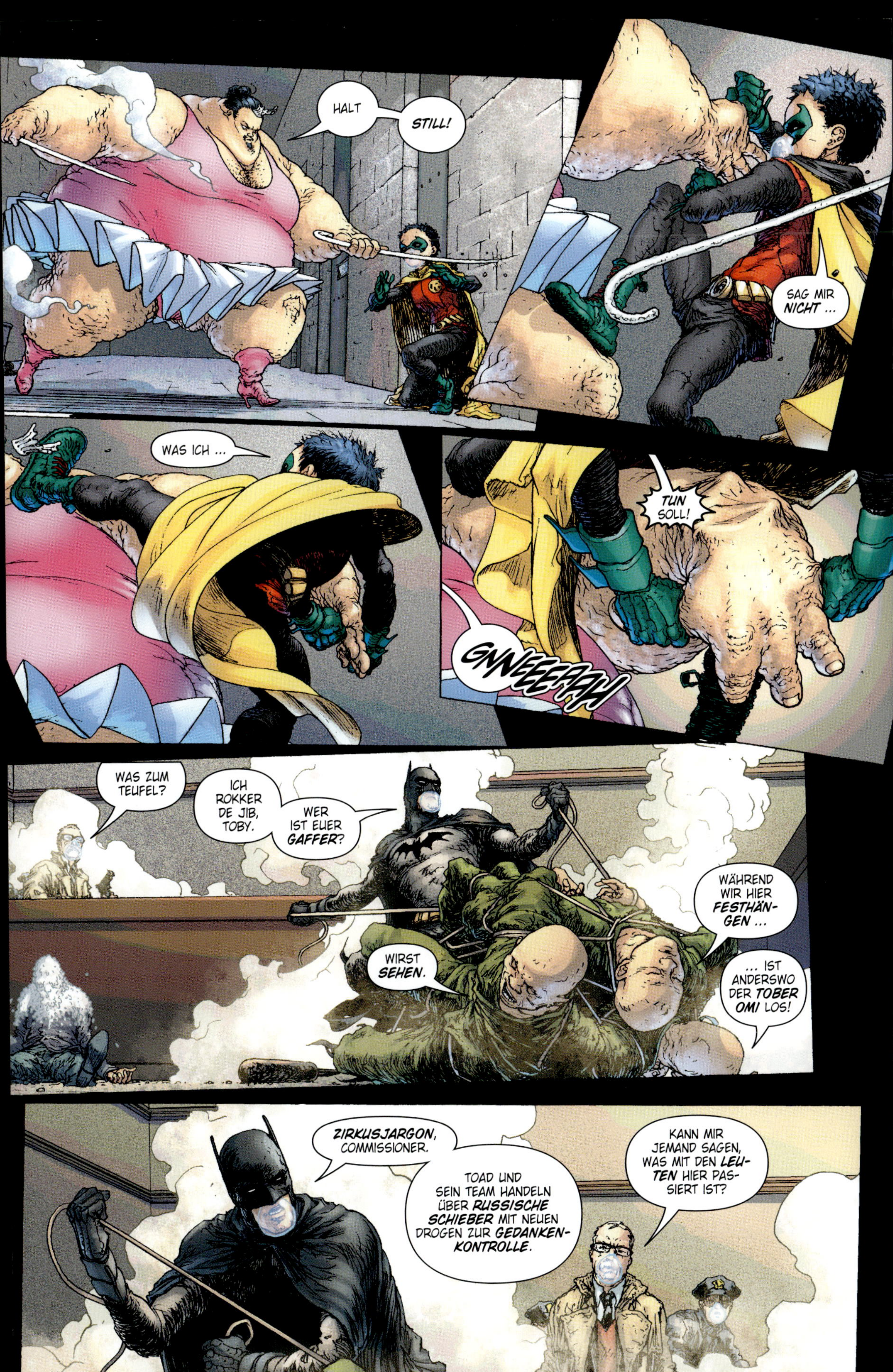
HALT
STILL!
SAG MIR NICHT ...
WAS ICH ...
TUN SOLL!
GNNEEEAAAH
WAS ZUM TEUFEL?
ICH ROKKER DE JIB, TOBY.
WER IST EUER GAFFER?
WÄHREND WIR HIER FESTHÄN-GEN ...
WIRST SEHEN.
... IST ANDERSWO DER TOBER OMI LOS!
ZIRKUSJARGON, COMMISSIONER.
TOAD UND SEIN TEAM HANDELN ÜBER RUSSISCHE SCHIEBER MIT NEUEN DROGEN ZUR GEDANKEN-KONTROLLE.
KANN MIR JEMAND SAGEN, WAS MIT DEN LEU-TEN HIER PAS-SIERT IST?

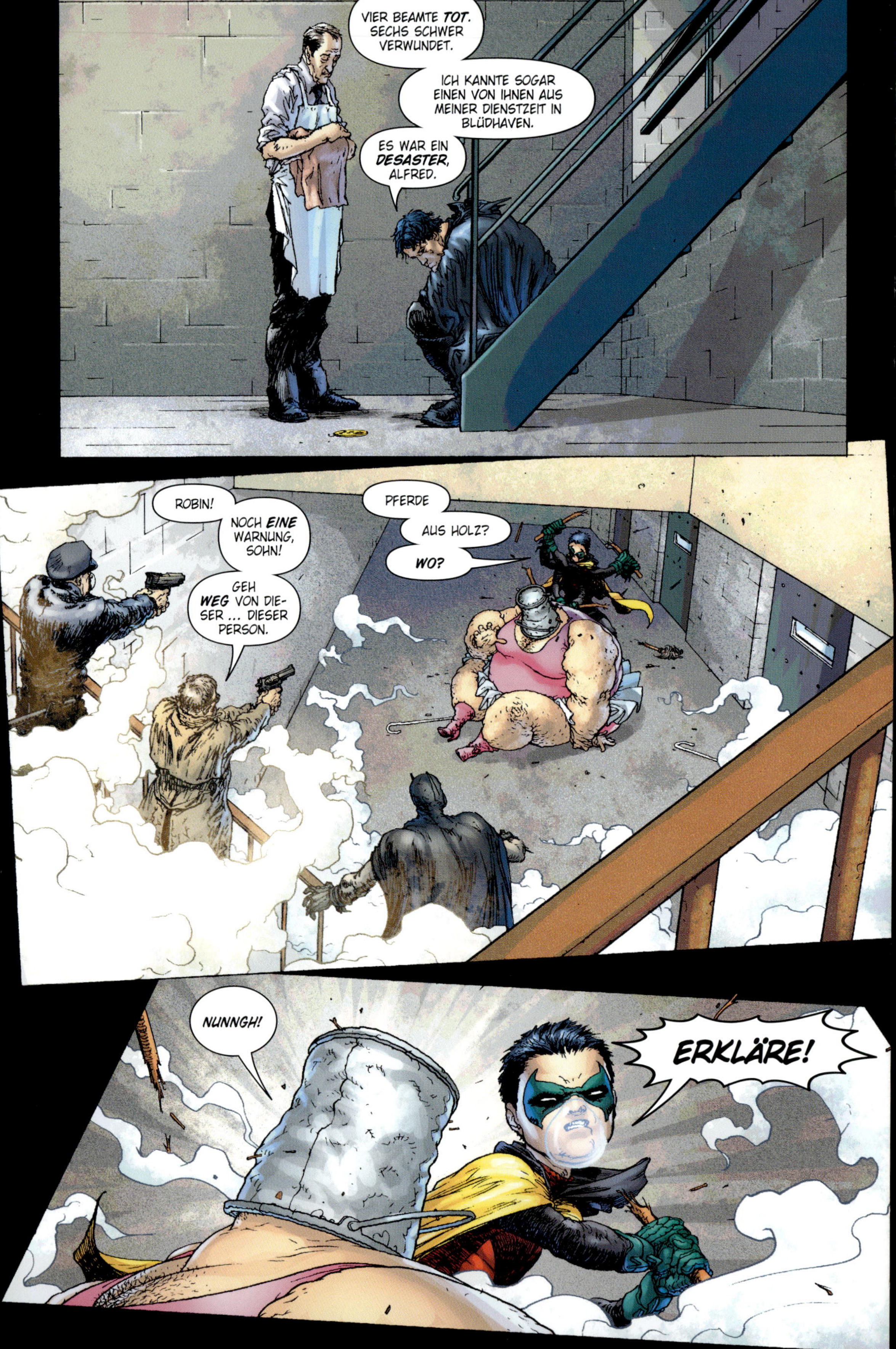
VIER BEAMTE TOT. SECHS SCHWER VERWUNDET.
ICH KANNTE SOGAR EINEN VON IHNEN AUS MEINER DIENSTZEIT IN BLÜDHAVEN.
ES WAR EIN DESASTER, ALFRED.
ROBIN!
NOCH EINE WARNUNG, SOHN!
GEH WEG VON DIE-SER ... DIESER PERSON.
PFERDE
AUS HOLZ?
WO?
NUNNGH!
ERKLÄRE!

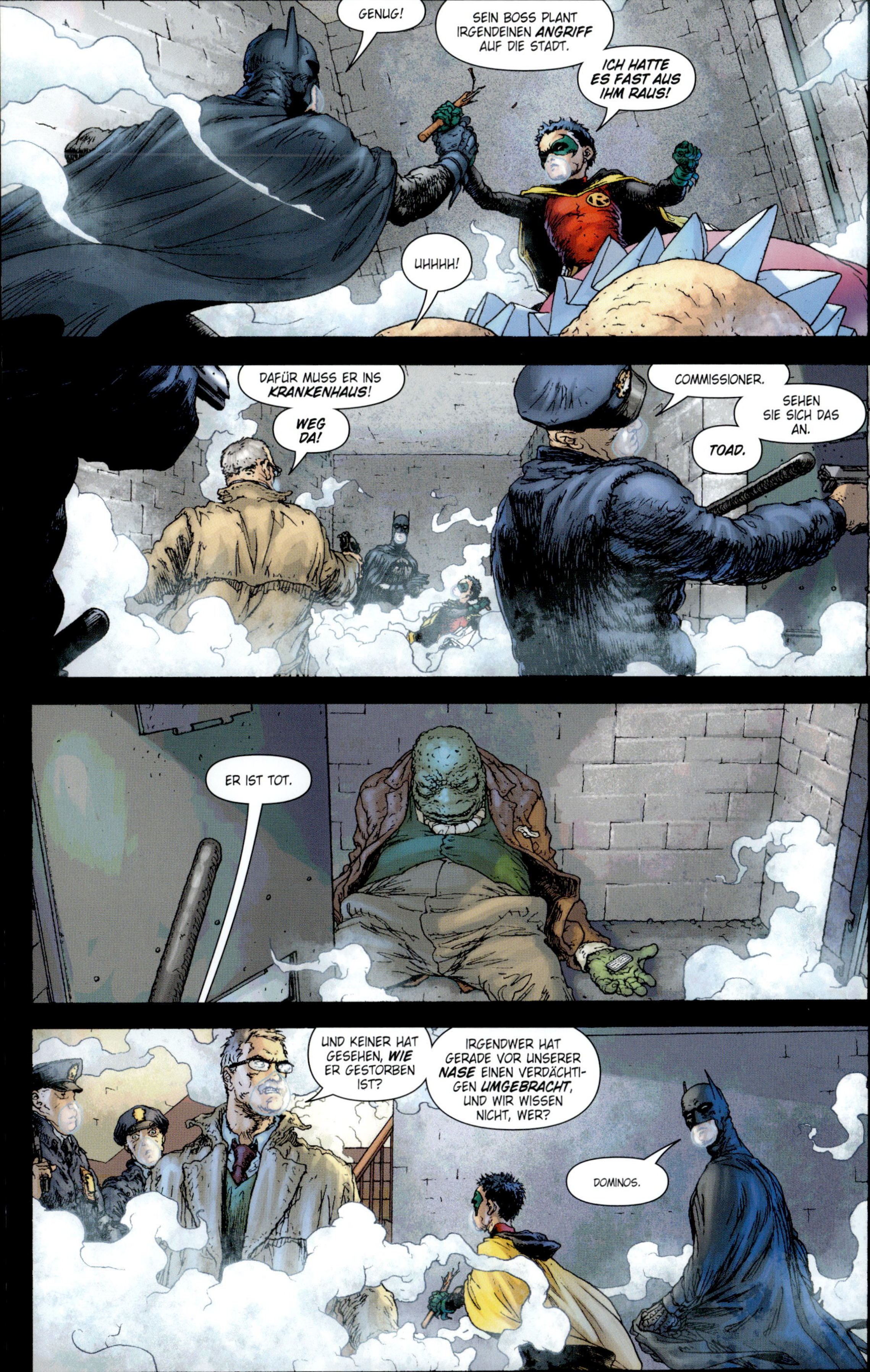

GENUG!
SEIN BOSS PLANT IRGENDEINEN ***ANGRIFF*** AUF DIE STADT.
ICH HATTE ES FAST AUS IHM RAUS!
UHHHH!

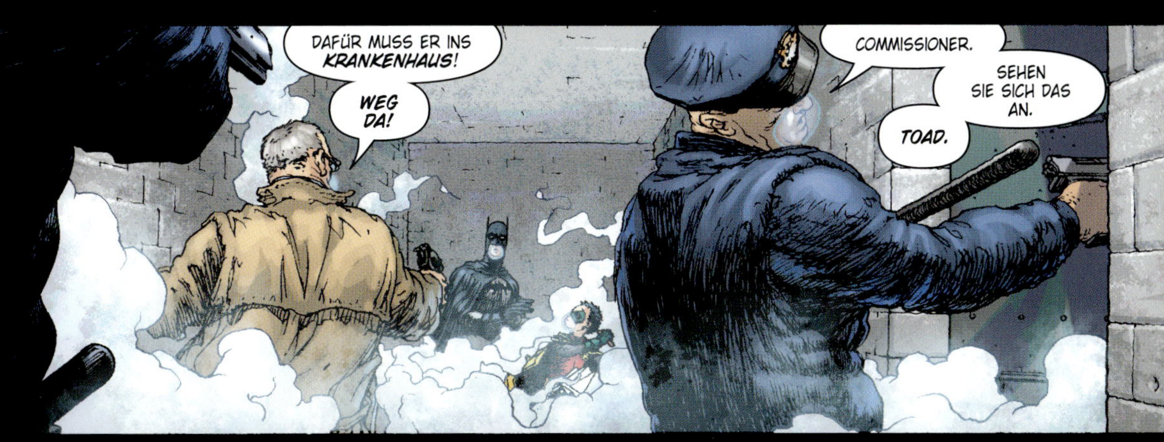

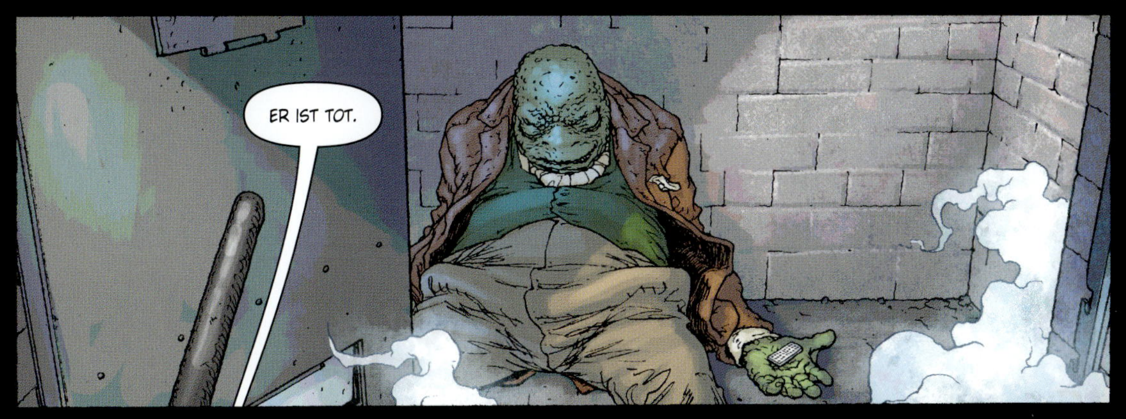

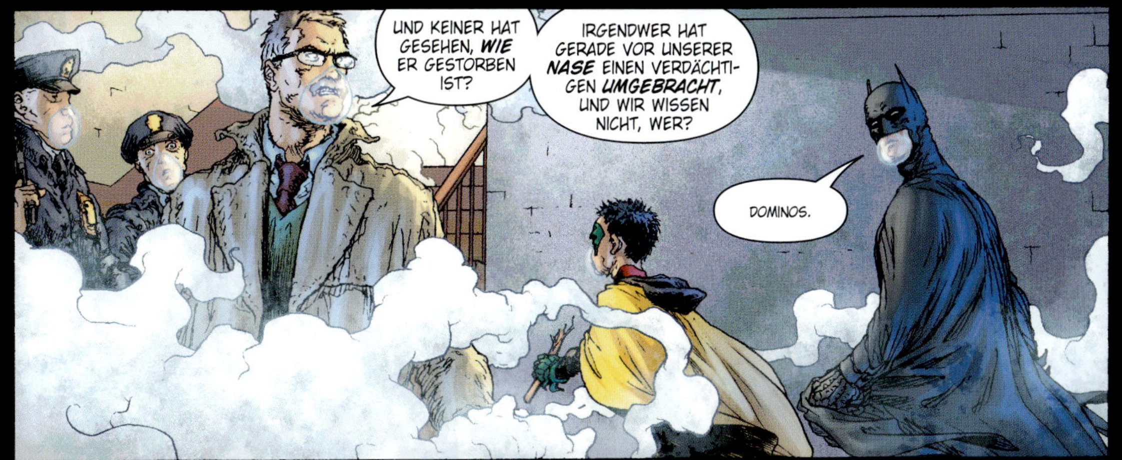

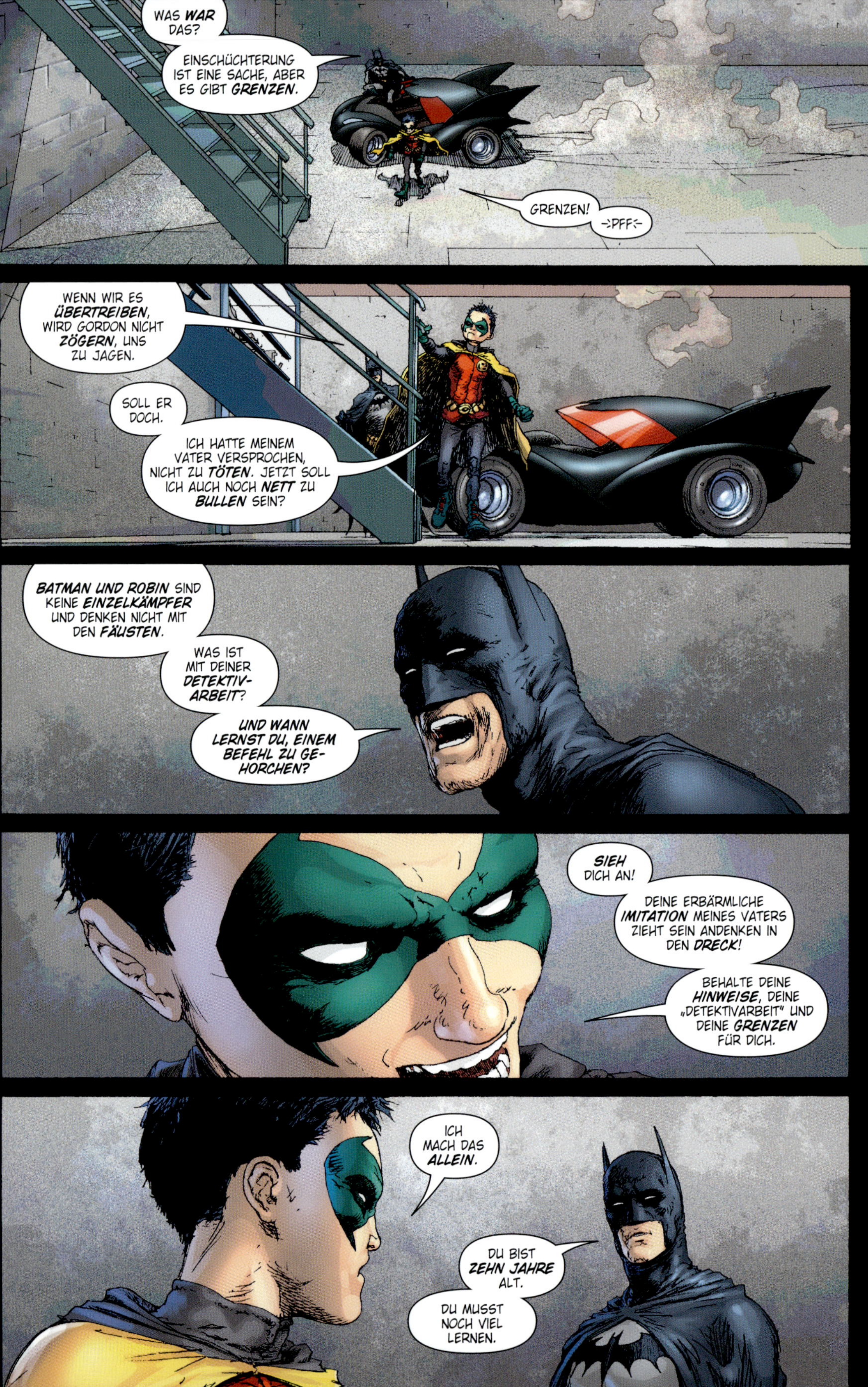
WAS WAR DAS?
EINSCHÜCHTERUNG IST EINE SACHE, ABER ES GIBT GRENZEN.
GRENZEN!
-PFF-
WENN WIR ES ÜBERTREIBEN, WIRD GORDON NICHT ZÖGERN, UNS ZU JAGEN.
SOLL ER DOCH.
ICH HATTE MEINEM VATER VERSPROCHEN, NICHT ZU TÖTEN. JETZT SOLL ICH AUCH NOCH NETT ZU BULLEN SEIN?
BATMAN UND ROBIN SIND KEINE EINZELKÄMPFER UND DENKEN NICHT MIT DEN FÄUSTEN.
WAS IST MIT DEINER DETEKTIV-ARBEIT?
UND WANN LERNST DU, EINEM BEFEHL ZU GE-HORCHEN?
SIEH DICH AN!
DEINE ERBÄRMLICHE IMITATION MEINES VATERS ZIEHT SEIN ANDENKEN IN DEN DRECK!
BEHALTE DEINE HINWEISE, DEINE „DETEKTIVARBEIT" UND DEINE GRENZEN FÜR DICH.
ICH MACH DAS ALLEIN.
DU BIST ZEHN JAHRE ALT.
DU MUSST NOCH VIEL LERNEN.

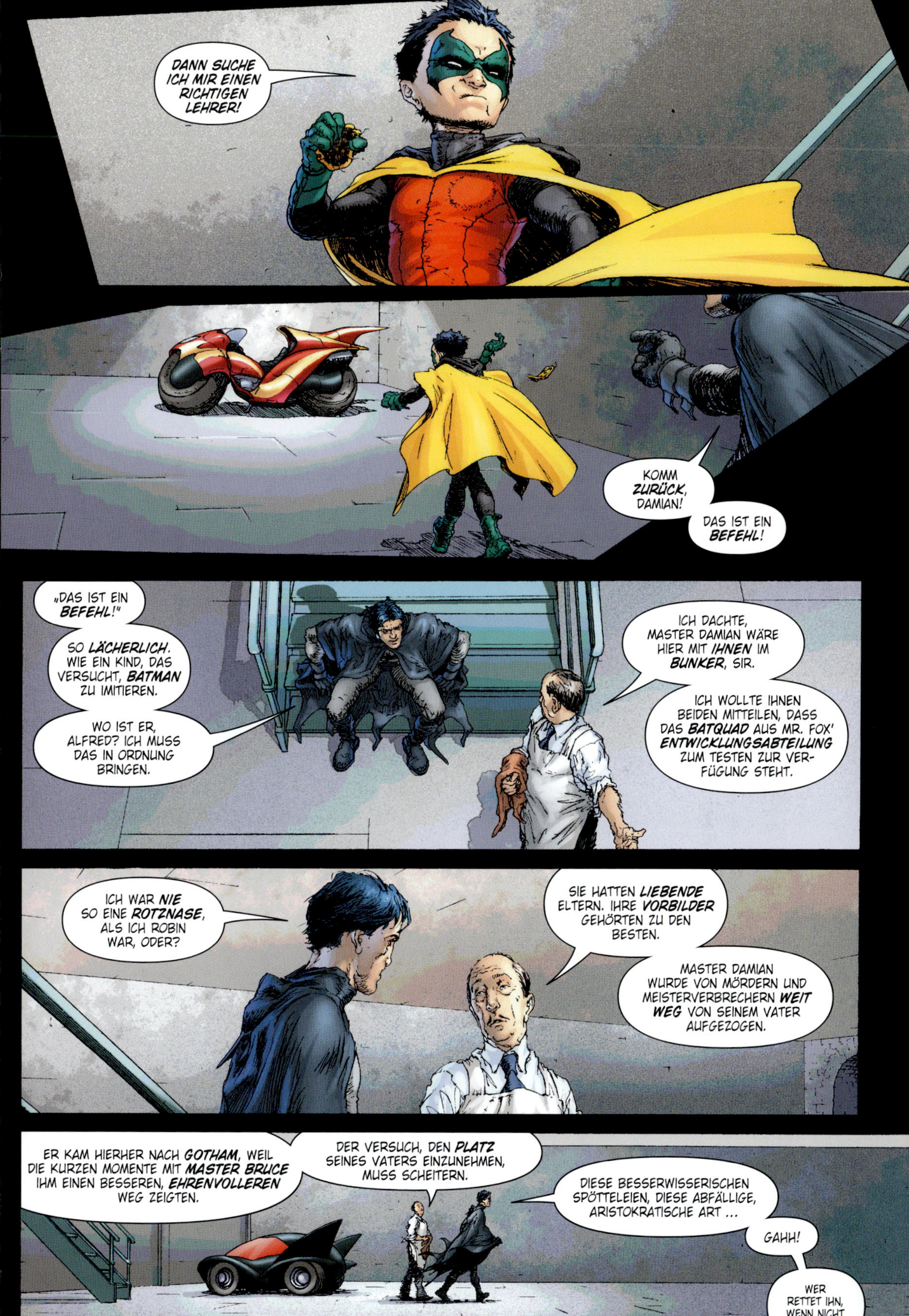
DANN SUCHE ICH MIR EINEN RICHTIGEN LEHRER!
KOMM ZURÜCK, DAMIAN!
DAS IST EIN BEFEHL!
„DAS IST EIN BEFEHL!"
SO LÄCHERLICH. WIE EIN KIND, DAS VERSUCHT, BATMAN ZU IMITIEREN.
WO IST ER, ALFRED? ICH MUSS DAS IN ORDNUNG BRINGEN.
ICH DACHTE, MASTER DAMIAN WÄRE HIER MIT IHNEN IM BUNKER, SIR.
ICH WOLLTE IHNEN BEIDEN MITTEILEN, DASS DAS BATQUAD AUS MR. FOX' ENTWICKLUNGSABTEILUNG ZUM TESTEN ZUR VERFÜGUNG STEHT.
ICH WAR NIE SO EINE ROTZNASE, ALS ICH ROBIN WAR, ODER?
SIE HATTEN LIEBENDE ELTERN. IHRE VORBILDER GEHÖRTEN ZU DEN BESTEN.
MASTER DAMIAN WURDE VON MÖRDERN UND MEISTERVERBRECHERN WEIT WEG VON SEINEM VATER AUFGEZOGEN.
ER KAM HIERHER NACH GOTHAM, WEIL DIE KURZEN MOMENTE MIT MASTER BRUCE IHM EINEN BESSEREN, EHRENVOLLEREN WEG ZEIGTEN.
DER VERSUCH, DEN PLATZ SEINES VATERS EINZUNEHMEN, MUSS SCHEITERN.
DIESE BESSERWISSERISCHEN SPÖTTELEIEN, DIESE ABFÄLLIGE, ARISTOKRATISCHE ART ...
GAHH!
WER RETTET IHN, WENN NICHT WIR?

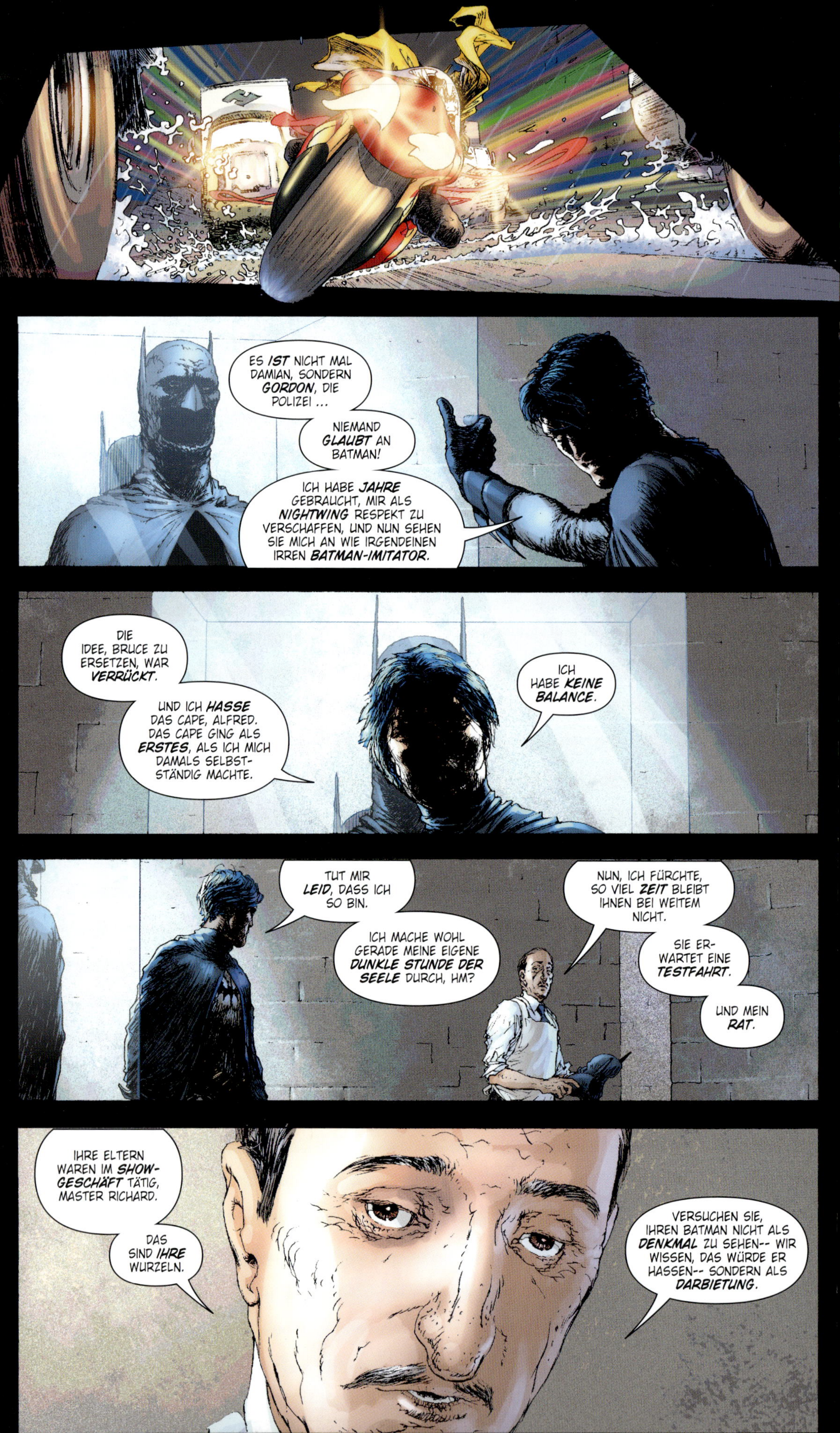

ES *IST* NICHT MAL DAMIAN, SONDERN *GORDON*, DIE POLIZEI ...

NIEMAND *GLAUBT* AN BATMAN!

ICH HABE *JAHRE* GEBRAUCHT, MIR ALS *NIGHTWING* RESPEKT ZU VERSCHAFFEN, UND NUN SEHEN SIE MICH AN WIE IRGENDEINEN IRREN *BATMAN-IMITATOR*.

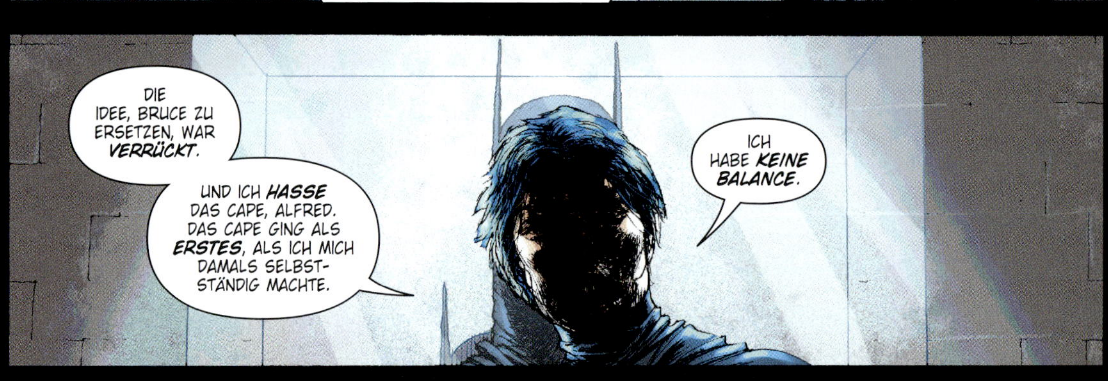

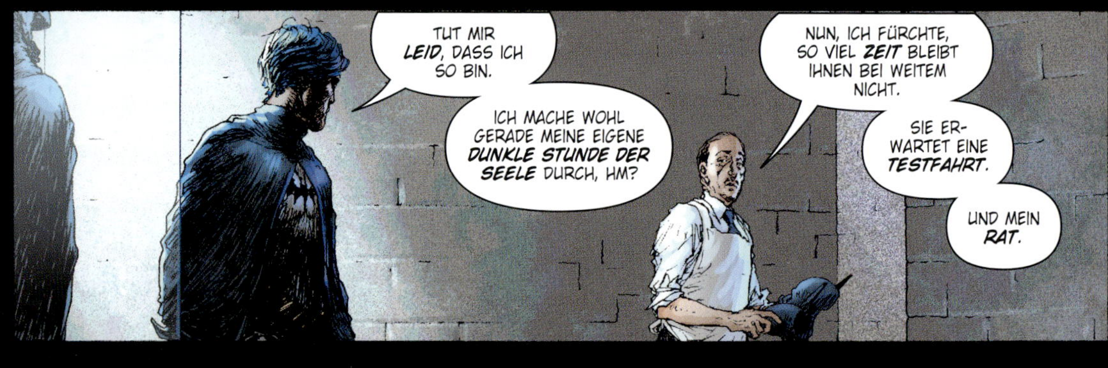

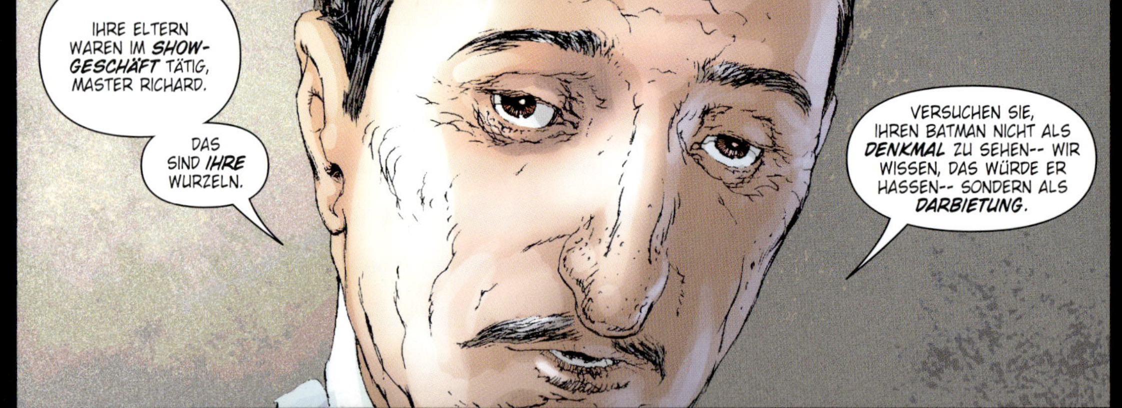

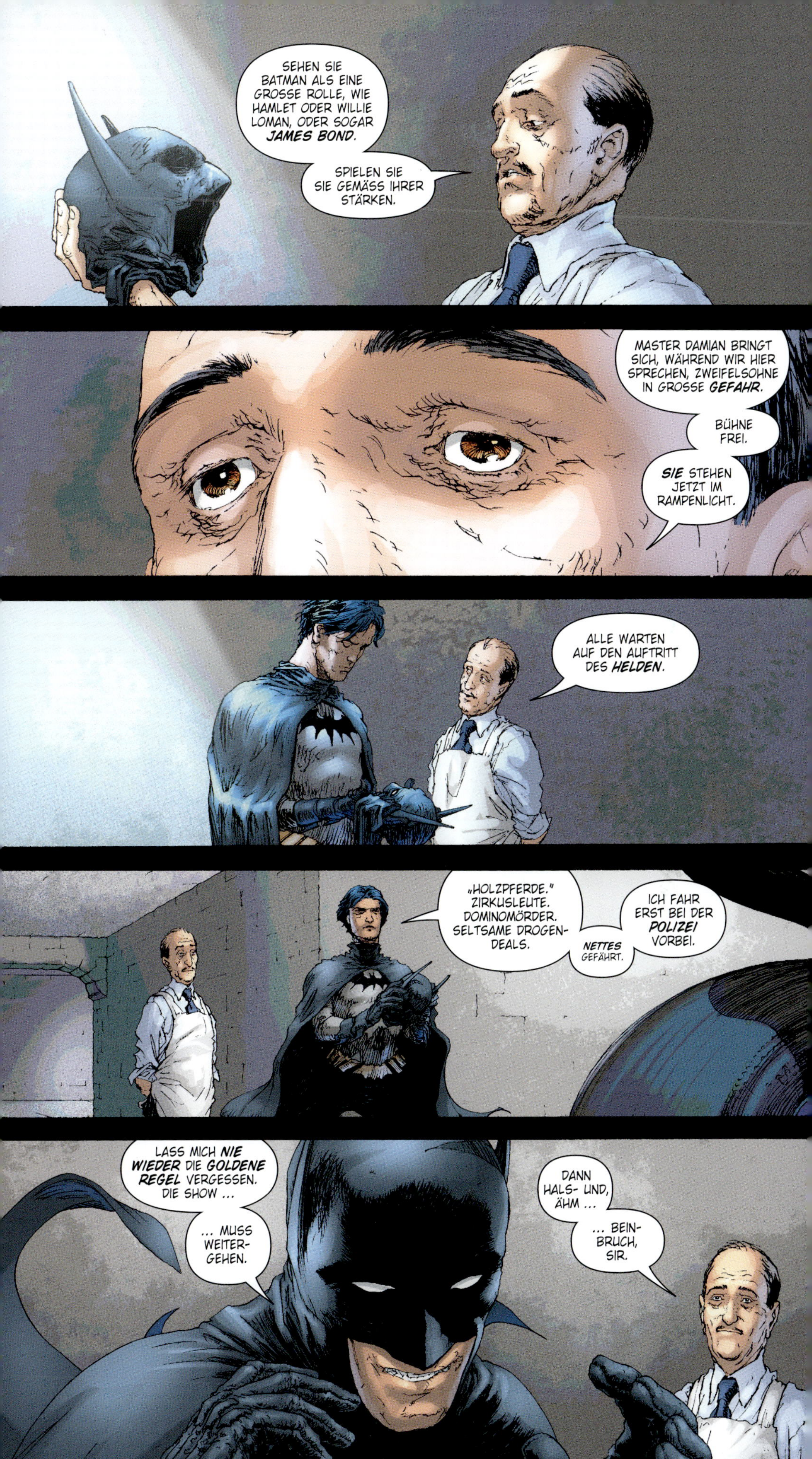
SEHEN SIE BATMAN ALS EINE GROSSE ROLLE, WIE HAMLET ODER WILLIE LOMAN, ODER SOGAR JAMES BOND.
SPIELEN SIE SIE GEMÄSS IHRER STÄRKEN.
MASTER DAMIAN BRINGT SICH, WÄHREND WIR HIER SPRECHEN, ZWEIFELSOHNE IN GROSSE GEFAHR.
BÜHNE FREI.
SIE STEHEN JETZT IM RAMPENLICHT.
ALLE WARTEN AUF DEN AUFTRITT DES HELDEN.
„HOLZPFERDE." ZIRKUSLEUTE. DOMINOMÖRDER. SELTSAME DROGEN-DEALS.
NETTES GEFÄHRT.
ICH FAHR ERST BEI DER POLIZEI VORBEI.
LASS MICH NIE WIEDER DIE GOLDENE REGEL VERGESSEN. DIE SHOW ...
... MUSS WEITER-GEHEN.
DANN HALS- UND, ÄHM ...
... BEIN-BRUCH, SIR.

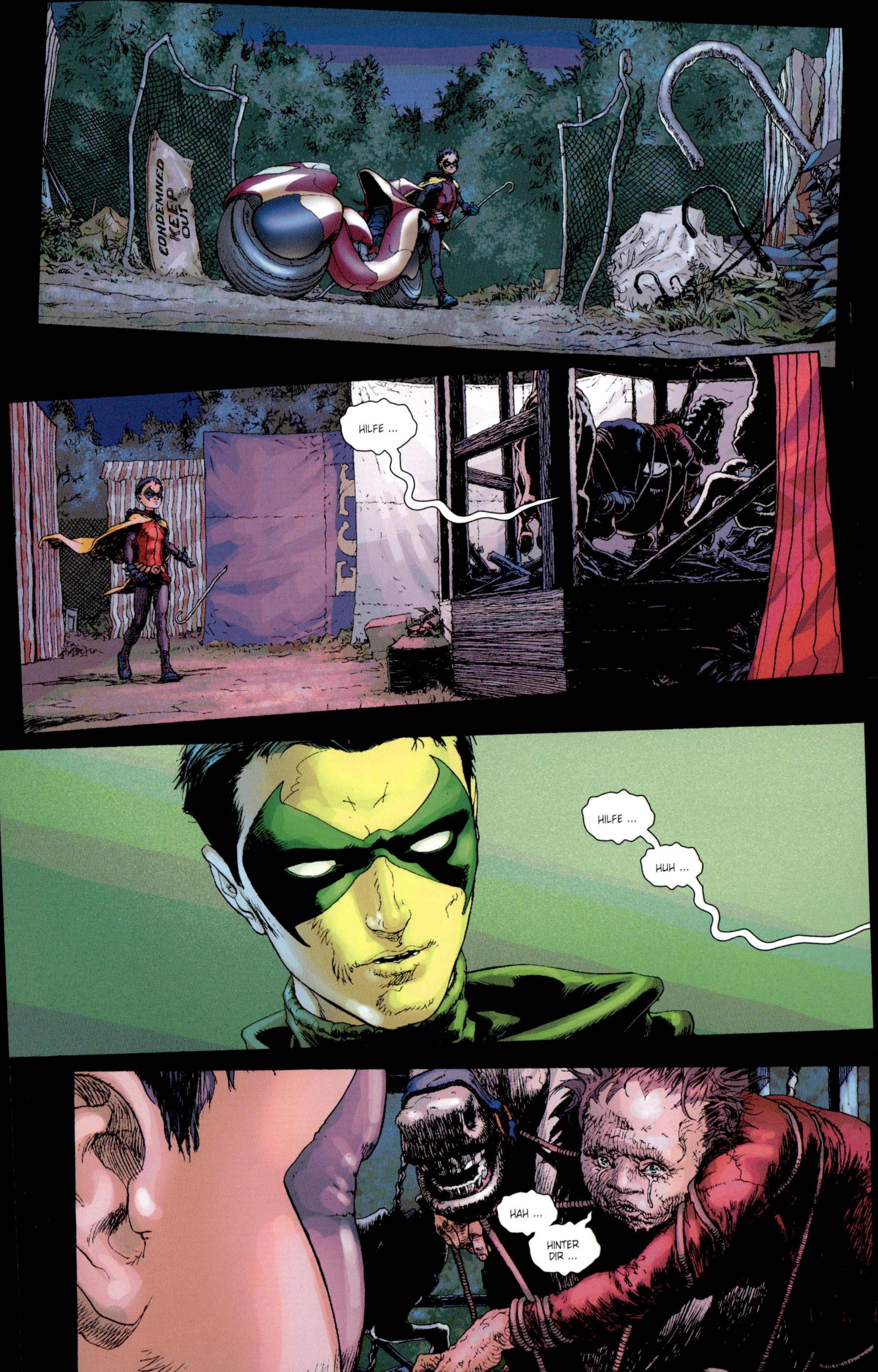
CONDEMNED
KEEP
OUT
HILFE ...
HILFE ...
HUH ...
HAH ...
HINTER
DIR ...

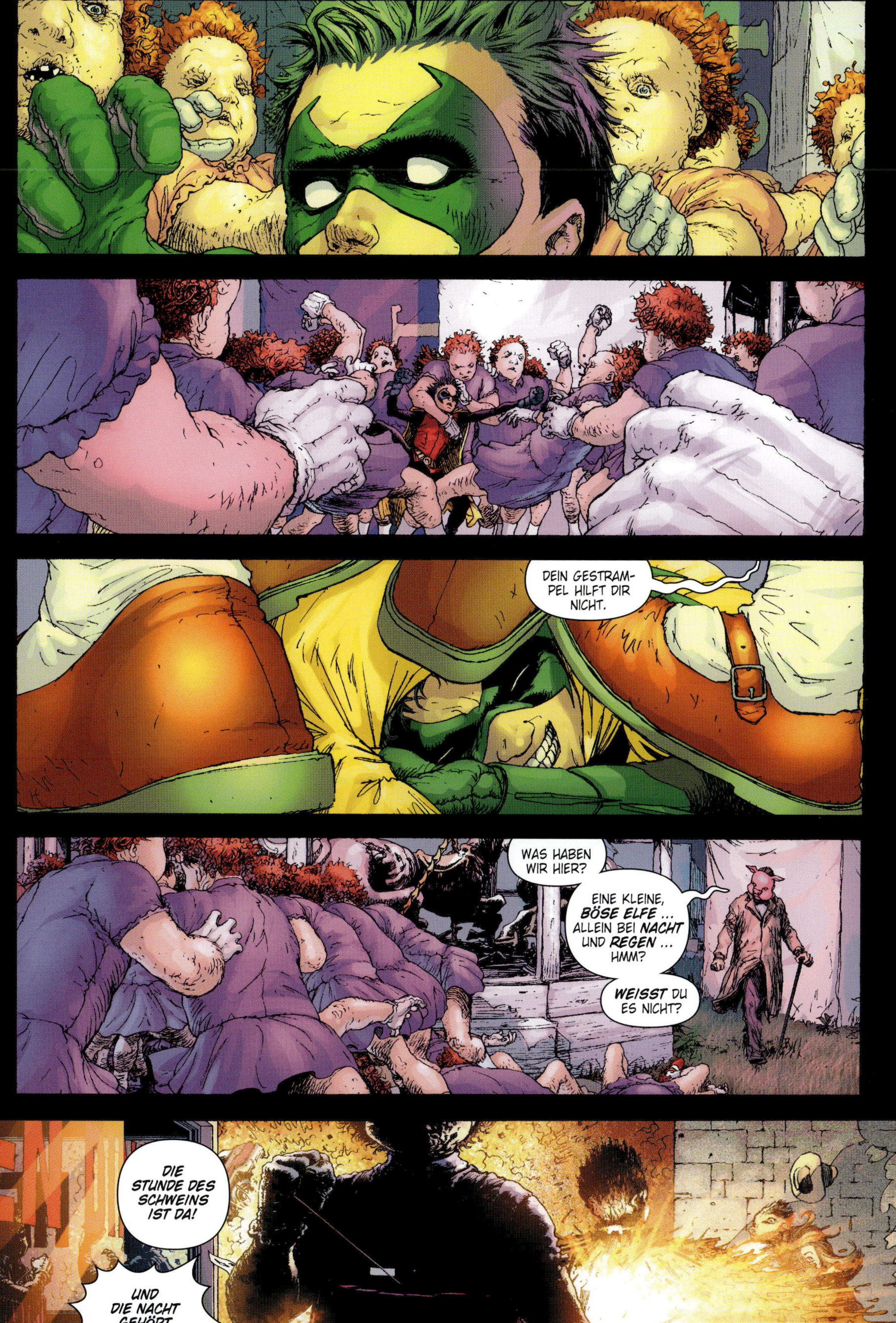
DEIN GESTRAMPEL HILFT DIR NICHT.
WAS HABEN WIR HIER?
EINE KLEINE, BÖSE ELFE ... ALLEIN BEI NACHT UND REGEN ... HMM?
WEISST DU ES NICHT?
DIE STUNDE DES SCHWEINS IST DA!
UND DIE NACHT GEHÖRT MIR!

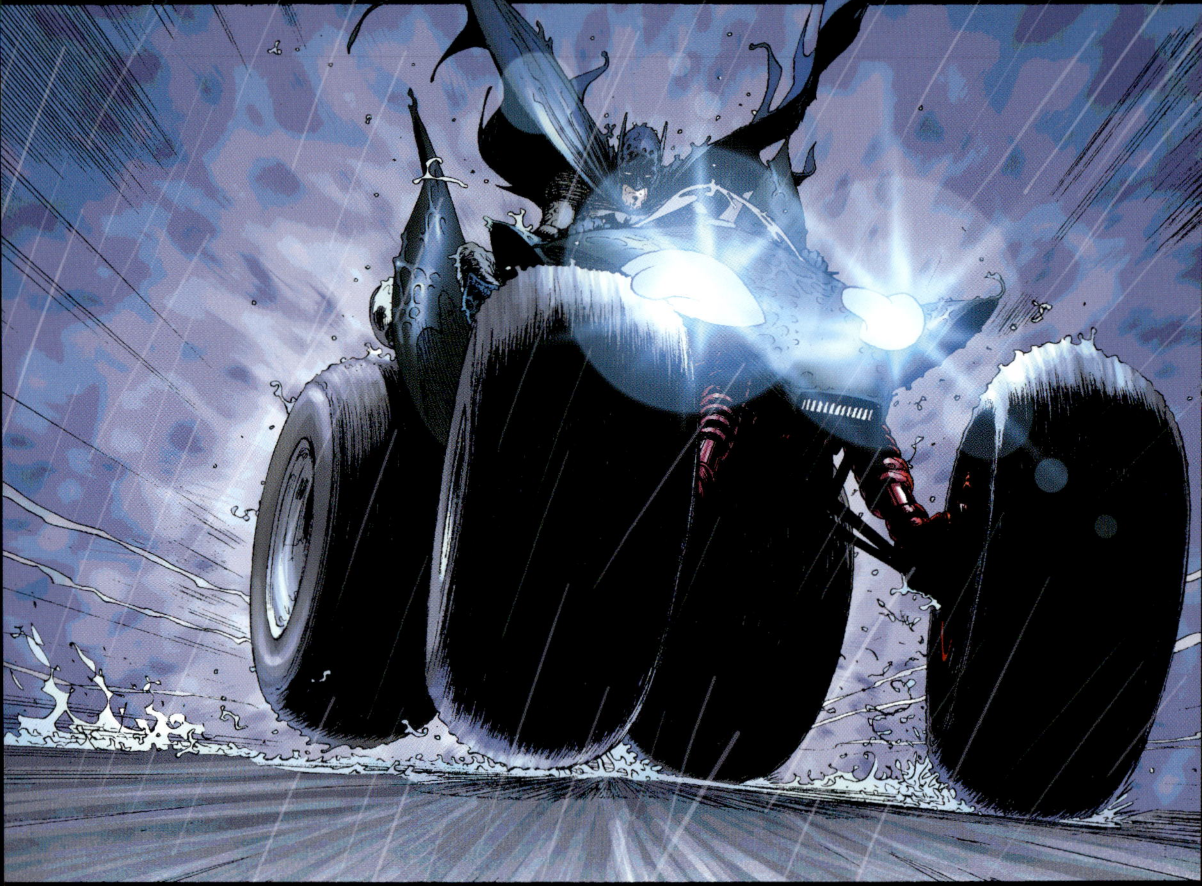

UND NUN IN **BATMAN** UND **ROBIN**

DIE STACHELMUTTER

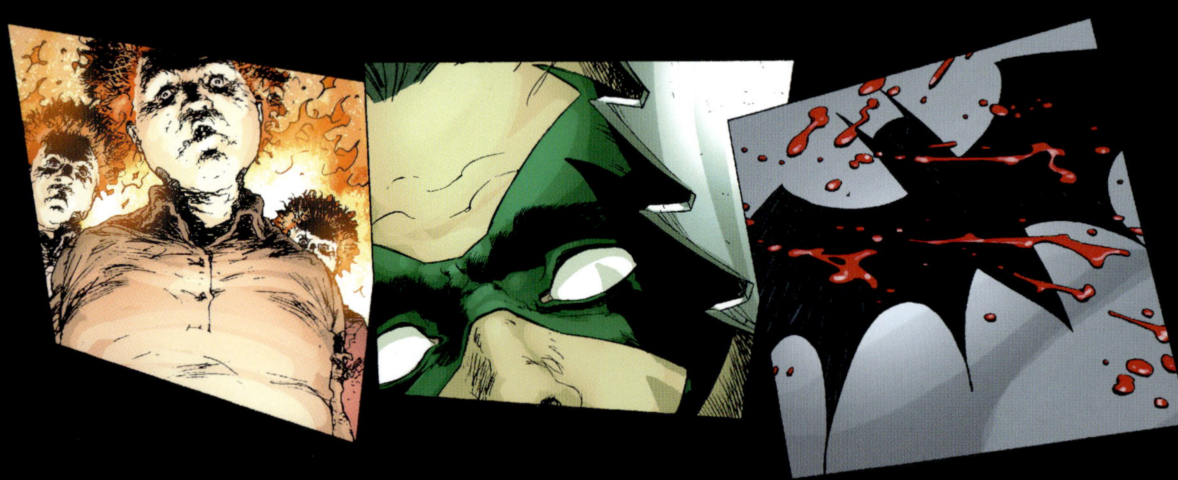

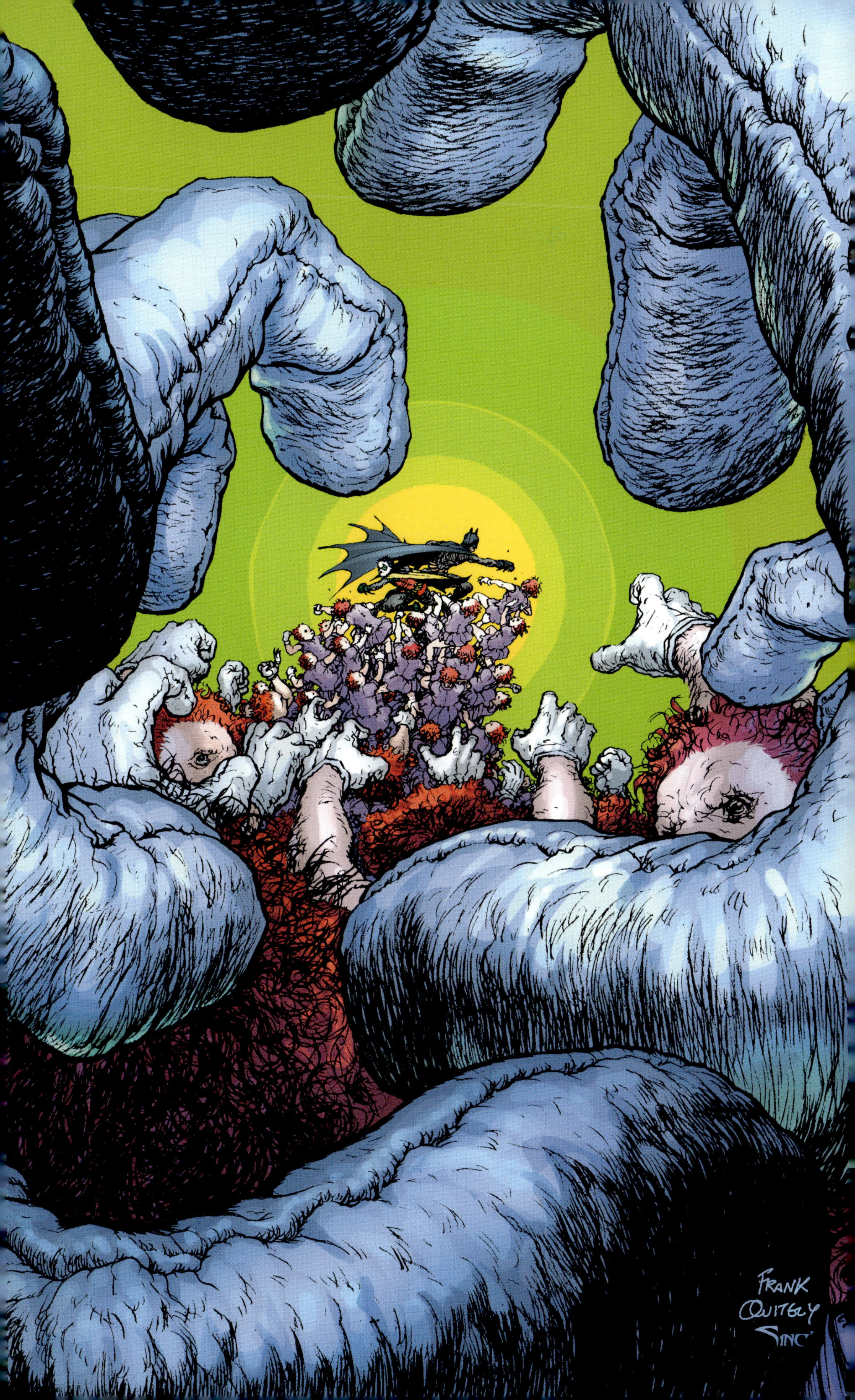
FRANK
QUITELY
SINC'

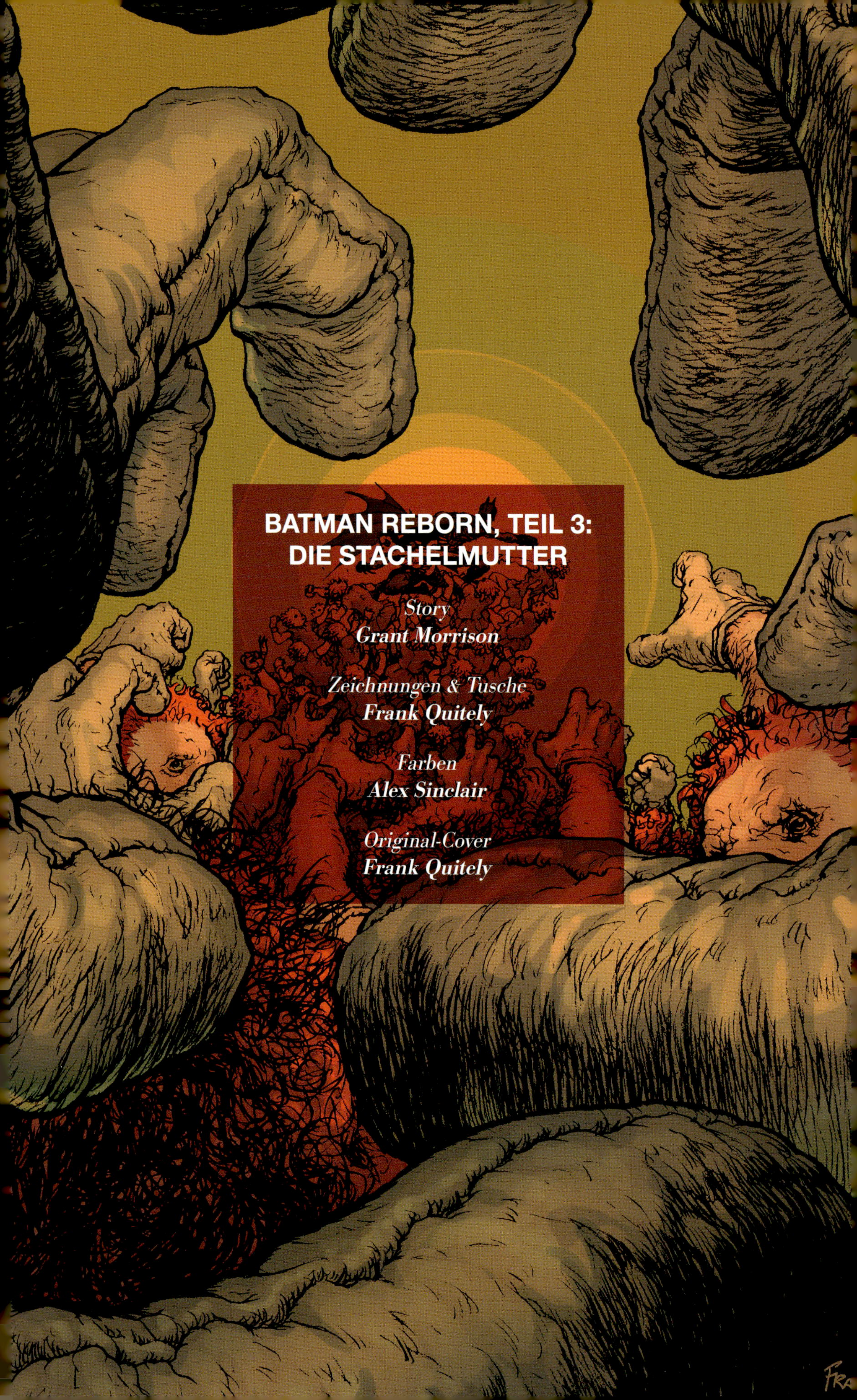
BATMAN REBORN, TEIL 3:
DIE STACHELMUTTER
Story
Grant Morrison
Zeichnungen & Tusche
Frank Quitely
Farben
Alex Sinclair
Original-Cover
Frank Quitely

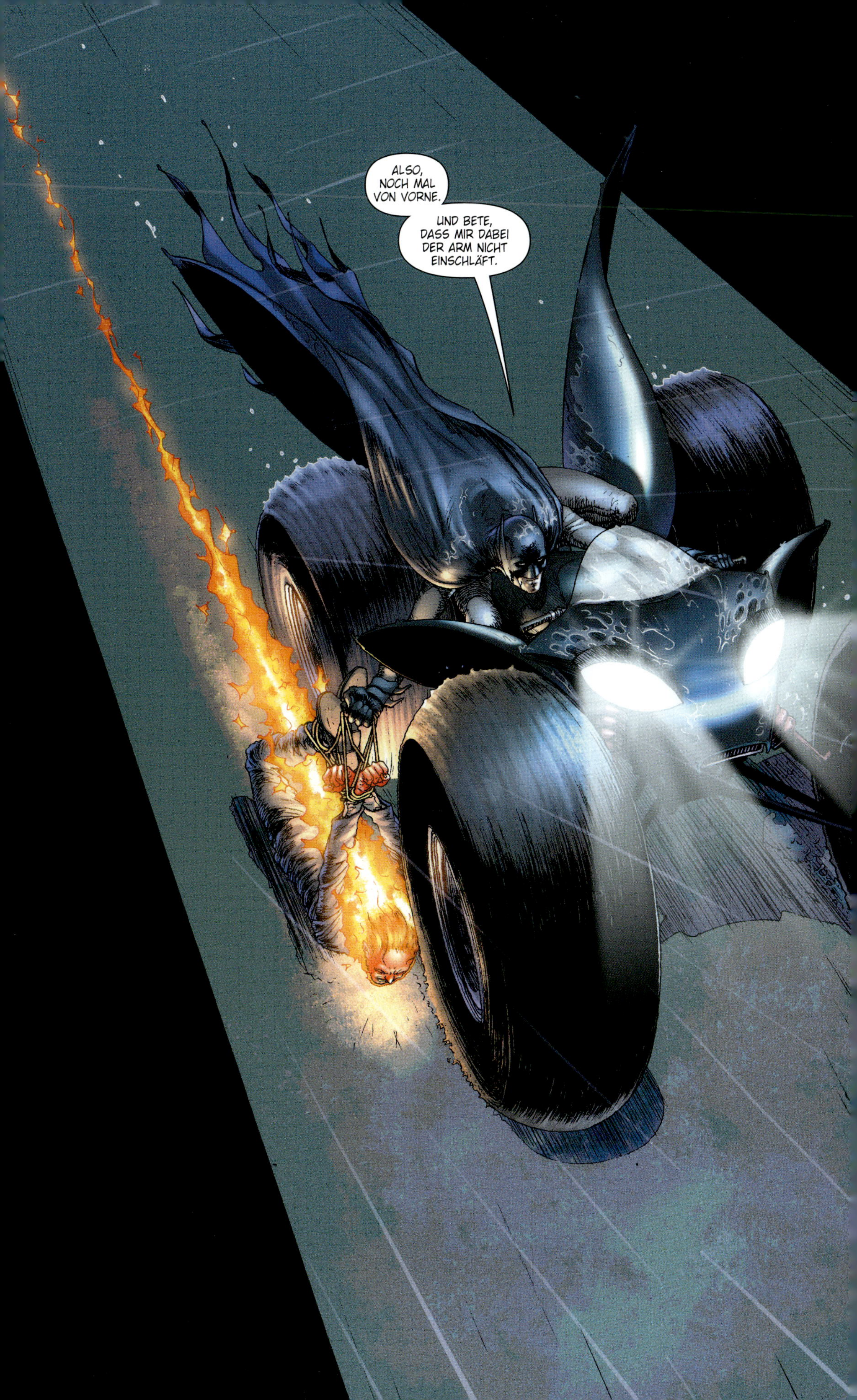
ALSO, NOCH MAL VON VORNE.
UND BETE, DASS MIR DABEI DER ARM NICHT EINSCHLÄFT.

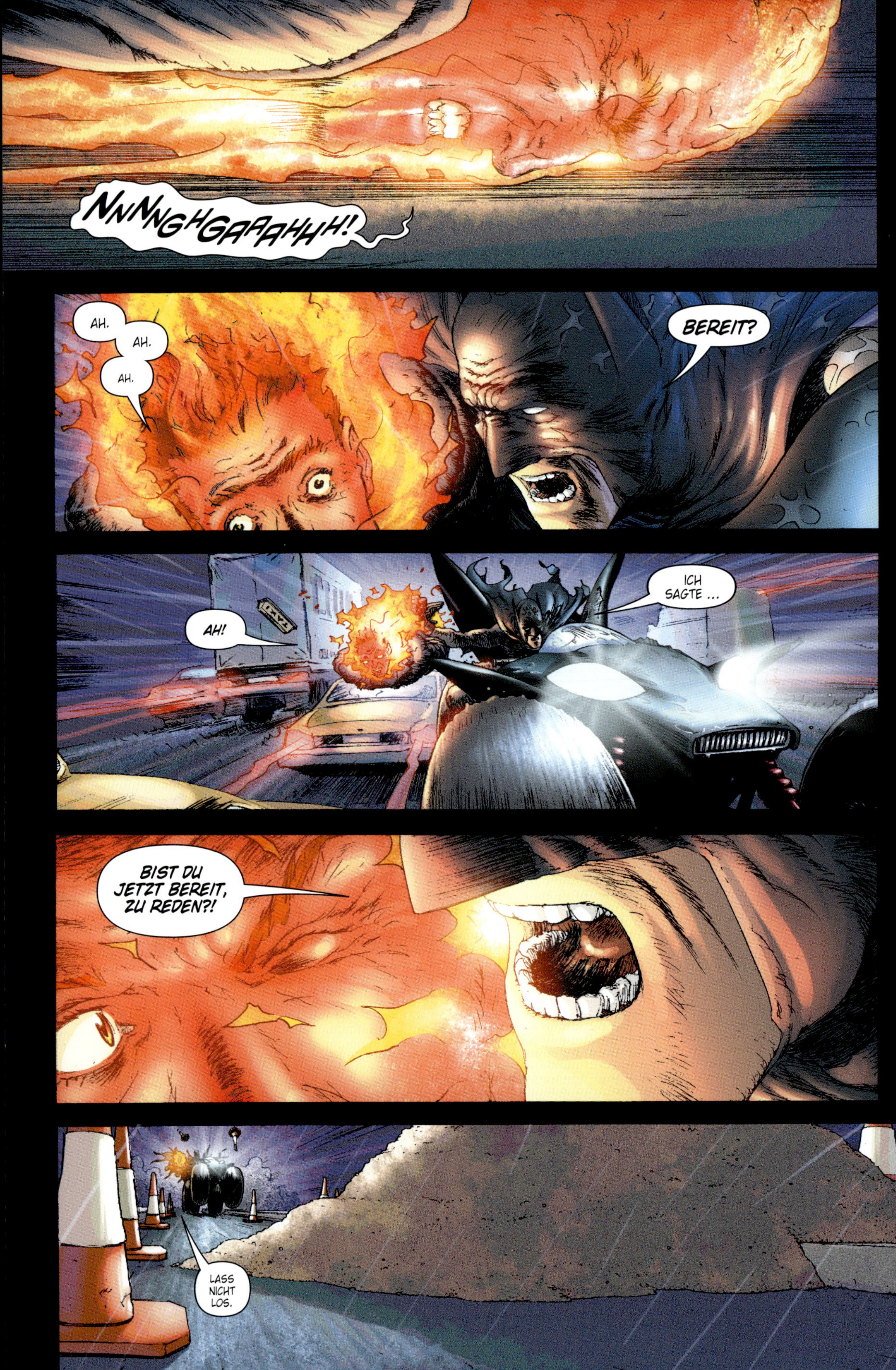
NNNNGHGAAAHHH!
AH.
AH.
AH.
BEREIT?
AH!
ICH SAGTE ...
BIST DU JETZT BEREIT, ZU REDEN?!
LASS NICHT LOS.

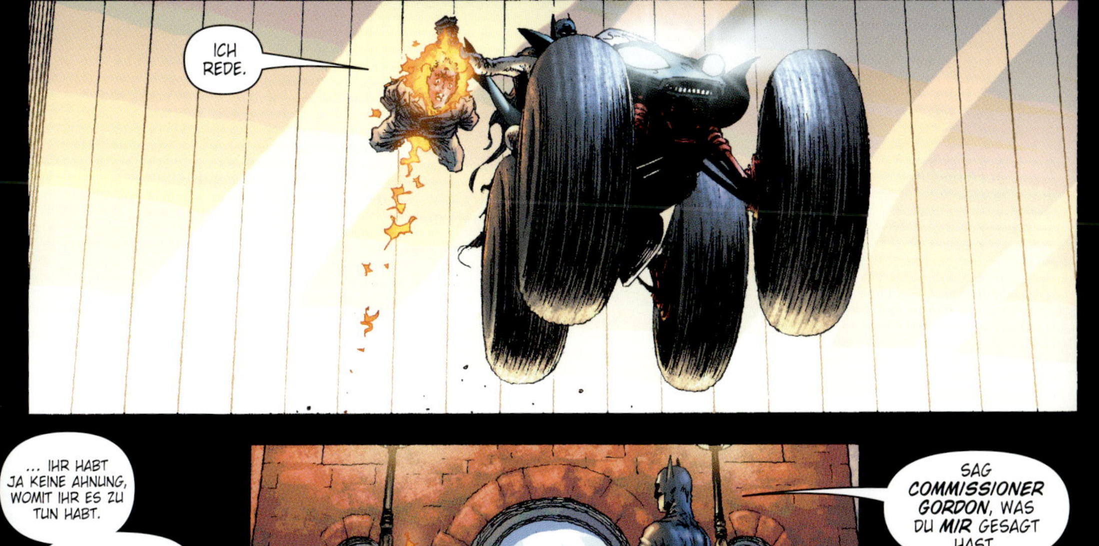

ICH REDE.

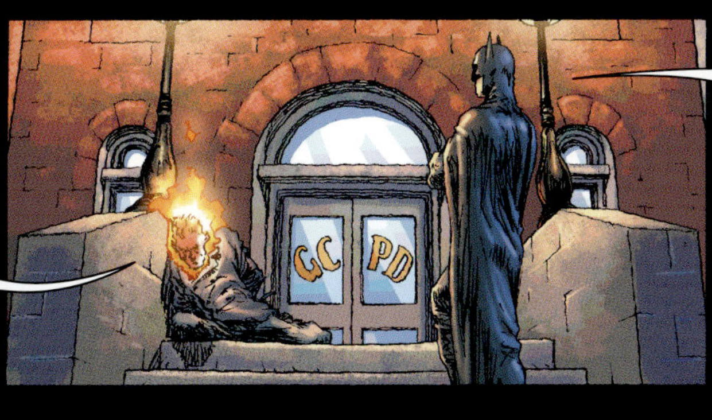

... IHR HABT JA KEINE AHNUNG, WOMIT IHR ES ZU TUN HABT.
WIR SIND NUR FUSSSOLDATEN.
SIE WERDEN UNS ALLE TÖTEN.
GC PD
SAG **COMMISSIONER GORDON**, WAS DU **MIR** GESAGT HAST.
UND KEINE SORGE WEGEN EUREM **BOSS**.
DEN HOLE ICH MIR ***AUCH*** NOCH.

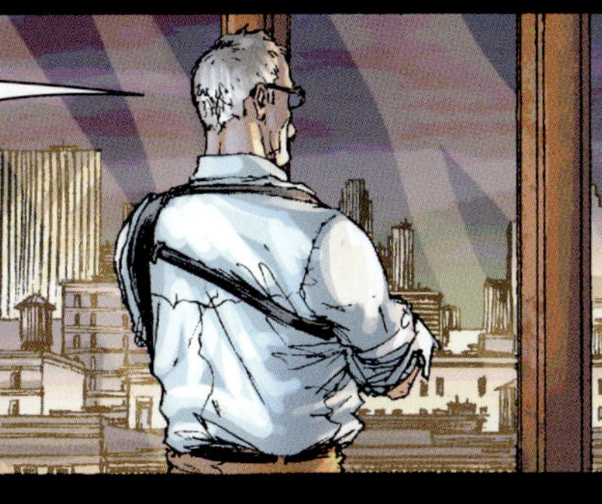
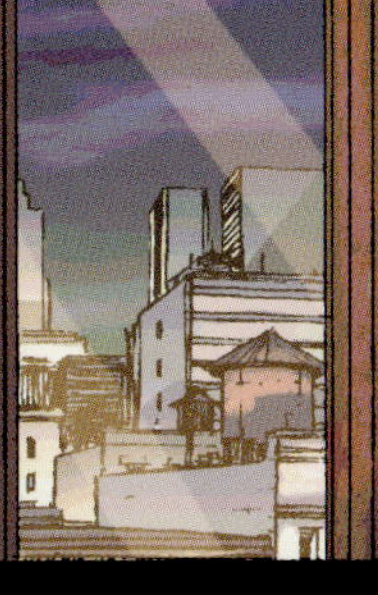

... ICH GEWÄHRE DIR ZUGANG ZU EINEM ***VERDÄCHTIGEN***, UND DU SCHLEIFST IHN SCHREIEND DURCH DIE ***STRASSEN***?
WAS GLAUBST DU, WER DU BIST?

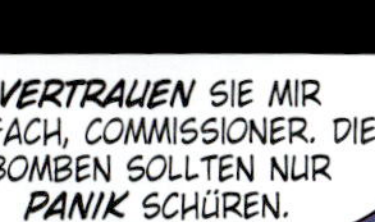
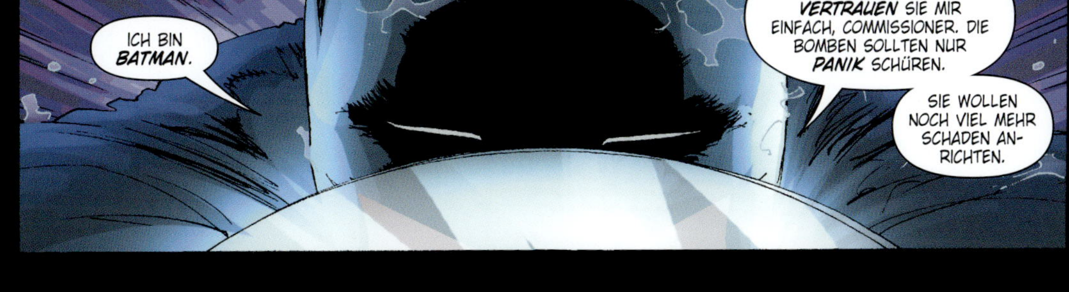

ICH BIN ***BATMAN***.
VERTRAUEN SIE MIR EINFACH, COMMISSIONER. DIE BOMBEN SOLLTEN NUR ***PANIK*** SCHÜREN.
SIE WOLLEN NOCH VIEL MEHR SCHADEN AN-RICHTEN.

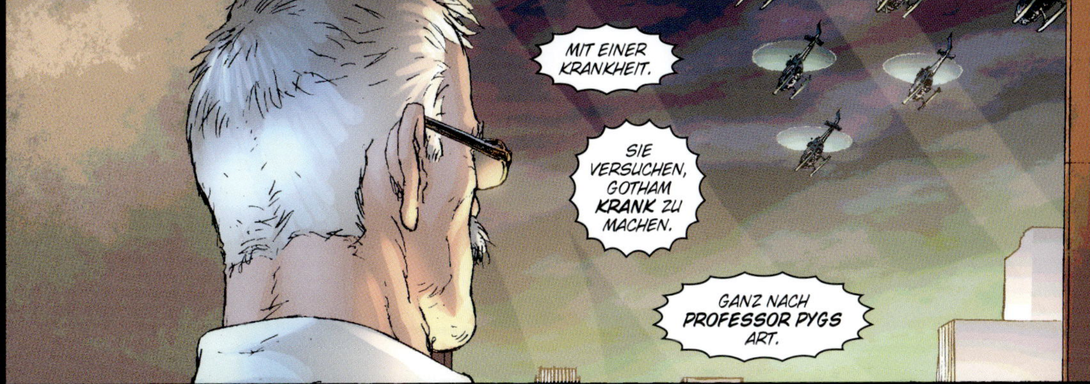

MIT EINER KRANKHEIT.
SIE VERSUCHEN, GOTHAM ***KRANK*** *ZU MACHEN.*
GANZ NACH ***PROFESSOR PYGS*** *ART.*

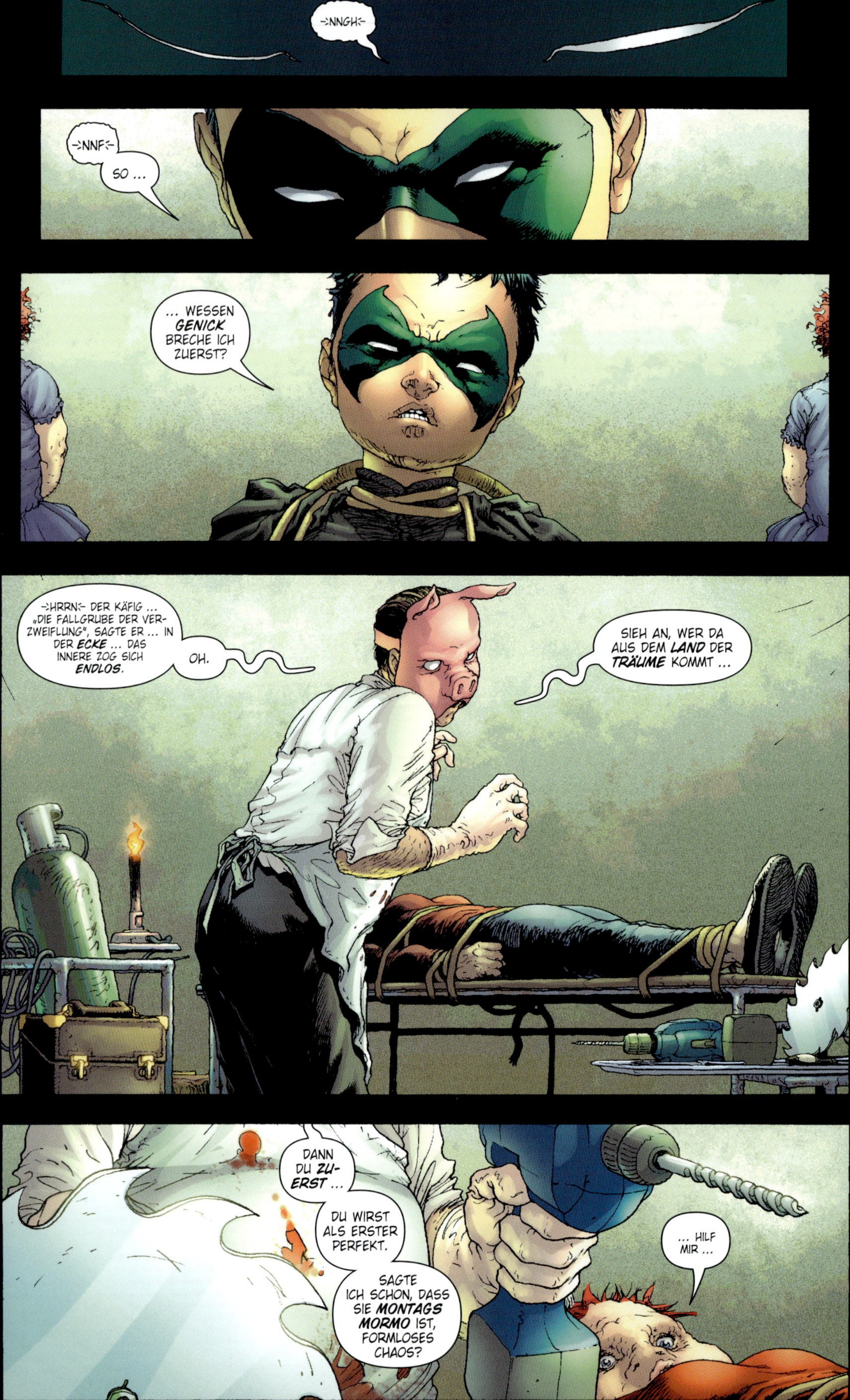

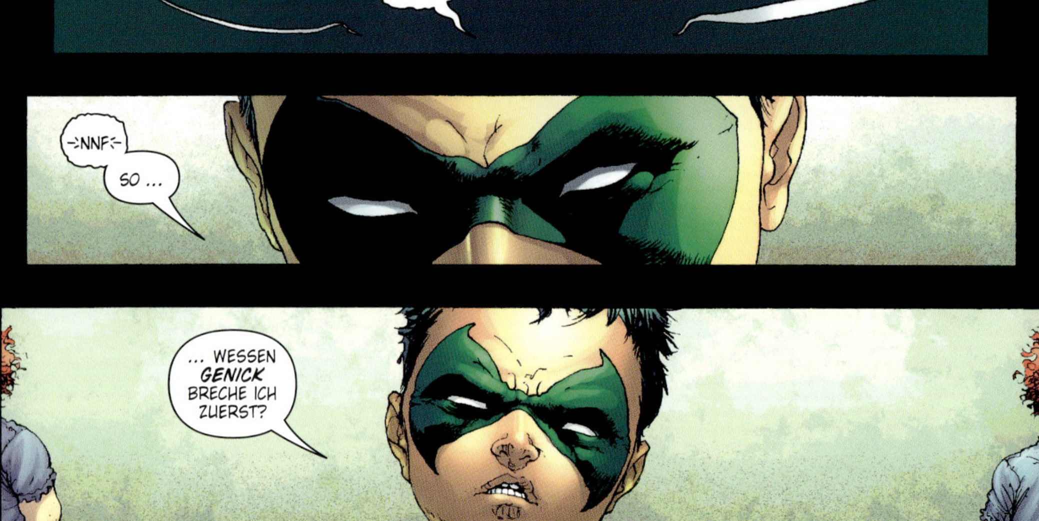

-NNGH-
-NNF-
SO ...
... WESSEN GENICK BRECHE ICH ZUERST?

-HRRN- DER KÄFIG ... „DIE FALLGRUBE DER VERZWEIFLUNG“, SAGTE ER ... IN DER ECKE ... DAS INNERE ZOG SICH ENDLOS.
OH.
SIEH AN, WER DA AUS DEM LAND DER TRÄUME KOMMT ...

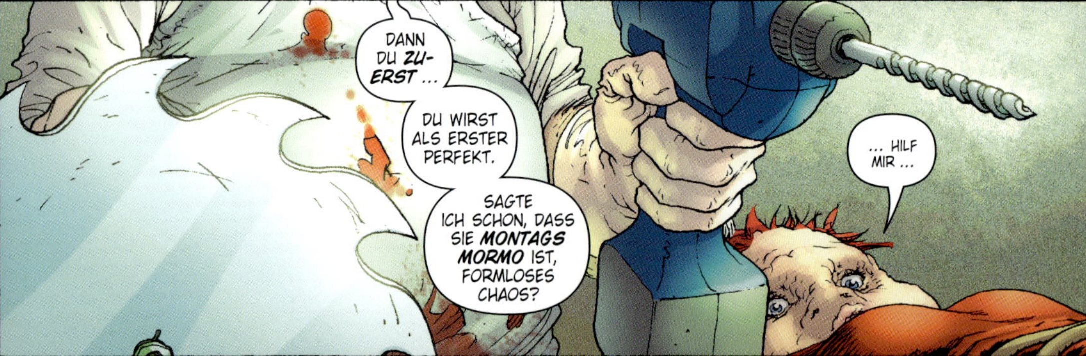

DANN DU ZUERST ...
DU WIRST ALS ERSTER PERFEKT.
SAGTE ICH SCHON, DASS SIE MONTAGS MORMO IST, FORMLOSES CHAOS?
... HILF MIR ...

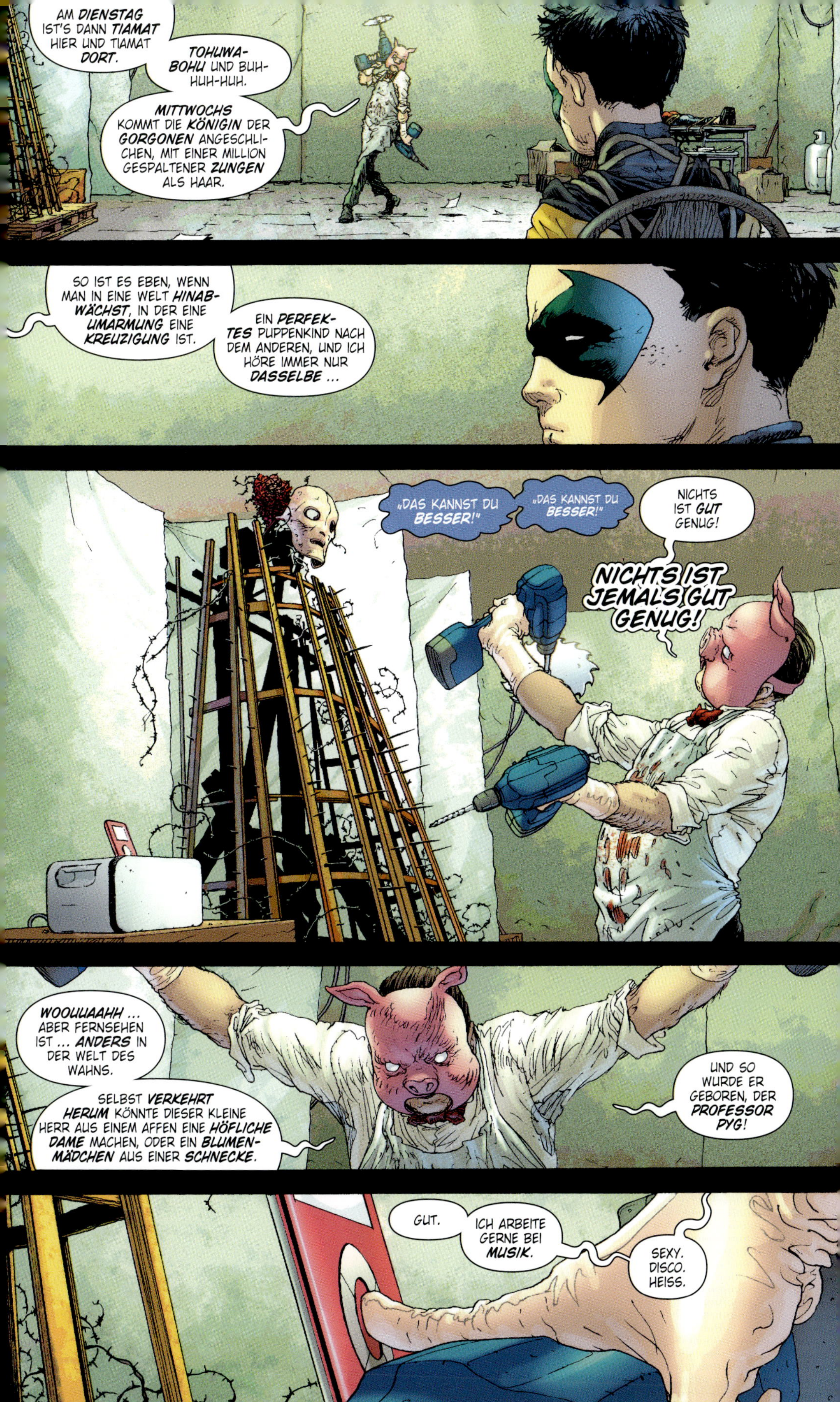
AM DIENSTAG IST'S DANN TIAMAT HIER UND TIAMAT DORT.
TOHUWA-BOHU UND BUH-HUH-HUH.
MITTWOCHS KOMMT DIE KÖNIGIN DER GORGONEN ANGESCHLICHEN, MIT EINER MILLION GESPALTENER ZUNGEN ALS HAAR.
SO IST ES EBEN, WENN MAN IN EINE WELT HINABWÄCHST, IN DER EINE UMARMUNG EINE KREUZIGUNG IST.
EIN PERFEKTES PUPPENKIND NACH DEM ANDEREN, UND ICH HÖRE IMMER NUR DASSELBE ...
„DAS KANNST DU BESSER!"
„DAS KANNST DU BESSER!"
NICHTS IST GUT GENUG!
NICHTS IST JEMALS GUT GENUG!
WOOUUAAHH ... ABER FERNSEHEN IST ... ANDERS IN DER WELT DES WAHNS.
SELBST VERKEHRT HERUM KÖNNTE DIESER KLEINE HERR AUS EINEM AFFEN EINE HÖFLICHE DAME MACHEN, ODER EIN BLUMENMÄDCHEN AUS EINER SCHNECKE.
UND SO WURDE ER GEBOREN, DER PROFESSOR PYG!
GUT.
ICH ARBEITE GERNE BEI MUSIK.
SEXY. DISCO. HEISS.

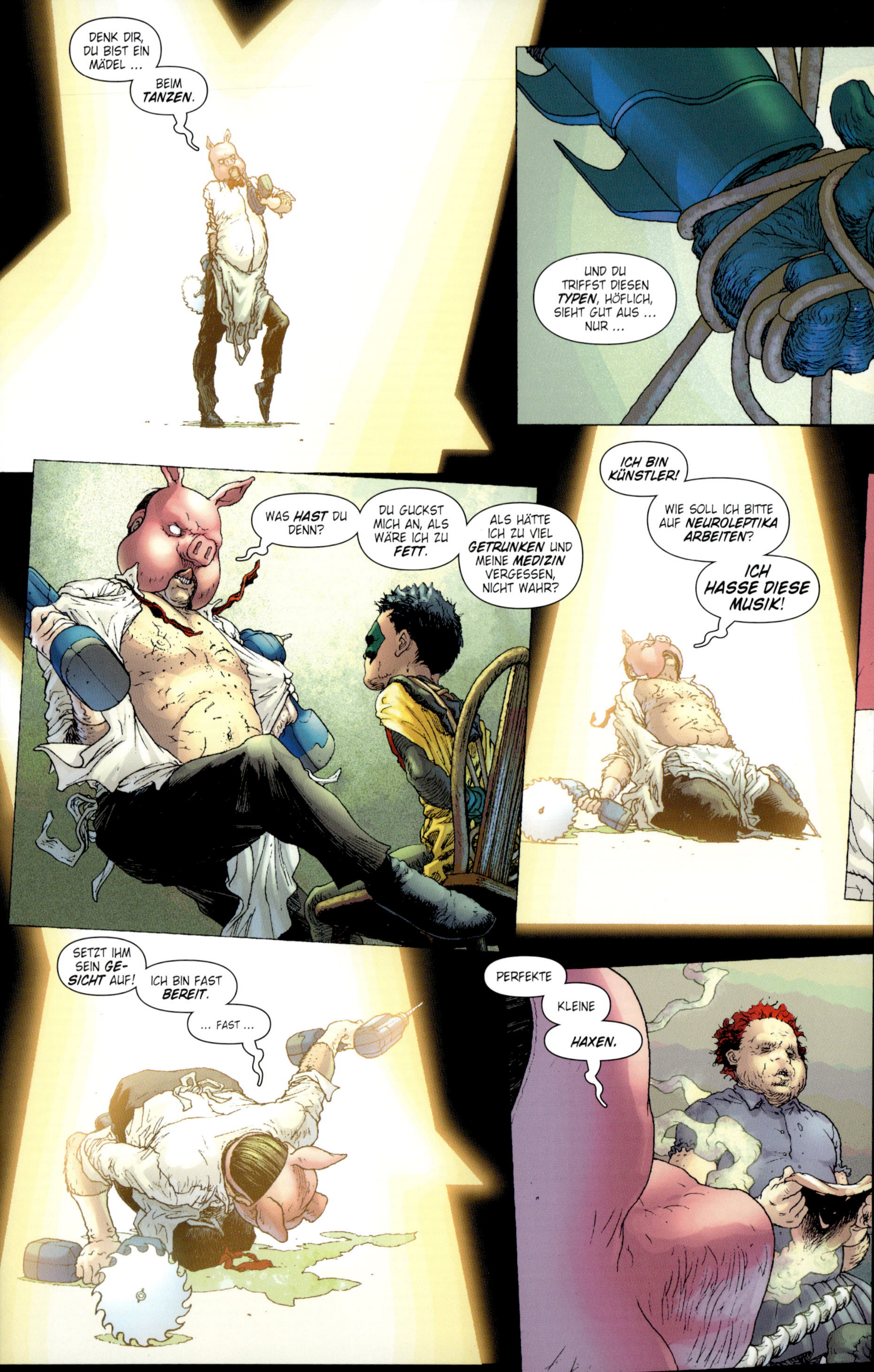
DENK DIR, DU BIST EIN MÄDEL …
BEIM TANZEN.
UND DU TRIFFST DIESEN TYPEN, HÖFLICH, SIEHT GUT AUS … NUR …
WAS HAST DU DENN?
DU GUCKST MICH AN, ALS WÄRE ICH ZU FETT.
ALS HÄTTE ICH ZU VIEL GETRUNKEN UND MEINE MEDIZIN VERGESSEN, NICHT WAHR?
ICH BIN KÜNSTLER!
WIE SOLL ICH BITTE AUF NEUROLEPTIKA ARBEITEN?
ICH HASSE DIESE MUSIK!
SETZT IHM SEIN GESICHT AUF!
ICH BIN FAST BEREIT.
… FAST …
PERFEKTE
KLEINE
HAXEN.

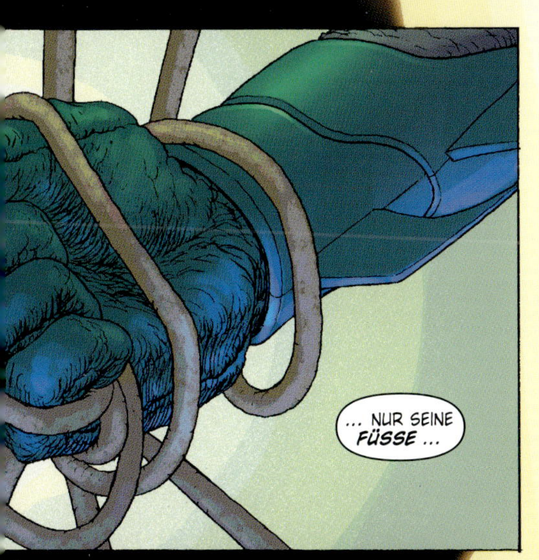
... NUR SEINE
FÜSSE ...

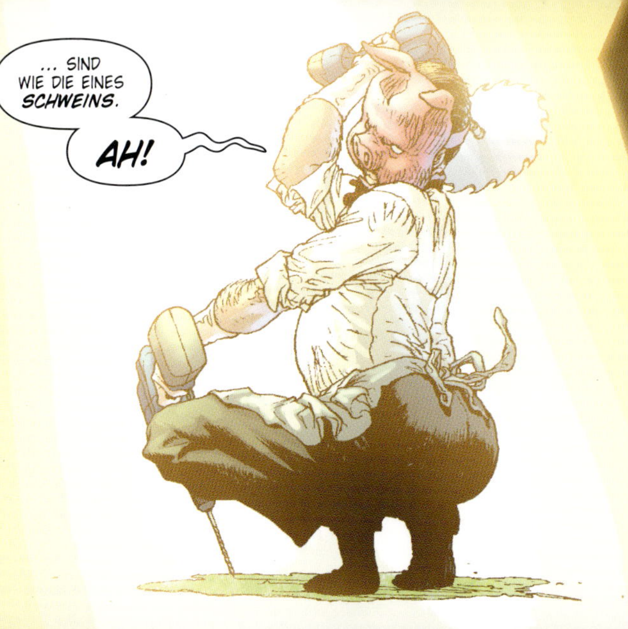
... SIND WIE DIE EINES SCHWEINS.
AH!

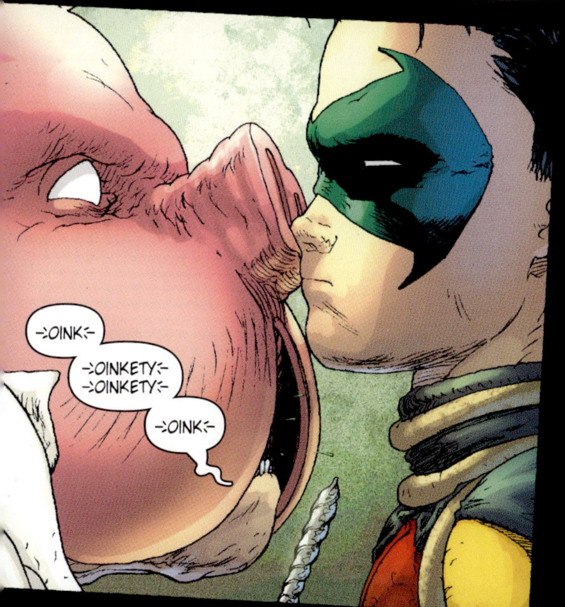
-OINK-
-OINKETY-
-OINKETY-
-OINK-

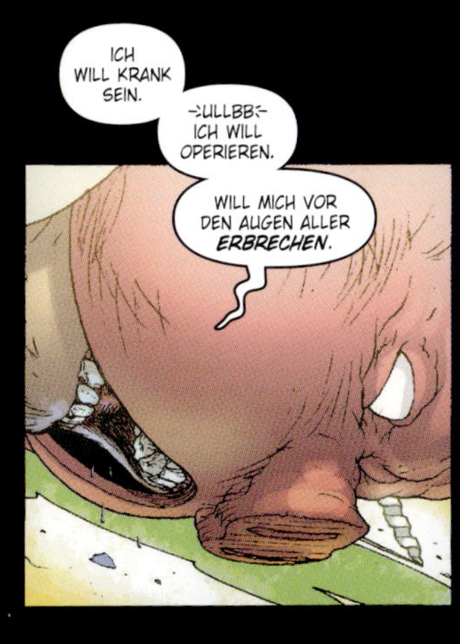
ICH WILL KRANK SEIN.
-ULLBB-
ICH WILL OPERIEREN.
WILL MICH VOR DEN AUGEN ALLER ERBRECHEN.

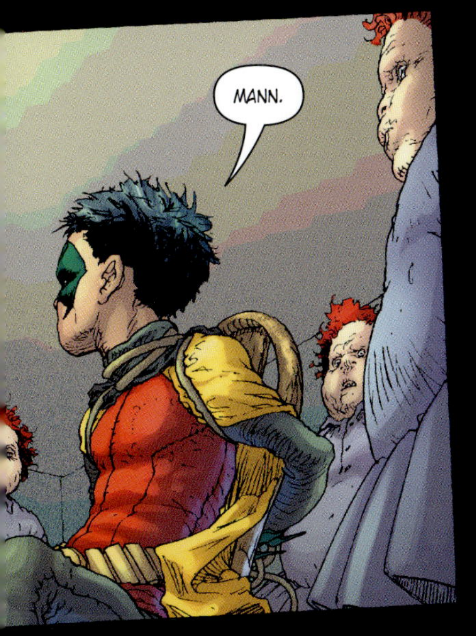
MANN.

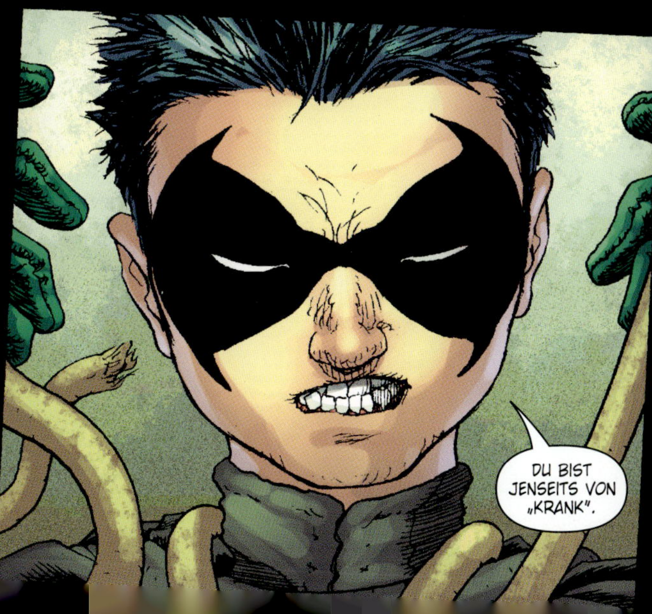
DU BIST JENSEITS VON „KRANK".

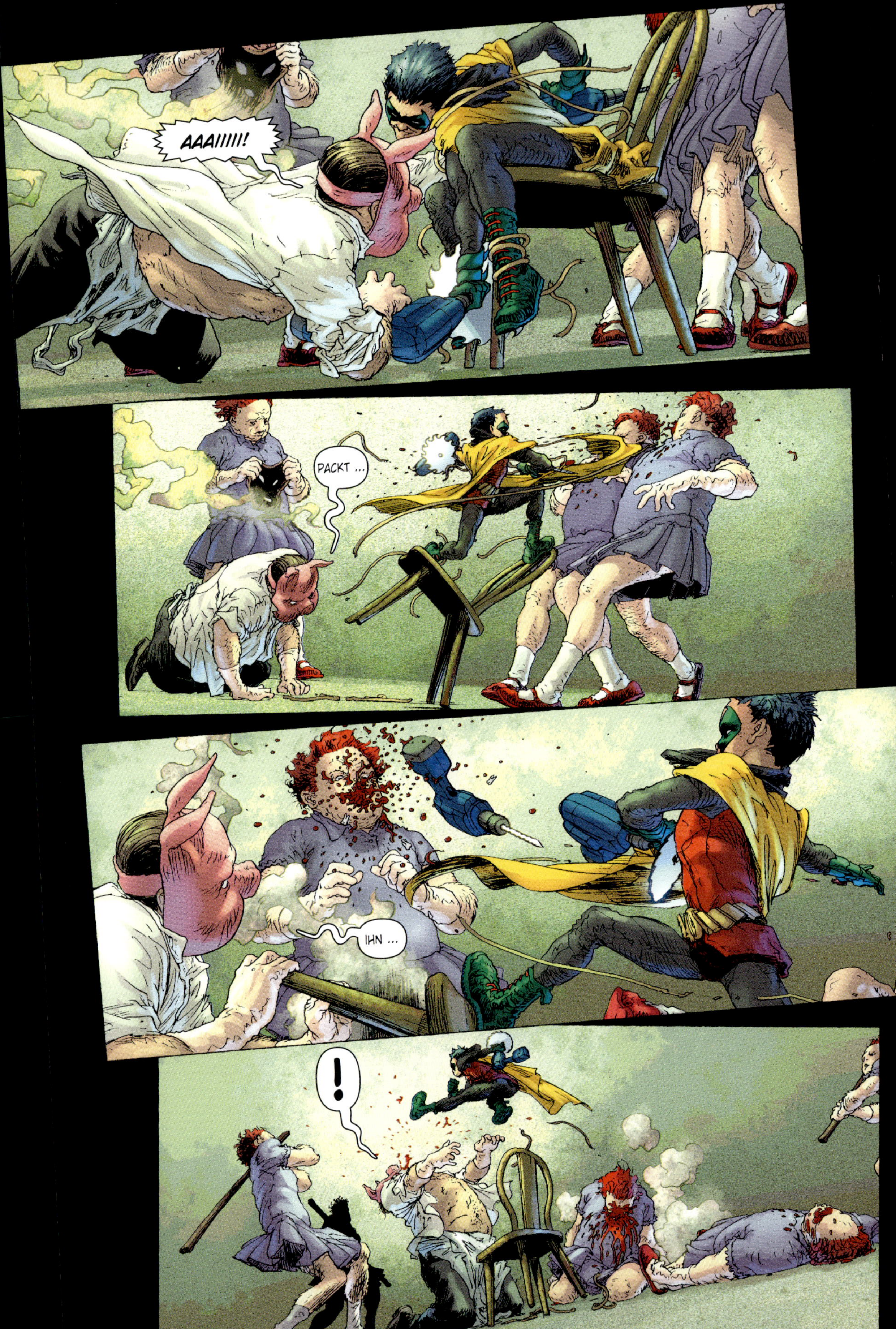
AAAIIIII!
PACKT ...
IHN ...
!

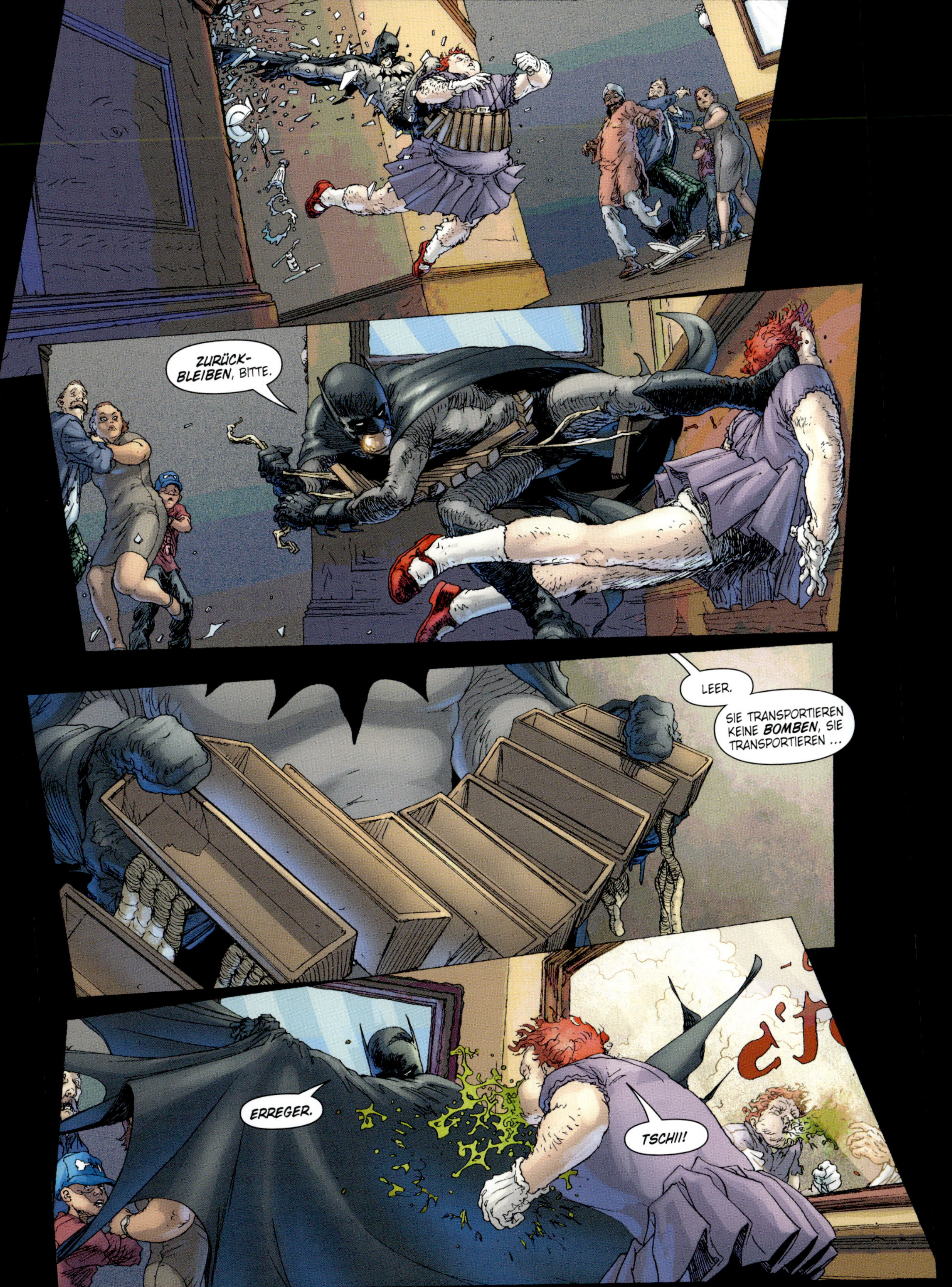
ZURÜCK-BLEIBEN, BITTE.
LEER.
SIE TRANSPORTIEREN KEINE BOMBEN, SIE TRANSPORTIEREN ...
ERREGER.
TSCHII!

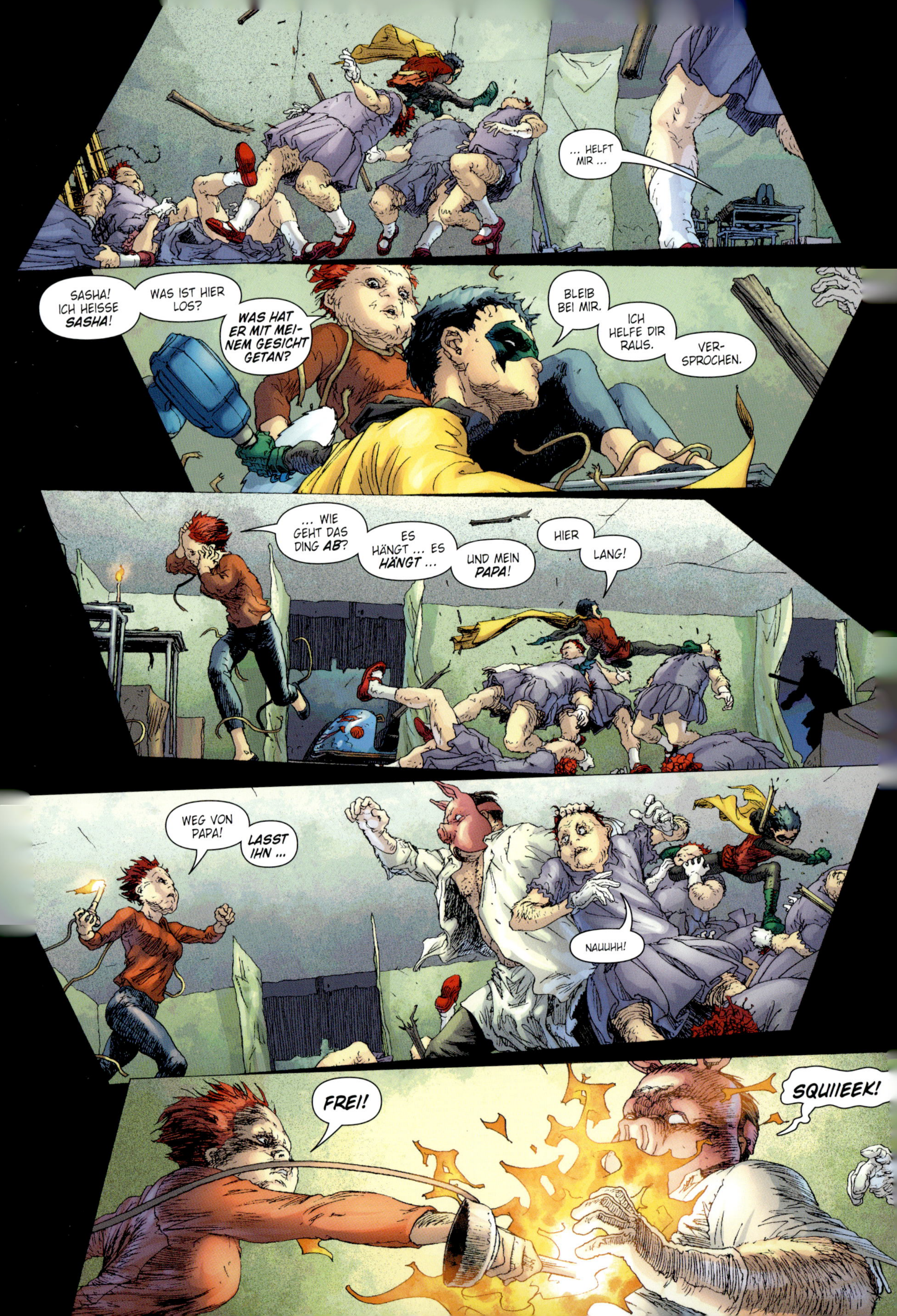
... HELFT MIR ...
SASHA! ICH HEISSE SASHA!
WAS IST HIER LOS?
WAS HAT ER MIT MEINEM GESICHT GETAN?
BLEIB BEI MIR.
ICH HELFE DIR RAUS.
VERSPROCHEN.
... WIE GEHT DAS DING AB?
ES HÄNGT ... ES HÄNGT ...
UND MEIN PAPA!
HIER
LANG!
WEG VON PAPA!
LASST IHN ...
NAUUHH!
FREI!
SQUIIEEK!

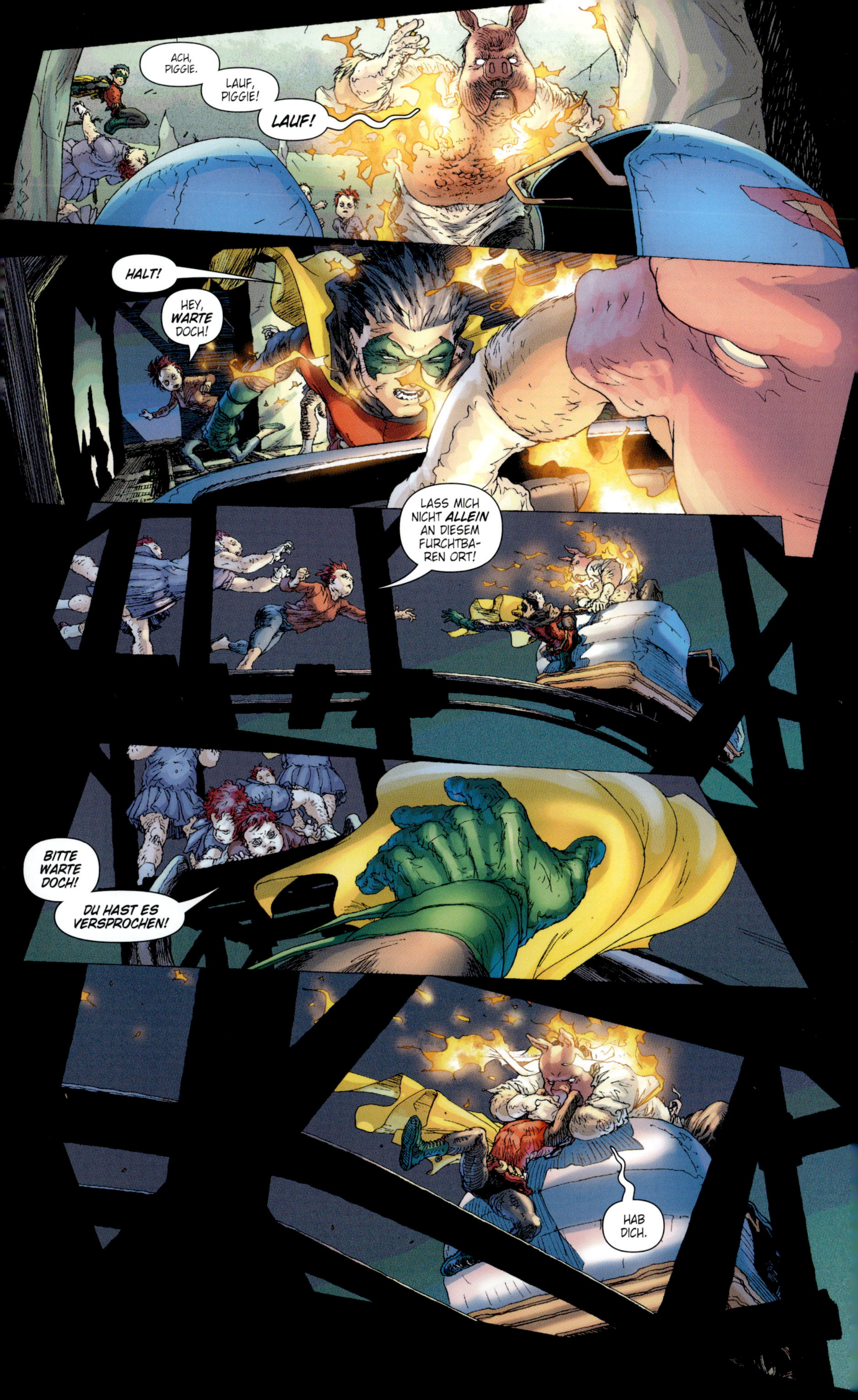
ACH, PIGGIE.
LAUF, PIGGIE!
LAUF!
HALT!
HEY, WARTE DOCH!
LASS MICH NICHT ALLEIN AN DIESEM FURCHTBAREN ORT!
BITTE WARTE DOCH!
DU HAST ES VERSPROCHEN!
HAB DICH.

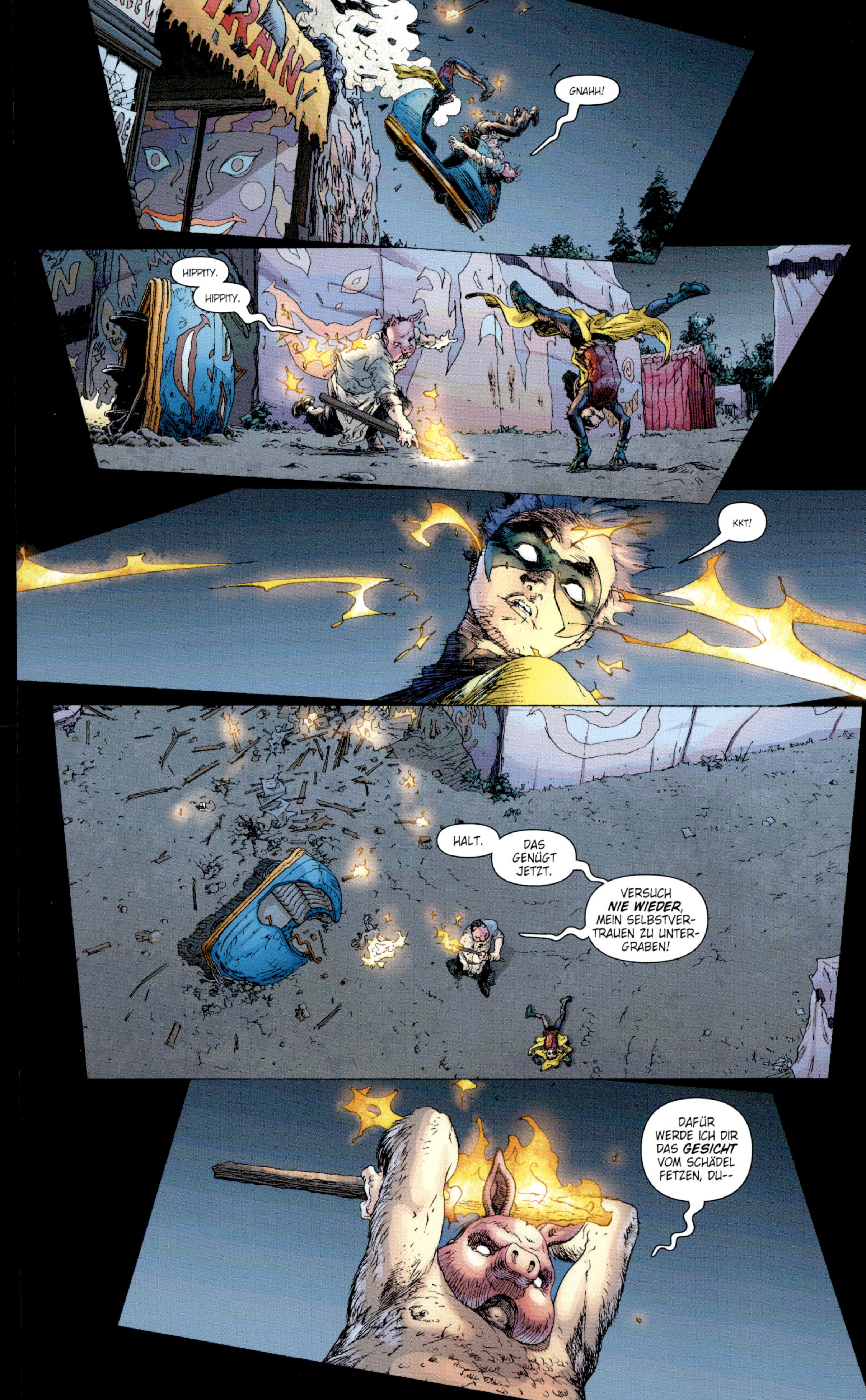
GNAHH!
HIPPITY.
HIPPITY.
KKT!
HALT.
DAS GENÜGT JETZT.
VERSUCH **NIE WIEDER**, MEIN SELBSTVERTRAUEN ZU UNTERGRABEN!
DAFÜR WERDE ICH DIR DAS **GESICHT** VOM SCHÄDEL FETZEN, DU--

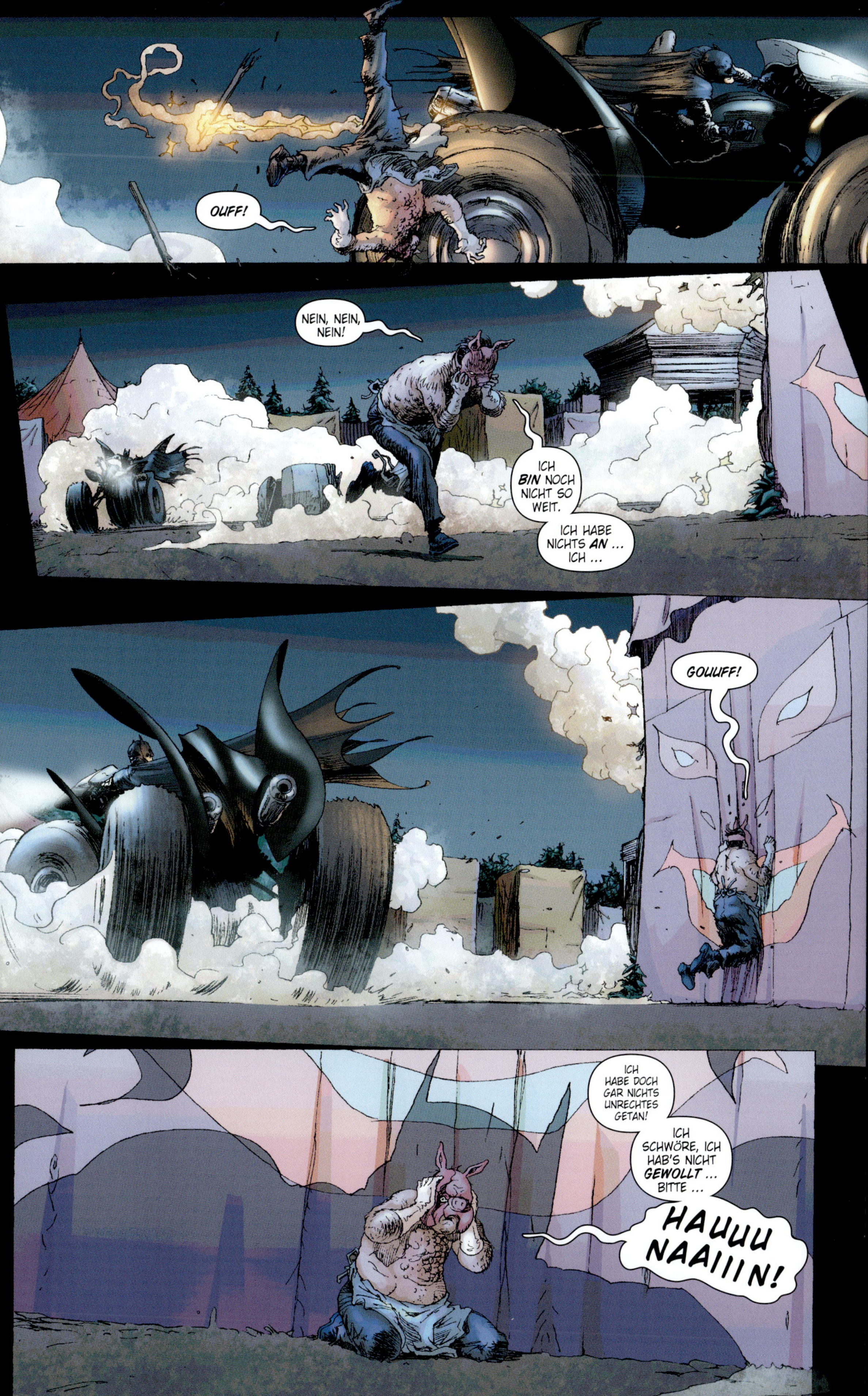
OUFF!
NEIN, NEIN, NEIN!
ICH BIN NOCH NICHT SO WEIT.
ICH HABE NICHTS AN ... ICH ...
GOUUFF!
ICH HABE DOCH GAR NICHTS UNRECHTES GETAN!
ICH SCHWÖRE, ICH HAB'S NICHT GEWOLLT ... BITTE ...
HAUUU NAAIIIN!

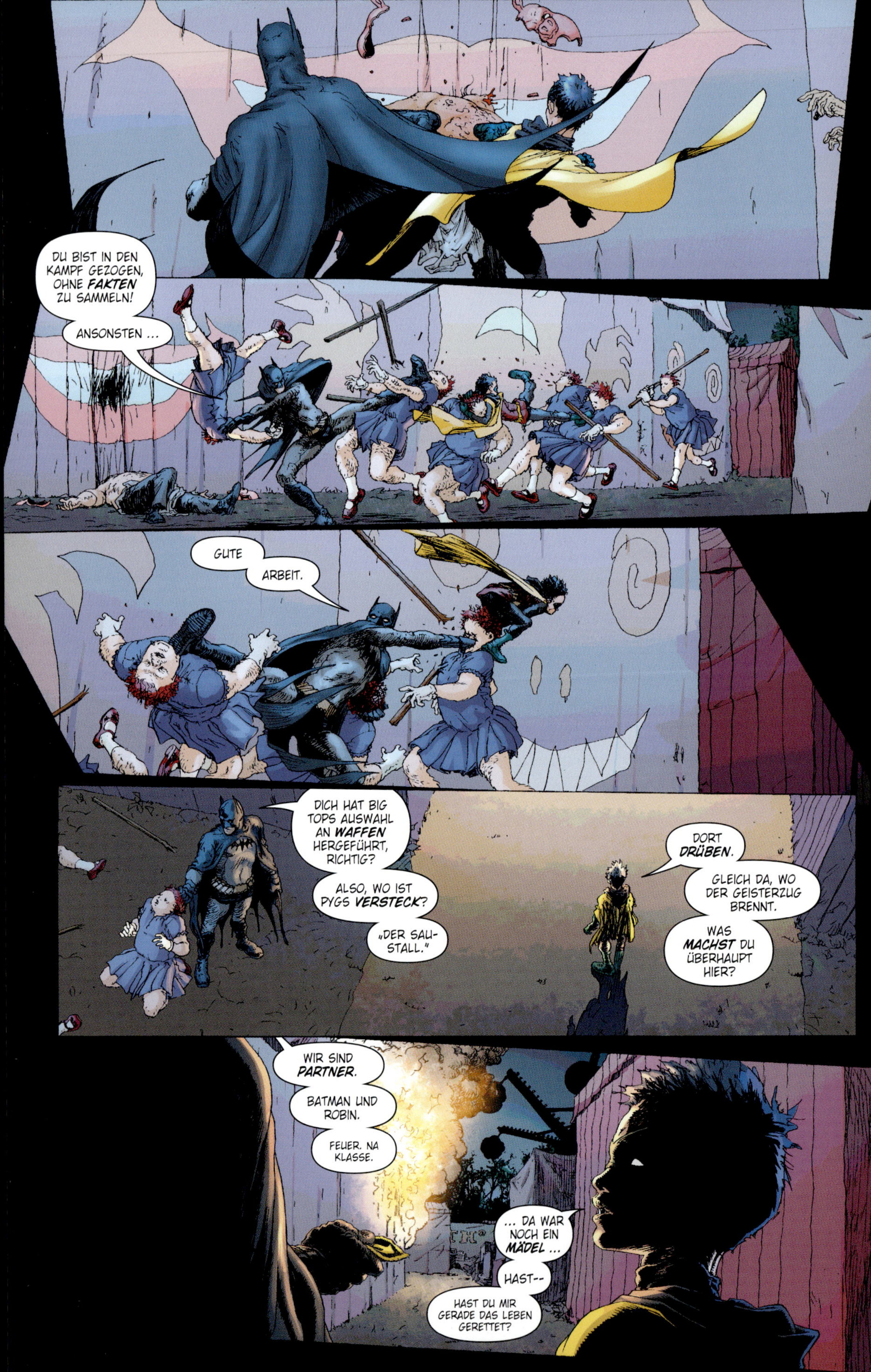

DU BIST IN DEN KAMPF GEZOGEN, OHNE FAKTEN ZU SAMMELN!
ANSONSTEN ...
GUTE
ARBEIT.
DICH HAT BIG TOPS AUSWAHL AN WAFFEN HERGEFÜHRT, RICHTIG?
ALSO, WO IST PYGS VERSTECK?
„DER SAU-STALL."
DORT DRÜBEN.
GLEICH DA, WO DER GEISTERZUG BRENNT.
WAS MACHST DU ÜBERHAUPT HIER?
WIR SIND PARTNER.
BATMAN UND ROBIN.
FEUER. NA KLASSE.
... DA WAR NOCH EIN MÄDEL ...
HAST--
HAST DU MIR GERADE DAS LEBEN GERETTET?

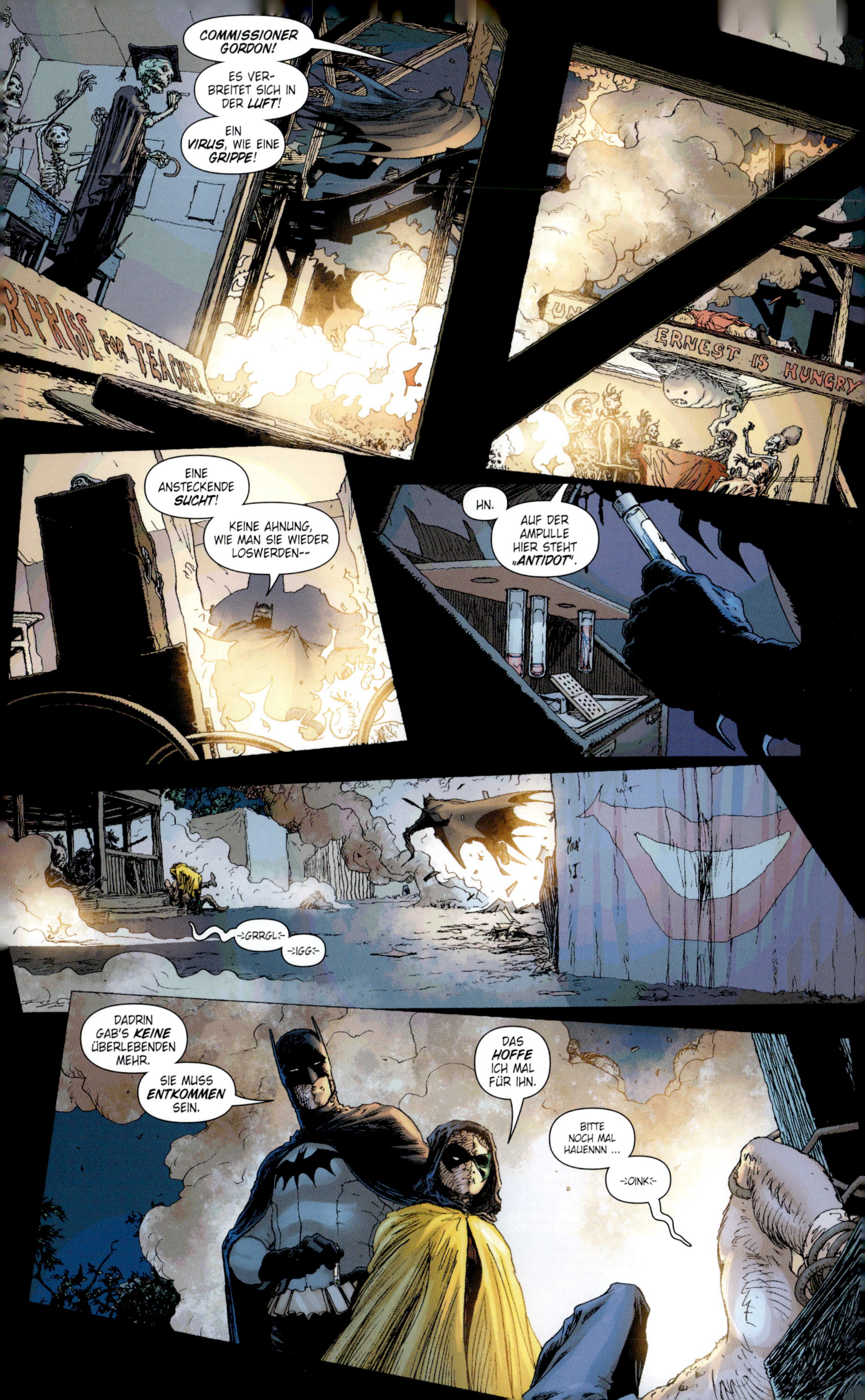
COMMISSIONER GORDON!
ES VERBREITET SICH IN DER LUFT!
EIN VIRUS, WIE EINE GRIPPE!
RPRISE FOR TEACHER
ERNEST IS HUNGRY
EINE ANSTECKENDE SUCHT!
KEINE AHNUNG, WIE MAN SIE WIEDER LOSWERDEN--
HN.
AUF DER AMPULLE HIER STEHT „ANTIDOT".
GRRRGL
IGG
DADRIN GAB'S KEINE ÜBERLEBENDEN MEHR.
SIE MUSS ENTKOMMEN SEIN.
DAS HOFFE ICH MAL FÜR IHN.
BITTE NOCH MAL HAUENNN ...
OINK

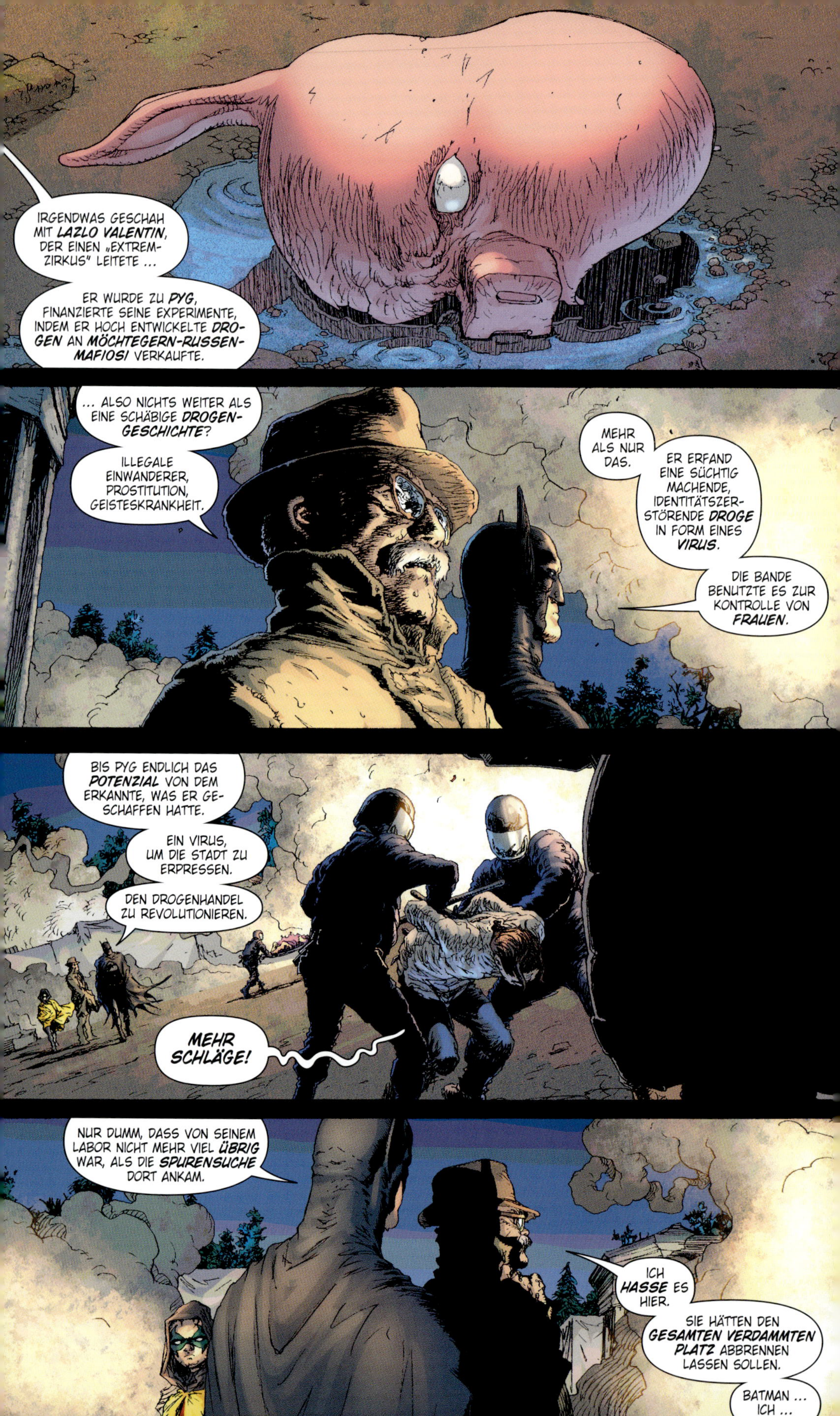
IRGENDWAS GESCHAH MIT LAZLO VALENTIN, DER EINEN „EXTREM-ZIRKUS" LEITETE …
ER WURDE ZU PYG, FINANZIERTE SEINE EXPERIMENTE, INDEM ER HOCH ENTWICKELTE DROGEN AN MÖCHTEGERN-RUSSEN-MAFIOSI VERKAUFTE.
… ALSO NICHTS WEITER ALS EINE SCHÄBIGE DROGEN-GESCHICHTE?
ILLEGALE EINWANDERER, PROSTITUTION, GEISTESKRANKHEIT.
MEHR ALS NUR DAS.
ER ERFAND EINE SÜCHTIG MACHENDE, IDENTITÄTSZER-STÖRENDE DROGE IN FORM EINES VIRUS.
DIE BANDE BENUTZTE ES ZUR KONTROLLE VON FRAUEN.
BIS PYG ENDLICH DAS POTENZIAL VON DEM ERKANNTE, WAS ER GE-SCHAFFEN HATTE.
EIN VIRUS, UM DIE STADT ZU ERPRESSEN.
DEN DROGENHANDEL ZU REVOLUTIONIEREN.
MEHR SCHLÄGE!
NUR DUMM, DASS VON SEINEM LABOR NICHT MEHR VIEL ÜBRIG WAR, ALS DIE SPURENSUCHE DORT ANKAM.
ICH HASSE ES HIER.
SIE HÄTTEN DEN GESAMTEN VERDAMMTEN PLATZ ABBRENNEN LASSEN SOLLEN.
BATMAN … ICH …

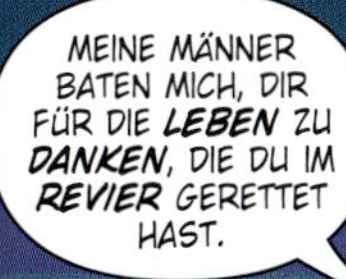
MEINE MÄNNER BATEN MICH, DIR FÜR DIE LEBEN ZU DANKEN, DIE DU IM REVIER GERETTET HAST.

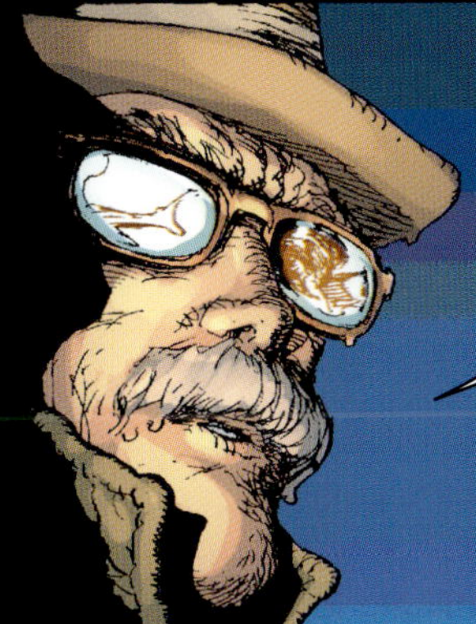
WAS AUCH IMMER IN DEN LETZTEN PAAR MONATEN GESCHEHEN IST-- UND ICH WILL ES GAR NICHT WISSEN-- DU KANNST AUF MEINE UNTERSTÜTZUNG ZÄHLEN.
BITTE SAG, DASS ES DAS NUN WAR.

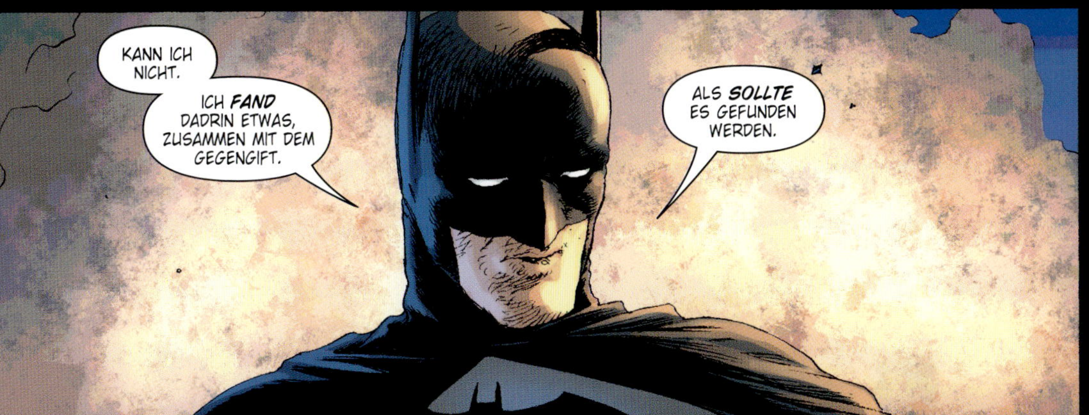
KANN ICH NICHT.
ICH FAND DADRIN ETWAS, ZUSAMMEN MIT DEM GEGENGIFT.
ALS SOLLTE ES GEFUNDEN WERDEN.

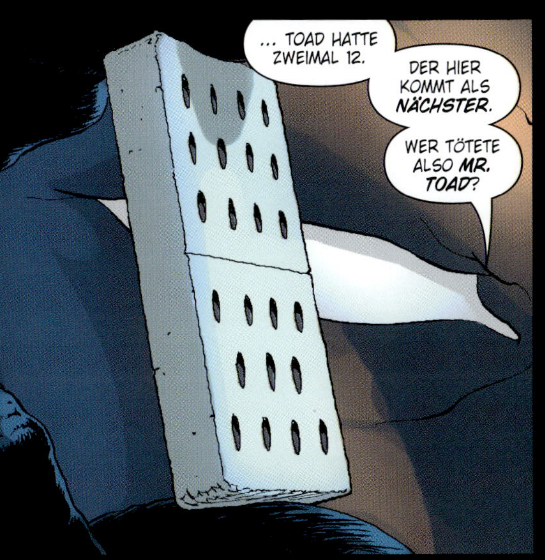
... TOAD HATTE ZWEIMAL 12.
DER HIER KOMMT ALS NÄCHSTER.
WER TÖTETE ALSO MR. TOAD?

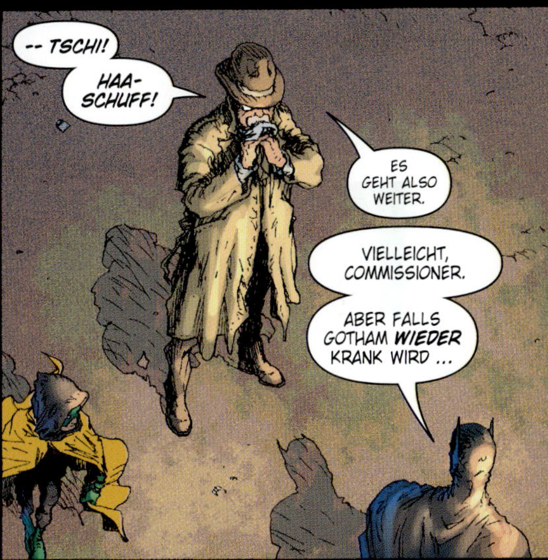
-- TSCHI!
HAA-SCHUFF!
ES GEHT ALSO WEITER.
VIELLEICHT, COMMISSIONER.
ABER FALLS GOTHAM WIEDER KRANK WIRD ...

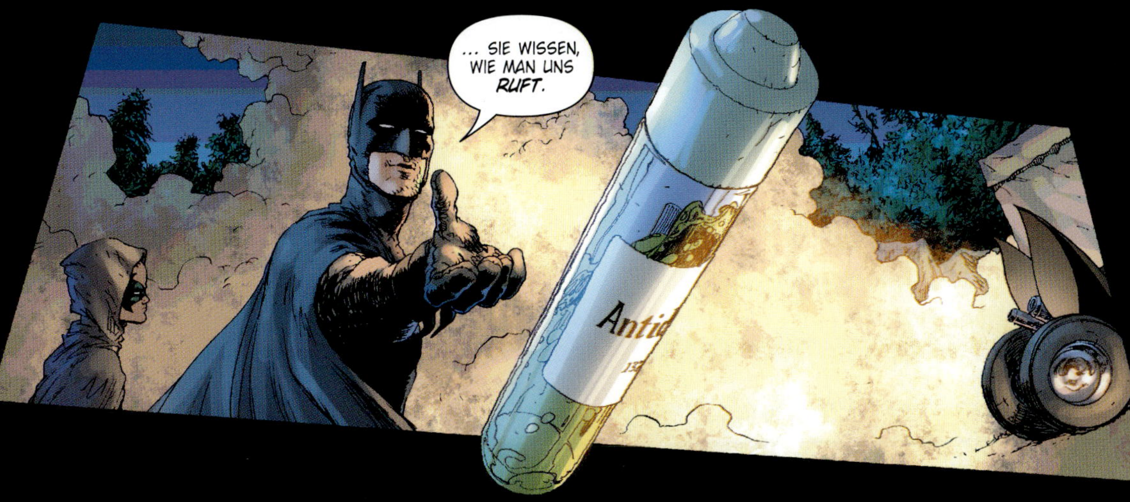
... SIE WISSEN, WIE MAN UNS RUFT.

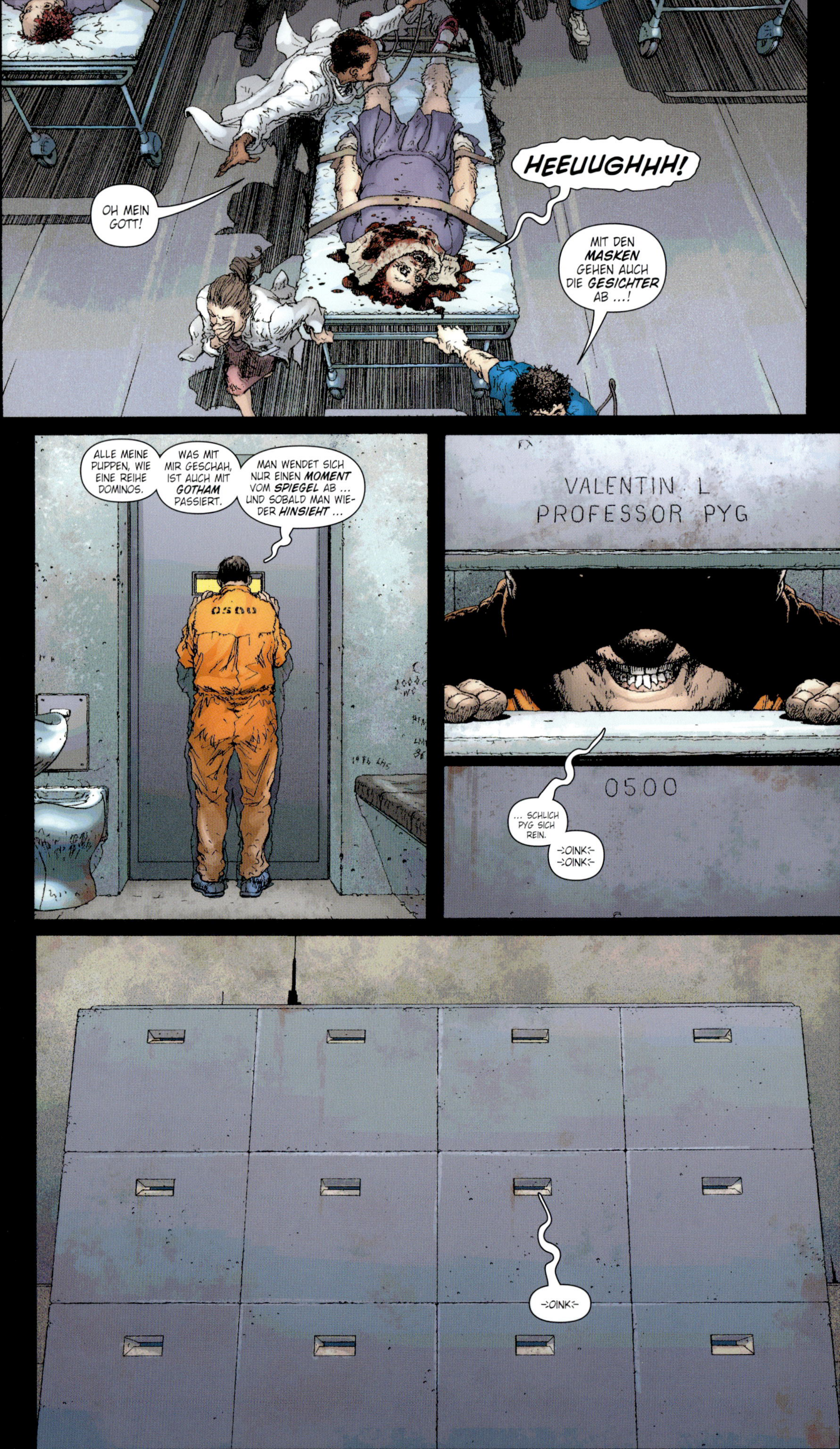

OH MEIN GOTT!
HEEUUGHHH!
MIT DEN **MASKEN** GEHEN AUCH DIE **GESICHTER** AB …!

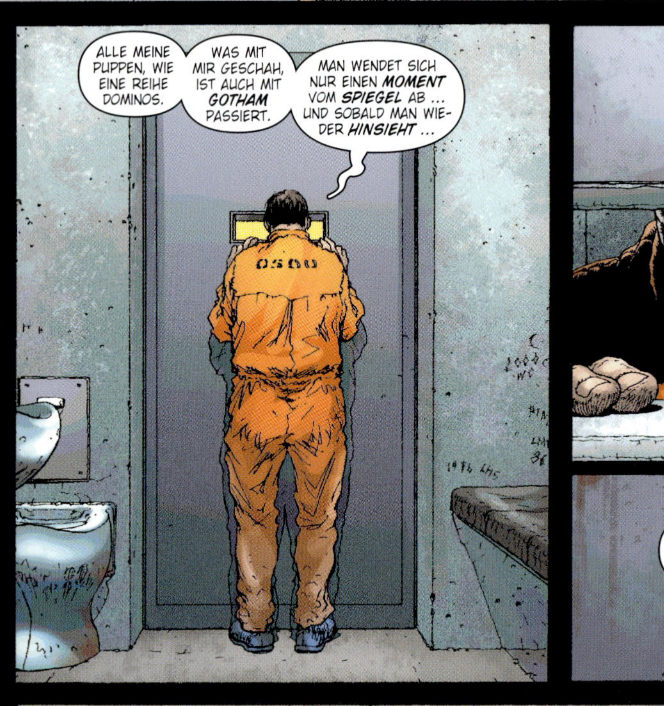

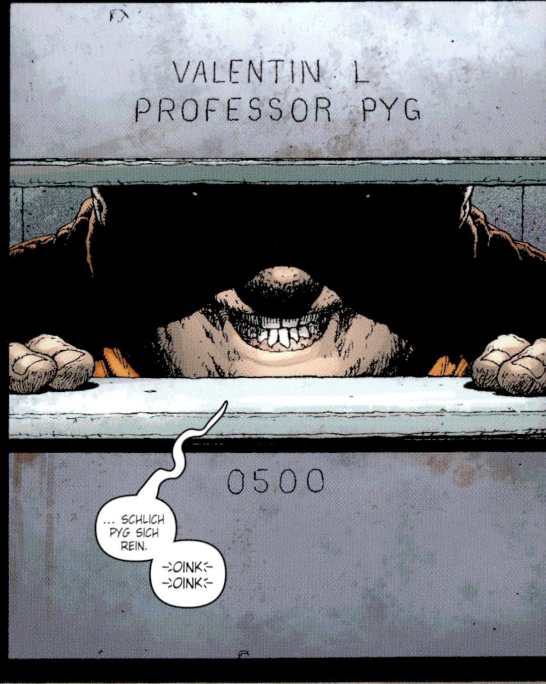

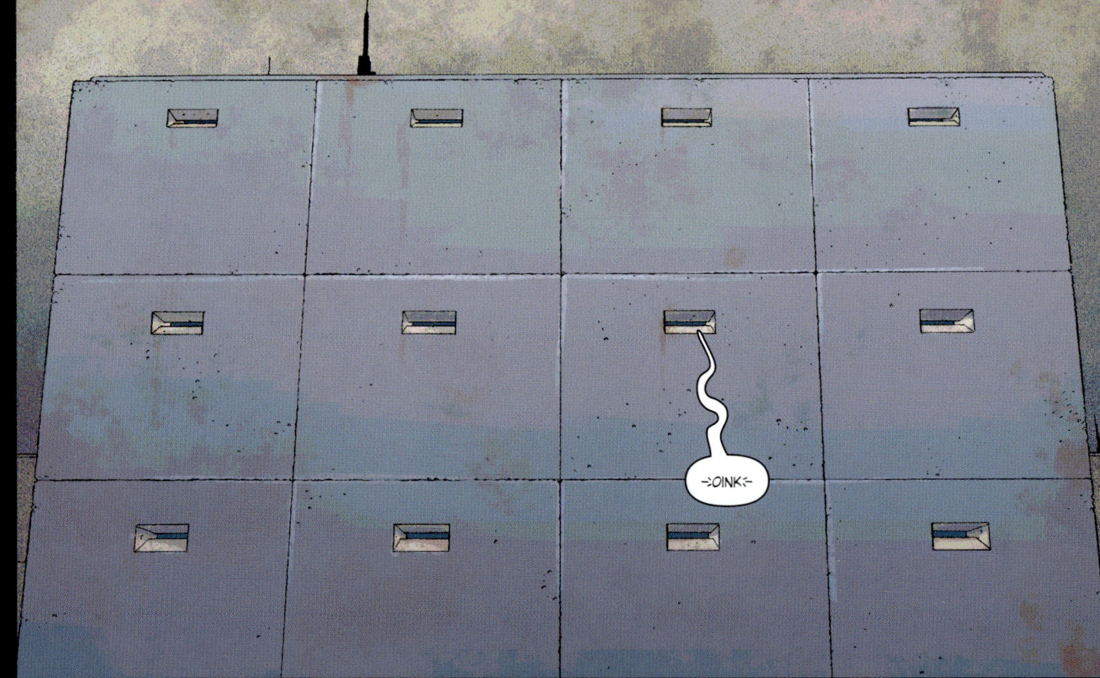

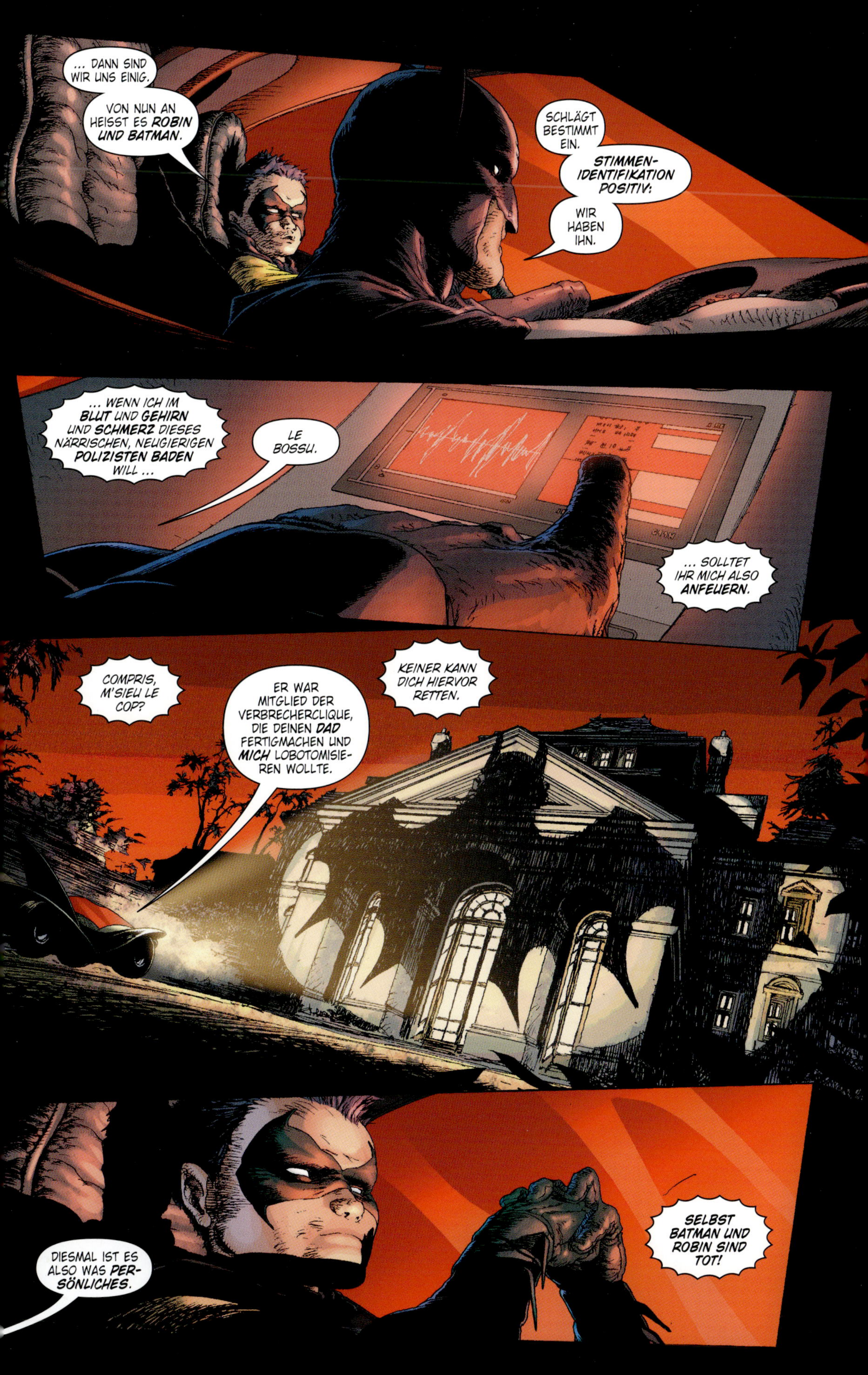
… DANN SIND WIR UNS EINIG.
VON NUN AN HEISST ES ROBIN UND BATMAN.
SCHLÄGT BESTIMMT EIN.
STIMMEN-IDENTIFIKATION POSITIV:
WIR HABEN IHN.
… WENN ICH IM BLUT UND GEHIRN UND SCHMERZ DIESES NÄRRISCHEN, NEUGIERIGEN POLIZISTEN BADEN WILL …
LE BOSSU.
… SOLLTET IHR MICH ALSO ANFEUERN.
COMPRIS, M'SIEU LE COP?
ER WAR MITGLIED DER VERBRECHERCLIQUE, DIE DEINEN DAD FERTIGMACHEN UND MICH LOBOTOMISIEREN WOLLTE.
KEINER KANN DICH HIERVOR RETTEN.
DIESMAL IST ES ALSO WAS PERSÖNLICHES.
SELBST BATMAN UND ROBIN SIND TOT!

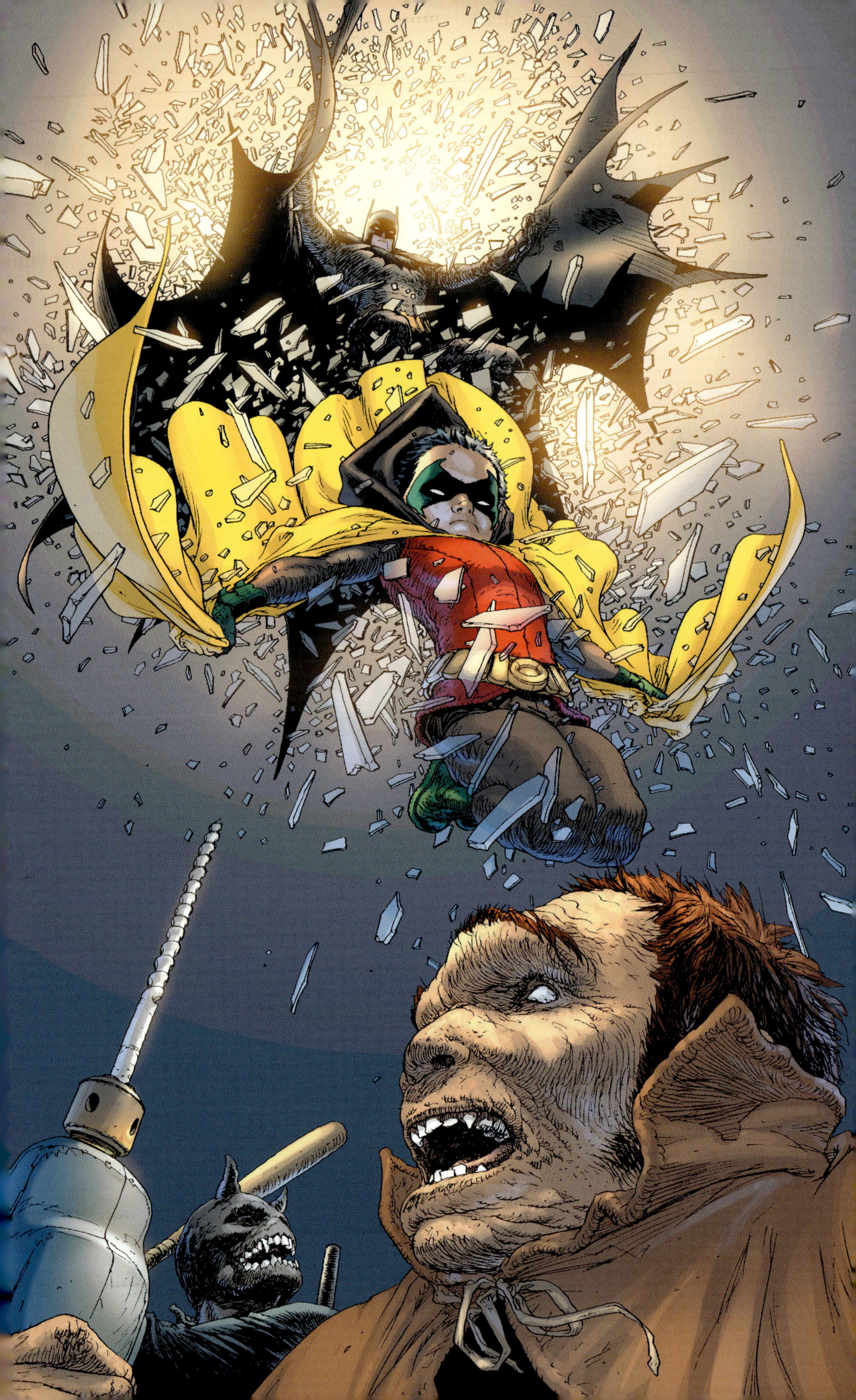

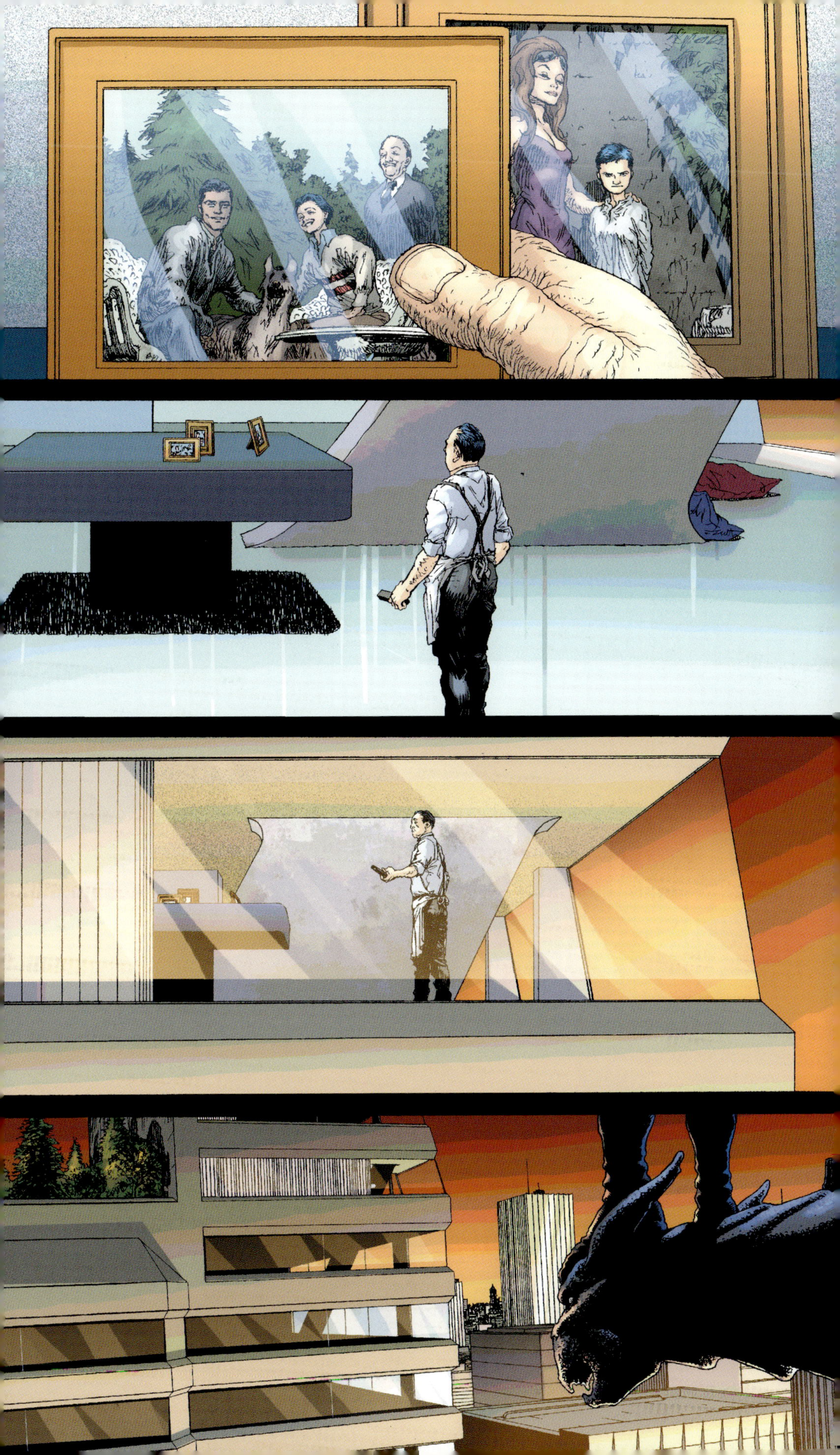

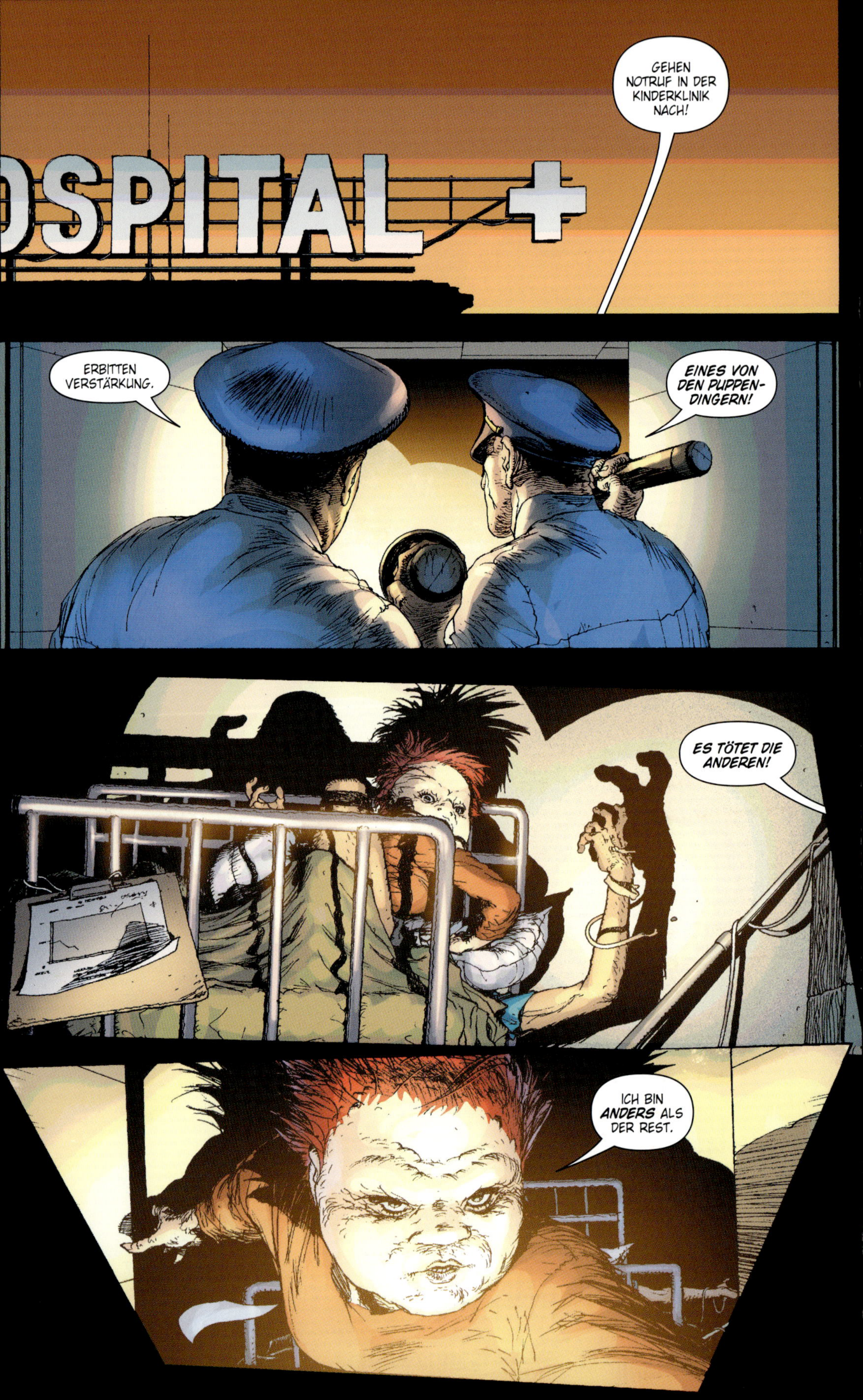

OSPITAL +

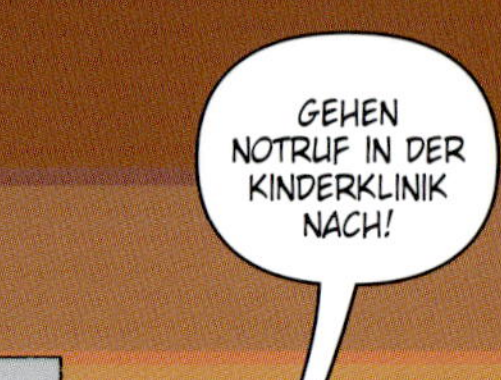

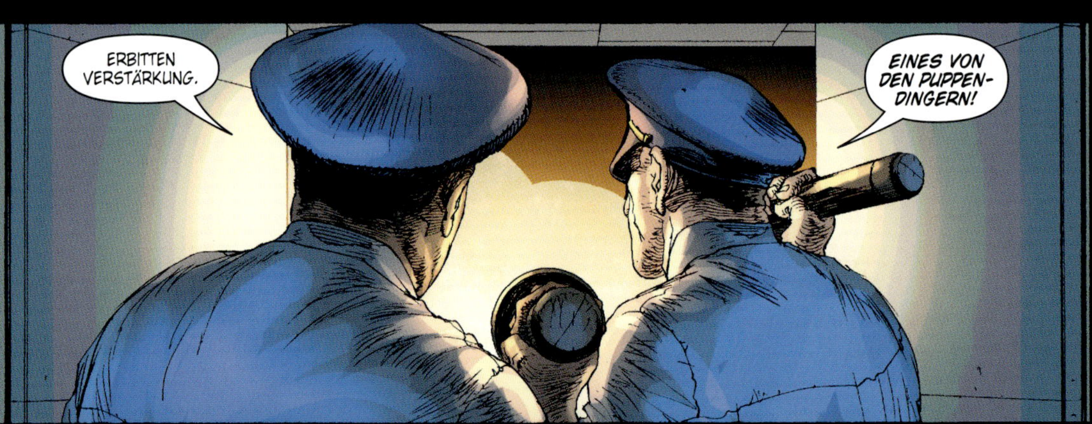

ES TÖTET DIE ANDEREN!

ICH BIN **ANDERS** ALS DER REST.

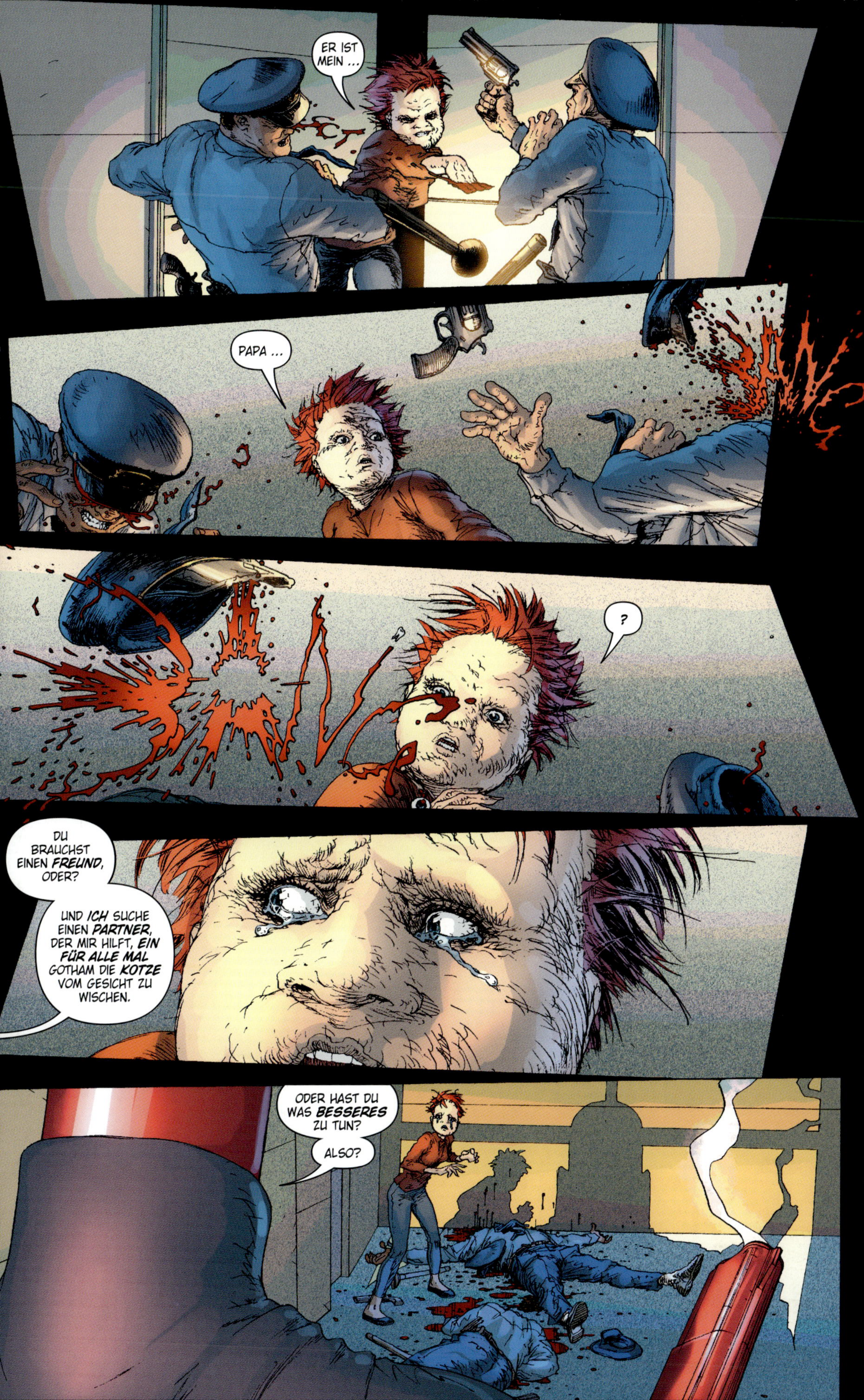
ER IST MEIN …
PAPA …
?
DU BRAUCHST EINEN *FREUND*, ODER?
UND *ICH* SUCHE EINEN *PARTNER*, DER MIR HILFT, *EIN FÜR ALLE MAL* GOTHAM DIE *KOTZE* VOM GESICHT ZU WISCHEN.
ODER HAST DU WAS *BESSERES* ZU TUN?
ALSO?

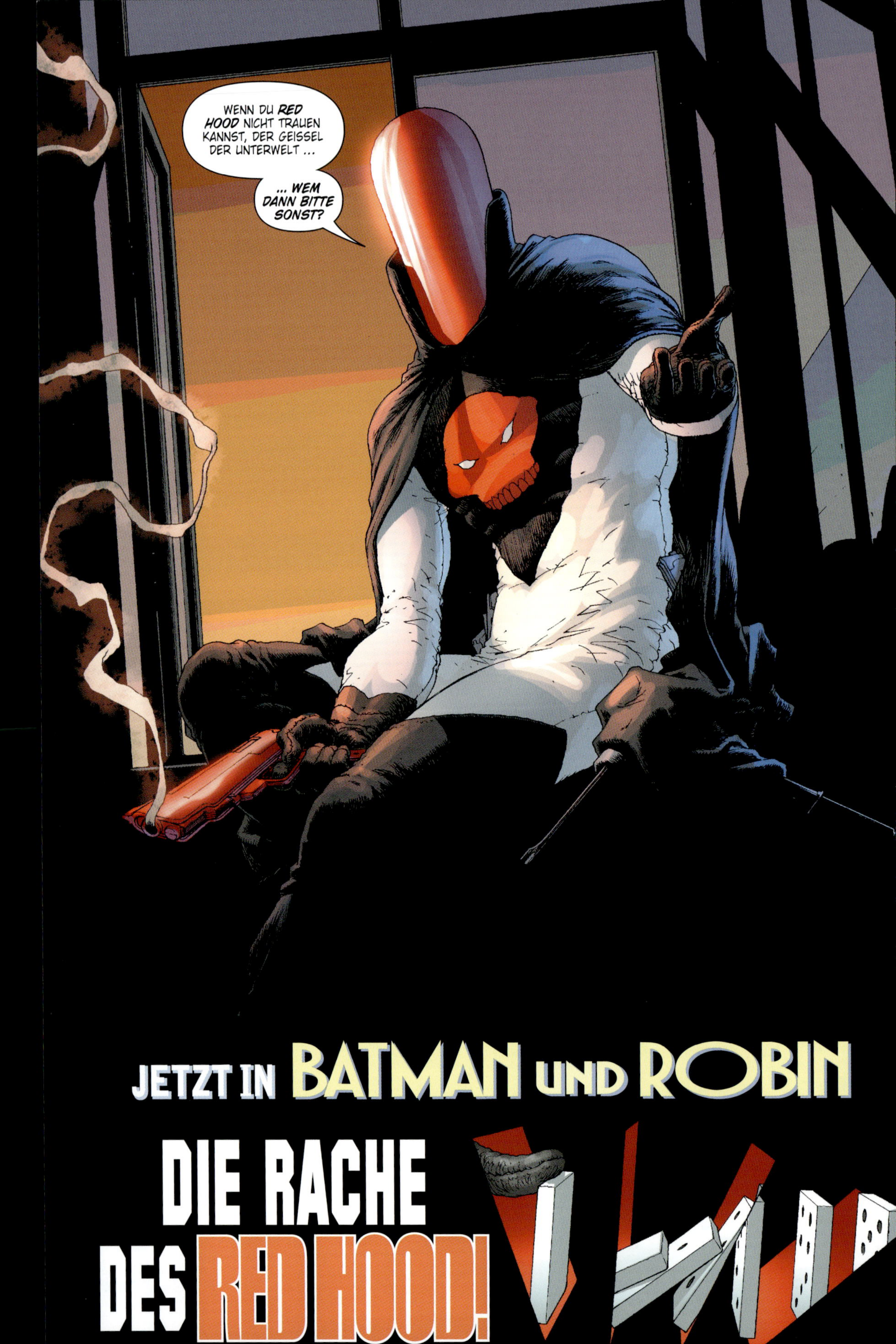

WENN DU *RED HOOD* NICHT TRAUEN KANNST, DER GEISSEL DER UNTERWELT ...

... WEM DANN BITTE SONST?

JETZT IN BATMAN UND ROBIN

DIE RACHE DES RED HOOD!

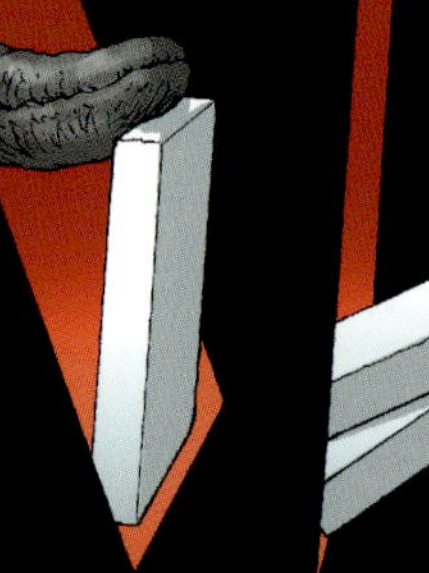

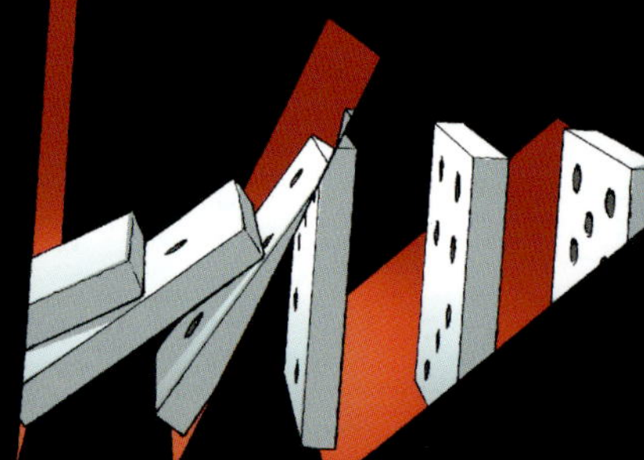

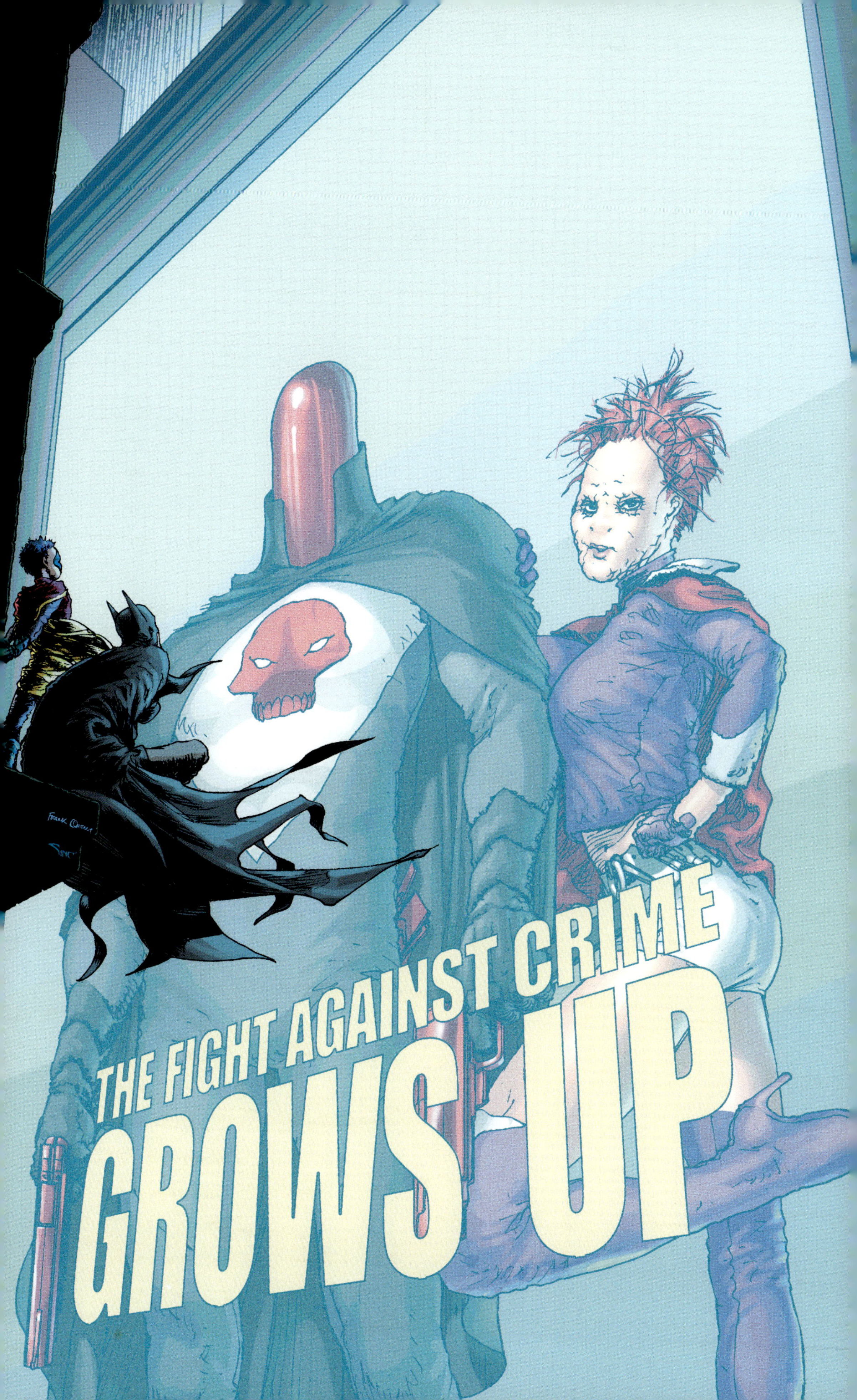
THE FIGHT AGAINST CRIME
GROWS UP

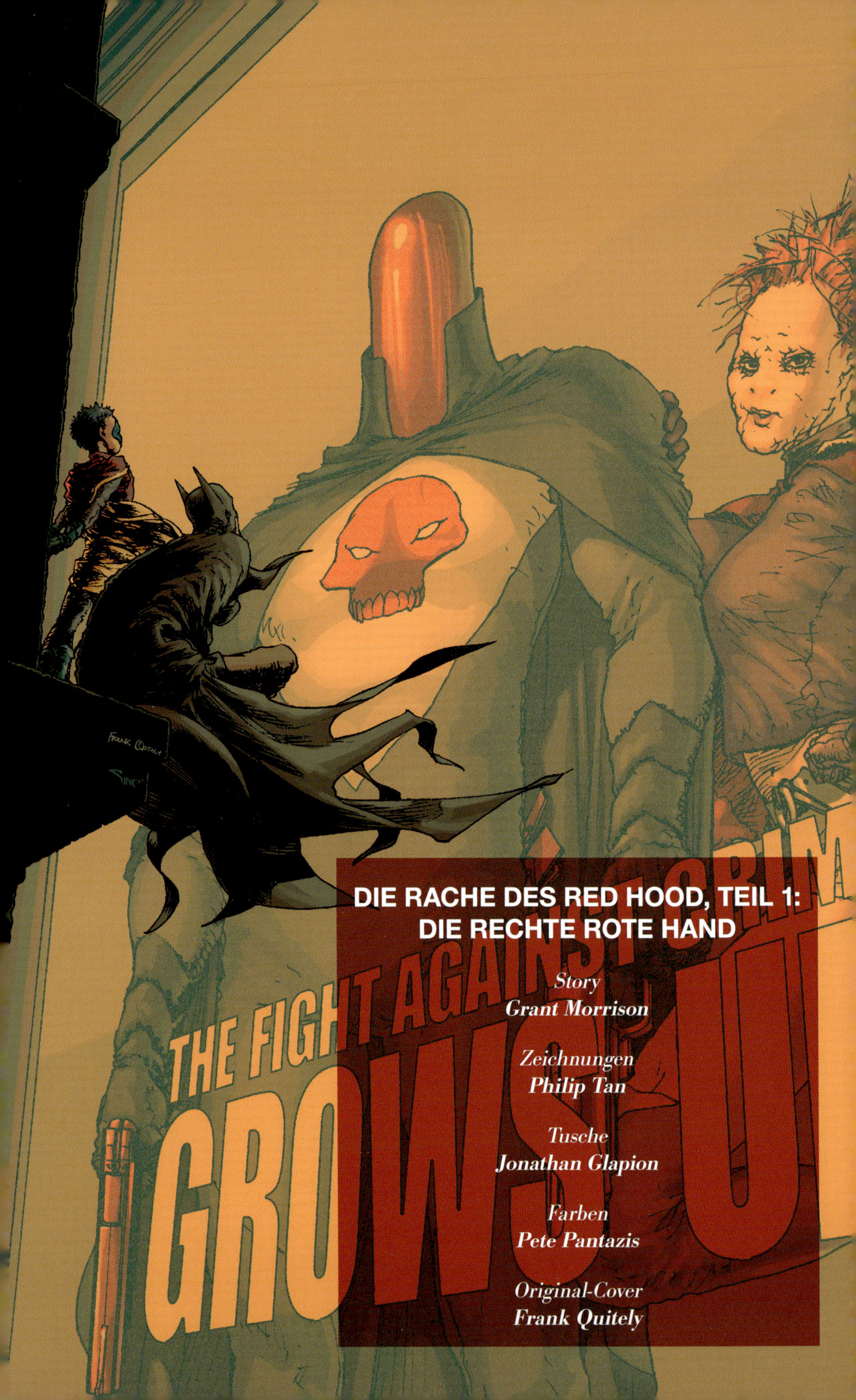

DIE RACHE DES RED HOOD, TEIL 1: DIE RECHTE ROTE HAND

Story
Grant Morrison

Zeichnungen
Philip Tan

Tusche
Jonathan Glapion

Farben
Pete Pantazis

Original-Cover
Frank Quitely

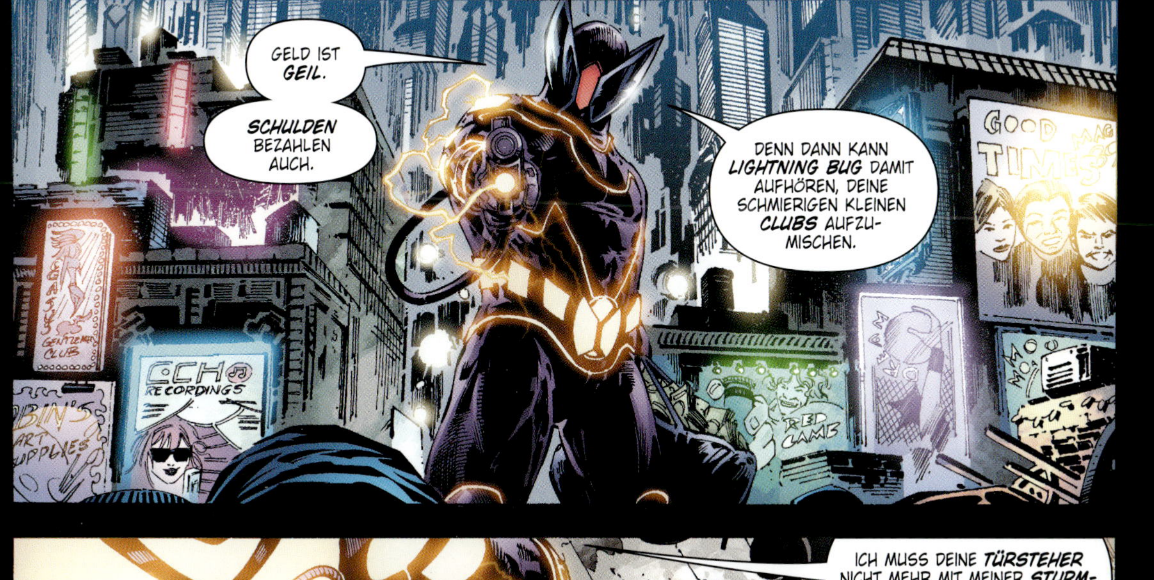
GELD IST **GEIL.**
SCHULDEN BEZAHLEN AUCH.
DENN DANN KANN **LIGHTNING BUG** DAMIT AUFHÖREN, DEINE SCHMIERIGEN KLEINEN **CLUBS** AUFZU-MISCHEN.

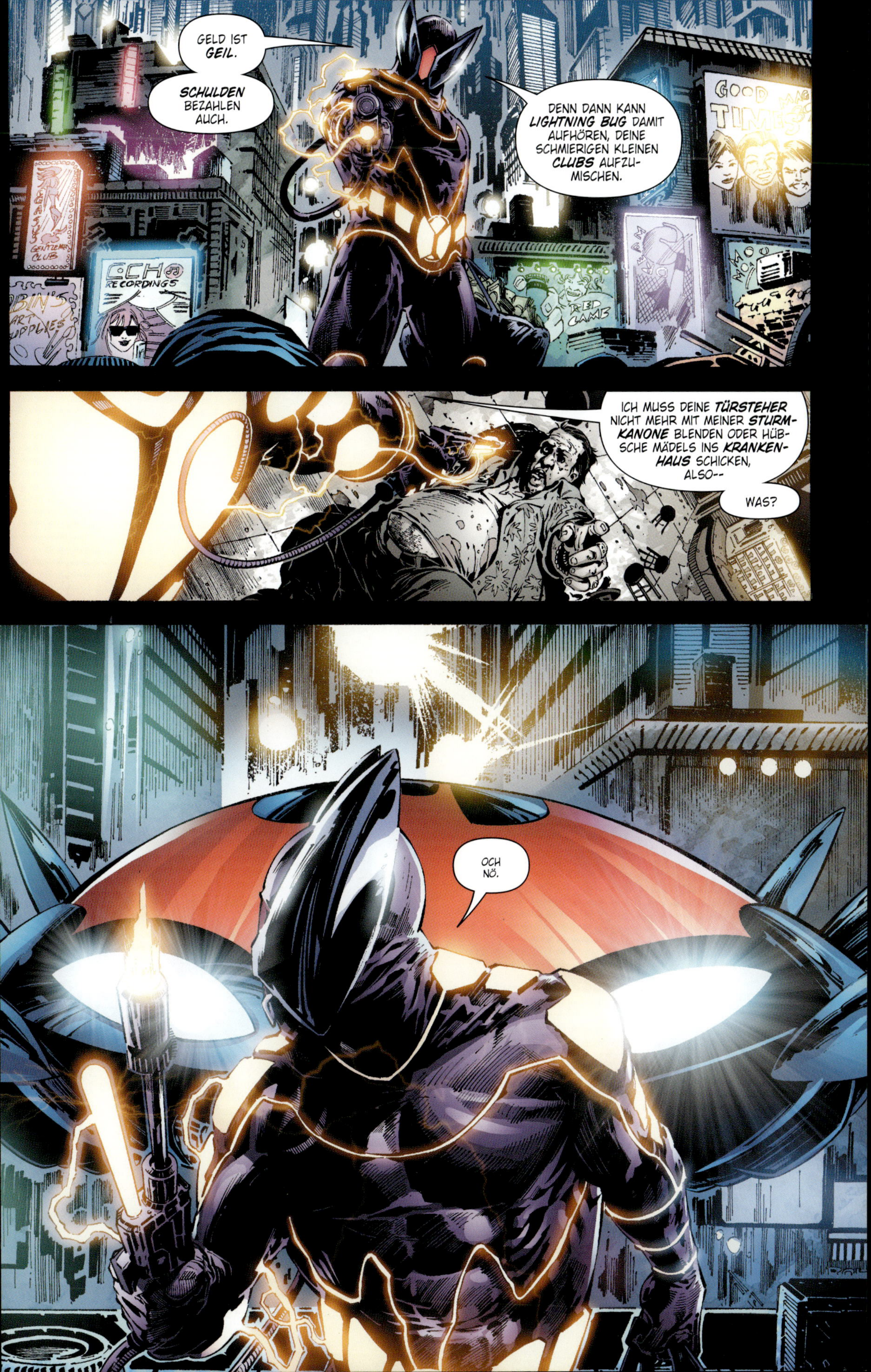

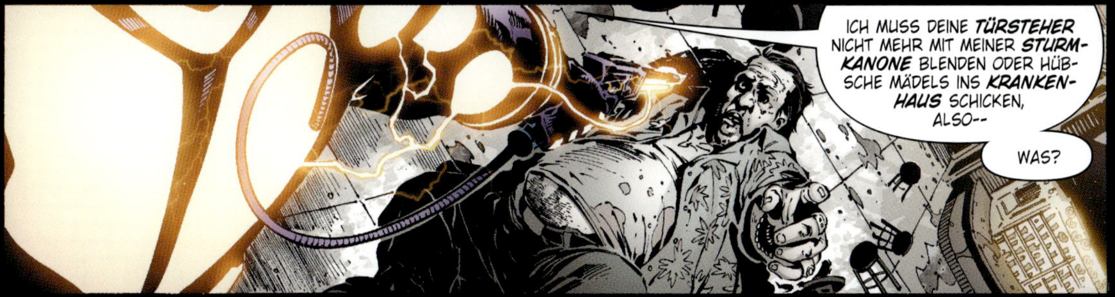
ICH MUSS DEINE **TÜRSTEHER** NICHT MEHR MIT MEINER **STURM-KANONE** BLENDEN ODER HÜB-SCHE MÄDELS INS **KRANKEN-HAUS** SCHICKEN, ALSO--
WAS?

OCH NÖ.

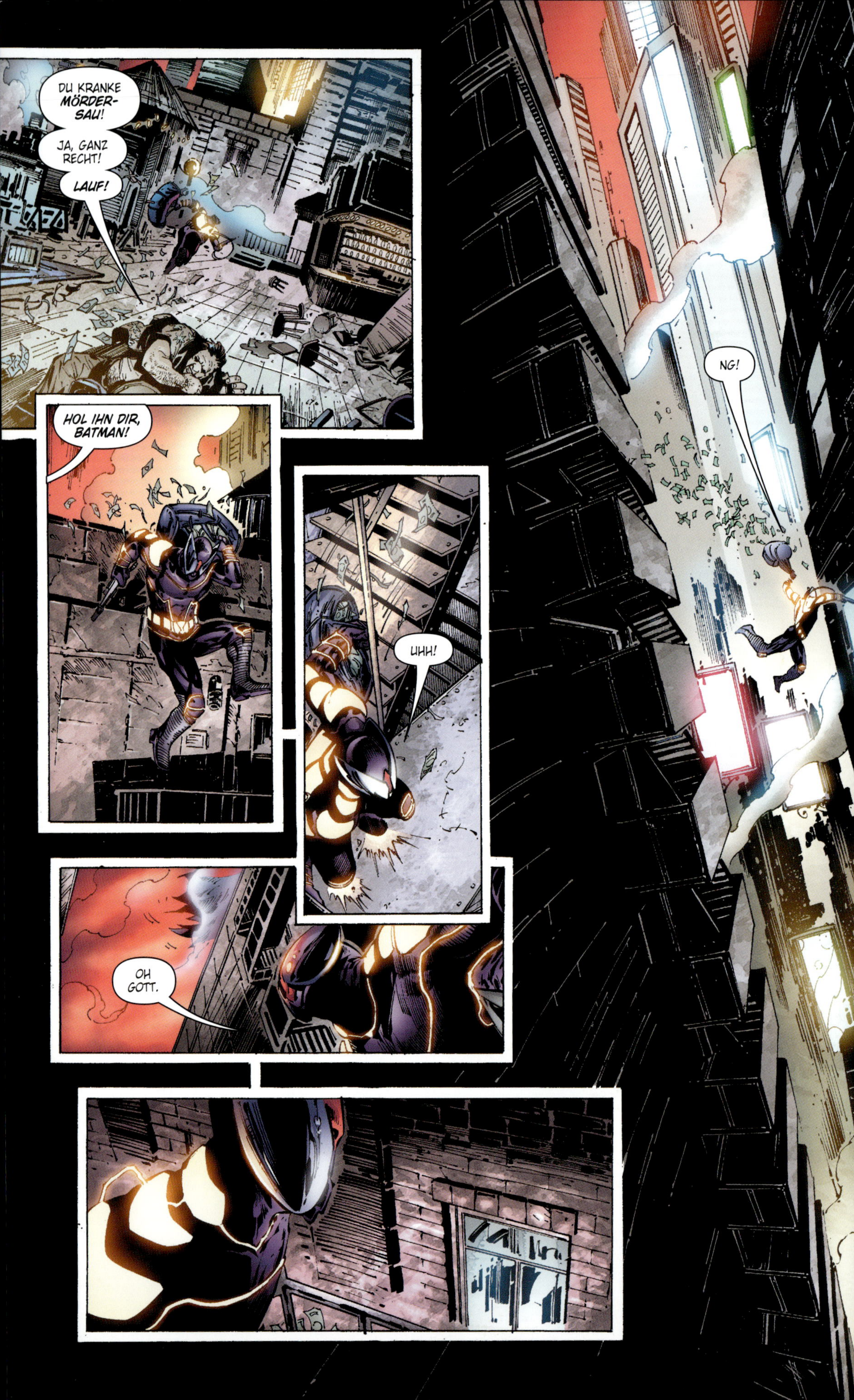
DU KRANKE MÖRDER-SAU!
JA, GANZ RECHT!
LAUF!
HOL IHN DIR, BATMAN!
UHH!
OH GOTT.
NG!

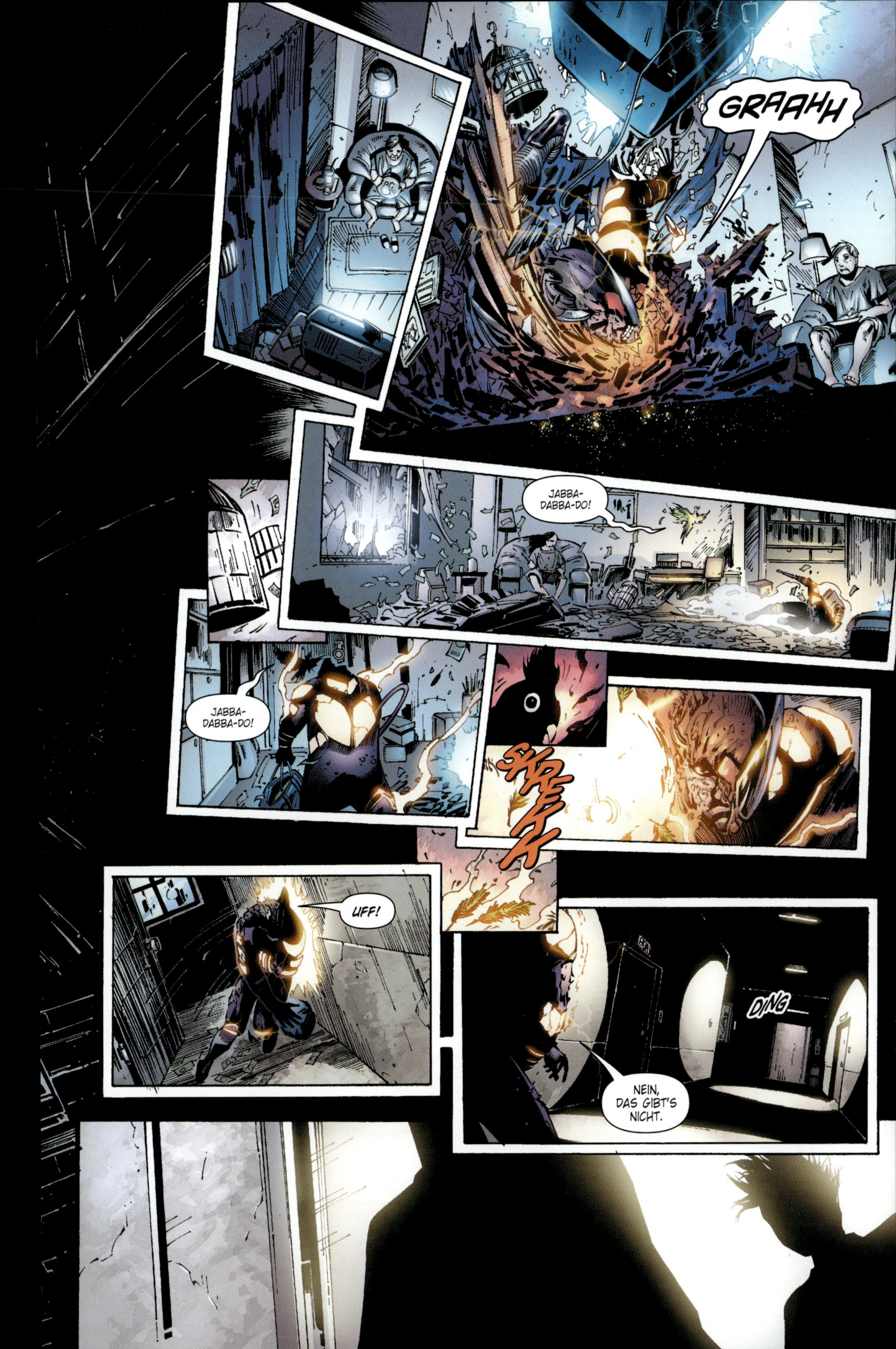
GRAAHH
JABBA-DABBA-DO!
JABBA-DABBA-DO!
SKREEK
UFF!
DING
NEIN, DAS GIBT'S NICHT.

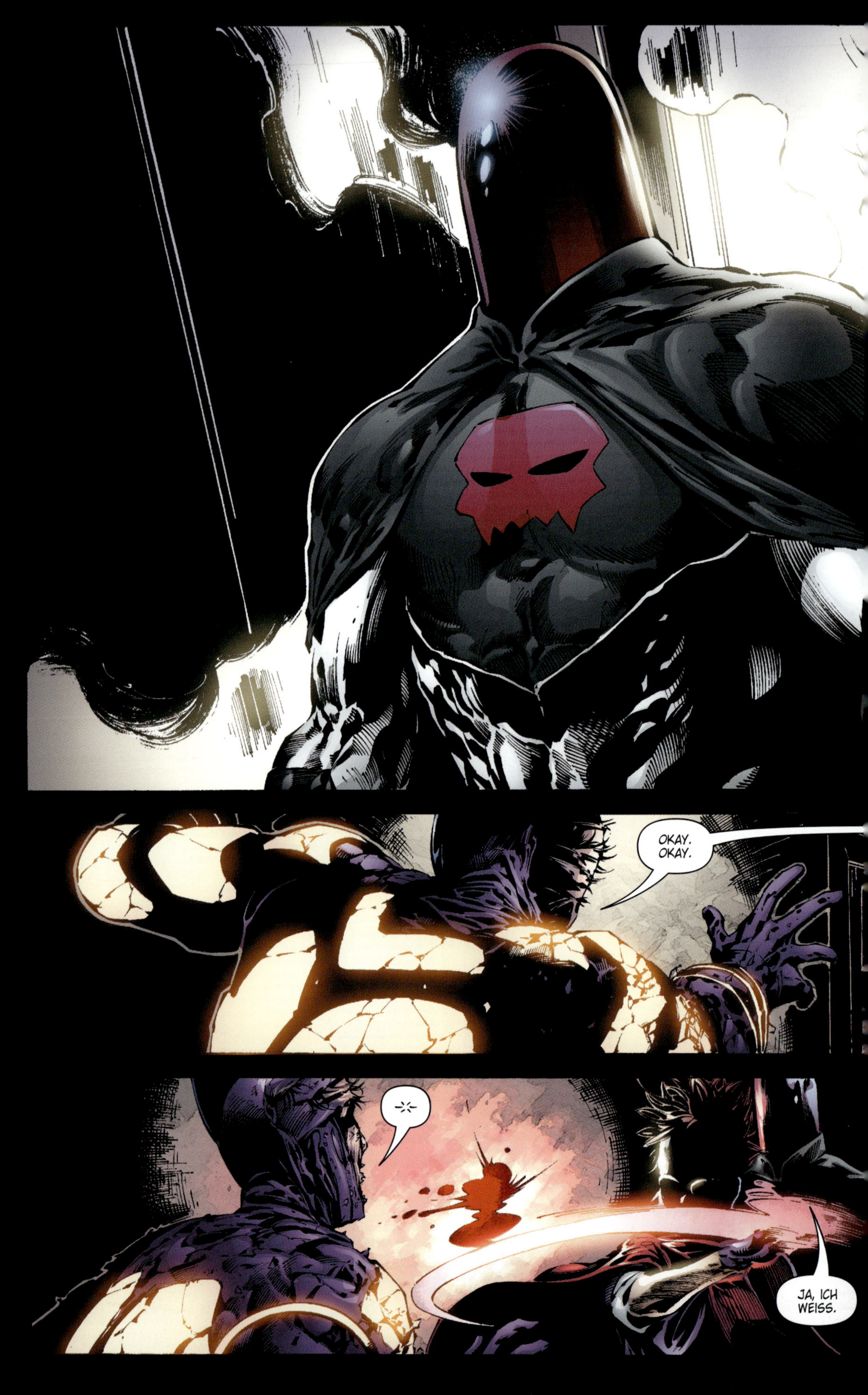
OKAY. OKAY.
JA, ICH WEISS.

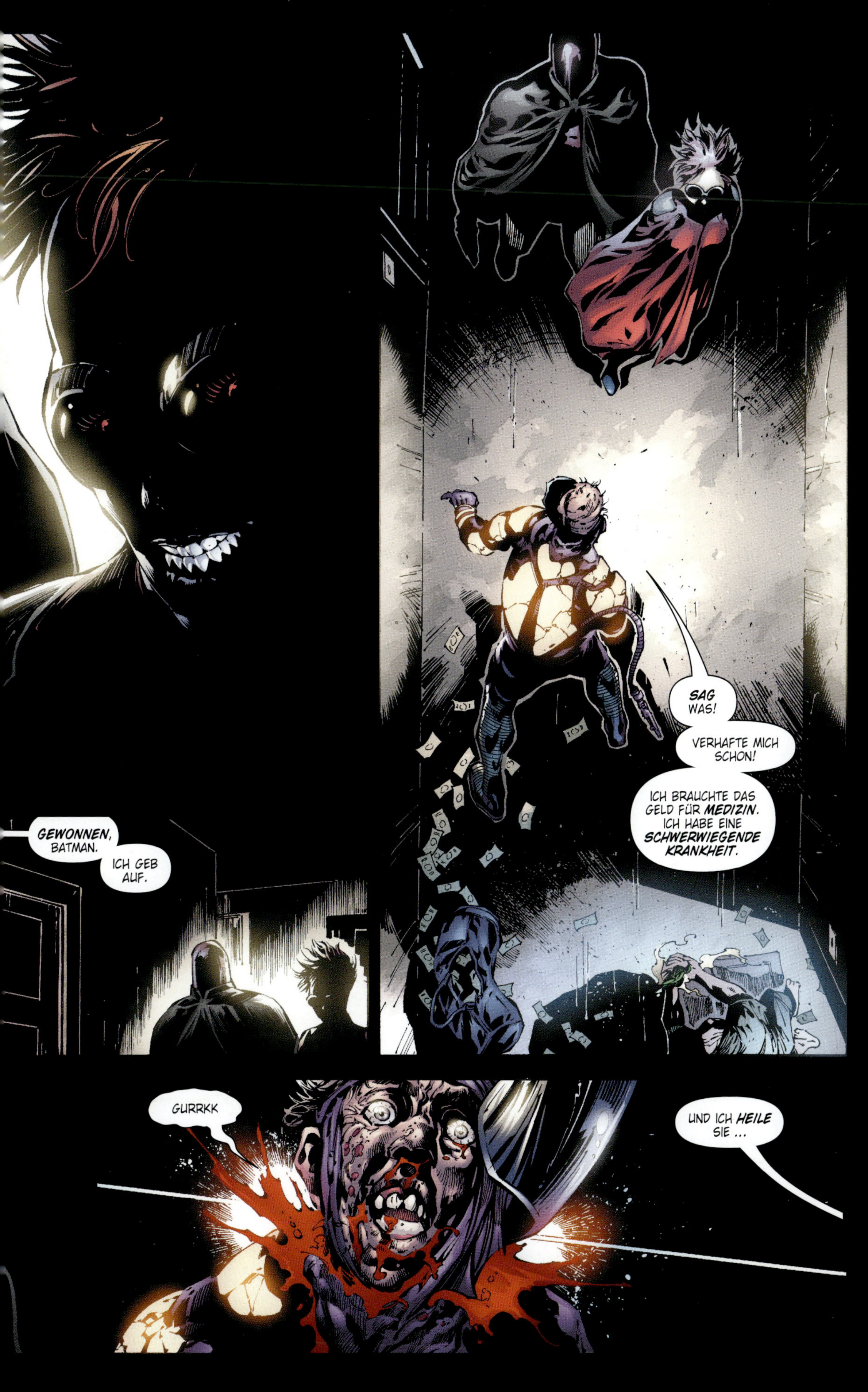
SAG WAS!
VERHAFTE MICH SCHON!
ICH BRAUCHTE DAS GELD FÜR MEDIZIN. ICH HABE EINE SCHWERWIEGENDE KRANKHEIT.
GEWONNEN, BATMAN.
ICH GEB AUF.
GURRKK
UND ICH HEILE SIE ...

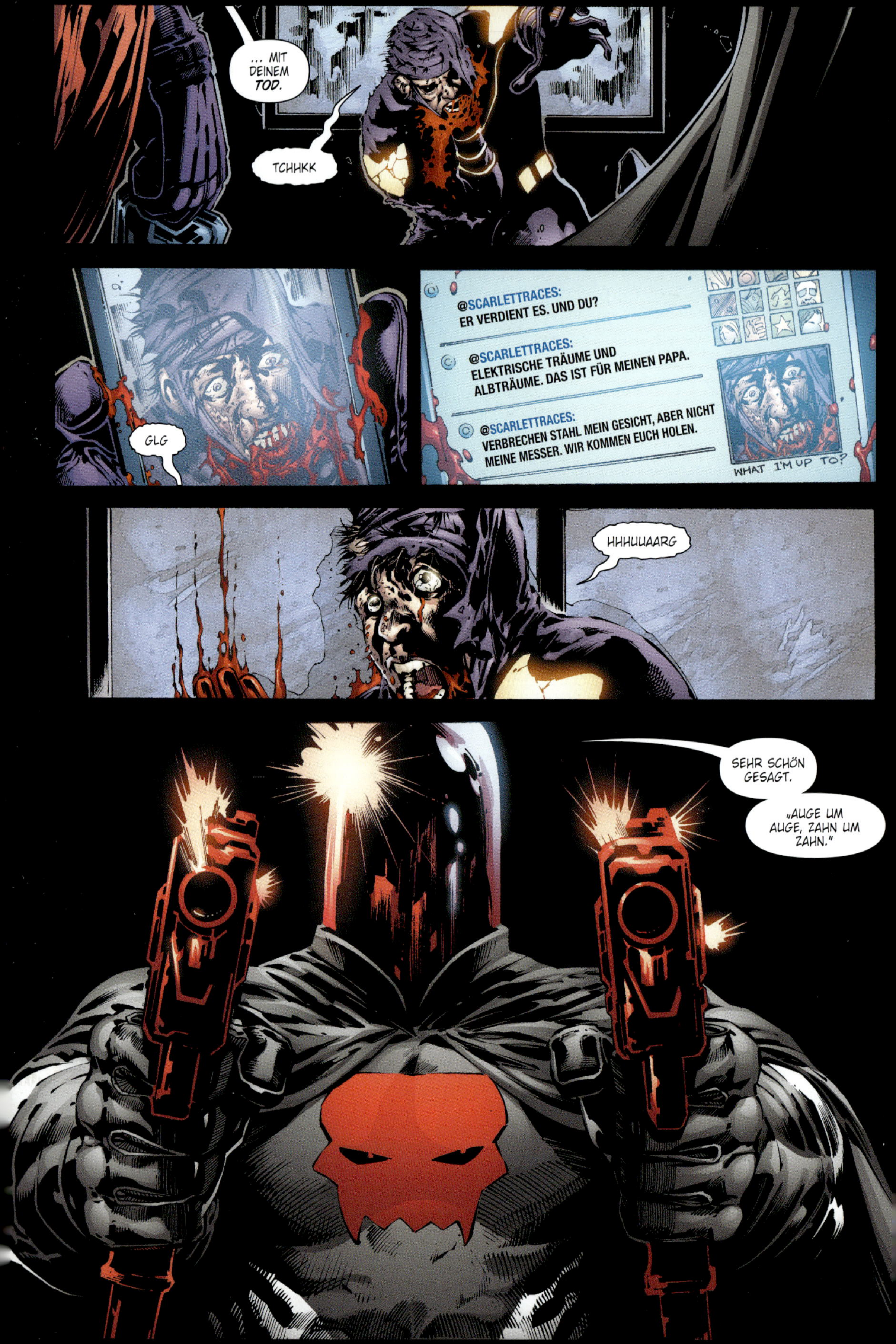

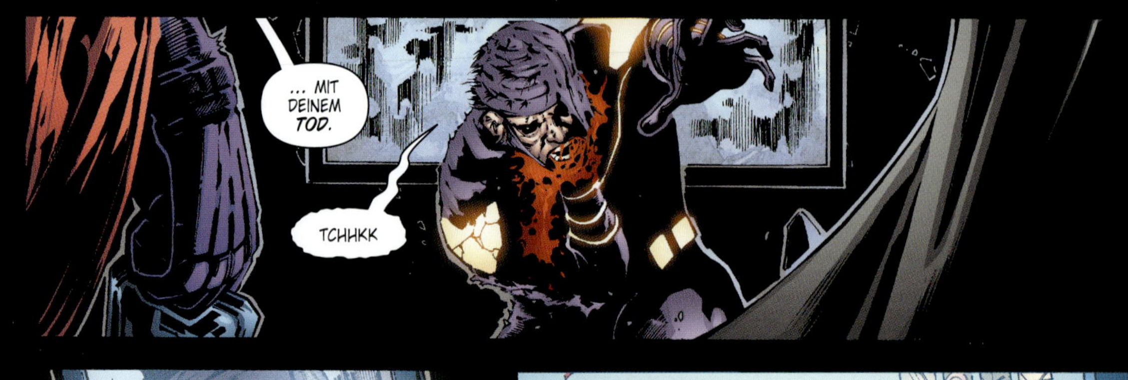
… MIT DEINEM TOD.
TCHHKK

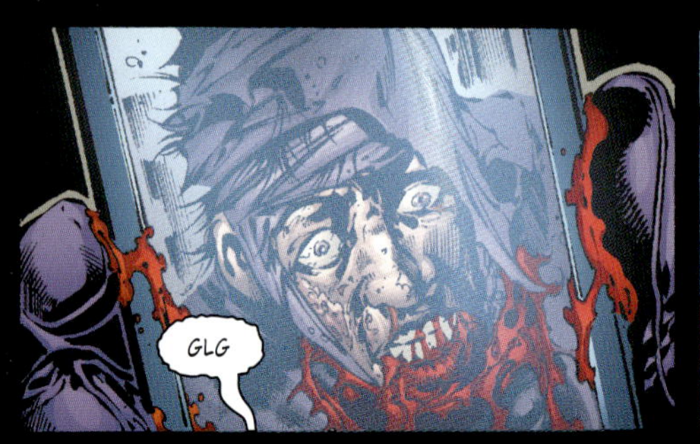
GLG

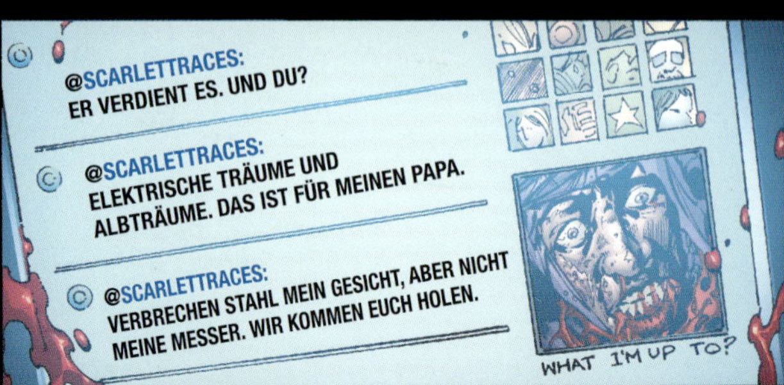
@SCARLETTRACES:
ER VERDIENT ES. UND DU?
@SCARLETTRACES:
ELEKTRISCHE TRÄUME UND ALBTRÄUME. DAS IST FÜR MEINEN PAPA.
@SCARLETTRACES:
VERBRECHEN STAHL MEIN GESICHT, ABER NICHT MEINE MESSER. WIR KOMMEN EUCH HOLEN.
WHAT I'M UP TO?

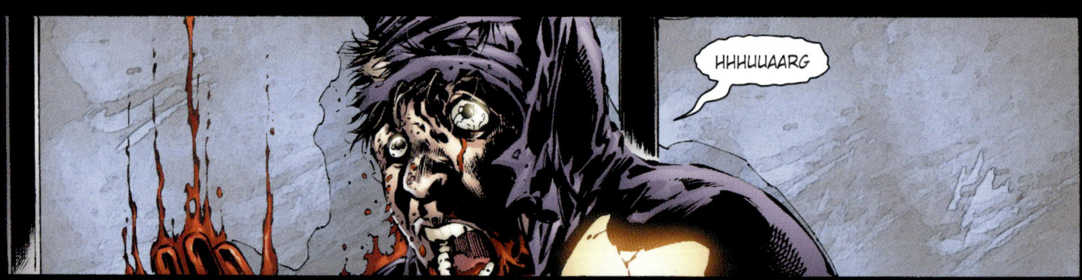
HHHUUAARG

SEHR SCHÖN GESAGT.
„AUGE UM AUGE, ZAHN UM ZAHN."

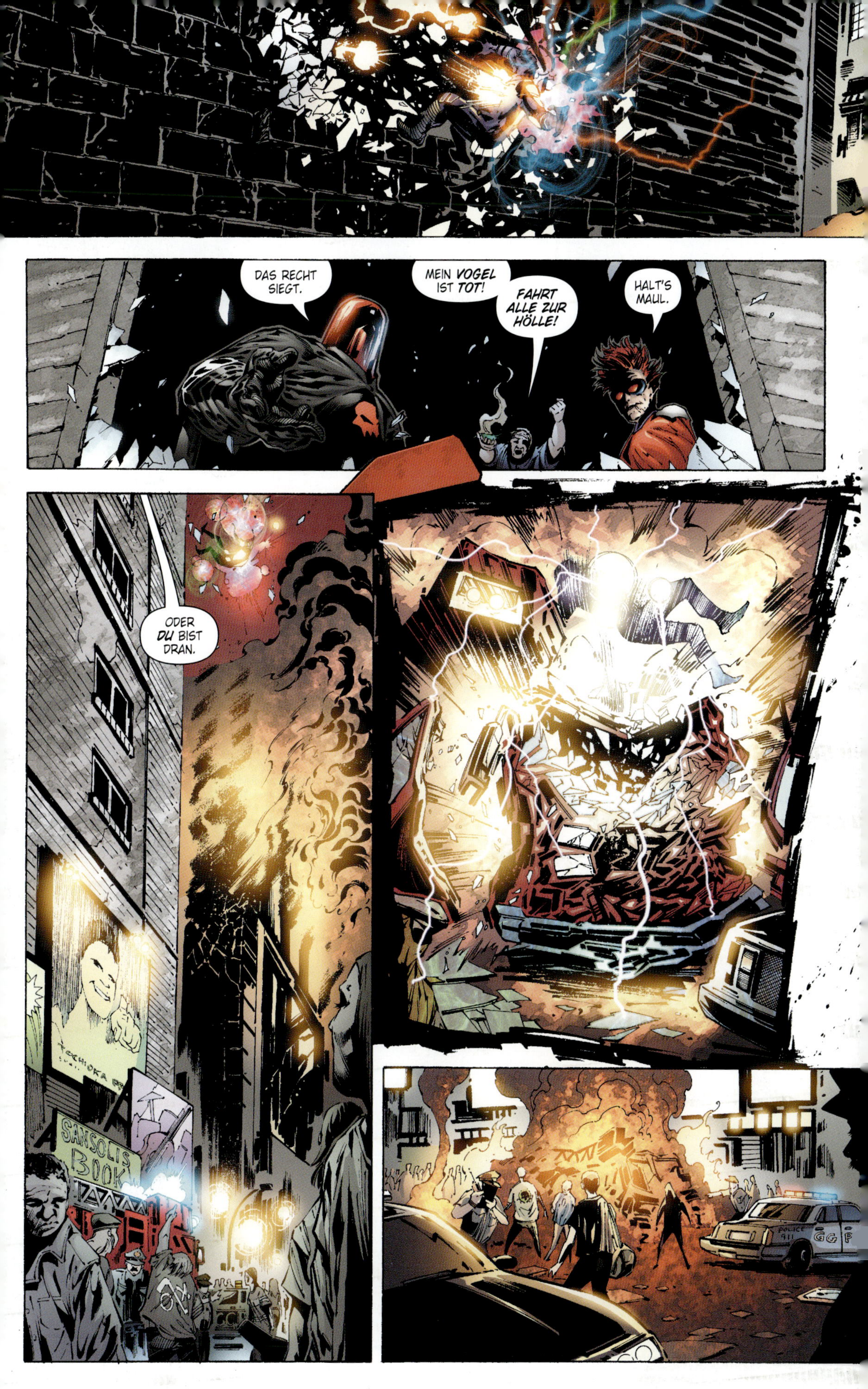
DAS RECHT SIEGT.
MEIN VOGEL IST TOT!
FAHRT ALLE ZUR HÖLLE!
HALT'S MAUL.
ODER DU BIST DRAN.
SANSOLIS BOOK

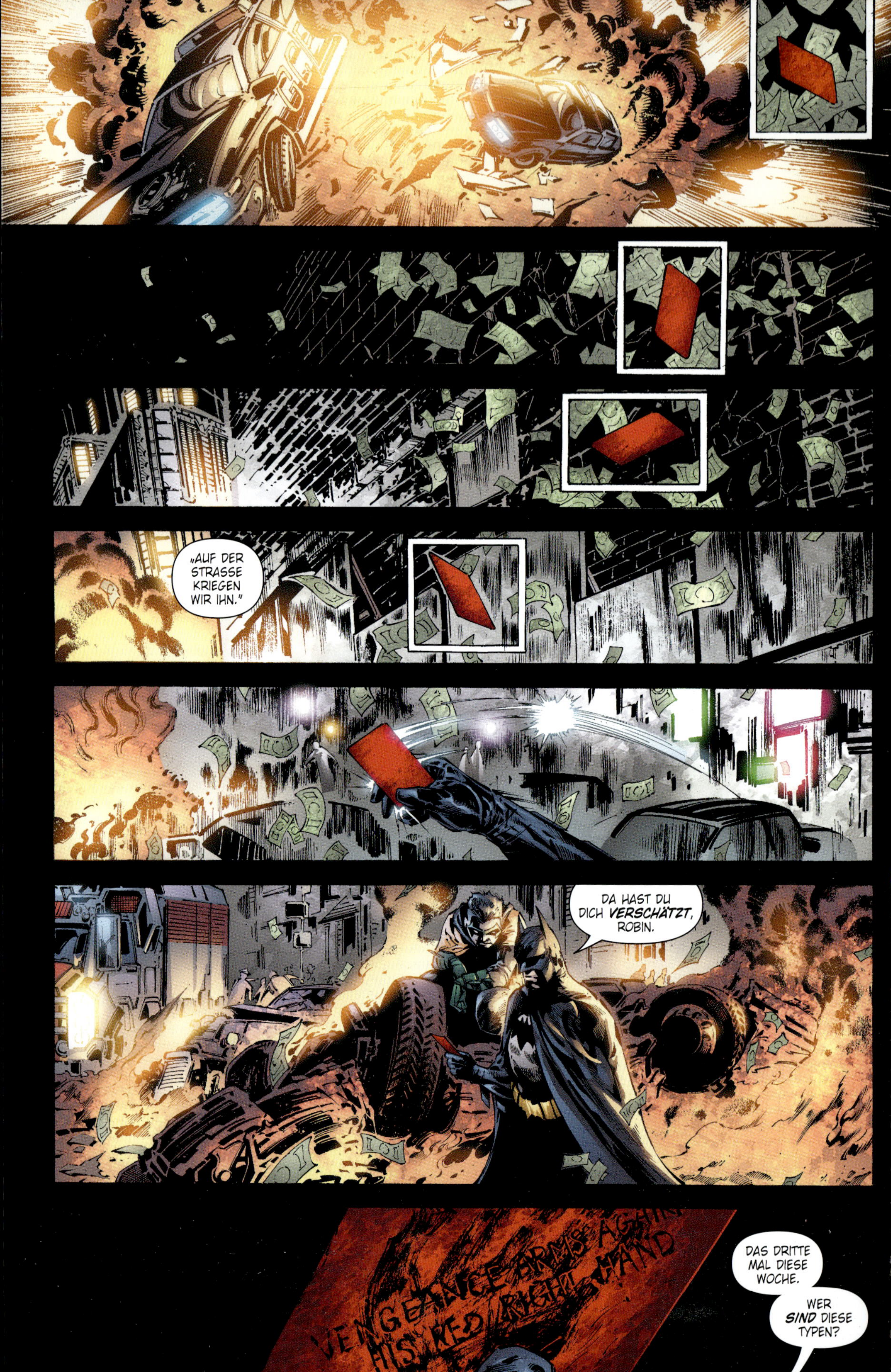

„AUF DER STRASSE KRIEGEN WIR IHN."
DA HAST DU DICH *VERSCHÄTZT*, ROBIN.
VENGEANCE ARMS AGAIN
HIS RED RIGHT HAND
DAS DRITTE MAL DIESE WOCHE.
WER *SIND* DIESE TYPEN?
* RACHE ERHEBT IHRE RECHTE ROTE HAND

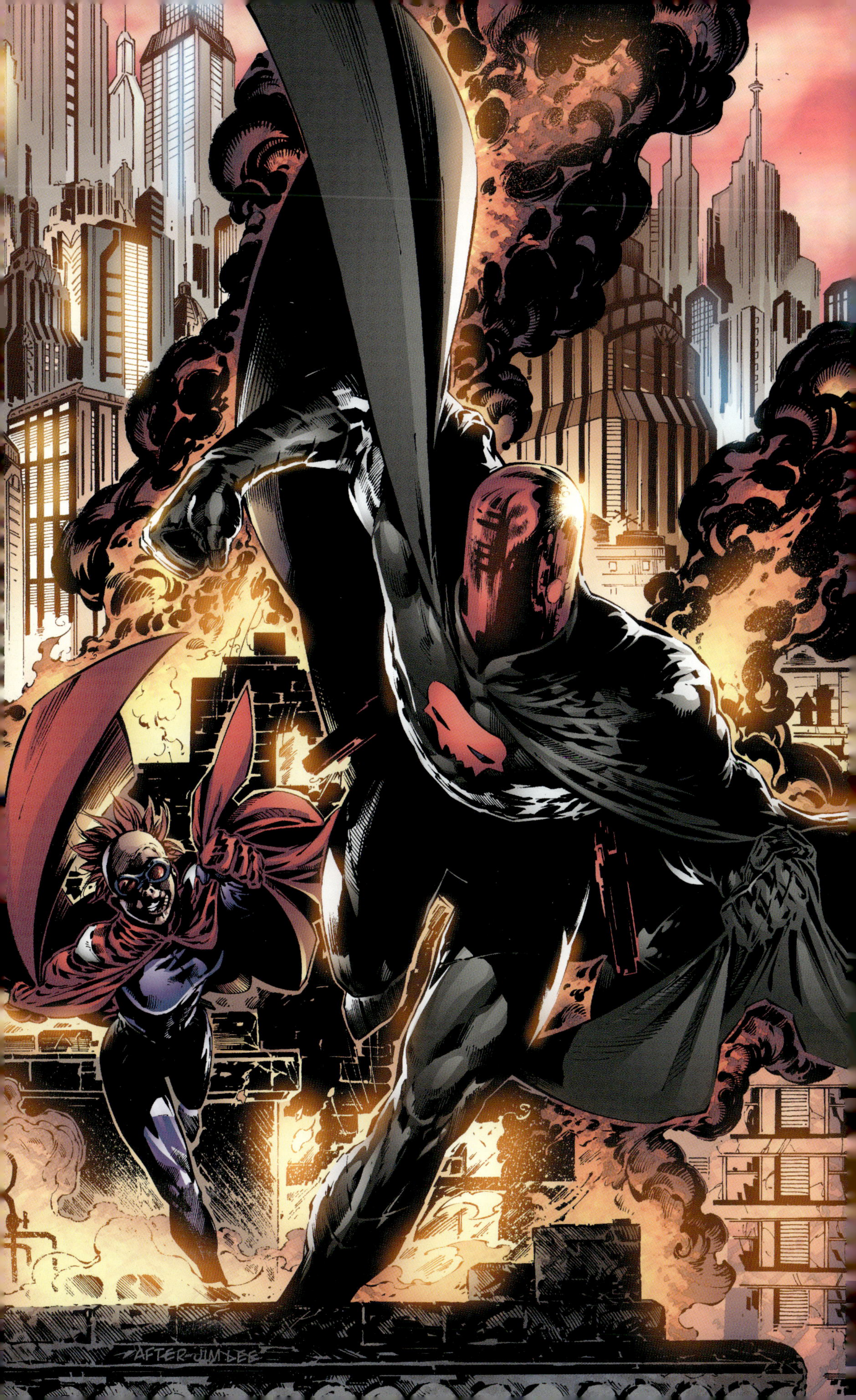
AFTER JIM LEE

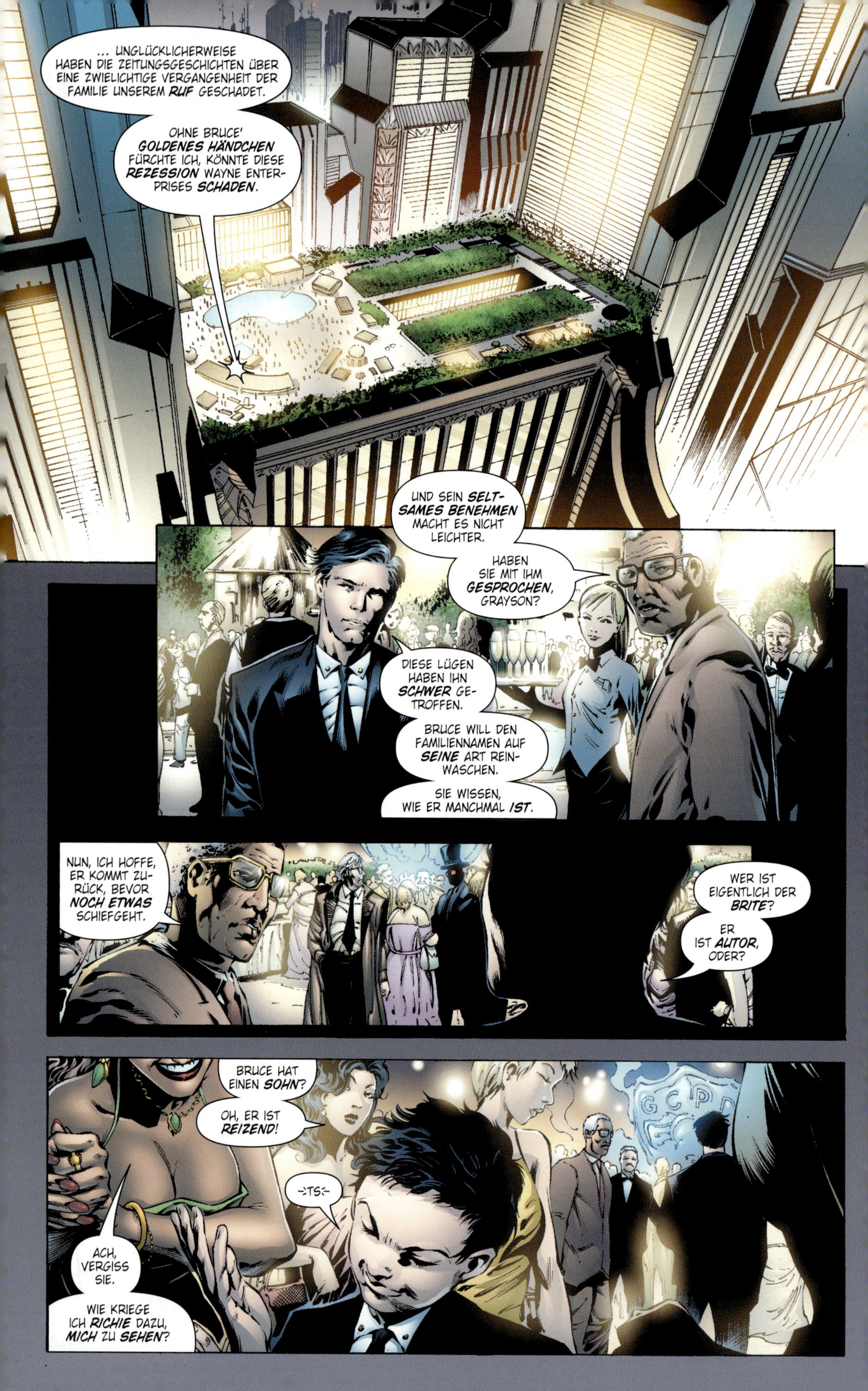

... UNGLÜCKLICHERWEISE HABEN DIE ZEITUNGSGESCHICHTEN ÜBER EINE ZWIELICHTIGE VERGANGENHEIT DER FAMILIE UNSEREM **RUF** GESCHADET.

OHNE BRUCE' **GOLDENES HÄNDCHEN** FÜRCHTE ICH, KÖNNTE DIESE **REZESSION** WAYNE ENTERPRISES **SCHADEN**.

UND SEIN **SELTSAMES BENEHMEN** MACHT ES NICHT LEICHTER.

HABEN SIE MIT IHM **GESPROCHEN**, GRAYSON?

DIESE LÜGEN HABEN IHN **SCHWER** GETROFFEN.

BRUCE WILL DEN FAMILIENNAMEN AUF **SEINE** ART REINWASCHEN.

SIE WISSEN, WIE ER MANCHMAL **IST**.

NUN, ICH HOFFE, ER KOMMT ZURÜCK, BEVOR **NOCH ETWAS** SCHIEFGEHT.

WER IST EIGENTLICH DER **BRITE**?

ER IST **AUTOR**, ODER?

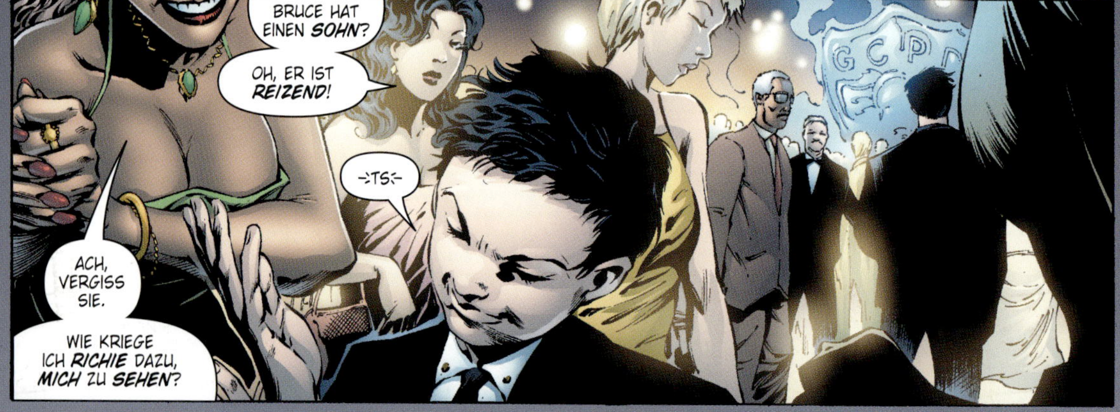

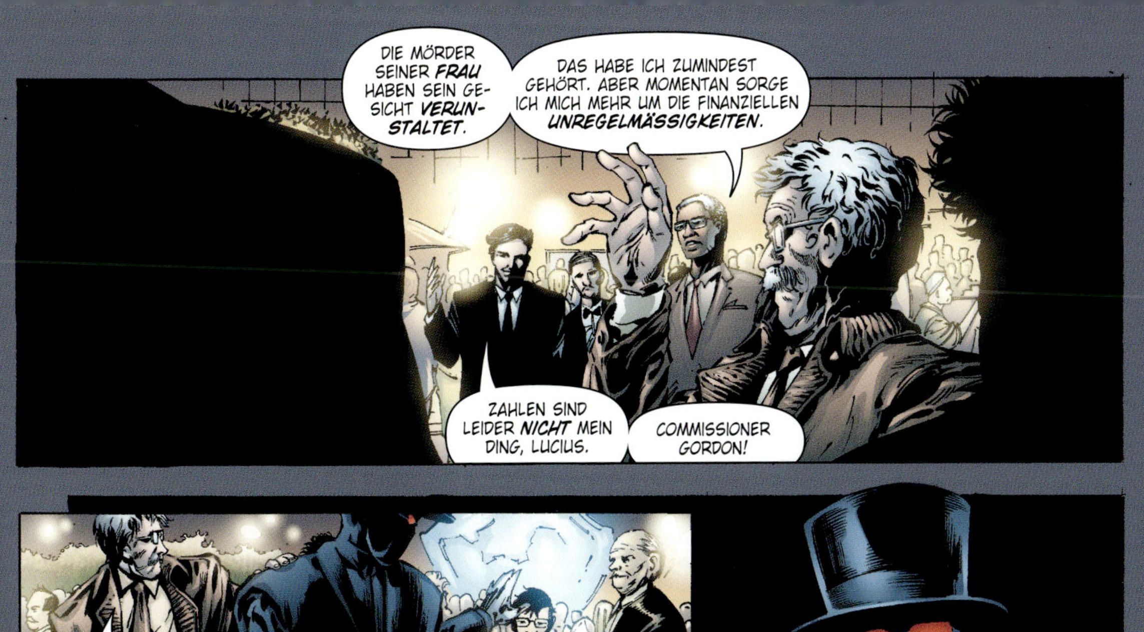
DIE MÖRDER SEINER FRAU HABEN SEIN GESICHT VERUNSTALTET.
DAS HABE ICH ZUMINDEST GEHÖRT. ABER MOMENTAN SORGE ICH MICH MEHR UM DIE FINANZIELLEN UNREGELMÄSSIGKEITEN.
ZAHLEN SIND LEIDER NICHT MEIN DING, LUCIUS.
COMMISSIONER GORDON!

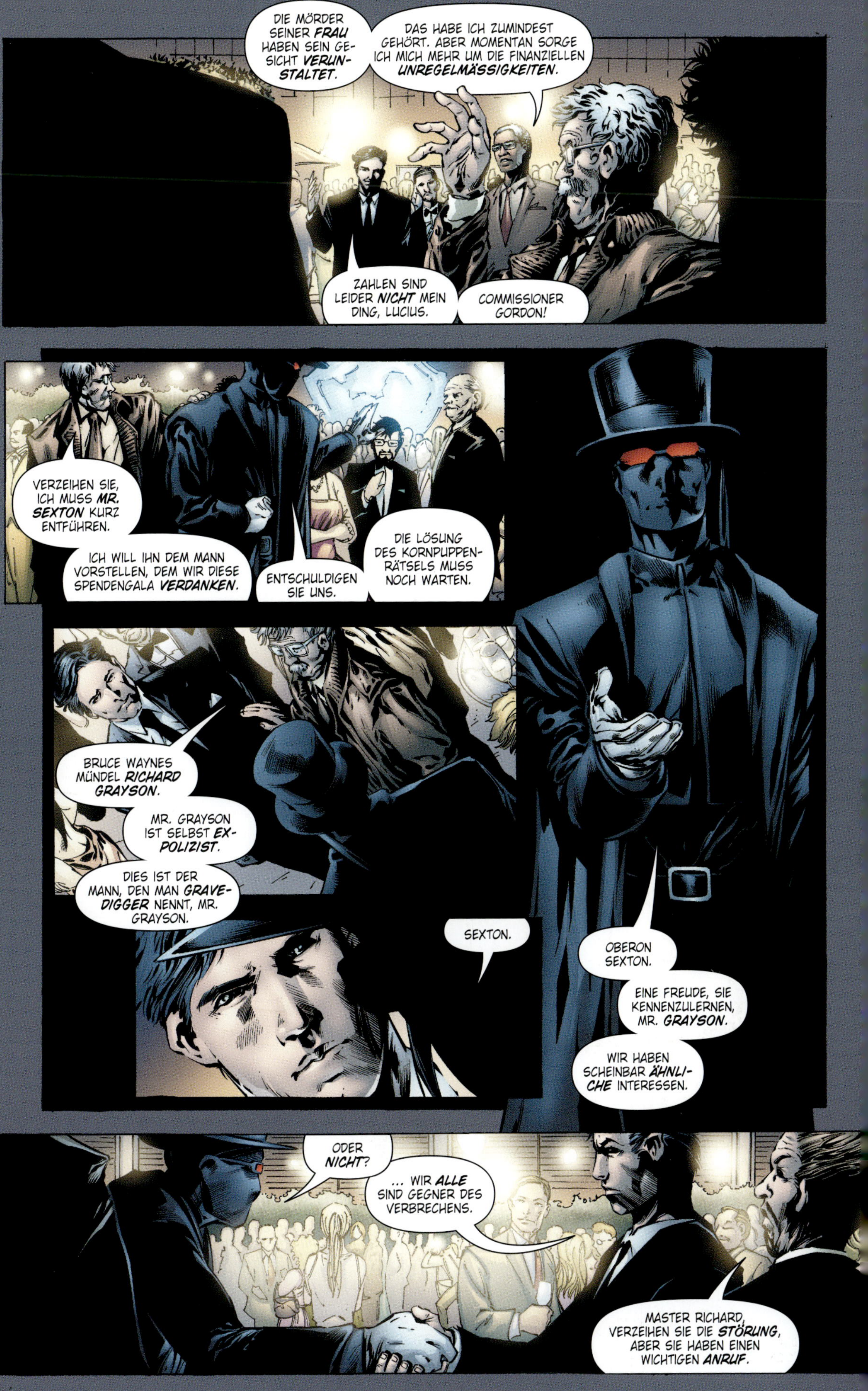

VERZEIHEN SIE, ICH MUSS MR. SEXTON KURZ ENTFÜHREN.
ICH WILL IHN DEM MANN VORSTELLEN, DEM WIR DIESE SPENDENGALA VERDANKEN.
ENTSCHULDIGEN SIE UNS.
DIE LÖSUNG DES KORNPUPPENRÄTSELS MUSS NOCH WARTEN.
BRUCE WAYNES MÜNDEL RICHARD GRAYSON.
MR. GRAYSON IST SELBST EX-POLIZIST.
DIES IST DER MANN, DEN MAN GRAVE-DIGGER NENNT, MR. GRAYSON.
SEXTON.
OBERON SEXTON.
EINE FREUDE, SIE KENNENZULERNEN, MR. GRAYSON.
WIR HABEN SCHEINBAR ÄHNLICHE INTERESSEN.
ODER NICHT?
... WIR ALLE SIND GEGNER DES VERBRECHENS.
MASTER RICHARD, VERZEIHEN SIE DIE STÖRUNG, ABER SIE HABEN EINEN WICHTIGEN ANRUF.

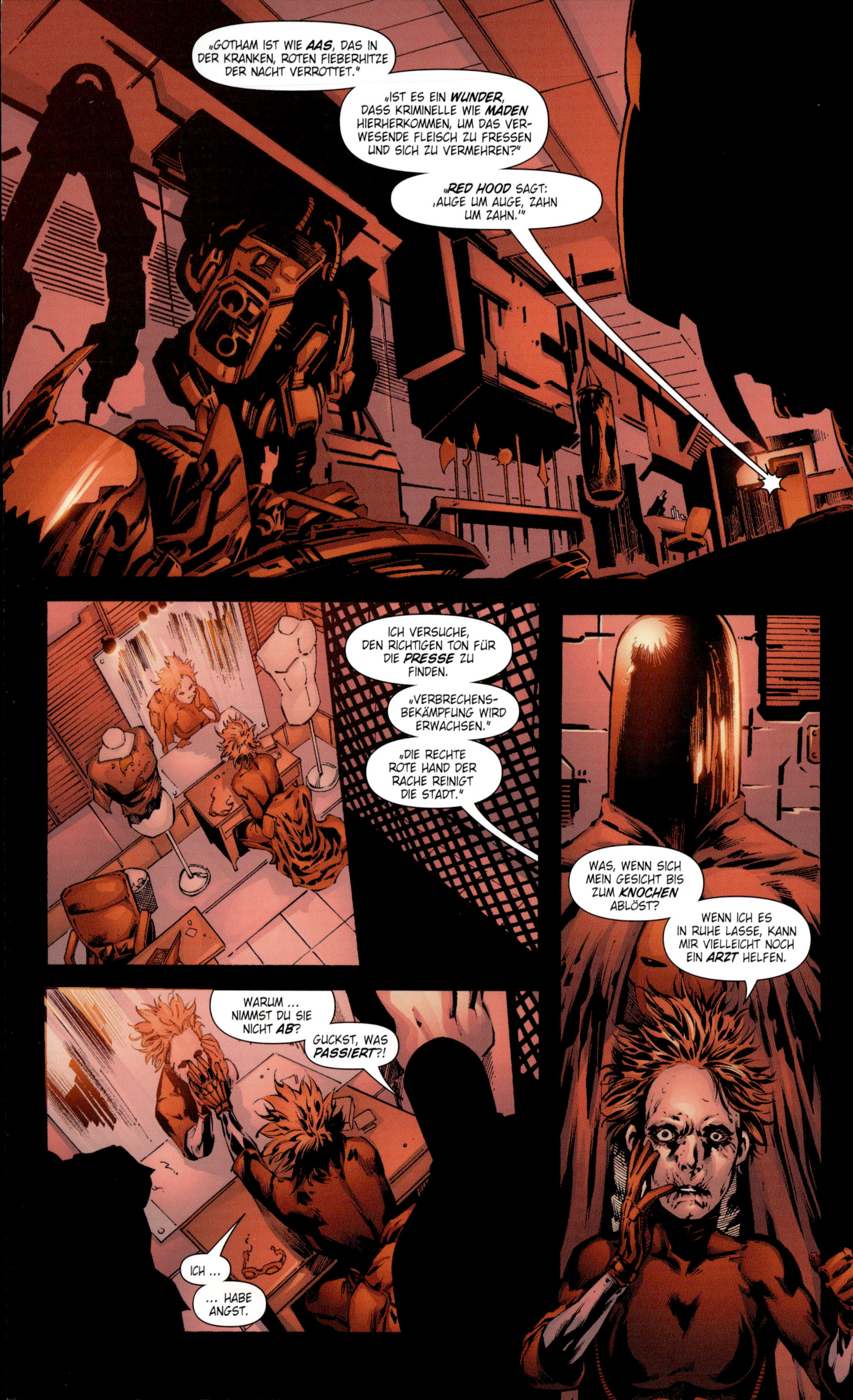
„GOTHAM IST WIE AAS, DAS IN DER KRANKEN, ROTEN FIEBERHITZE DER NACHT VERROTTET."
„IST ES EIN WUNDER, DASS KRIMINELLE WIE MADEN HIERHERKOMMEN, UM DAS VERWESENDE FLEISCH ZU FRESSEN UND SICH ZU VERMEHREN?"
„RED HOOD SAGT: ‚AUGE UM AUGE, ZAHN UM ZAHN.'"
ICH VERSUCHE, DEN RICHTIGEN TON FÜR DIE PRESSE ZU FINDEN.
„VERBRECHENSBEKÄMPFUNG WIRD ERWACHSEN."
„DIE RECHTE ROTE HAND DER RACHE REINIGT DIE STADT."
WAS, WENN SICH MEIN GESICHT BIS ZUM KNOCHEN ABLÖST?
WENN ICH ES IN RUHE LASSE, KANN MIR VIELLEICHT NOCH EIN ARZT HELFEN.
WARUM ... NIMMST DU SIE NICHT AB?
GUCKST, WAS PASSIERT?!
ICH ...
... HABE ANGST.

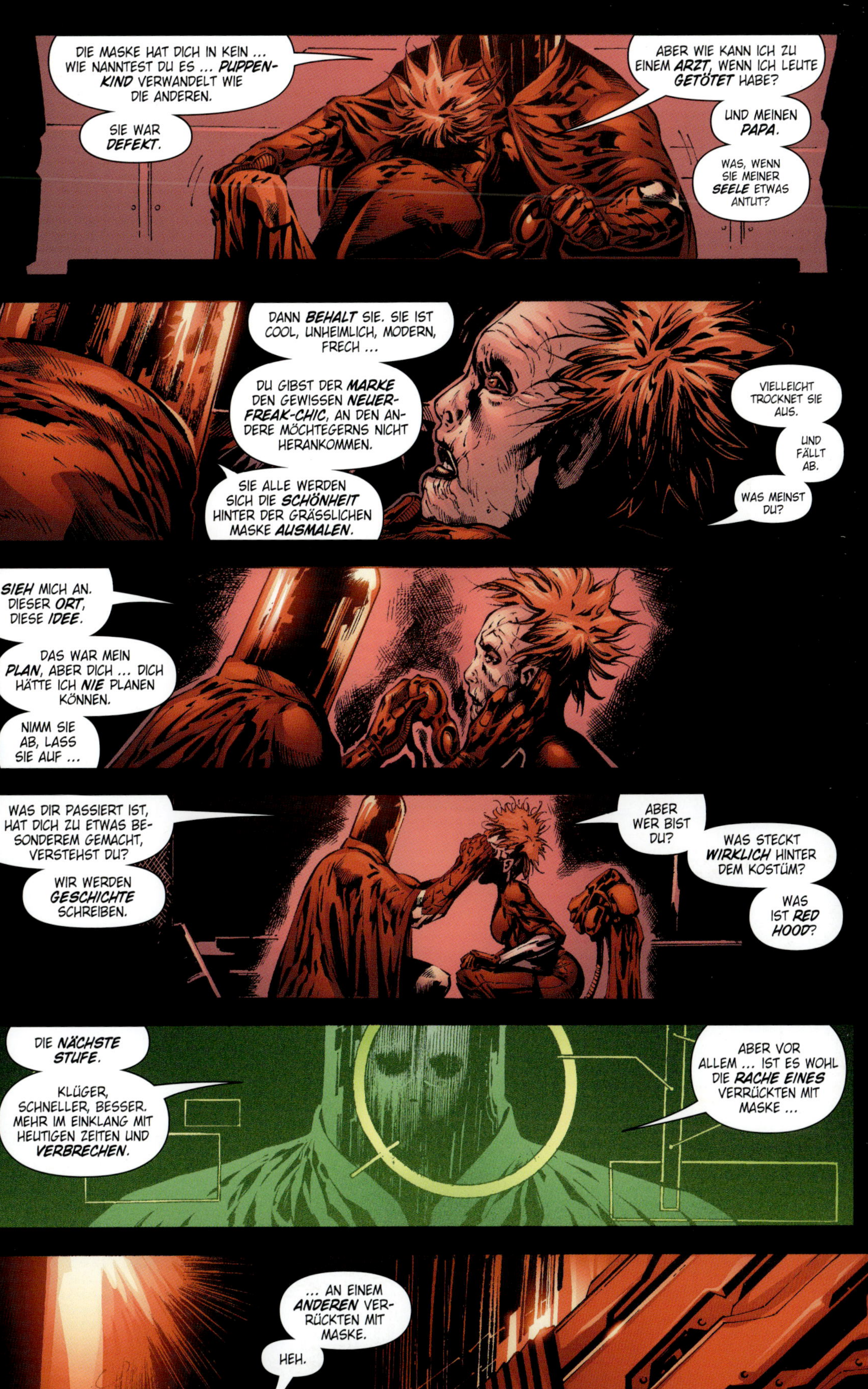
DIE MASKE HAT DICH IN KEIN ... WIE NANNTEST DU ES ... PUPPEN-KIND VERWANDELT WIE DIE ANDEREN.
SIE WAR DEFEKT.
ABER WIE KANN ICH ZU EINEM ARZT, WENN ICH LEUTE GETÖTET HABE?
UND MEINEN PAPA.
WAS, WENN SIE MEINER SEELE ETWAS ANTUT?
DANN BEHALT SIE. SIE IST COOL, UNHEIMLICH, MODERN, FRECH ...
DU GIBST DER MARKE DEN GEWISSEN NEUER-FREAK-CHIC, AN DEN AN-DERE MÖCHTEGERNS NICHT HERANKOMMEN.
SIE ALLE WERDEN SICH DIE SCHÖNHEIT HINTER DER GRÄSSLICHEN MASKE AUSMALEN.
VIELLEICHT TROCKNET SIE AUS.
UND FÄLLT AB.
WAS MEINST DU?
SIEH MICH AN. DIESER ORT, DIESE IDEE.
DAS WAR MEIN PLAN, ABER DICH ... DICH HÄTTE ICH NIE PLANEN KÖNNEN.
NIMM SIE AB, LASS SIE AUF ...
WAS DIR PASSIERT IST, HAT DICH ZU ETWAS BE-SONDEREM GEMACHT, VERSTEHST DU?
WIR WERDEN GESCHICHTE SCHREIBEN.
ABER WER BIST DU?
WAS STECKT WIRKLICH HINTER DEM KOSTÜM?
WAS IST RED HOOD?
DIE NÄCHSTE STUFE.
KLÜGER, SCHNELLER, BESSER. MEHR IM EINKLANG MIT HEUTIGEN ZEITEN UND VERBRECHEN.
ABER VOR ALLEM ... IST ES WOHL DIE RACHE EINES VERRÜCKTEN MIT MASKE ...
... AN EINEM ANDEREN VER-RÜCKTEN MIT MASKE.
HEH.

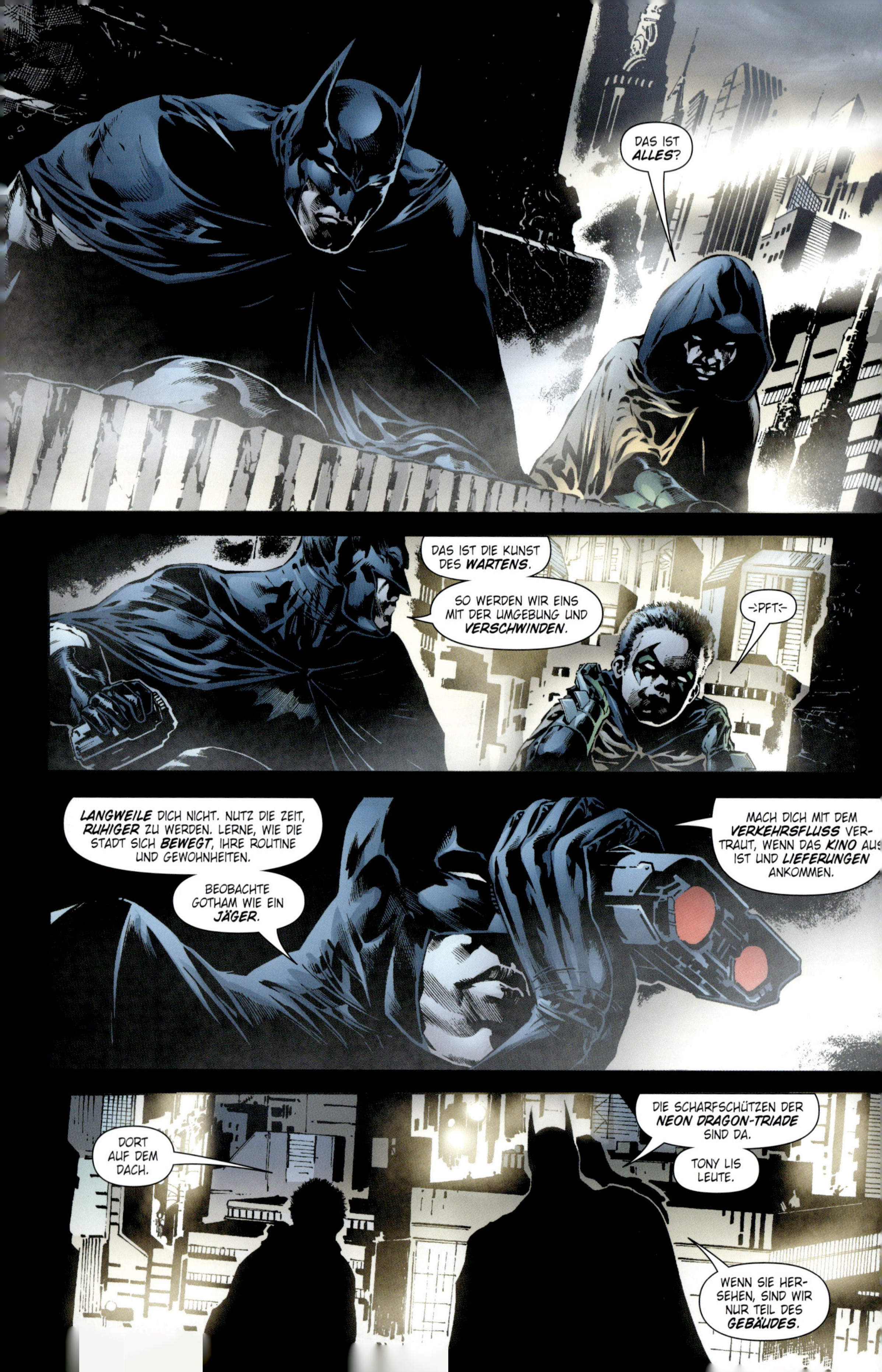
DAS IST ALLES?
DAS IST DIE KUNST DES WARTENS.
SO WERDEN WIR EINS MIT DER UMGEBUNG UND VERSCHWINDEN.
-:PFT:-
LANGWEILE DICH NICHT. NUTZ DIE ZEIT, RUHIGER ZU WERDEN. LERNE, WIE DIE STADT SICH BEWEGT, IHRE ROUTINE UND GEWOHNHEITEN.
BEOBACHTE GOTHAM WIE EIN JÄGER.
MACH DICH MIT DEM VERKEHRSFLUSS VERTRAUT, WENN DAS KINO AUS IST UND LIEFERUNGEN ANKOMMEN.
DIE SCHARFSCHÜTZEN DER NEON DRAGON-TRIADE SIND DA.
TONY LIS LEUTE.
DORT AUF DEM DACH.
WENN SIE HERSEHEN, SIND WIR NUR TEIL DES GEBÄUDES.

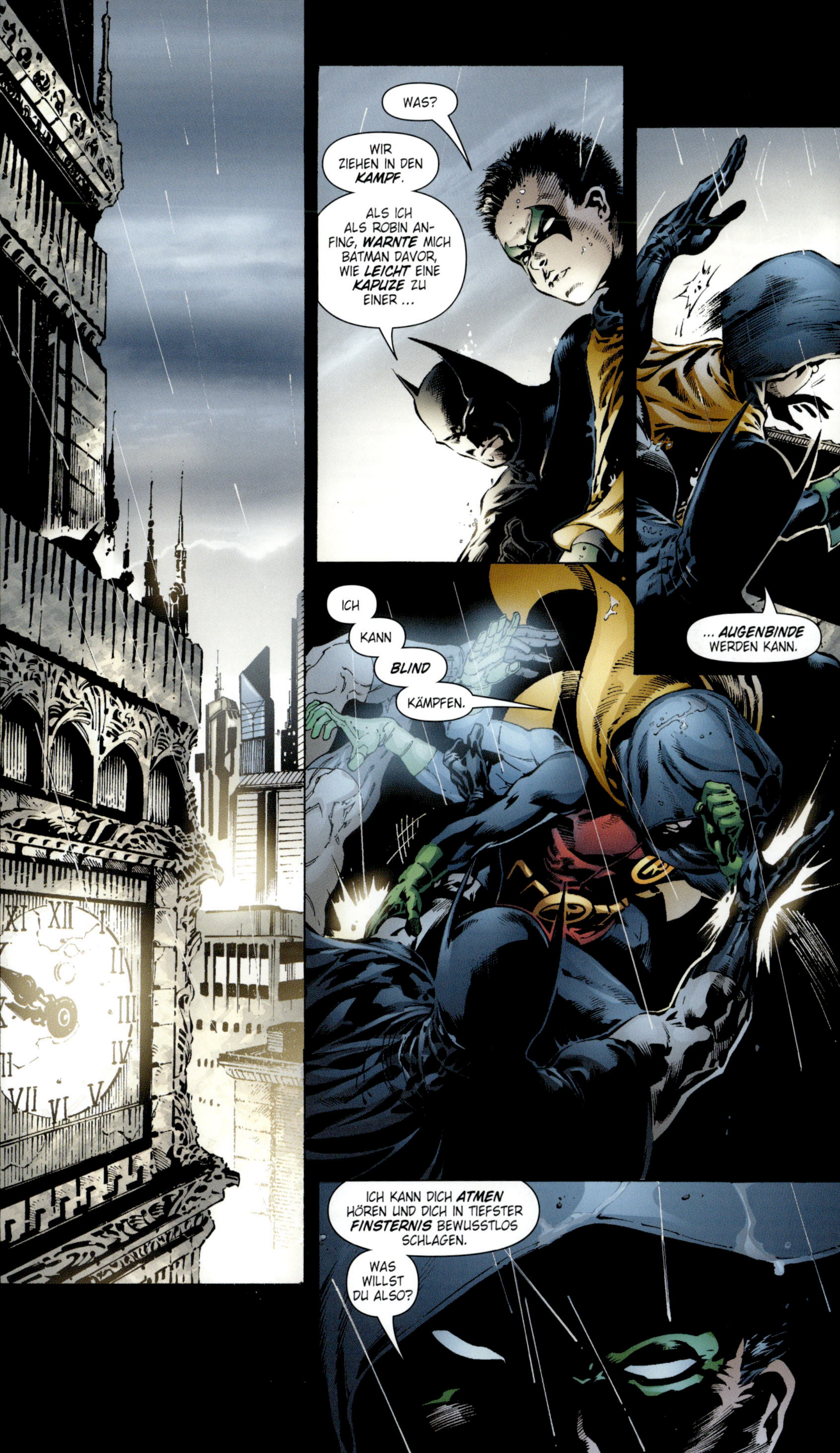

WAS?
WIR ZIEHEN IN DEN KAMPF.
ALS ICH ALS ROBIN ANFING, WARNTE MICH BATMAN DAVOR, WIE LEICHT EINE KAPUZE ZU EINER ...
... AUGENBINDE WERDEN KANN.
ICH
KANN
BLIND
KÄMPFEN.
ICH KANN DICH ATMEN HÖREN UND DICH IN TIEFSTER FINSTERNIS BEWUSSTLOS SCHLAGEN.
WAS WILLST DU ALSO?

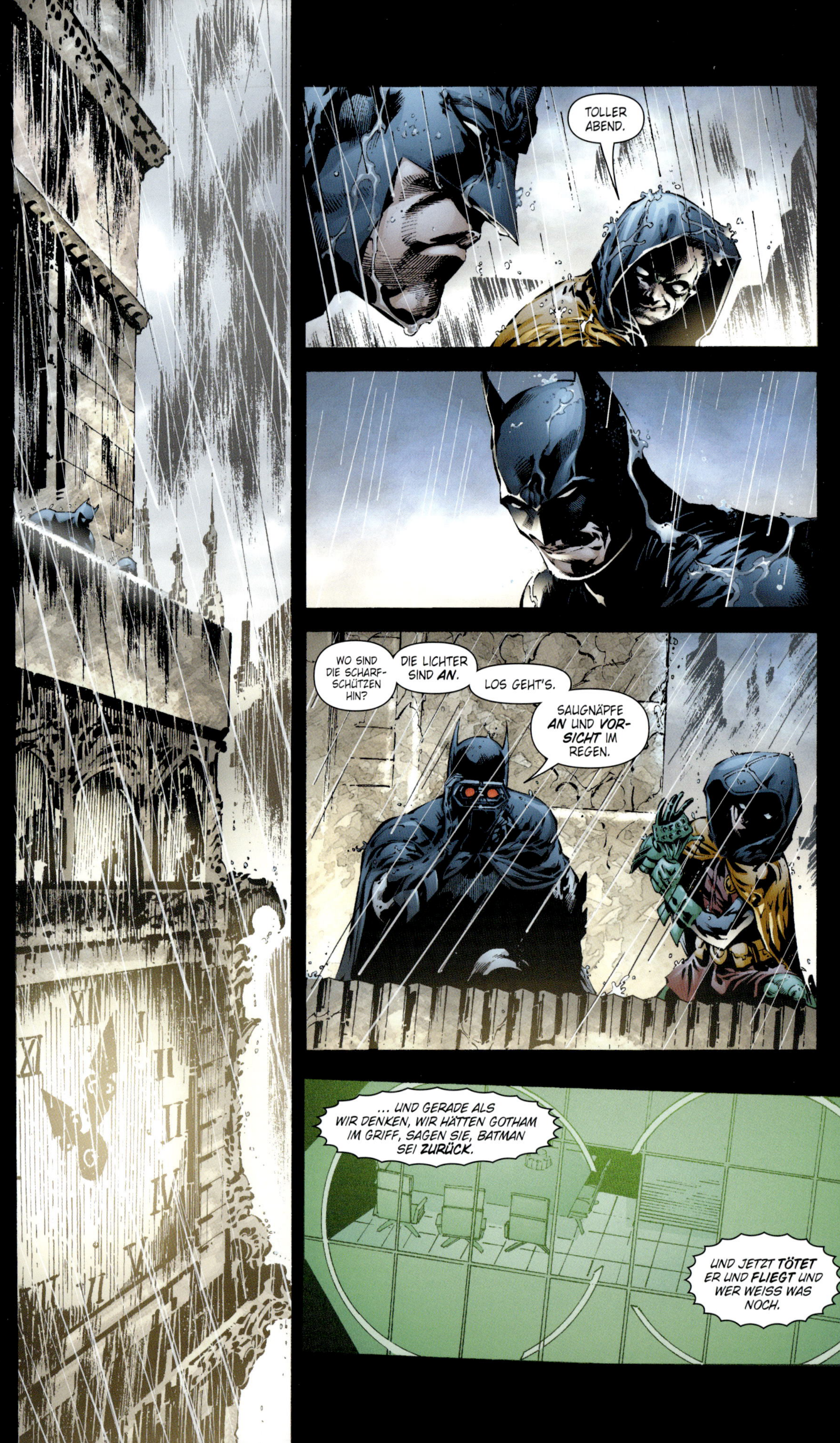
TOLLER ABEND.
WO SIND DIE SCHARF-SCHÜTZEN HIN?
DIE LICHTER SIND AN.
LOS GEHT'S.
SAUGNÄPFE AN UND VORSICHT IM REGEN.
... UND GERADE ALS WIR DENKEN, WIR HÄTTEN GOTHAM IM GRIFF, SAGEN SIE, BATMAN SEI ZURÜCK.
UND JETZT TÖTET ER UND FLIEGT UND WER WEISS WAS NOCH.

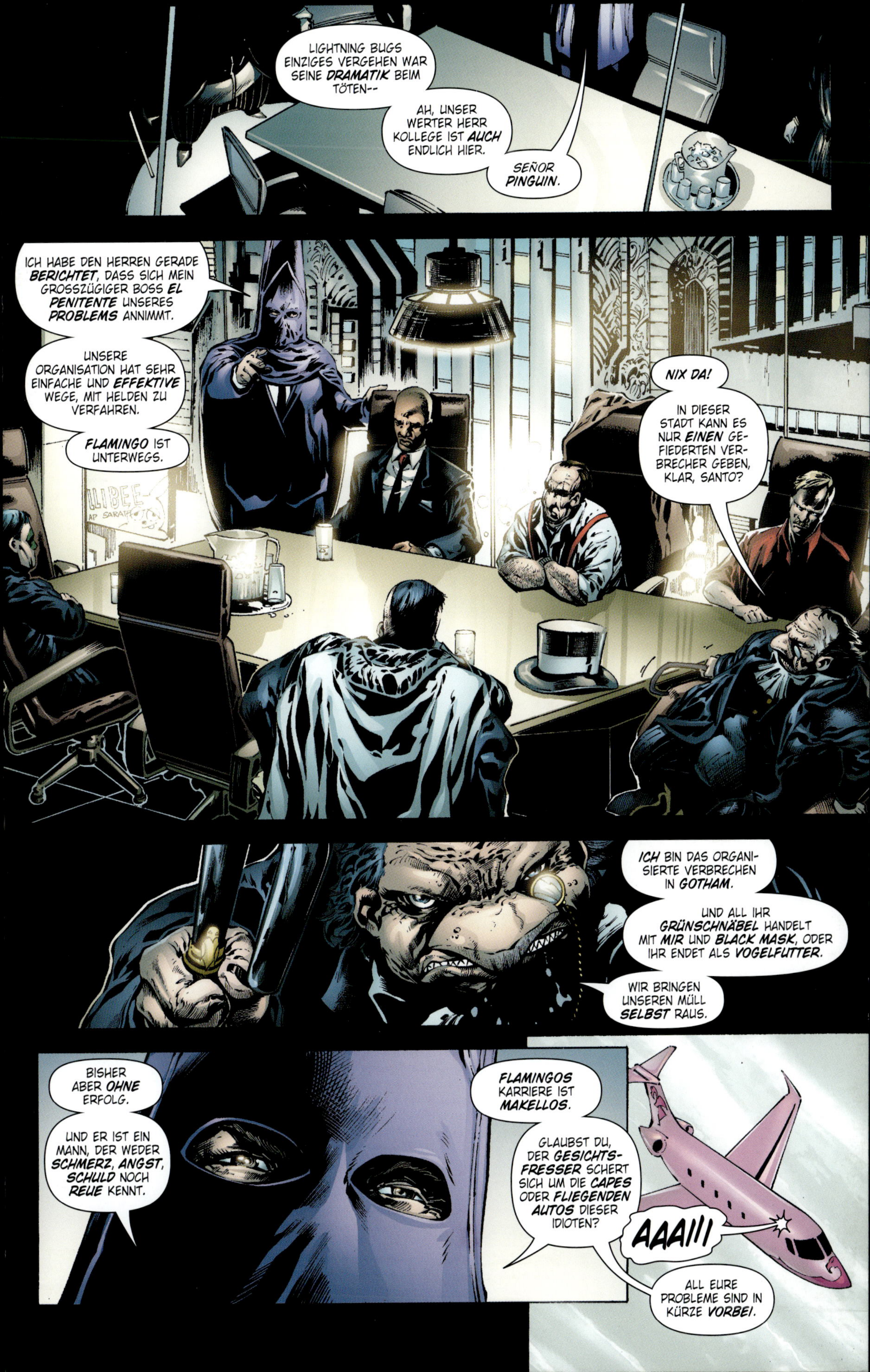

LIGHTNING BUGS EINZIGES VERGEHEN WAR SEINE DRAMATIK BEIM TÖTEN--
AH, UNSER WERTER HERR KOLLEGE IST AUCH ENDLICH HIER.
SEÑOR PINGUIN.

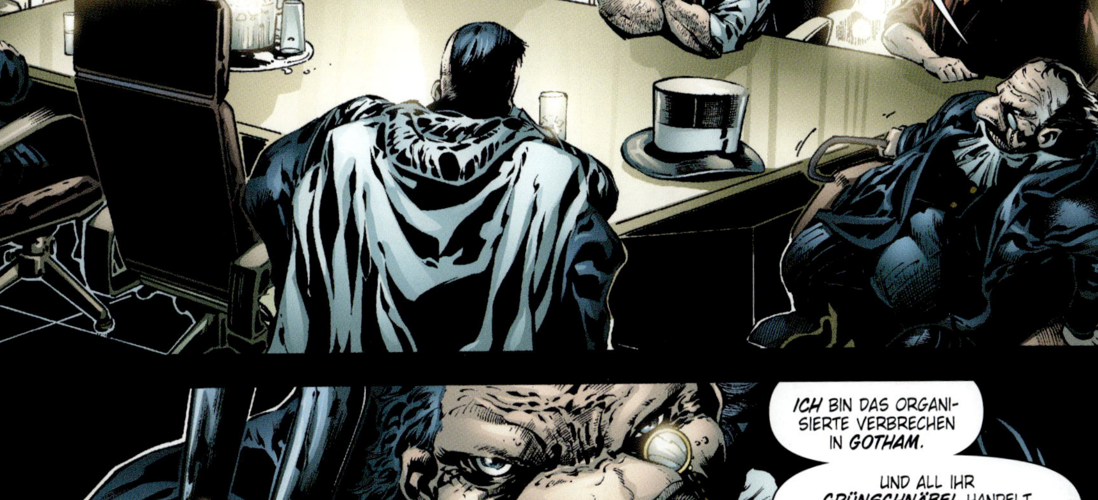

ICH BIN DAS ORGANISIERTE VERBRECHEN IN GOTHAM.
UND ALL IHR GRÜNSCHNÄBEL HANDELT MIT MIR UND BLACK MASK, ODER IHR ENDET ALS VOGELFUTTER.
WIR BRINGEN UNSEREN MÜLL SELBST RAUS.

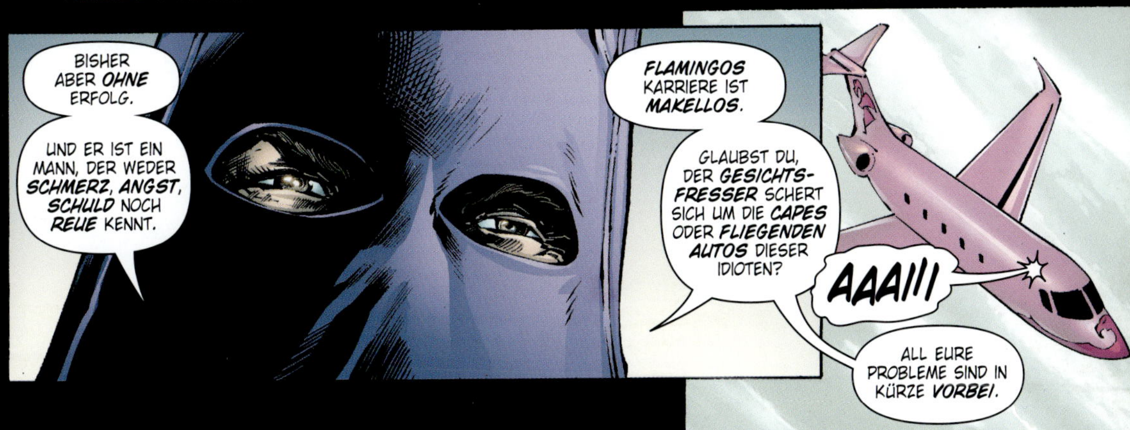

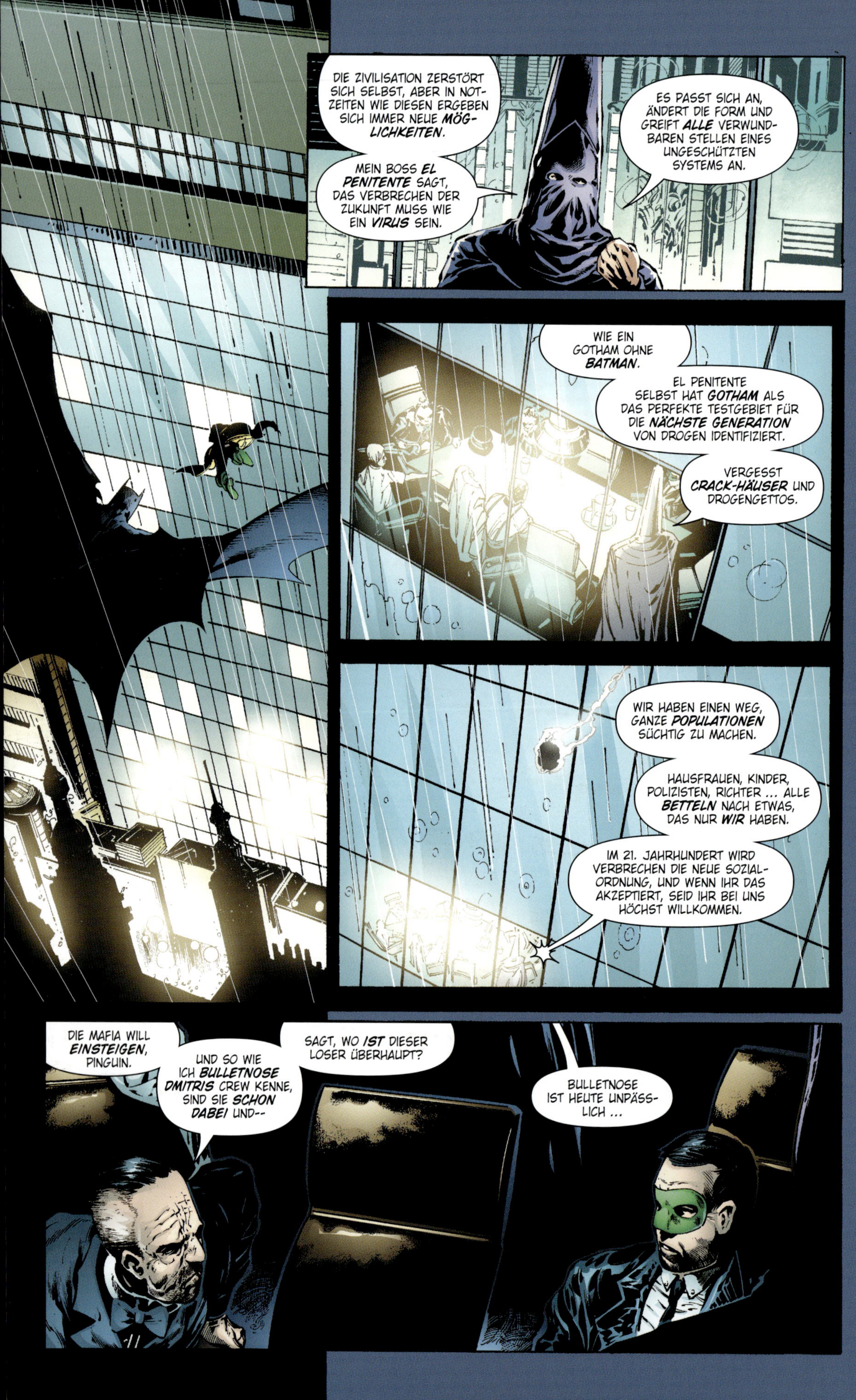
DIE ZIVILISATION ZERSTÖRT SICH SELBST, ABER IN NOTZEITEN WIE DIESEN ERGEBEN SICH IMMER NEUE MÖGLICHKEITEN.
MEIN BOSS EL PENITENTE SAGT, DAS VERBRECHEN DER ZUKUNFT MUSS WIE EIN VIRUS SEIN.
ES PASST SICH AN, ÄNDERT DIE FORM UND GREIFT ALLE VERWUNDBAREN STELLEN EINES UNGESCHÜTZTEN SYSTEMS AN.
WIE EIN GOTHAM OHNE BATMAN.
EL PENITENTE SELBST HAT GOTHAM ALS DAS PERFEKTE TESTGEBIET FÜR DIE NÄCHSTE GENERATION VON DROGEN IDENTIFIZIERT.
VERGESST CRACK-HÄUSER UND DROGENGETTOS.
WIR HABEN EINEN WEG, GANZE POPULATIONEN SÜCHTIG ZU MACHEN.
HAUSFRAUEN, KINDER, POLIZISTEN, RICHTER ... ALLE BETTELN NACH ETWAS, DAS NUR WIR HABEN.
IM 21. JAHRHUNDERT WIRD VERBRECHEN DIE NEUE SOZIALORDNUNG, UND WENN IHR DAS AKZEPTIERT, SEID IHR BEI UNS HÖCHST WILLKOMMEN.
DIE MAFIA WILL EINSTEIGEN, PINGUIN.
UND SO WIE ICH BULLETNOSE DMITRIS CREW KENNE, SIND SIE SCHON DABEI UND--
SAGT, WO IST DIESER LOSER ÜBERHAUPT?
BULLETNOSE IST HEUTE UNPÄSSLICH ...

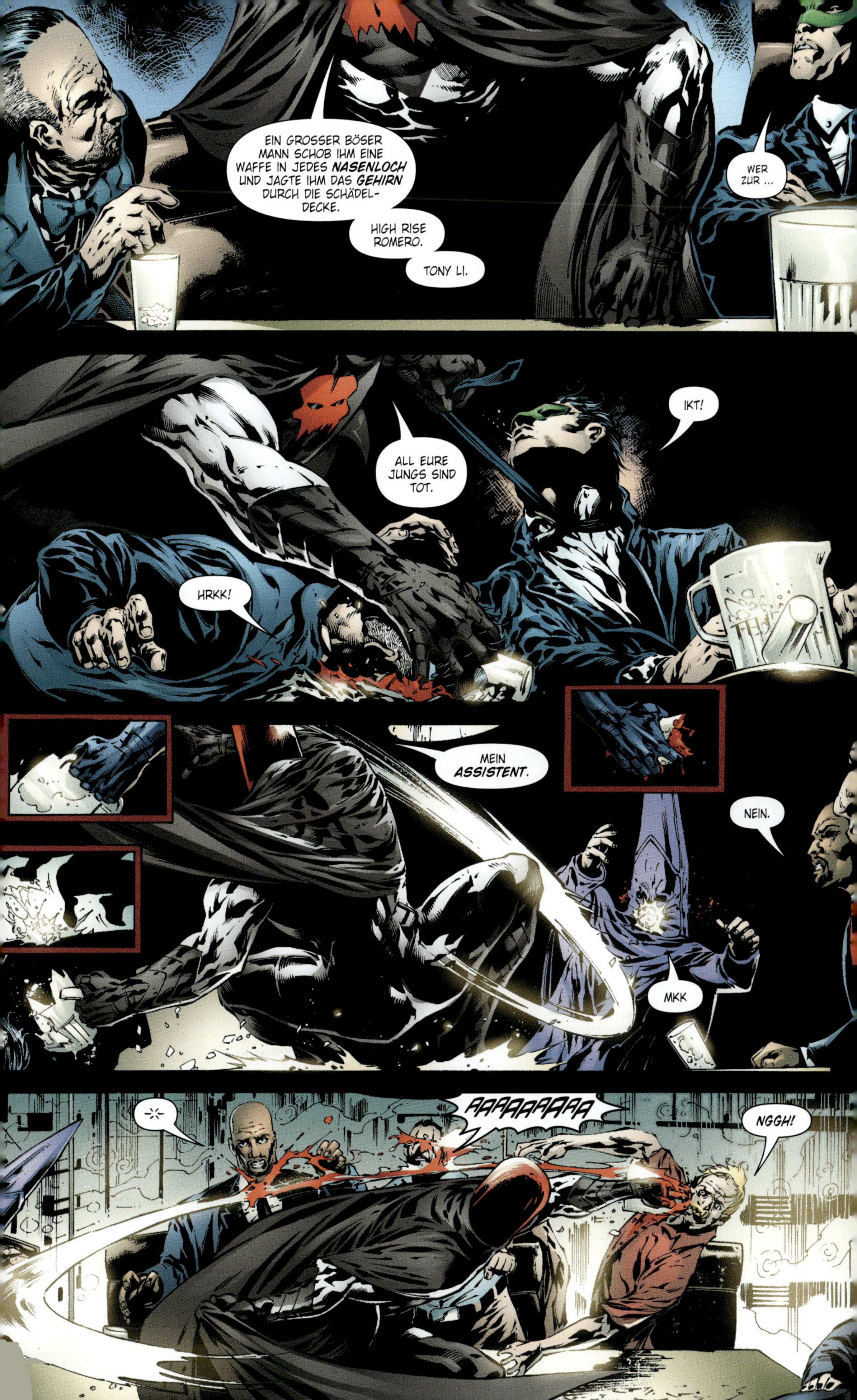
EIN GROSSER BÖSER MANN SCHOB IHM EINE WAFFE IN JEDES NASENLOCH UND JAGTE IHM DAS GEHIRN DURCH DIE SCHÄDEL-DECKE.
HIGH RISE ROMERO.
TONY LI.
WER ZUR ...
ALL EURE JUNGS SIND TOT.
IKT!
HRKK!
MEIN ASSISTENT.
NEIN.
MKK
AAAAAAAAA
NGGH!

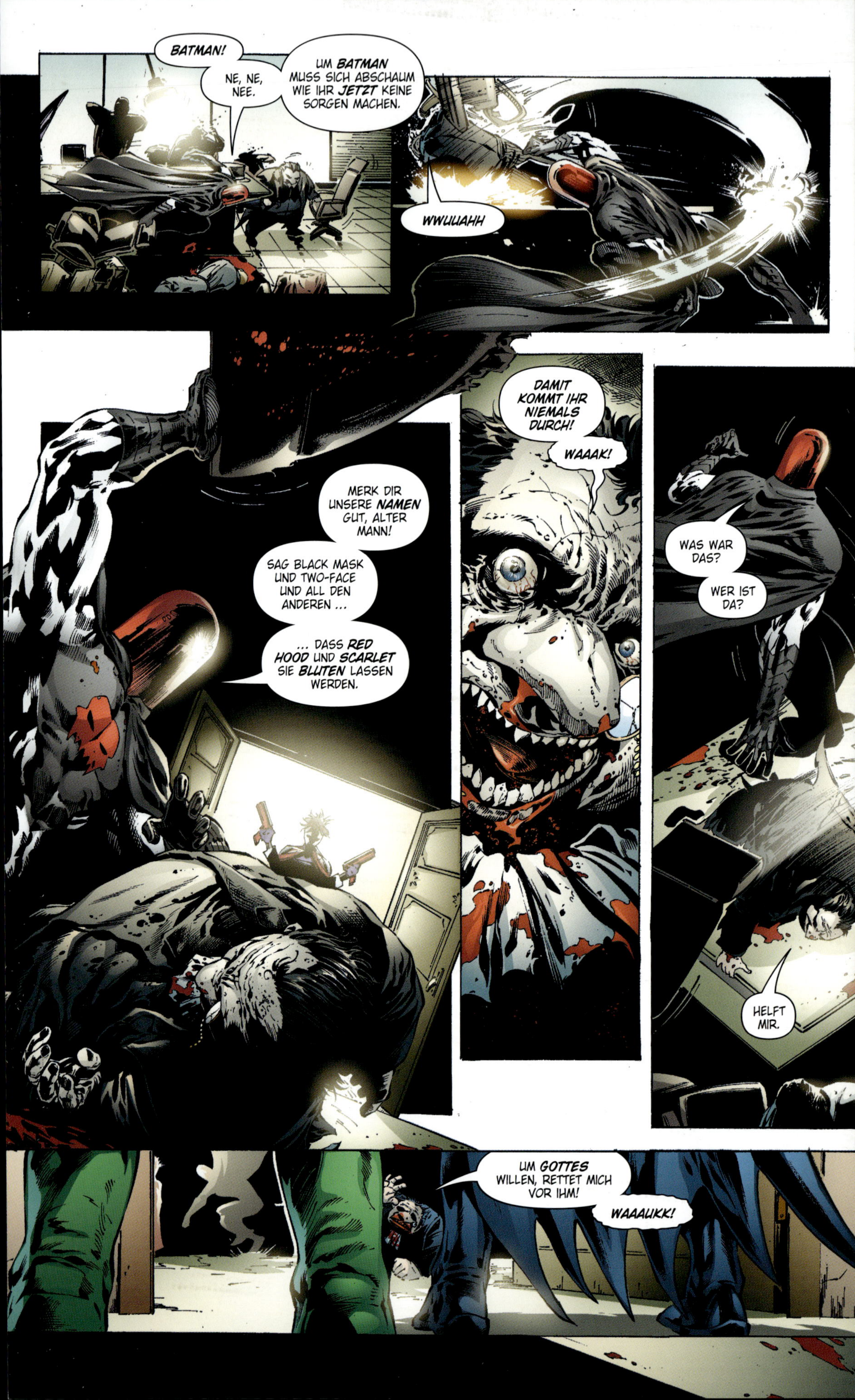
BATMAN!
NE, NE, NEE.
UM BATMAN MUSS SICH ABSCHAUM WIE IHR JETZT KEINE SORGEN MACHEN.
WWUUAHH
MERK DIR UNSERE NAMEN GUT, ALTER MANN!
SAG BLACK MASK UND TWO-FACE UND ALL DEN ANDEREN ...
... DASS RED HOOD UND SCARLET SIE BLUTEN LASSEN WERDEN.
DAMIT KOMMT IHR NIEMALS DURCH!
WAAAK!
WAS WAR DAS?
WER IST DA?
HELFT MIR.
UM GOTTES WILLEN, RETTET MICH VOR IHM!
WAAAUKK!

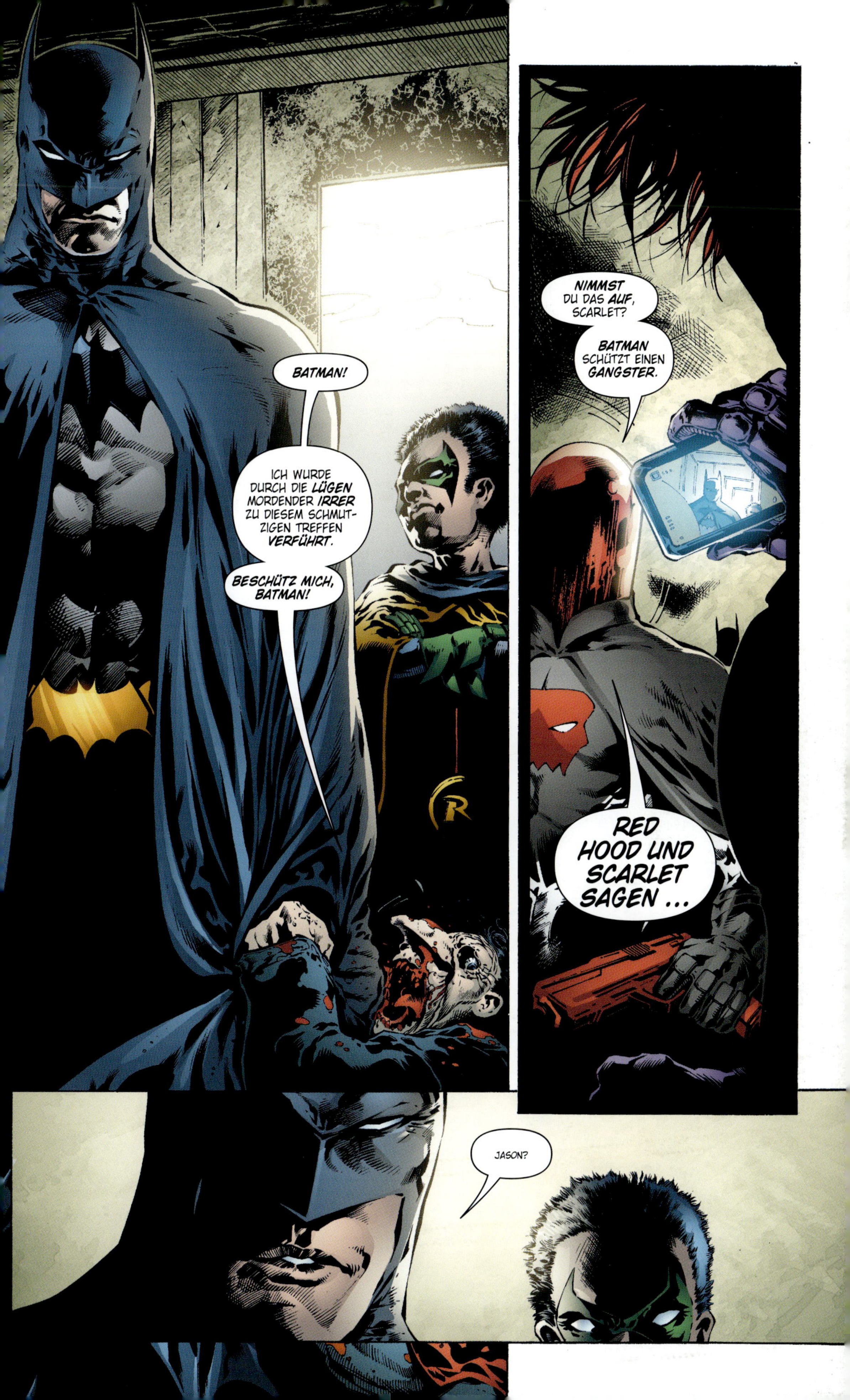
BATMAN!
ICH WURDE DURCH DIE LÜGEN MORDENDER IRRER ZU DIESEM SCHMUTZIGEN TREFFEN VERFÜHRT.
BESCHÜTZ MICH, BATMAN!
NIMMST DU DAS AUF, SCARLET?
BATMAN SCHÜTZT EINEN GANGSTER.
RED HOOD UND SCARLET SAGEN ...
JASON?

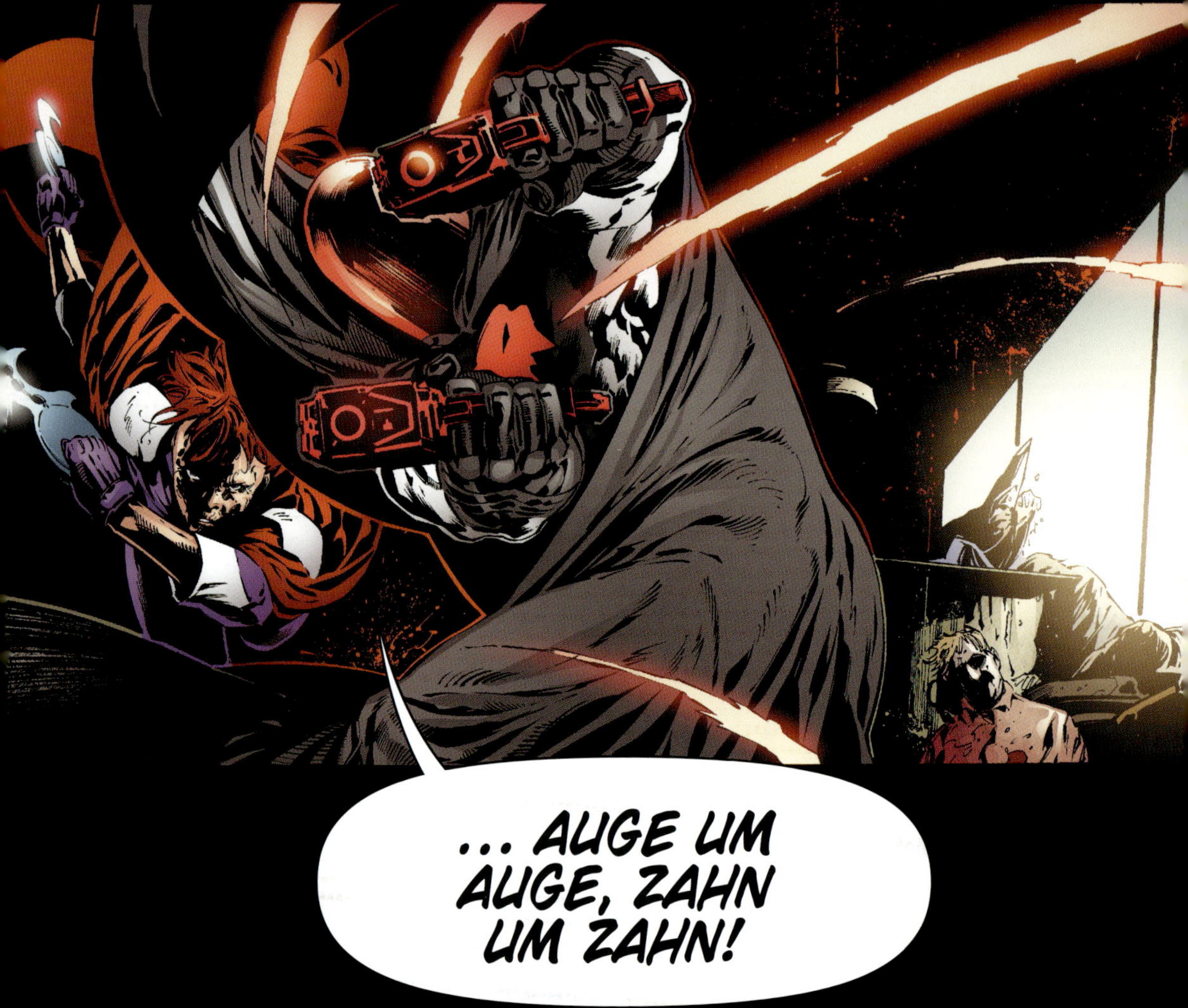

... AUGE UM AUGE, ZAHN UM ZAHN!

UND NUN IN BATMAN UND ROBIN

SCARLET

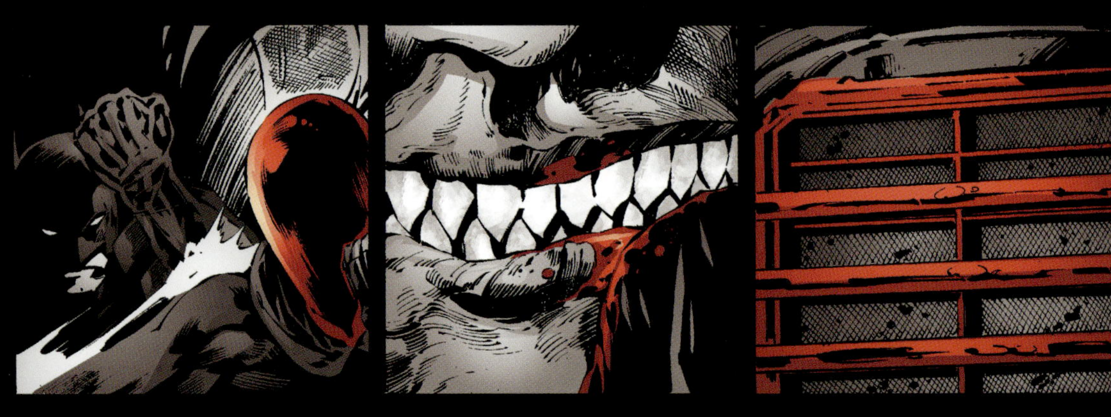

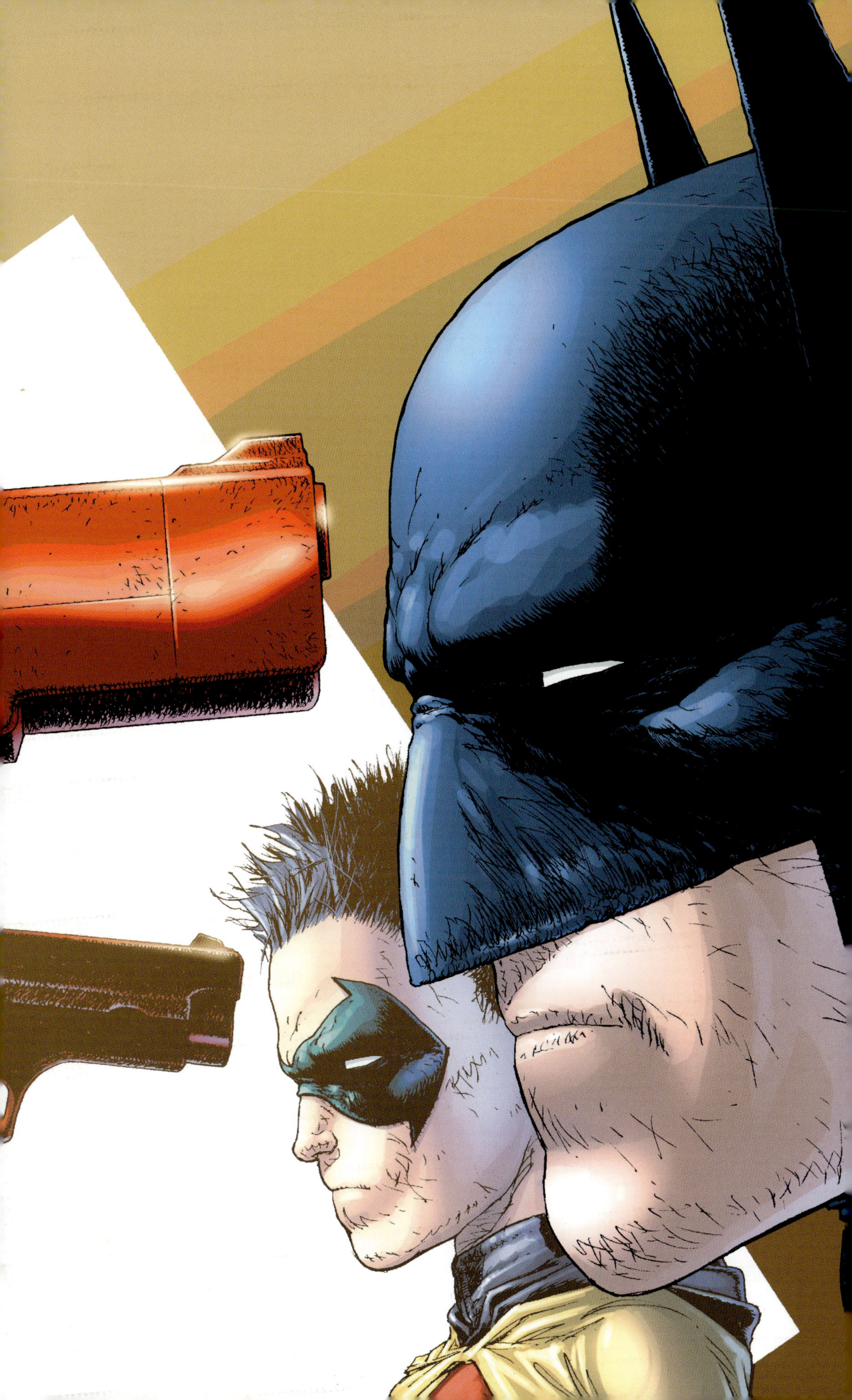

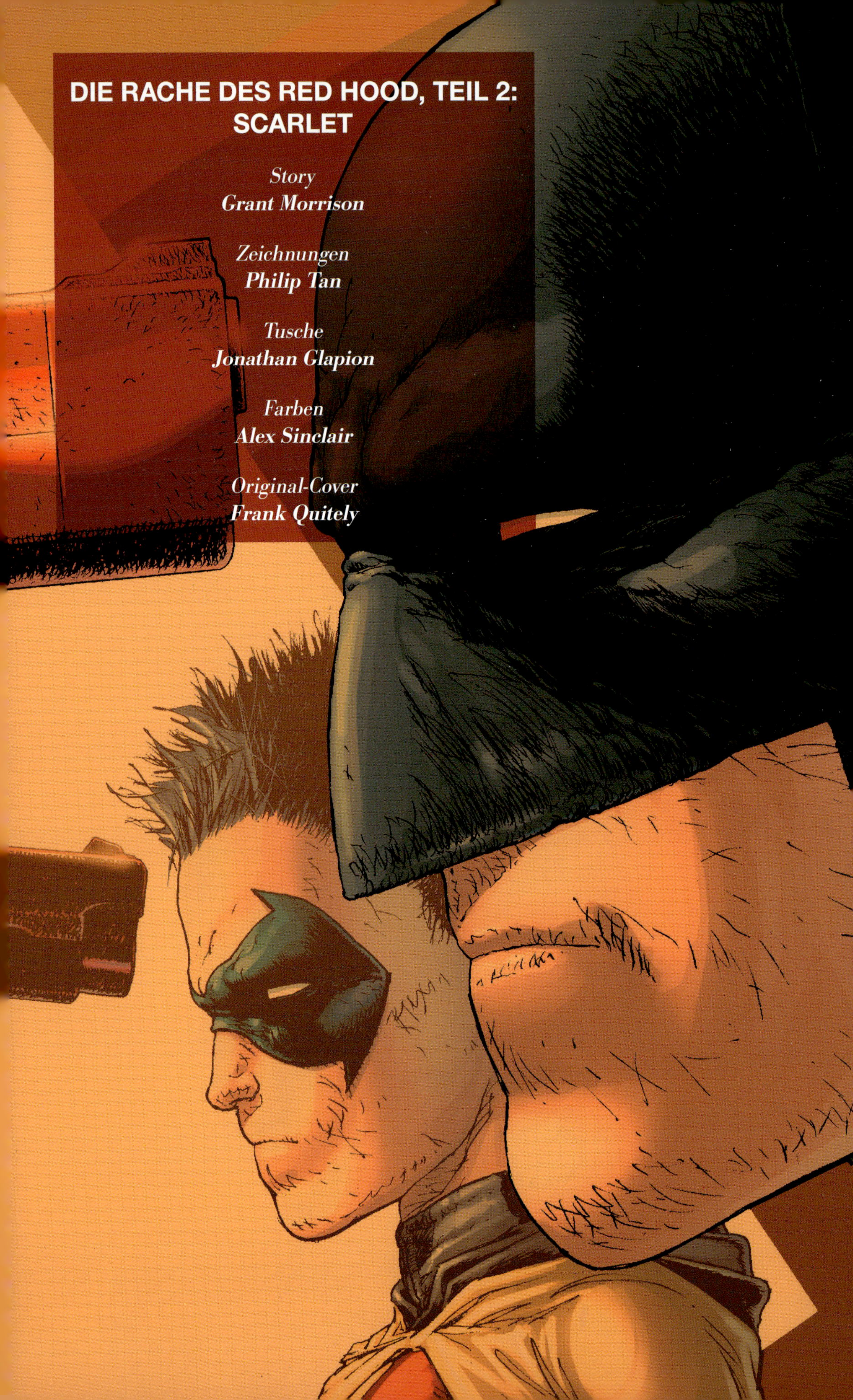

DIE RACHE DES RED HOOD, TEIL 2: SCARLET

Story
Grant Morrison

Zeichnungen
Philip Tan

Tusche
Jonathan Glapion

Farben
Alex Sinclair

Original-Cover
Frank Quitely

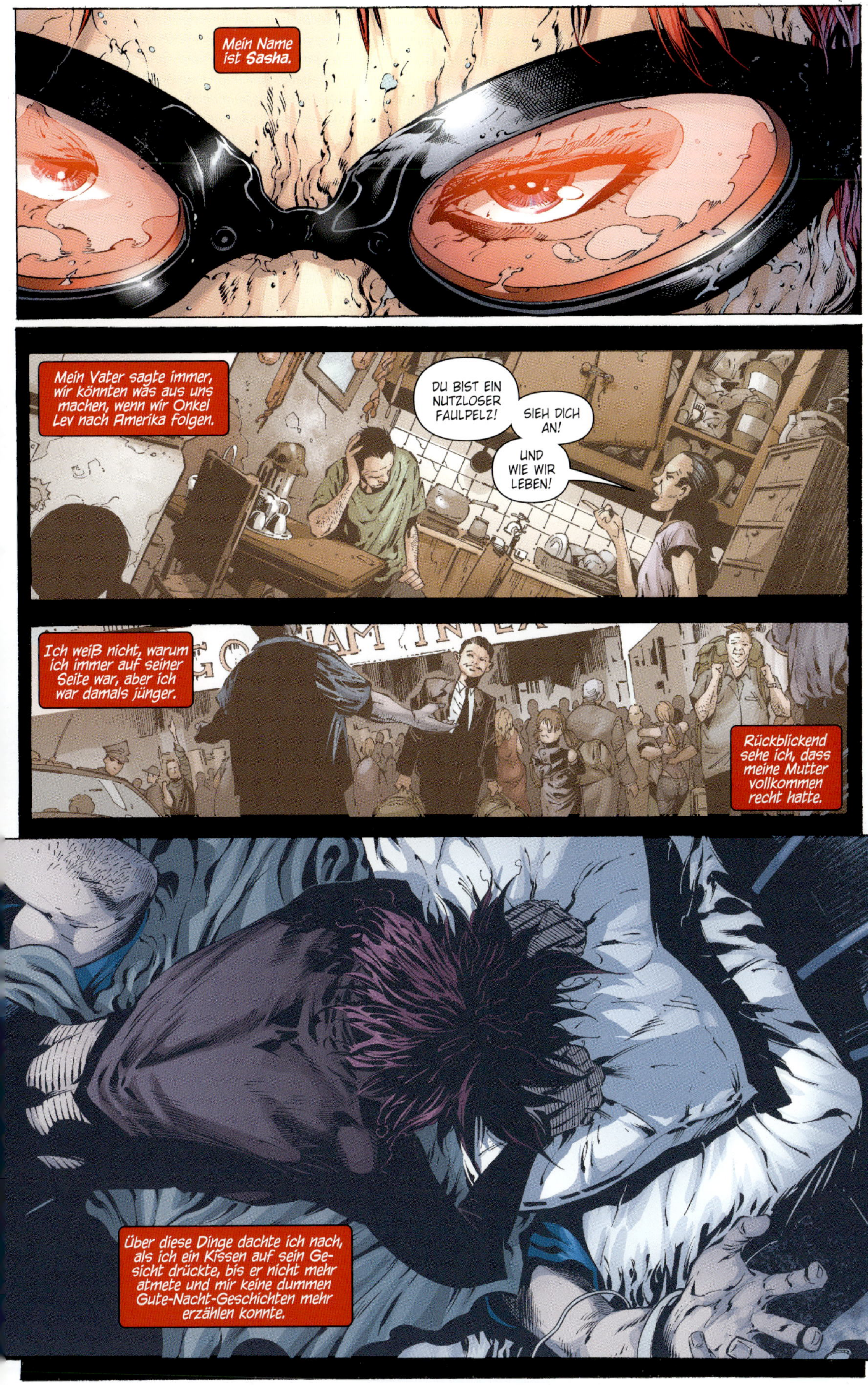

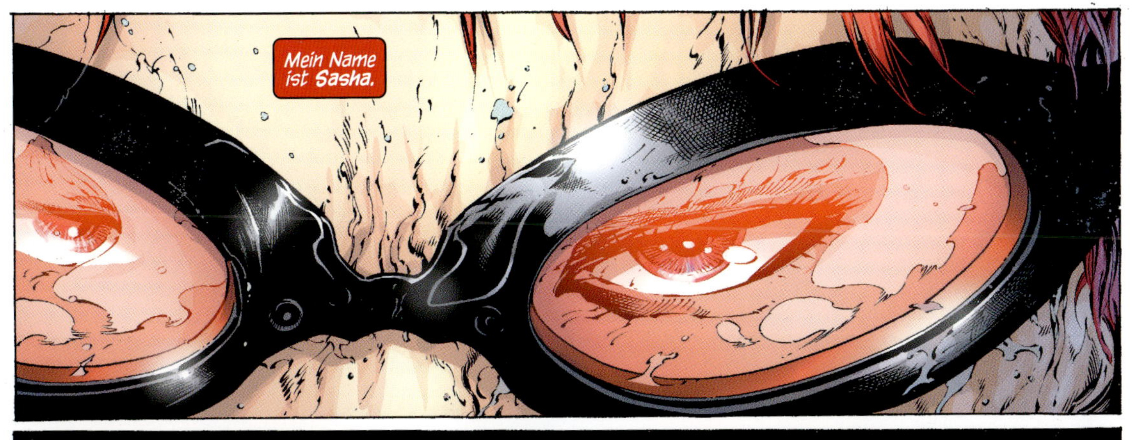

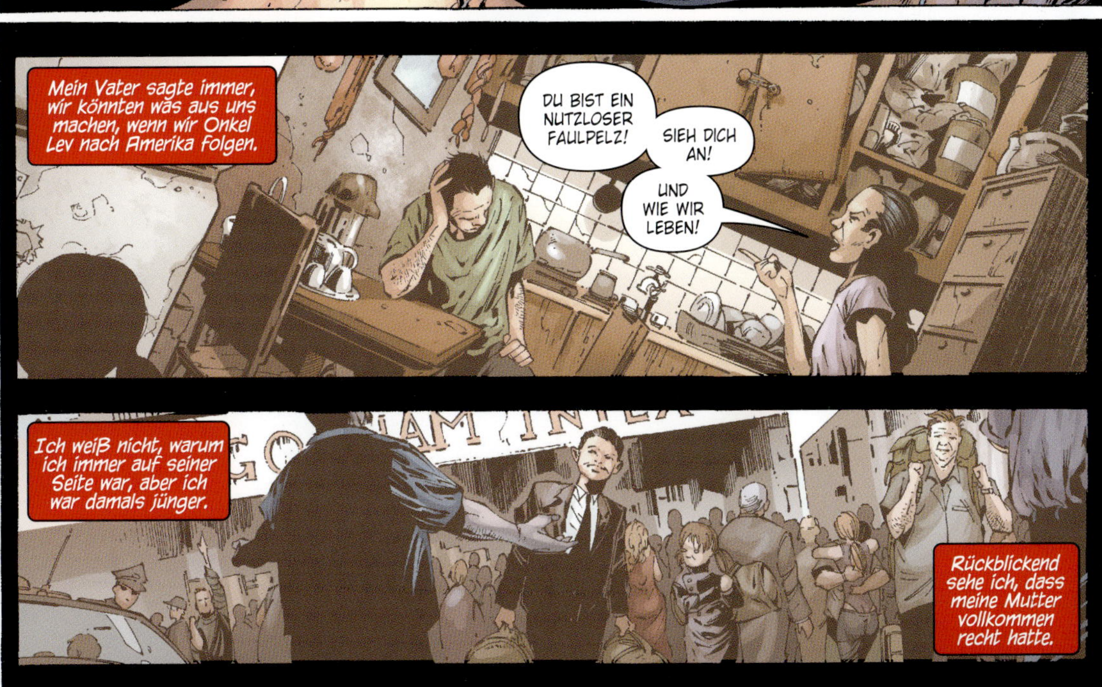

Über diese Dinge dachte ich nach, als ich ein Kissen auf sein Gesicht drückte, bis er nicht mehr atmete und mir keine dummen Gute-Nacht-Geschichten mehr erzählen konnte.

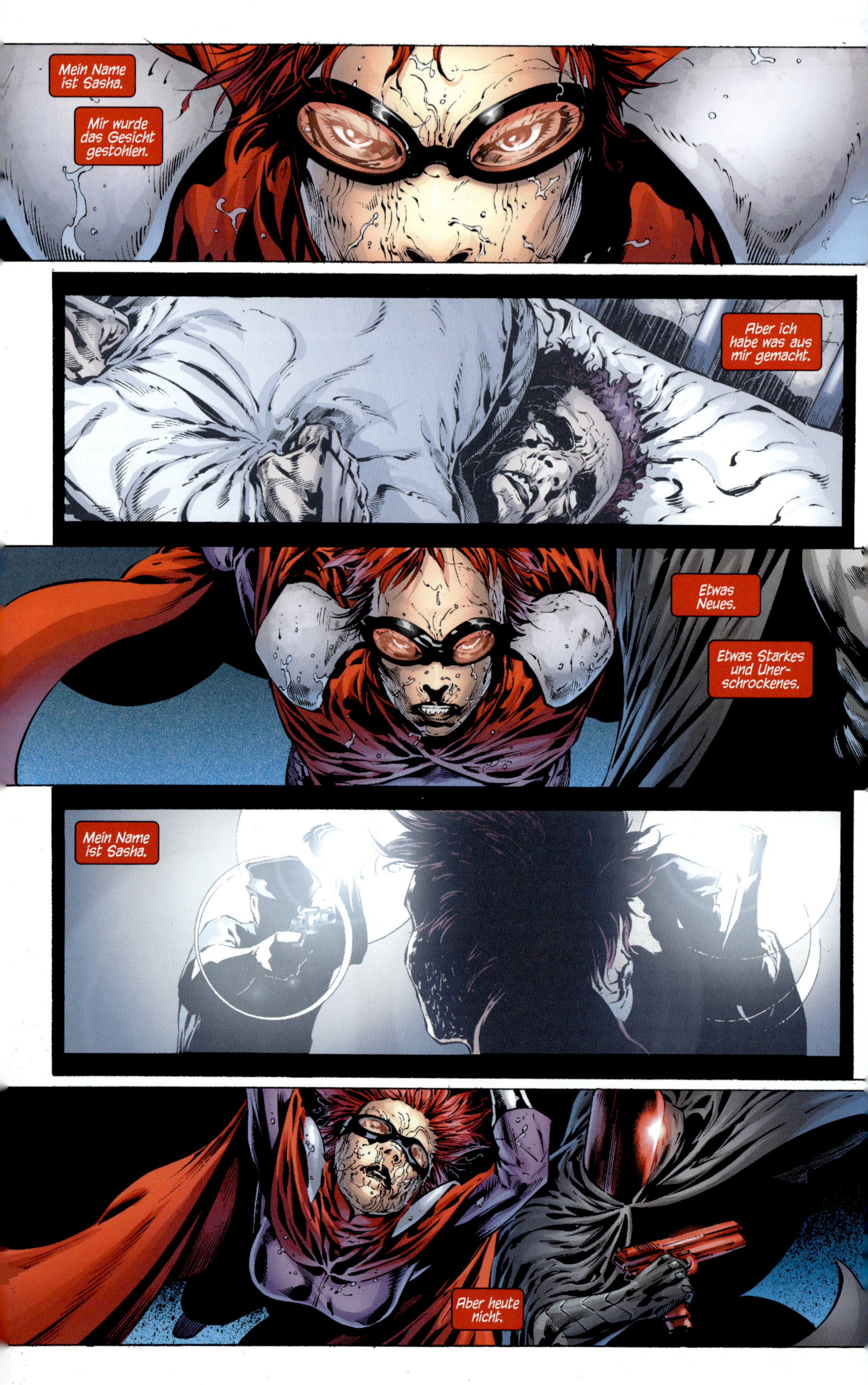
Mein Name ist Sasha.
Mir wurde das Gesicht gestohlen.
Aber ich habe was aus mir gemacht.
Etwas Neues.
Etwas Starkes und Unerschrockenes.
Mein Name ist Sasha.
Aber heute nicht.

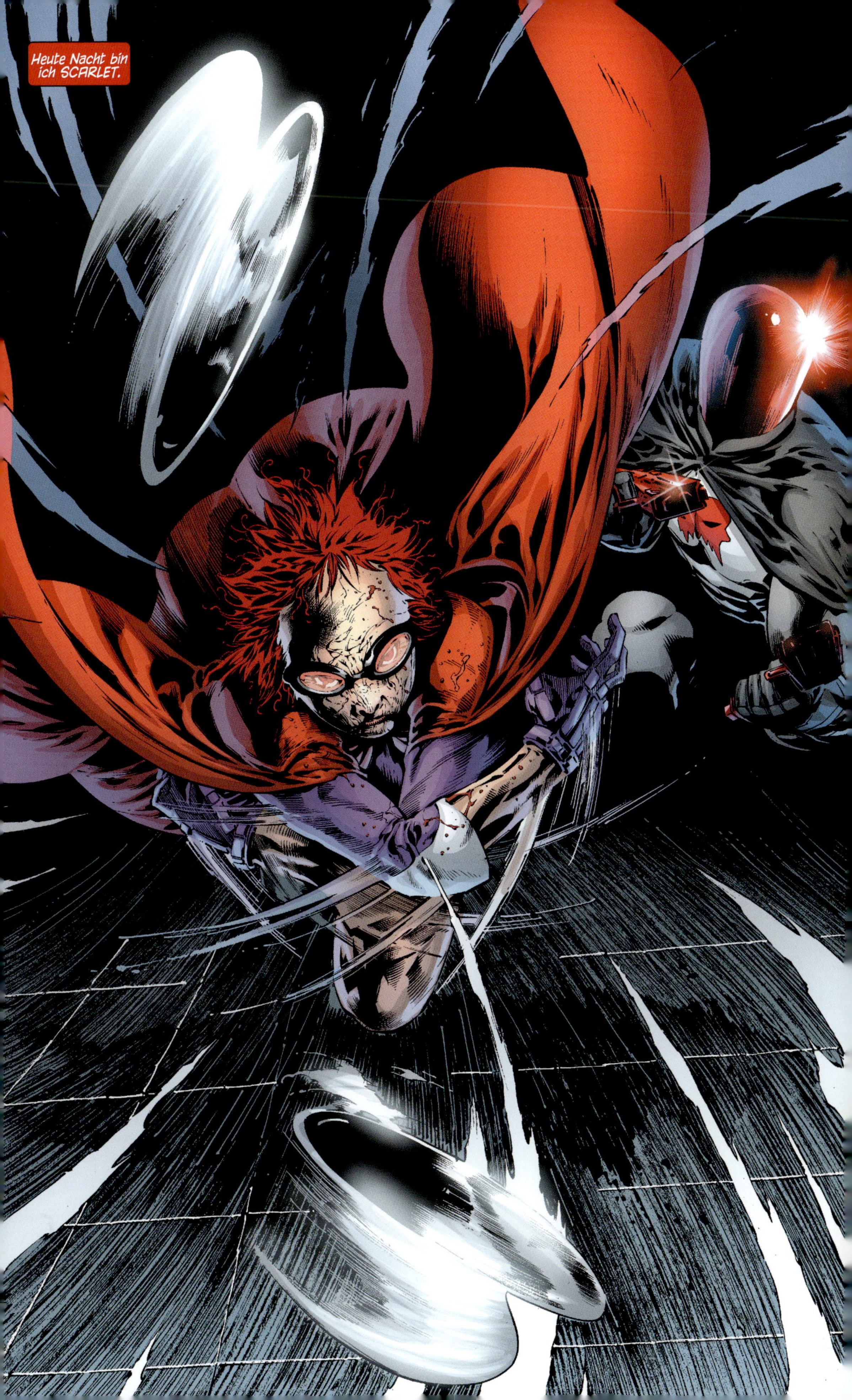
Heute Nacht bin ich SCARLET.

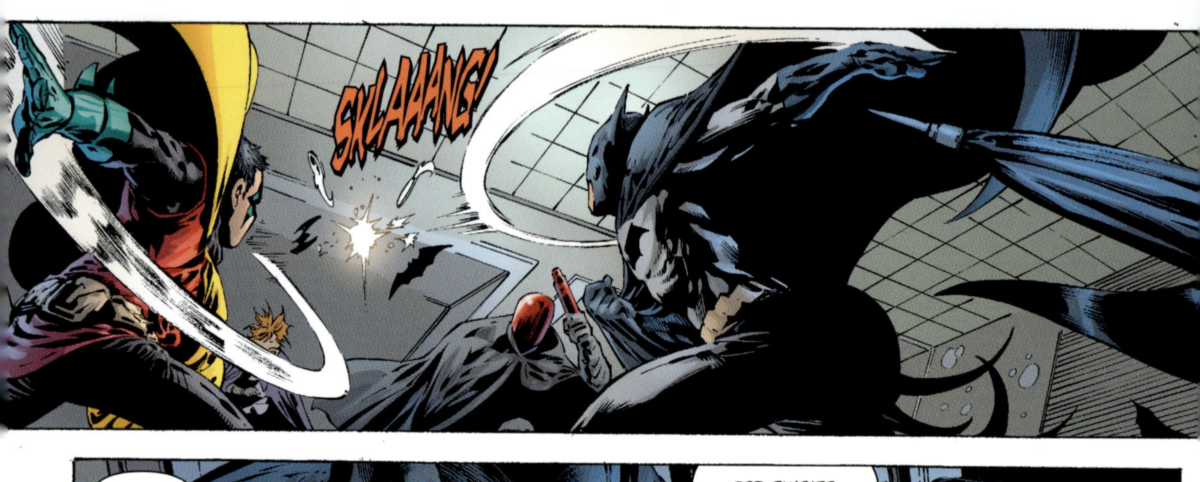

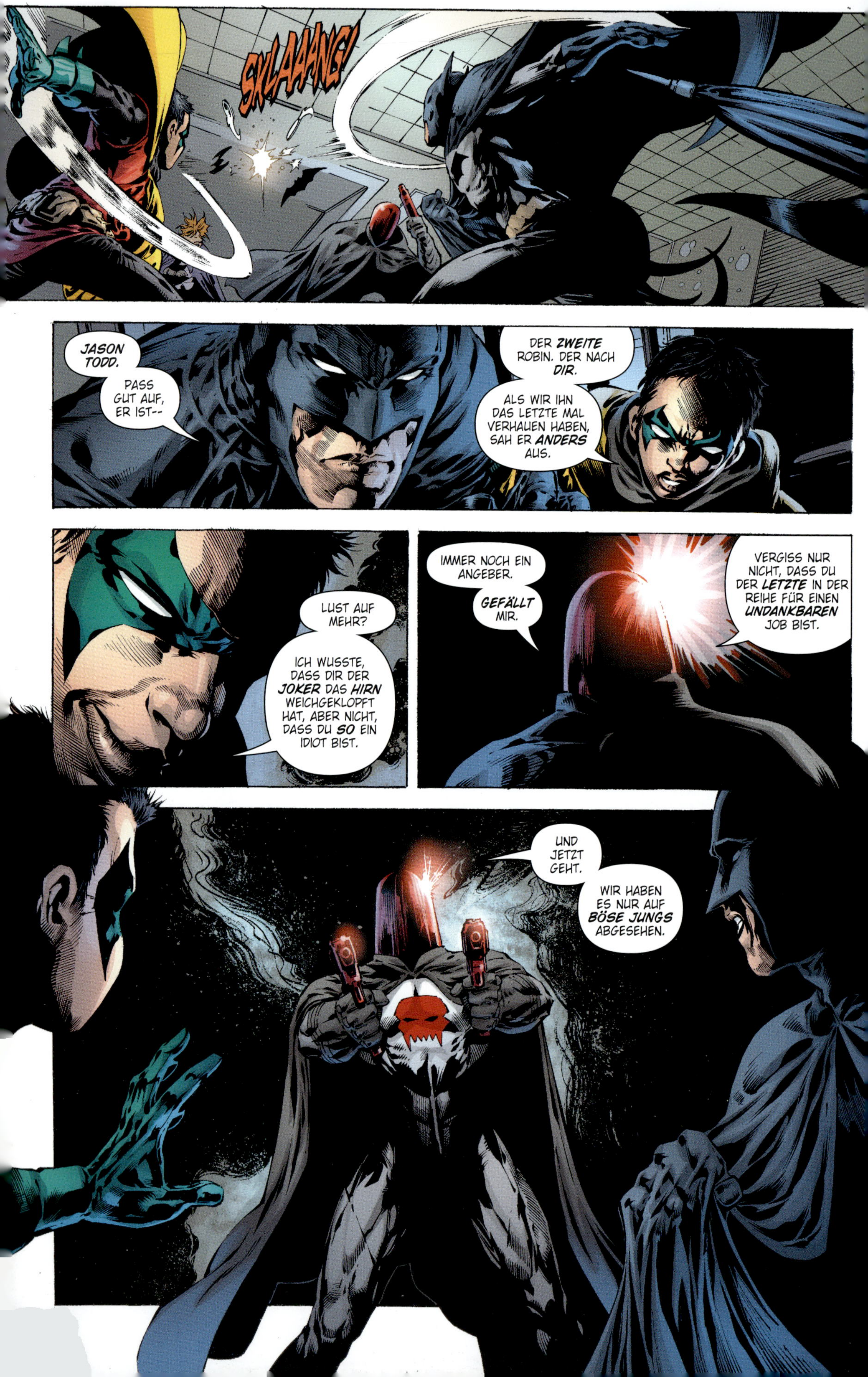

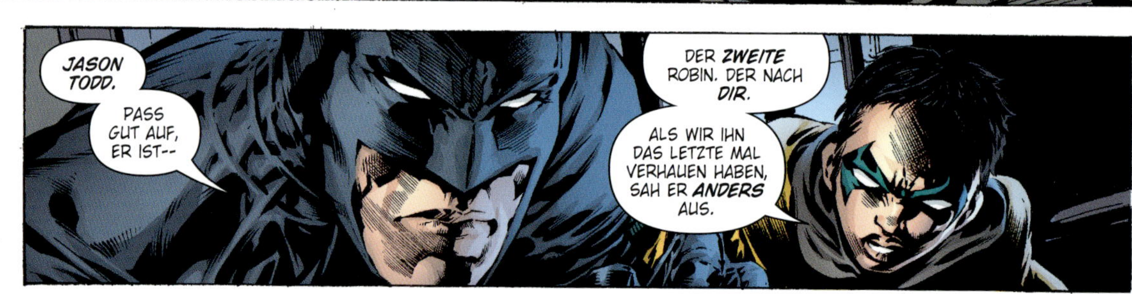

LUST AUF MEHR?

ICH WUSSTE, DASS DIR DER JOKER DAS HIRN WEICHGEKLOPFT HAT, ABER NICHT, DASS DU SO EIN IDIOT BIST.

IMMER NOCH EIN ANGEBER.

GEFÄLLT MIR.

VERGISS NUR NICHT, DASS DU DER LETZTE IN DER REIHE FÜR EINEN UNDANKBAREN JOB BIST.

UND JETZT GEHT.

WIR HABEN ES NUR AUF BÖSE JUNGS ABGESEHEN.

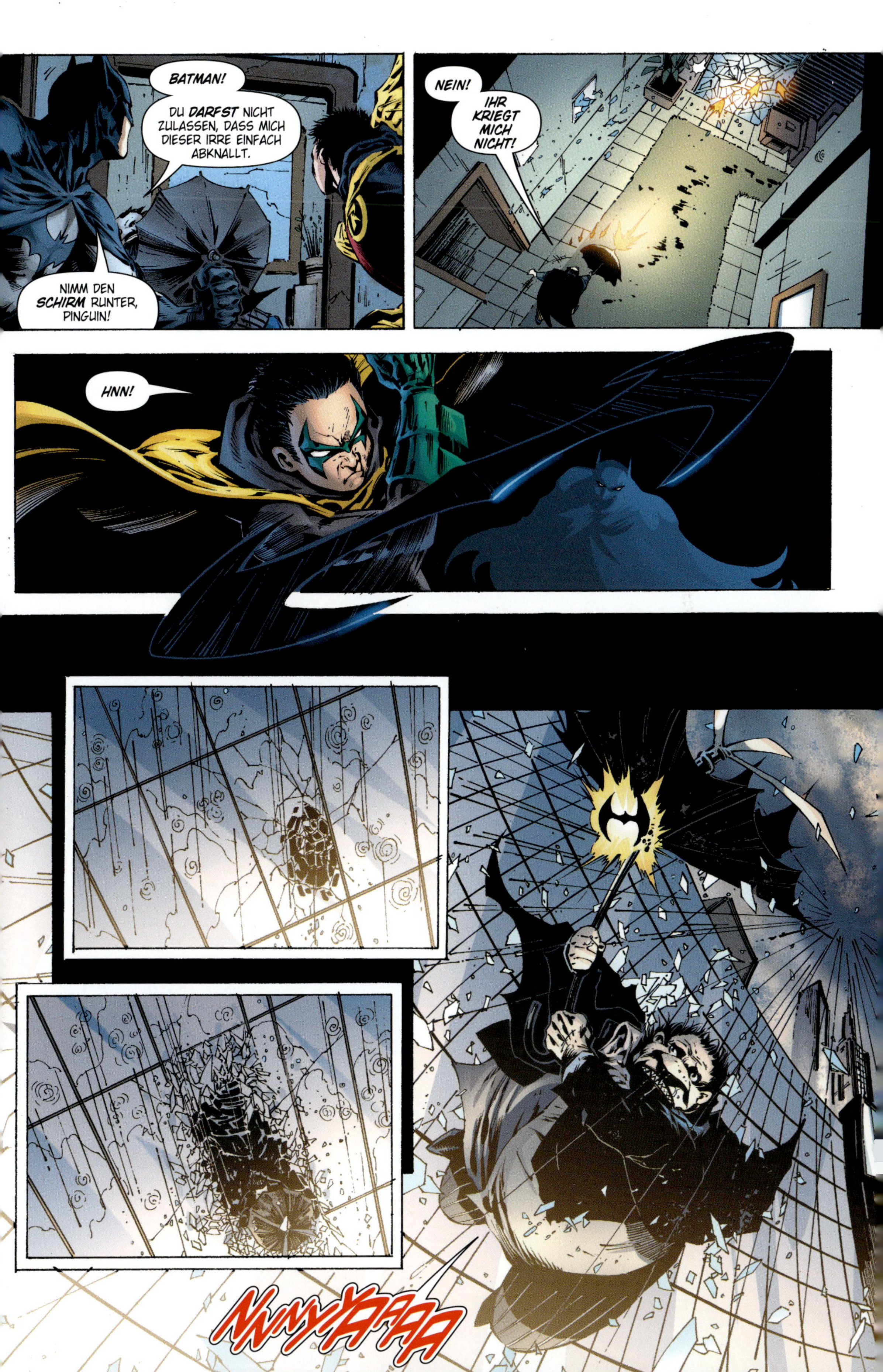
BATMAN!
DU DARFST NICHT ZULASSEN, DASS MICH DIESER IRRE EINFACH ABKNALLT.
NIMM DEN SCHIRM RUNTER, PINGUIN!
NEIN!
IHR KRIEGT MICH NICHT!
HNN!
NNNYAAAA

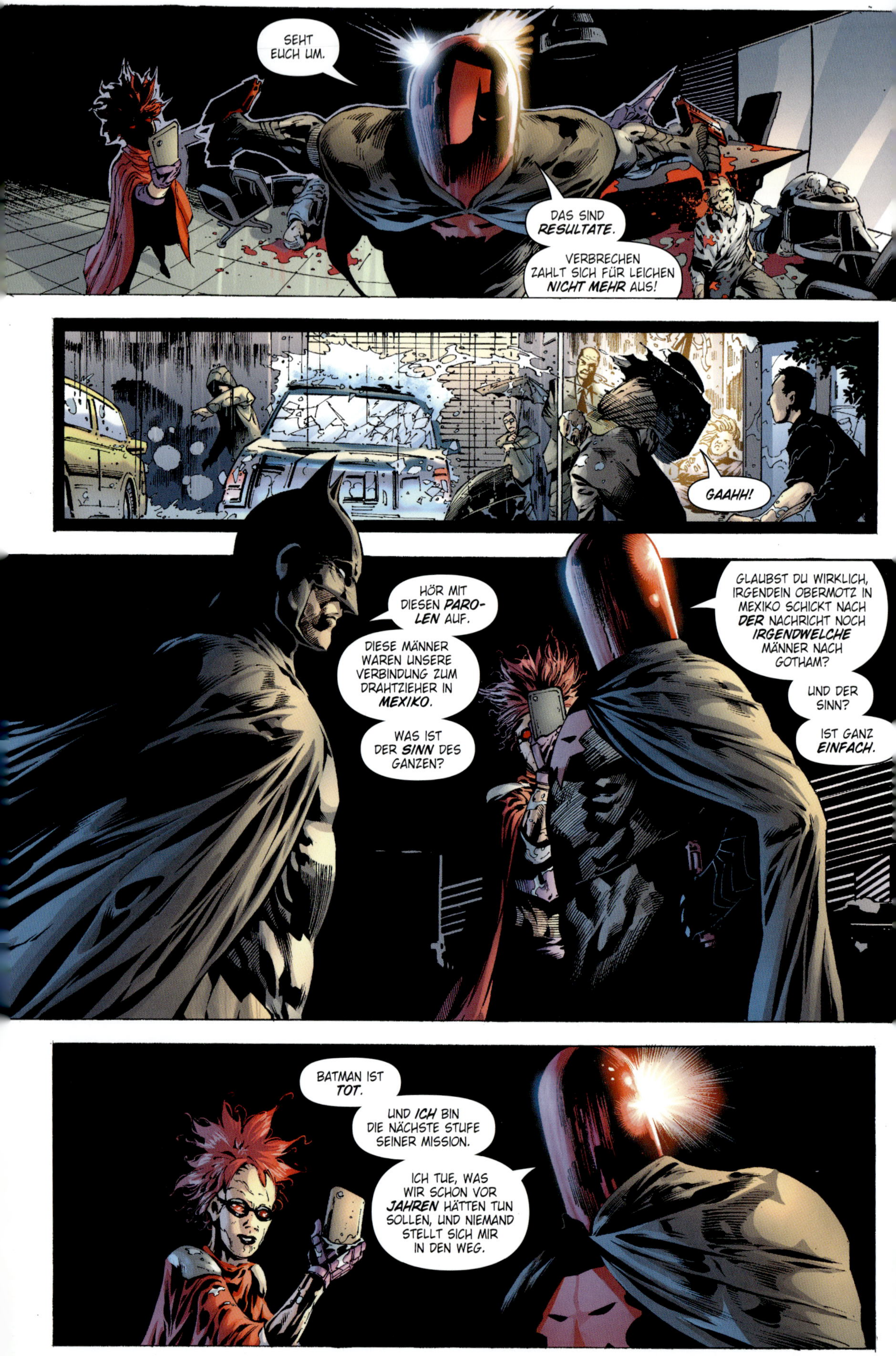

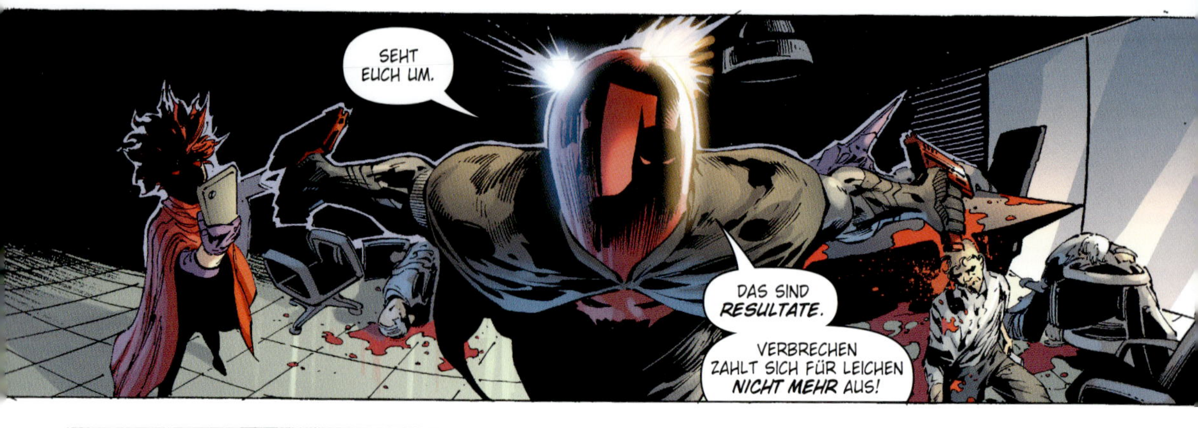

GAAHH!

HÖR MIT DIESEN *PAROLEN* AUF.

DIESE MÄNNER WAREN UNSERE VERBINDUNG ZUM DRAHTZIEHER IN *MEXIKO*.

WAS IST DER *SINN* DES GANZEN?

GLAUBST DU WIRKLICH, IRGENDEIN OBERMOTZ IN MEXIKO SCHICKT NACH *DER* NACHRICHT NOCH *IRGENDWELCHE* MÄNNER NACH GOTHAM?

UND DER SINN?

IST GANZ *EINFACH*.

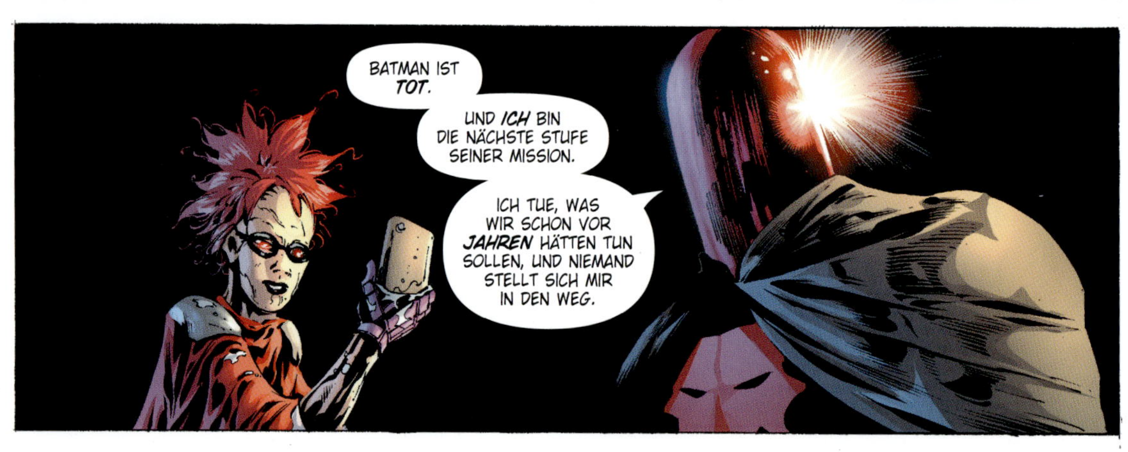

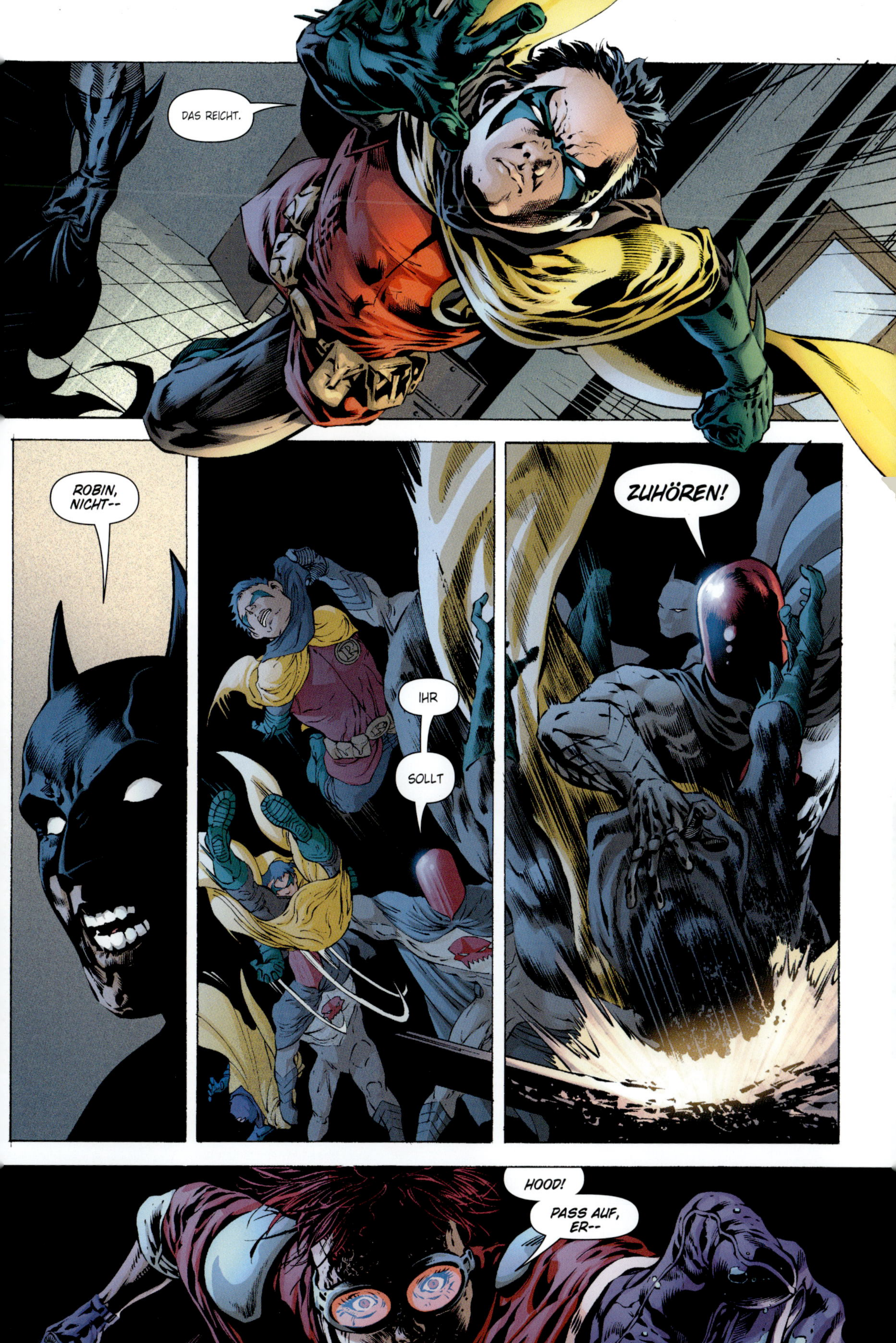
DAS REICHT.
ROBIN, NICHT--
IHR
SOLLT
ZUHÖREN!
HOOD!
PASS AUF, ER--

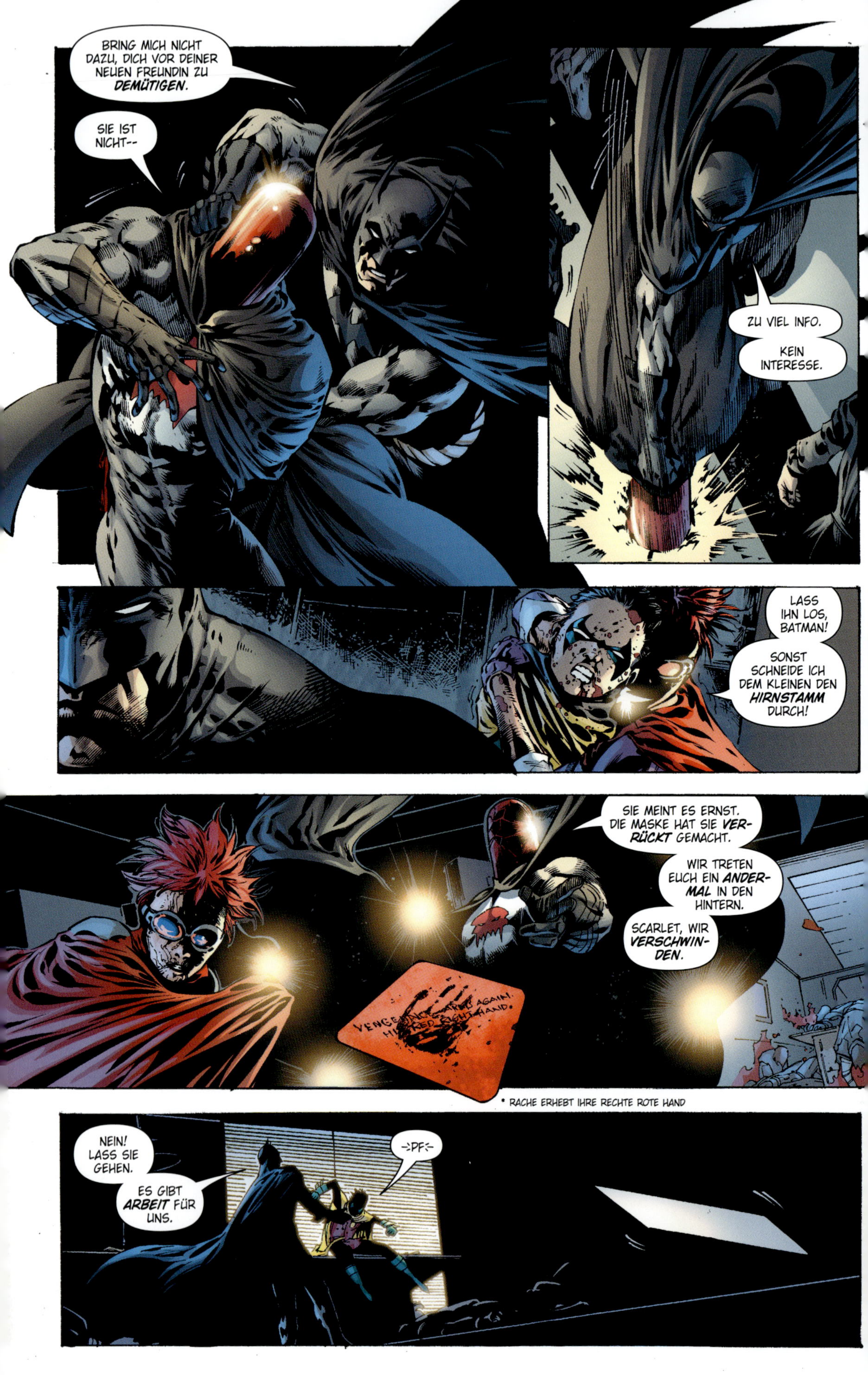

BRING MICH NICHT DAZU, DICH VOR DEINER NEUEN FREUNDIN ZU **DEMÜTIGEN**.
SIE IST NICHT--
ZU VIEL INFO.
KEIN INTERESSE.
LASS IHN LOS, BATMAN!
SONST SCHNEIDE ICH DEM KLEINEN DEN **HIRNSTAMM** DURCH!
SIE MEINT ES ERNST. DIE MASKE HAT SIE **VERRÜCKT** GEMACHT.
WIR TRETEN EUCH EIN **ANDERMAL** IN DEN HINTERN.
SCARLET, WIR **VERSCHWINDEN**.
* RACHE ERHEBT IHRE RECHTE ROTE HAND
NEIN! LASS SIE GEHEN.
ES GIBT **ARBEIT** FÜR UNS.
-PF-

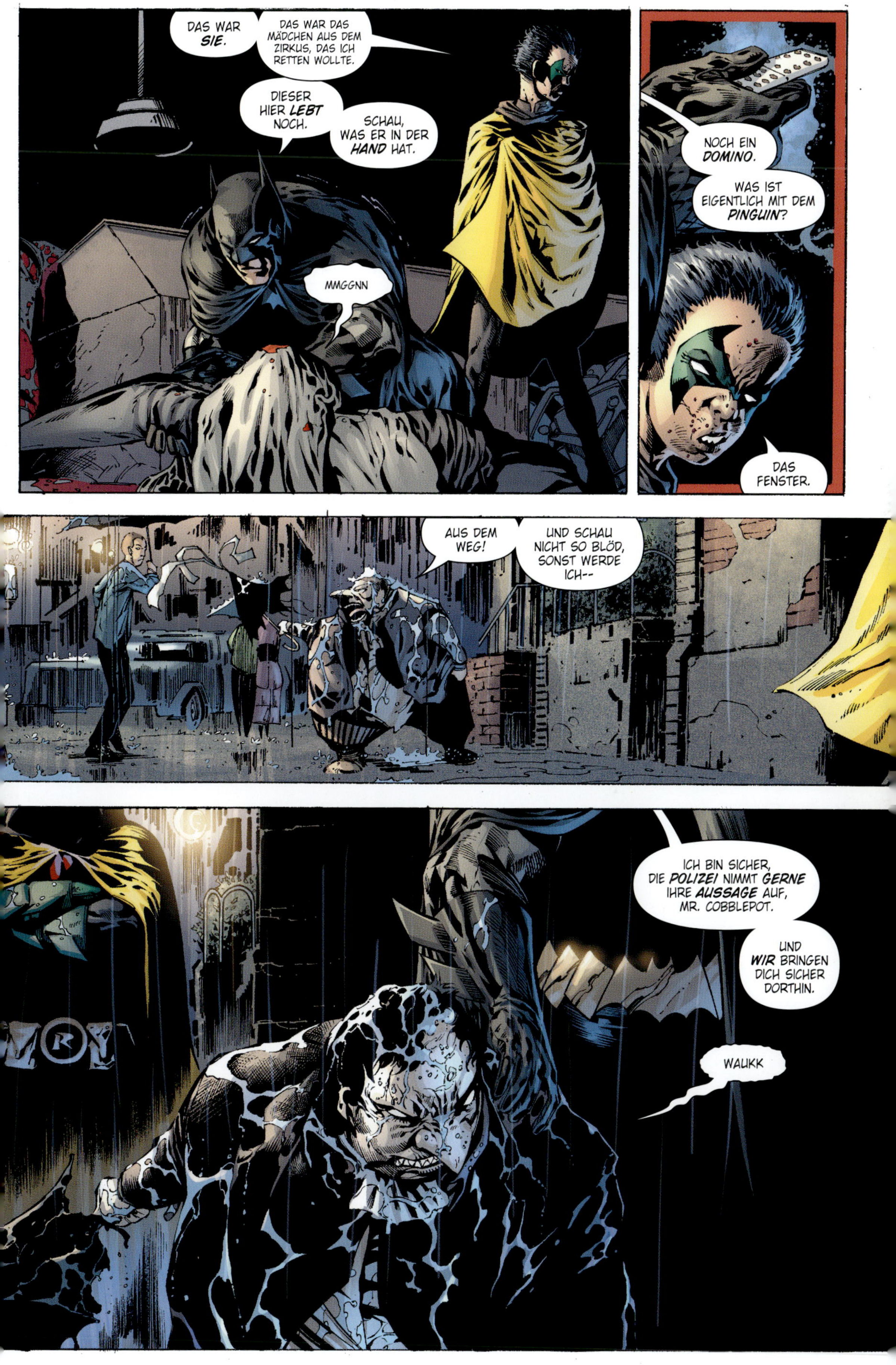

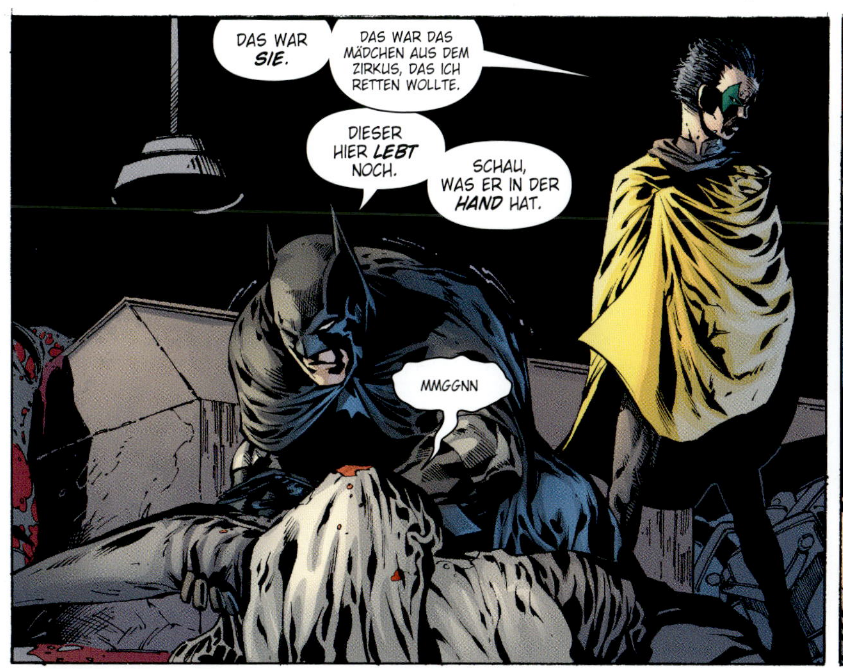
DAS WAR *SIE*.
DAS WAR DAS MÄDCHEN AUS DEM ZIRKUS, DAS ICH RETTEN WOLLTE.
DIESER HIER *LEBT* NOCH.
SCHAU, WAS ER IN DER *HAND* HAT.
MMGGNN

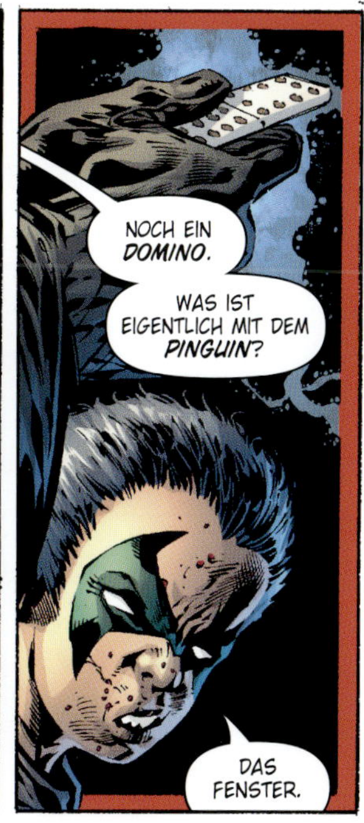
NOCH EIN *DOMINO*.
WAS IST EIGENTLICH MIT DEM *PINGUIN*?
DAS FENSTER.

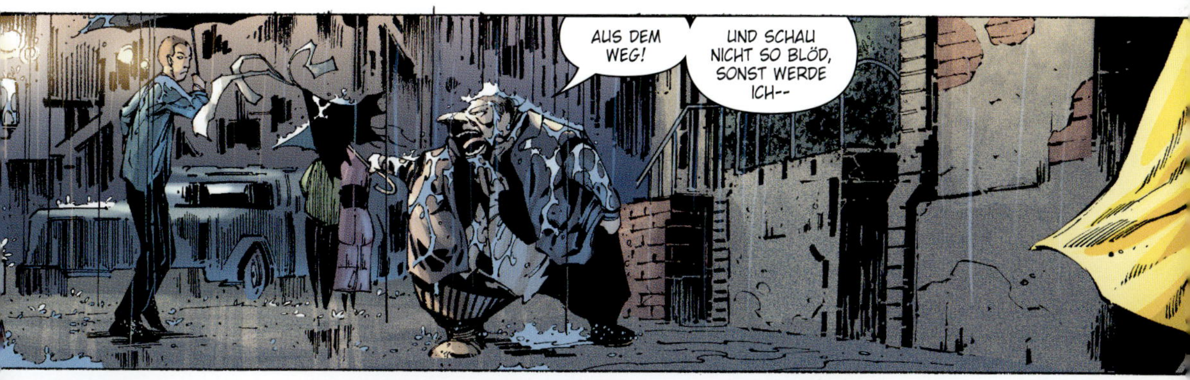
AUS DEM WEG!
UND SCHAU NICHT SO BLÖD, SONST WERDE ICH--

ICH BIN SICHER, DIE *POLIZEI* NIMMT *GERNE* IHRE *AUSSAGE* AUF, MR. COBBLEPOT.
UND *WIR* BRINGEN DICH SICHER DORTHIN.
WAUKK

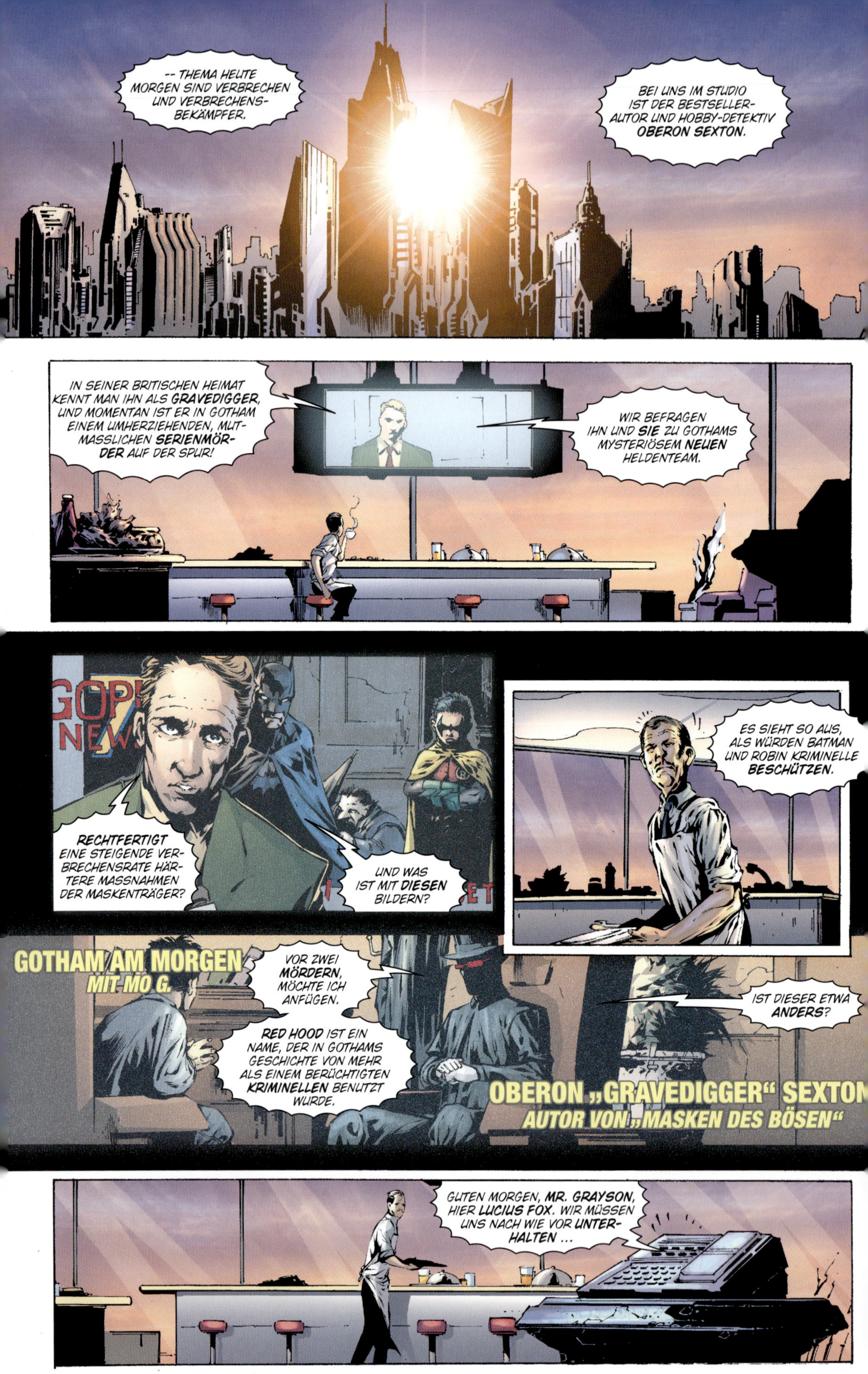

-- THEMA HEUTE MORGEN SIND VERBRECHEN UND VERBRECHENSBEKÄMPFER.

BEI UNS IM STUDIO IST DER BESTSELLER-AUTOR UND HOBBY-DETEKTIV **OBERON SEXTON**.

IN SEINER BRITISCHEN HEIMAT KENNT MAN IHN ALS **GRAVEDIGGER**, UND MOMENTAN IST ER IN GOTHAM EINEM UMHERZIEHENDEN, MUTMASSLICHEN **SERIENMÖRDER** AUF DER SPUR!

WIR BEFRAGEN IHN UND **SIE** ZU GOTHAMS MYSTERIÖSEM **NEUEN** HELDENTEAM.

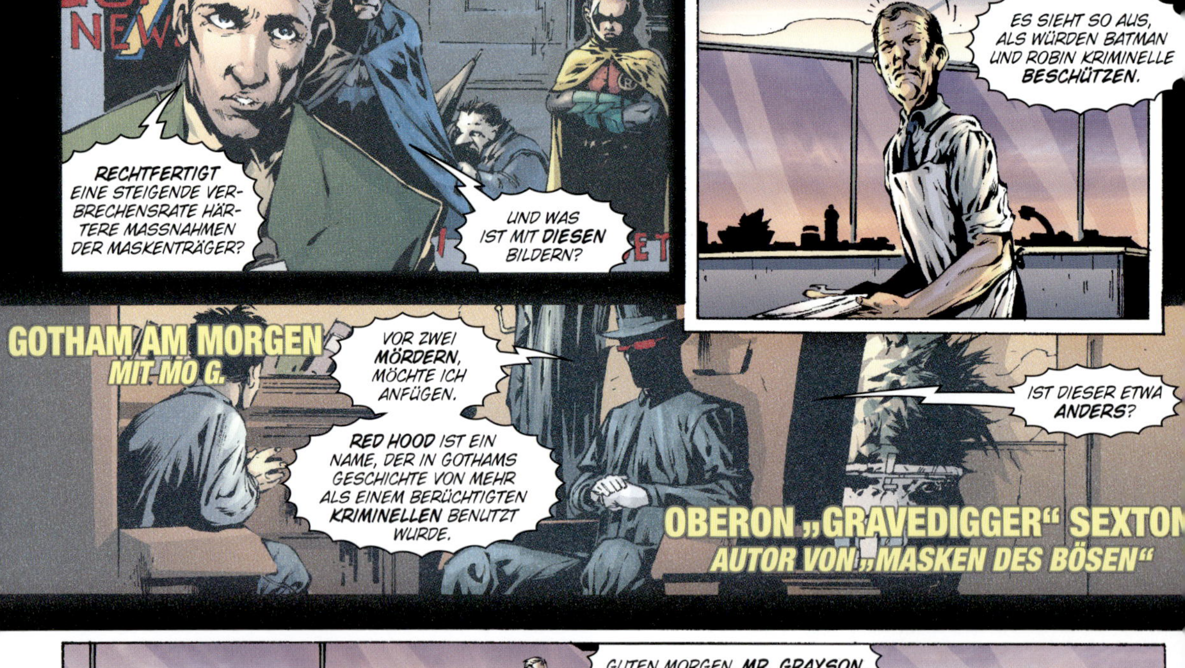

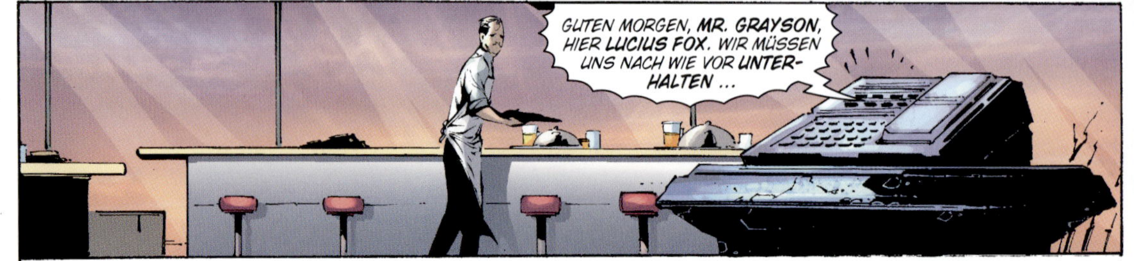

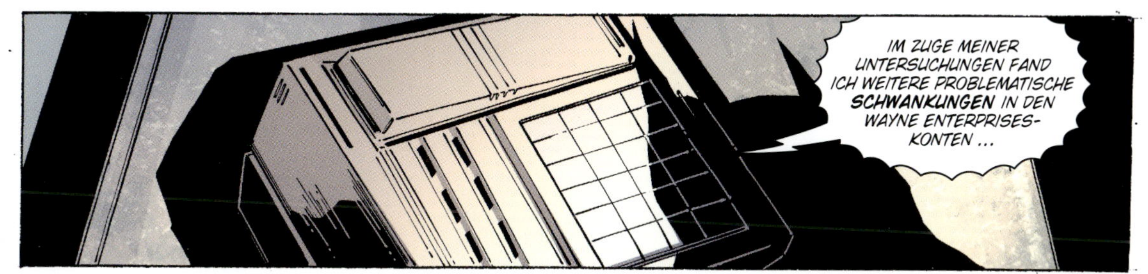
IM ZUGE MEINER UNTERSUCHUNGEN FAND ICH WEITERE PROBLEMATISCHE **SCHWANKUNGEN** IN DEN WAYNE ENTERPRISES-KONTEN ...

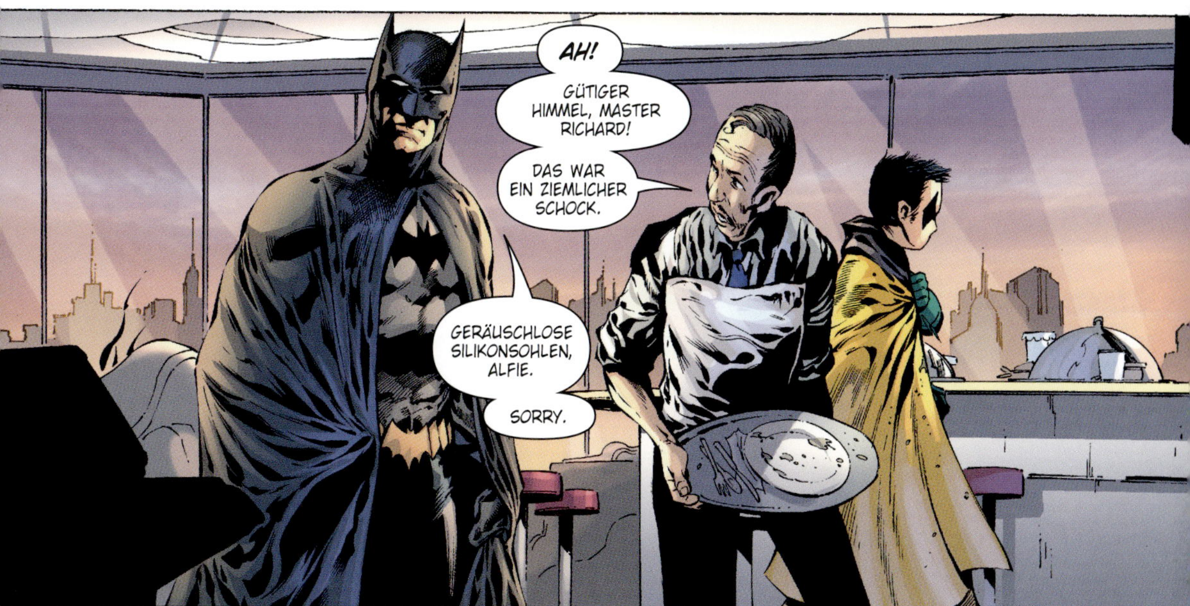
AH!
GÜTIGER HIMMEL, MASTER RICHARD!
DAS WAR EIN ZIEMLICHER SCHOCK.
GERÄUSCHLOSE SILIKONSOHLEN, ALFIE.
SORRY.

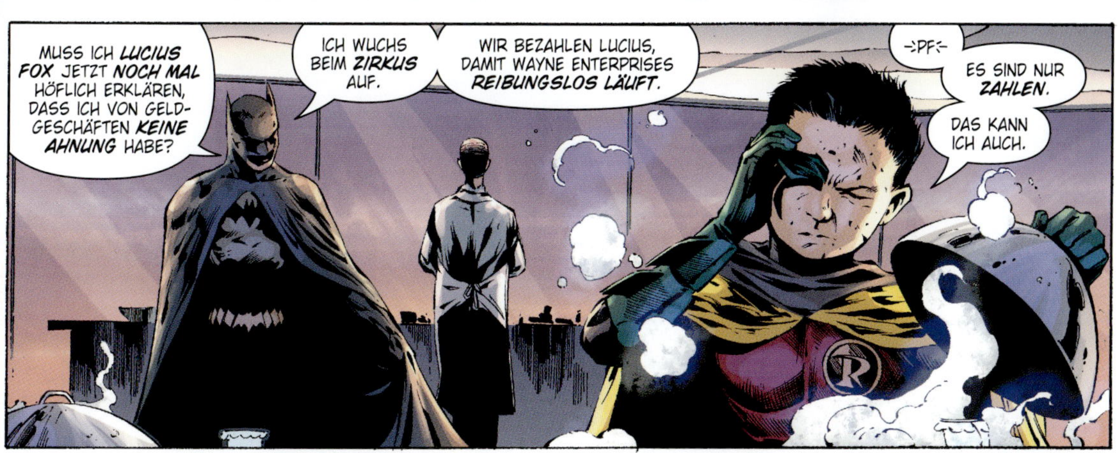
MUSS ICH ***LUCIUS FOX*** JETZT ***NOCH MAL*** HÖFLICH ERKLÄREN, DASS ICH VON GELD-GESCHÄFTEN ***KEINE AHNUNG*** HABE?
ICH WUCHS BEIM ***ZIRKUS*** AUF.
WIR BEZAHLEN LUCIUS, DAMIT WAYNE ENTERPRISES ***REIBUNGSLOS LÄUFT***.
-PF-
ES SIND NUR ***ZAHLEN***.
DAS KANN ICH AUCH.

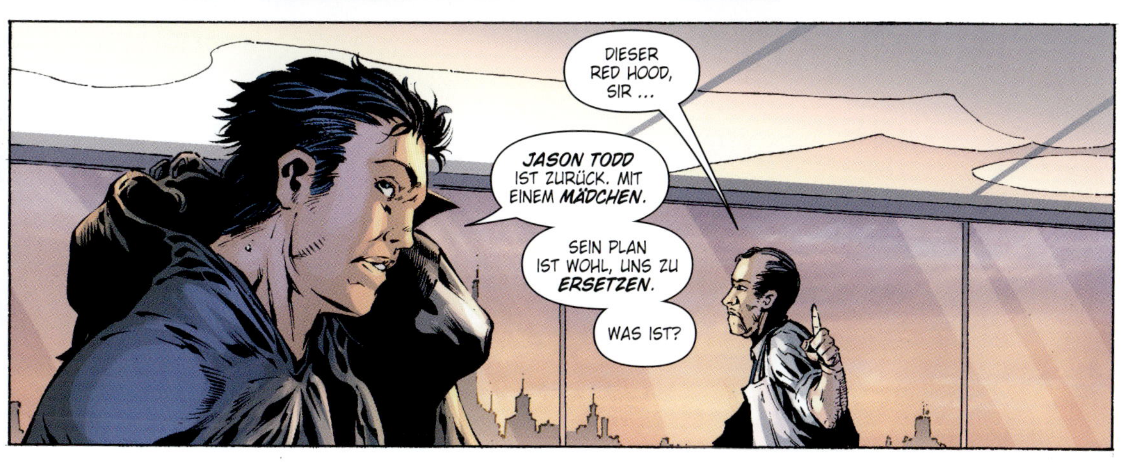
DIESER RED HOOD, SIR ...
JASON TODD IST ZURÜCK. MIT EINEM ***MÄDCHEN***.
SEIN PLAN IST WOHL, UNS ZU ***ERSETZEN***.
WAS IST?

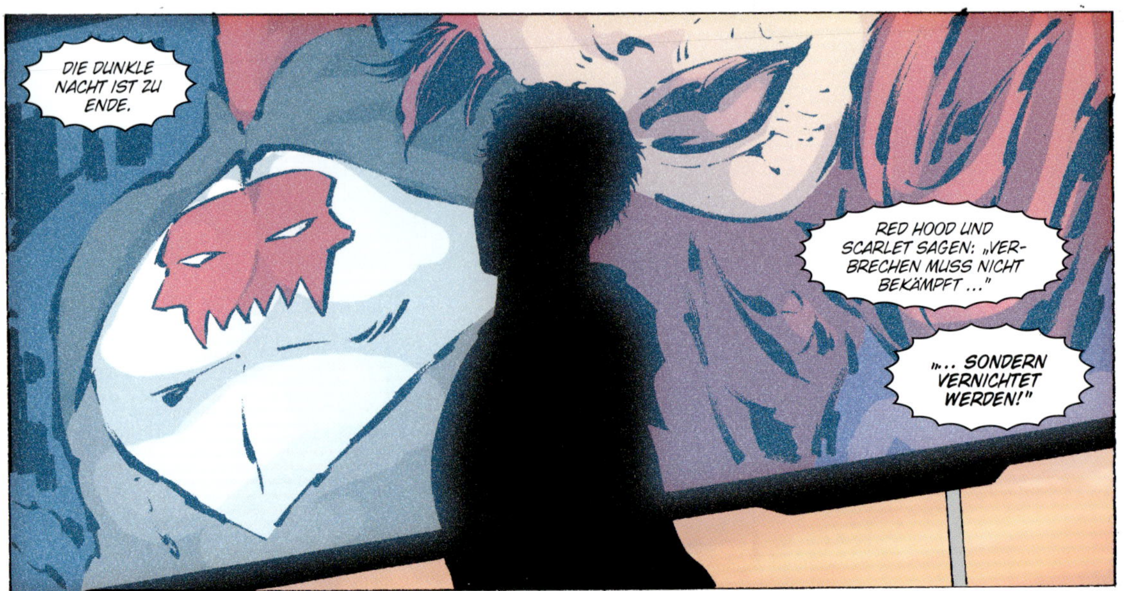
DIE DUNKLE NACHT IST ZU ENDE.
RED HOOD UND SCARLET SAGEN: „VERBRECHEN MUSS NICHT BEKÄMPFT ...“
„... SONDERN VERNICHTET WERDEN!“

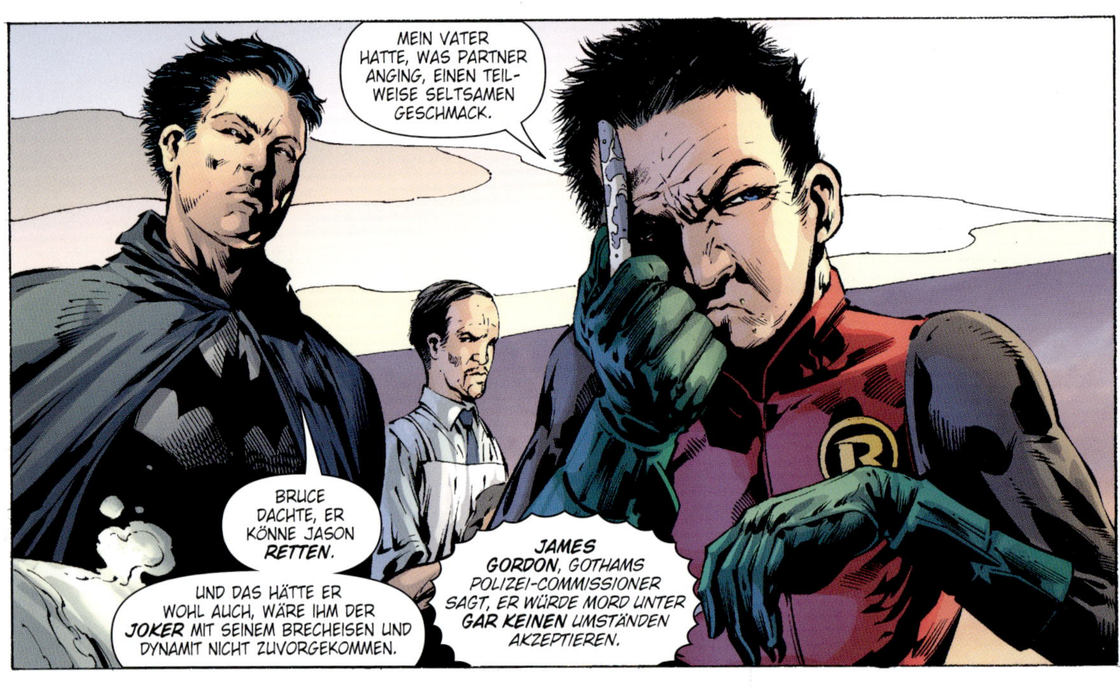
MEIN VATER HATTE, WAS PARTNER ANGING, EINEN TEILWEISE SELTSAMEN GESCHMACK.
BRUCE DACHTE, ER KÖNNE JASON **RETTEN**.
UND DAS HÄTTE ER WOHL AUCH, WÄRE IHM DER **JOKER** MIT SEINEM BRECHEISEN UND DYNAMIT NICHT ZUVORGEKOMMEN.
JAMES GORDON, GOTHAMS POLIZEI-COMMISSIONER SAGT, ER WÜRDE MORD UNTER **GAR KEINEN** UMSTÄNDEN AKZEPTIEREN.

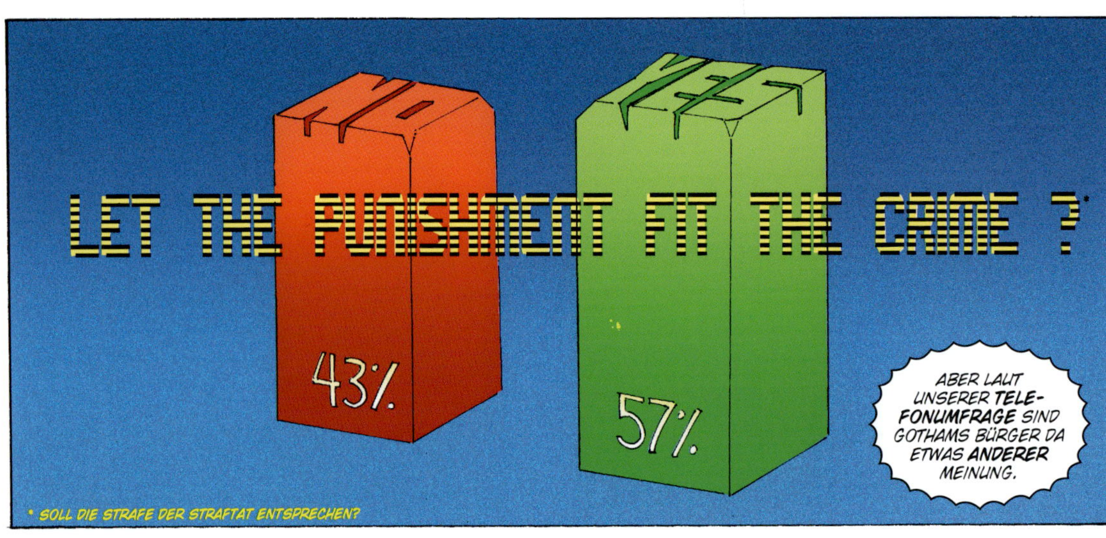
NO
YES
LET THE PUNISHMENT FIT THE CRIME ?*
43%
57%
ABER LAUT UNSERER **TELEFONUMFRAGE** SIND GOTHAMS BÜRGER DA ETWAS **ANDERER** MEINUNG.
* SOLL DIE STRAFE DER STRAFTAT ENTSPRECHEN?

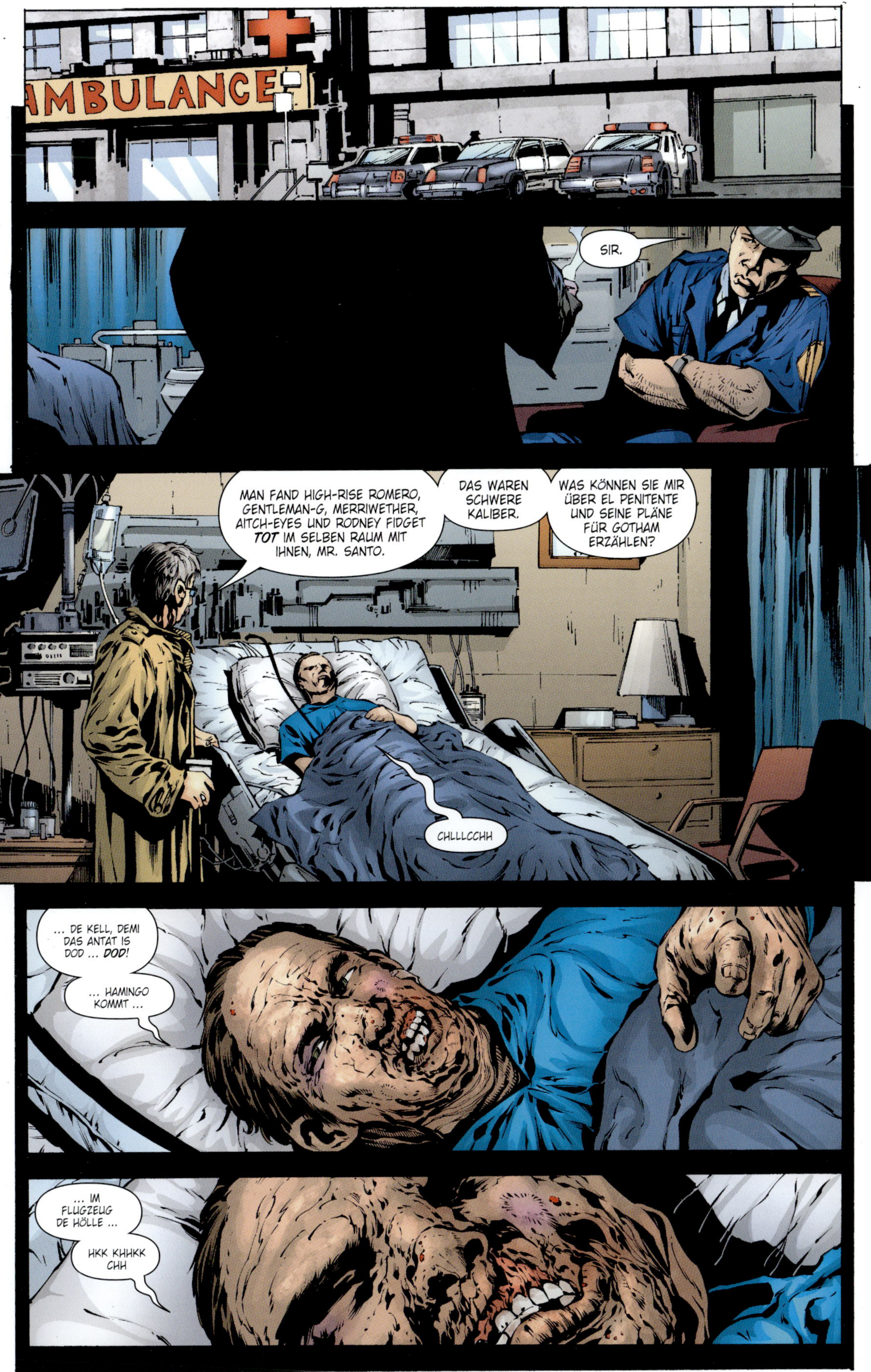
AMBULANCE
SIR.
MAN FAND HIGH-RISE ROMERO, GENTLEMAN-G, MERRIWETHER, AITCH-EYES UND RODNEY FIDGET TOT IM SELBEN RAUM MIT IHNEN, MR. SANTO.
DAS WAREN SCHWERE KALIBER.
WAS KÖNNEN SIE MIR ÜBER EL PENITENTE UND SEINE PLÄNE FÜR GOTHAM ERZÄHLEN?
CHLLLCCHH
... DE KELL, DEMI DAS ANTAT IS DOD ... DOD!
... HAMINGO KOMMT ...
... IM FLUGZEUG DE HÖLLE ...
HKK KHHKK CHH

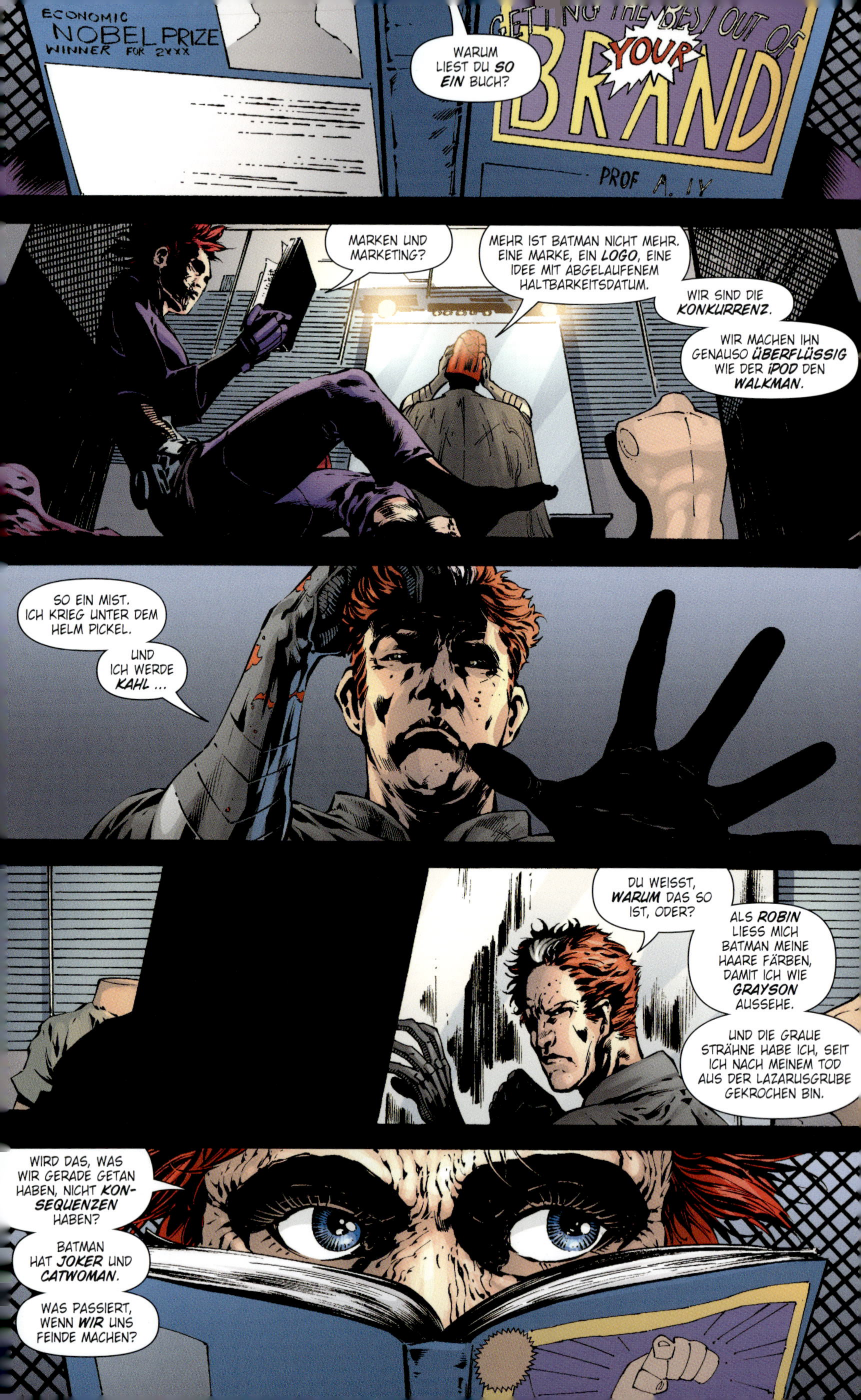
ECONOMIC NOBEL PRIZE WINNER FOR 2XXX
GETTING THE BEST OUT OF YOUR BRAND
PROF A. IY
WARUM LIEST DU SO EIN BUCH?
MARKEN UND MARKETING?
MEHR IST BATMAN NICHT MEHR. EINE MARKE, EIN LOGO, EINE IDEE MIT ABGELAUFENEM HALTBARKEITSDATUM.
WIR SIND DIE KONKURRENZ.
WIR MACHEN IHN GENAUSO ÜBERFLÜSSIG WIE DER iPOD DEN WALKMAN.
SO EIN MIST. ICH KRIEG UNTER DEM HELM PICKEL.
UND ICH WERDE KAHL ...
DU WEISST, WARUM DAS SO IST, ODER?
ALS ROBIN LIESS MICH BATMAN MEINE HAARE FÄRBEN, DAMIT ICH WIE GRAYSON AUSSEHE.
UND DIE GRAUE STRÄHNE HABE ICH, SEIT ICH NACH MEINEM TOD AUS DER LAZARUSGRUBE GEKROCHEN BIN.
WIRD DAS, WAS WIR GERADE GETAN HABEN, NICHT KONSEQUENZEN HABEN?
BATMAN HAT JOKER UND CATWOMAN.
WAS PASSIERT, WENN WIR UNS FEINDE MACHEN?

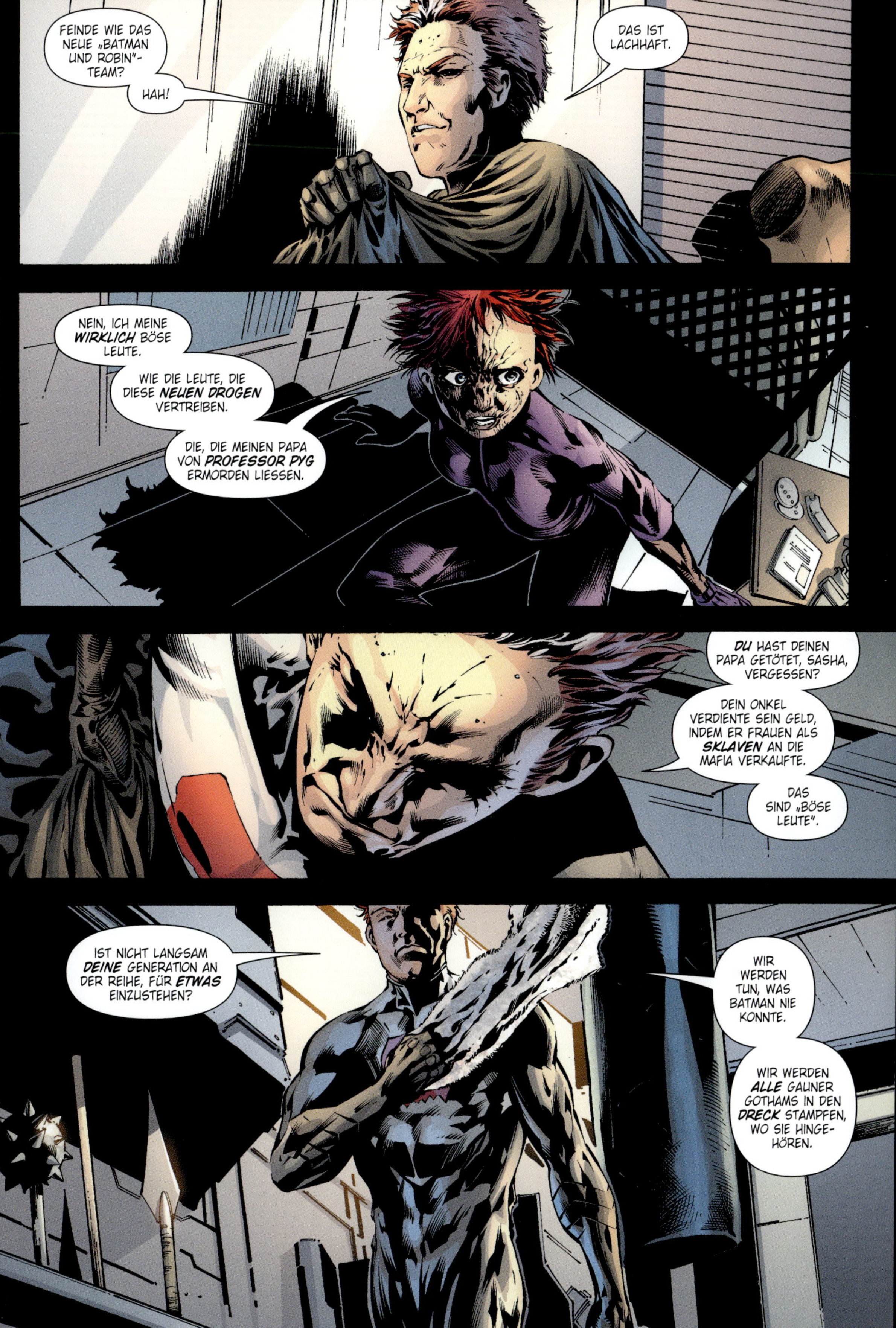
FEINDE WIE DAS NEUE „BATMAN UND ROBIN"-TEAM?
HAH!
DAS IST LACHHAFT.
NEIN, ICH MEINE *WIRKLICH* BÖSE LEUTE.
WIE DIE LEUTE, DIE DIESE *NEUEN DROGEN* VERTREIBEN.
DIE, DIE MEINEN PAPA VON *PROFESSOR PYG* ERMORDEN LIESSEN.
DU HAST DEINEN PAPA GETÖTET, SASHA, VERGESSEN?
DEIN ONKEL VERDIENTE SEIN GELD, INDEM ER FRAUEN ALS *SKLAVEN* AN DIE MAFIA VERKAUFTE.
DAS SIND „BÖSE LEUTE".
IST NICHT LANGSAM *DEINE* GENERATION AN DER REIHE, FÜR *ETWAS* EINZUSTEHEN?
WIR WERDEN TUN, WAS BATMAN NIE KONNTE.
WIR WERDEN *ALLE* GAUNER GOTHAMS IN DEN *DRECK* STAMPFEN, WO SIE HINGEHÖREN.

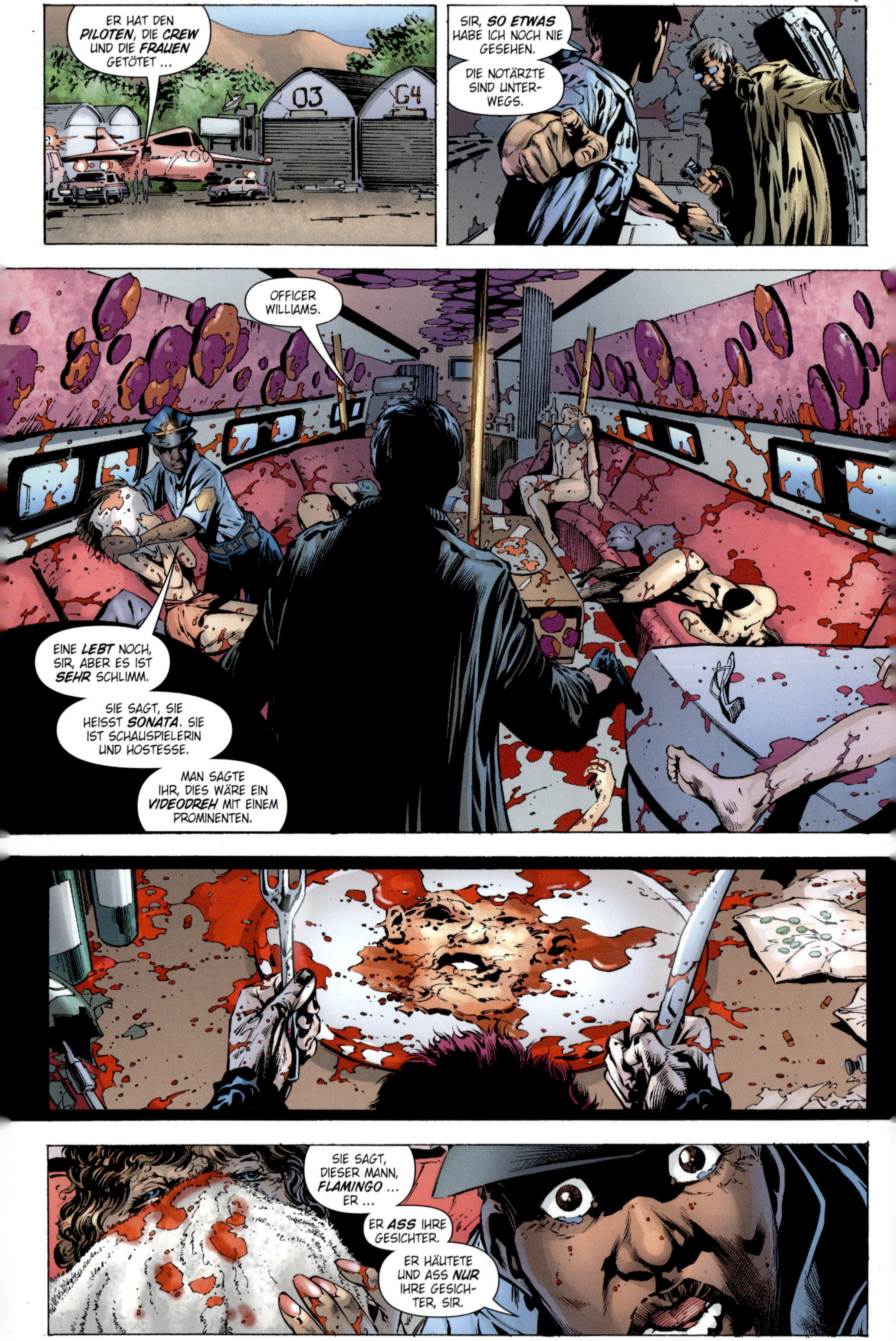

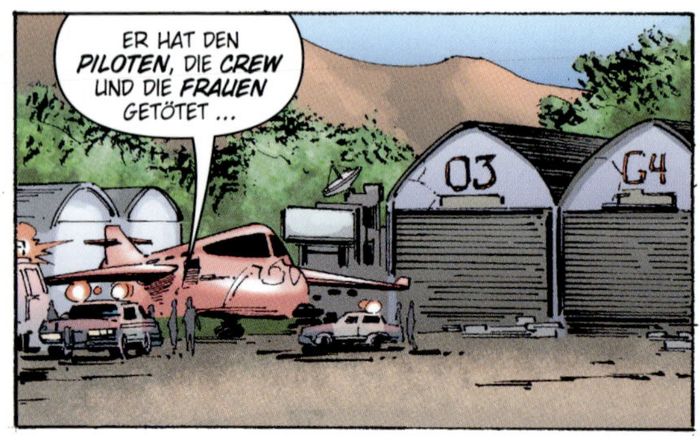

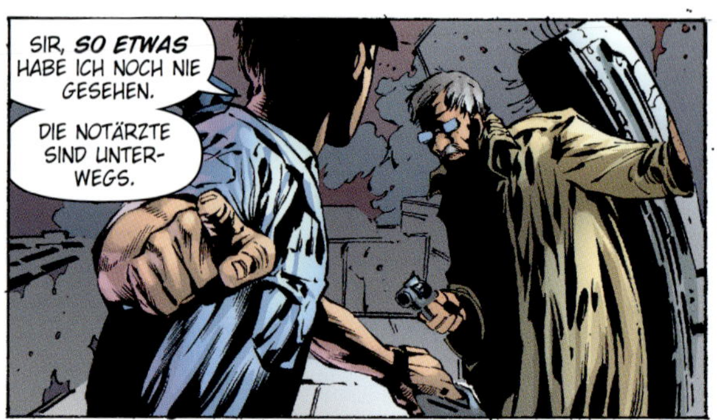

OFFICER WILLIAMS.

EINE *LEBT* NOCH, SIR, ABER ES IST *SEHR* SCHLIMM.

SIE SAGT, SIE HEISST *SONATA*. SIE IST SCHAUSPIELERIN UND HOSTESSE.

MAN SAGTE IHR, DIES WÄRE EIN *VIDEODREH* MIT EINEM PROMINENTEN.

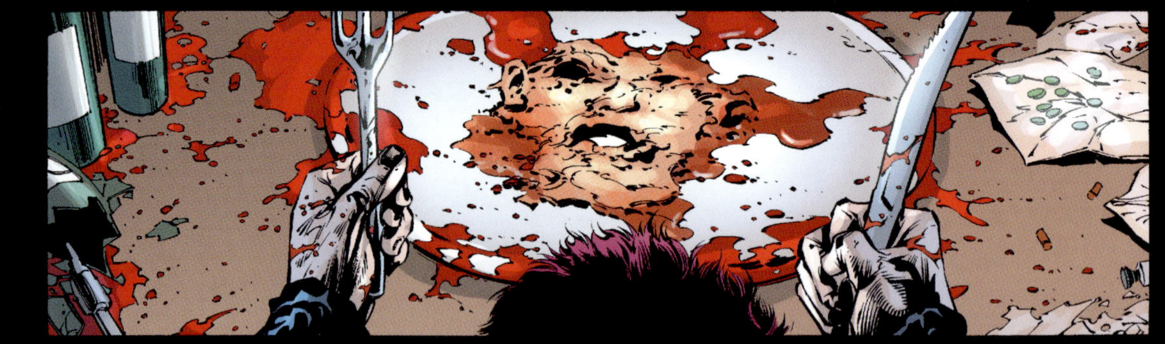

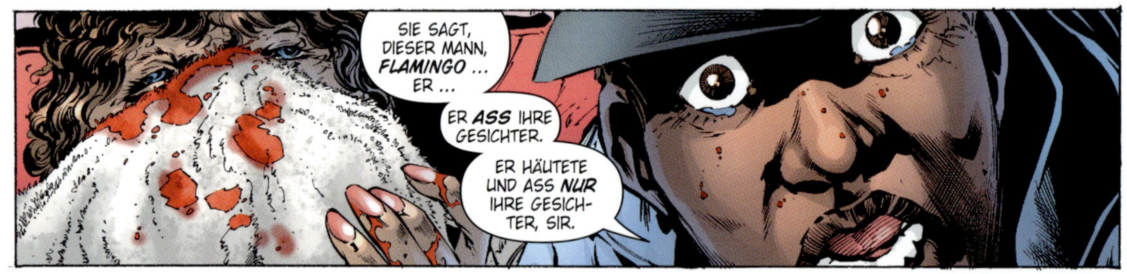

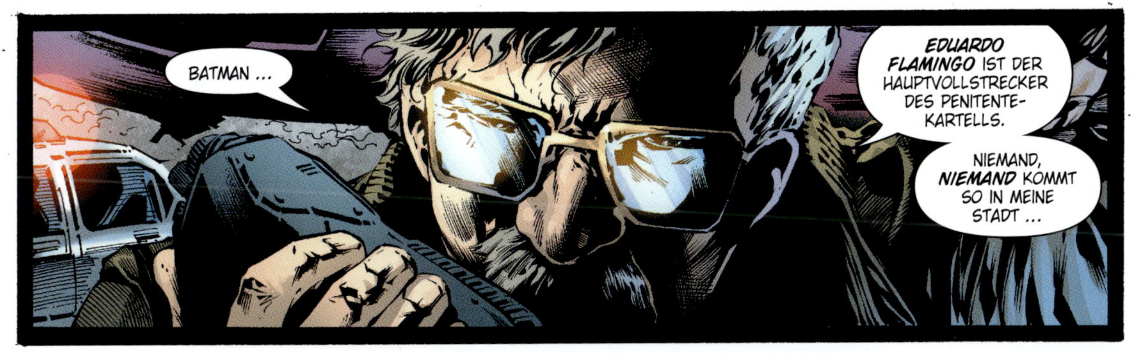
BATMAN ...
EDUARDO FLAMINGO IST DER HAUPTVOLLSTRECKER DES PENITENTE-KARTELLS.
NIEMAND, NIEMAND KOMMT SO IN MEINE STADT ...

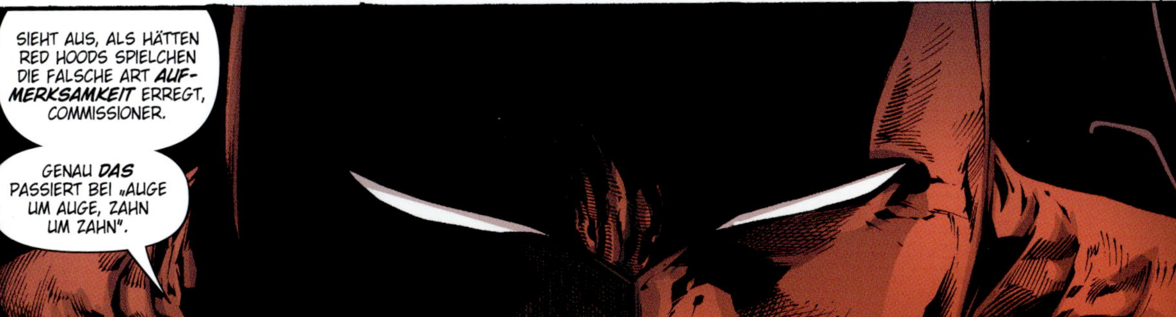
SIEHT AUS, ALS HÄTTEN RED HOODS SPIELCHEN DIE FALSCHE ART AUFMERKSAMKEIT ERREGT, COMMISSIONER.
GENAU DAS PASSIERT BEI „AUGE UM AUGE, ZAHN UM ZAHN".

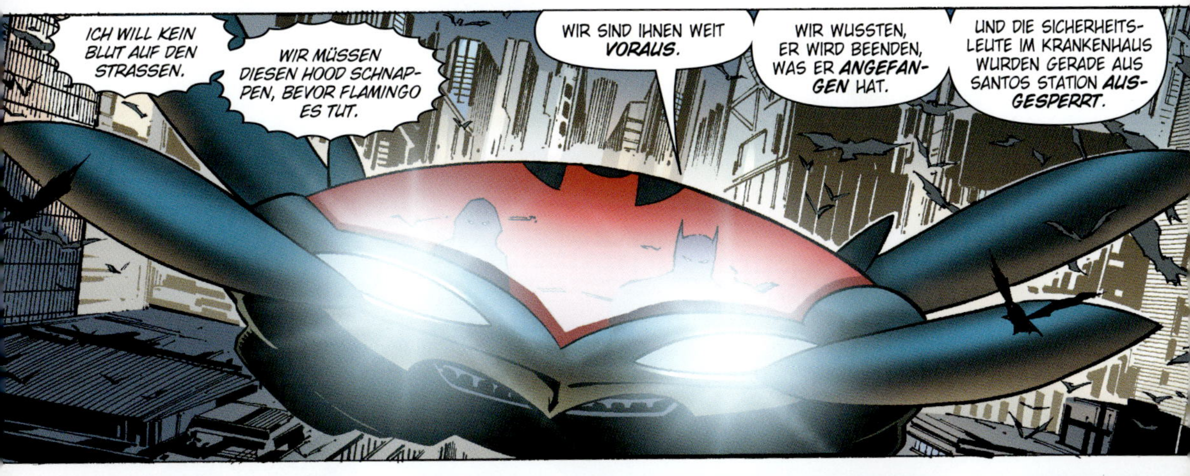
ICH WILL KEIN BLUT AUF DEN STRASSEN.
WIR MÜSSEN DIESEN HOOD SCHNAPPEN, BEVOR FLAMINGO ES TUT.
WIR SIND IHNEN WEIT VORAUS.
WIR WUSSTEN, ER WIRD BEENDEN, WAS ER ANGEFANGEN HAT.
UND DIE SICHERHEITSLEUTE IM KRANKENHAUS WURDEN GERADE AUS SANTOS STATION AUSGESPERRT.

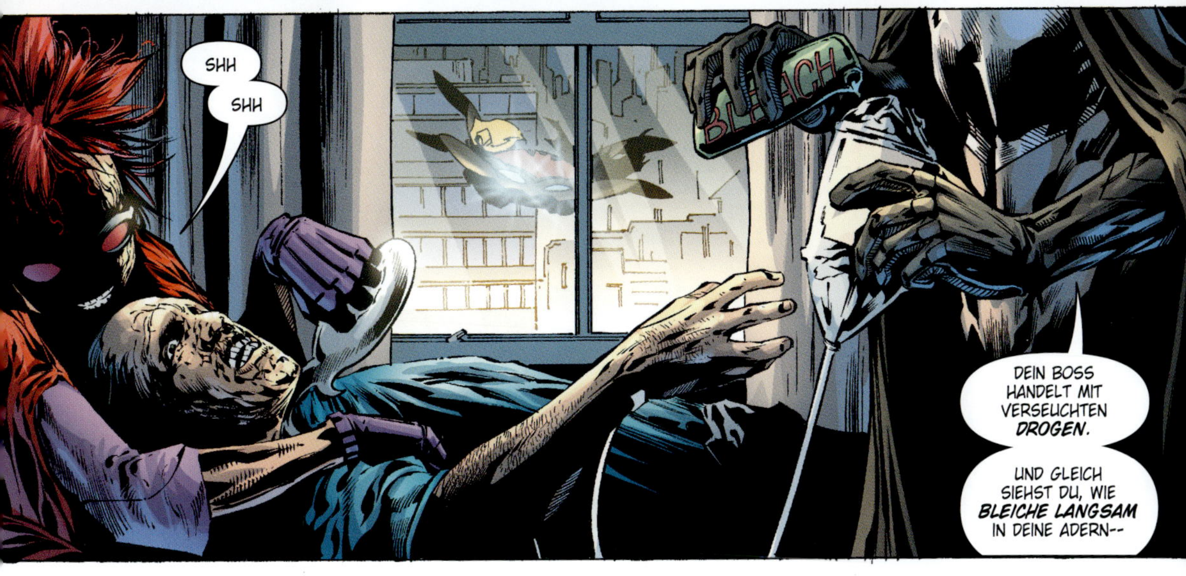
SHH
SHH
BLEACH
DEIN BOSS HANDELT MIT VERSEUCHTEN DROGEN.
UND GLEICH SIEHST DU, WIE BLEICHE LANGSAM IN DEINE ADERN--

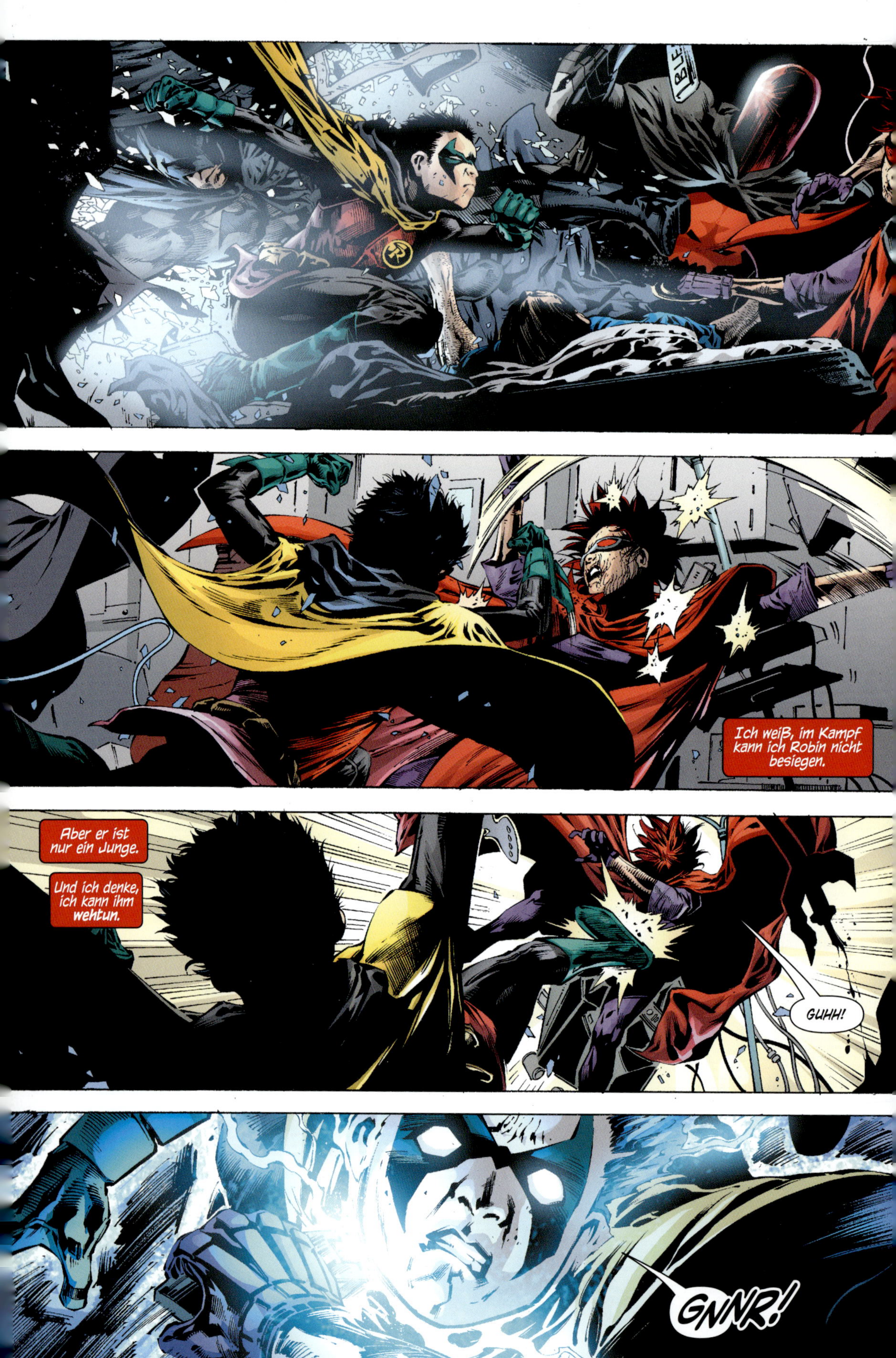
Ich weiß, im Kampf kann ich Robin nicht besiegen.
Aber er ist nur ein Junge.
Und ich denke, ich kann ihm wehtun.
GUHH!
GNNR!

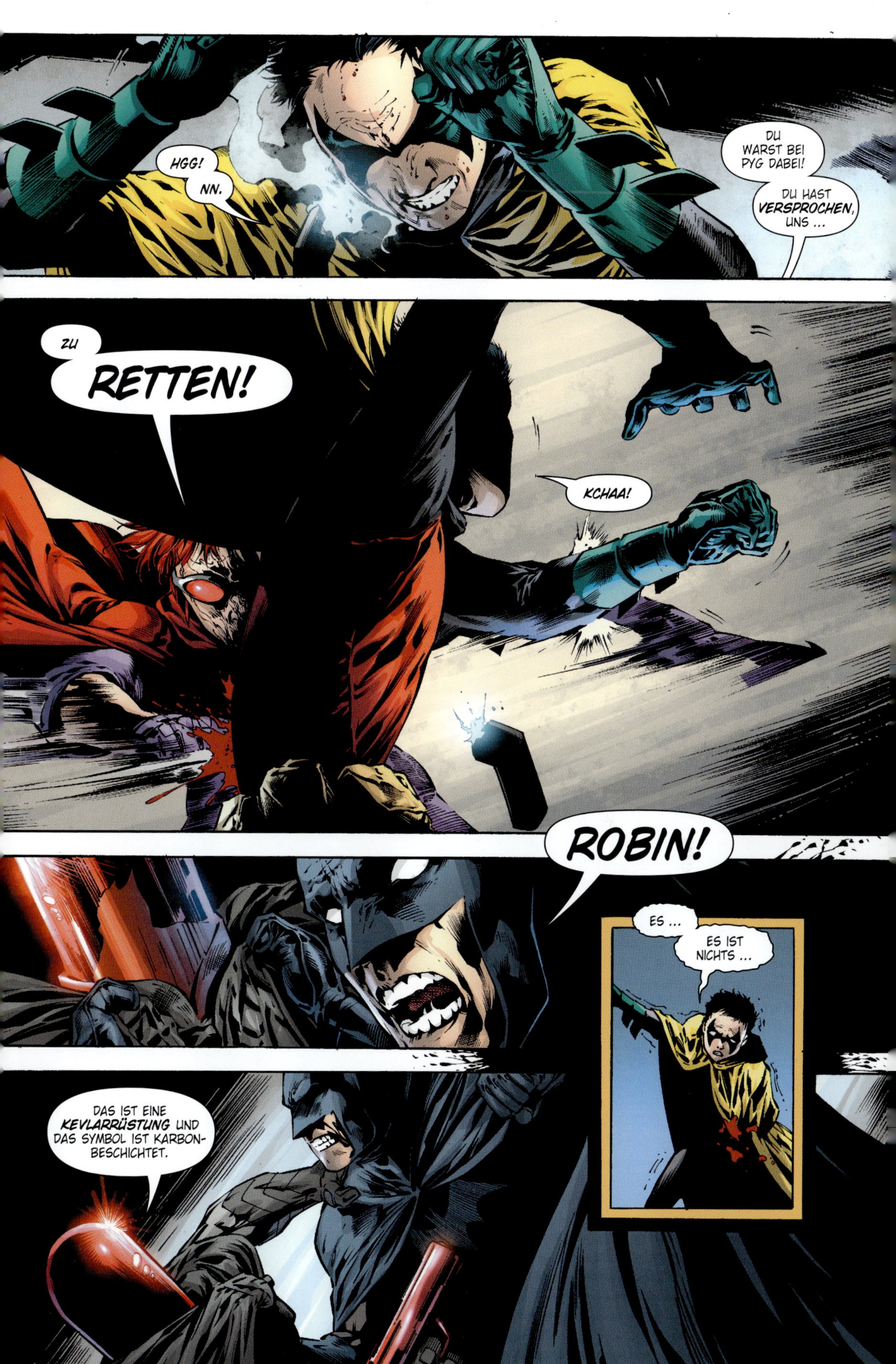
HGG!
NN.
DU WARST BEI PYG DABEI!
DU HAST VERSPROCHEN, UNS ...
ZU RETTEN!
KCHAA!
ROBIN!
ES ...
ES IST NICHTS ...
DAS IST EINE KEVLARRÜSTUNG UND DAS SYMBOL IST KARBON-BESCHICHTET.

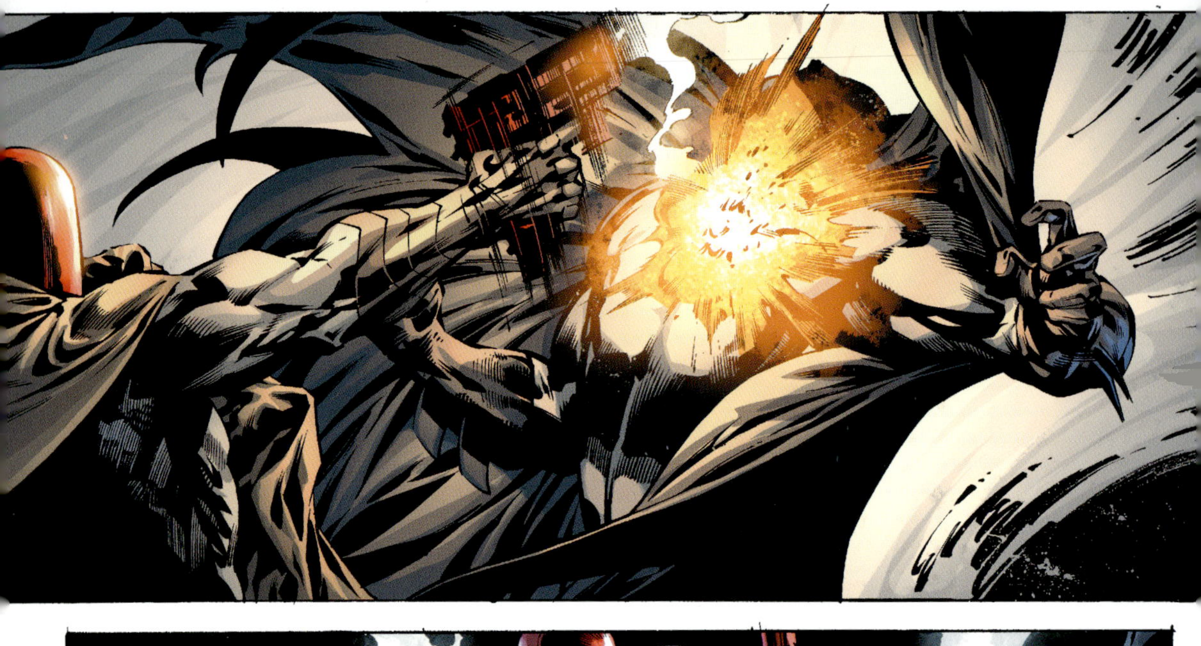
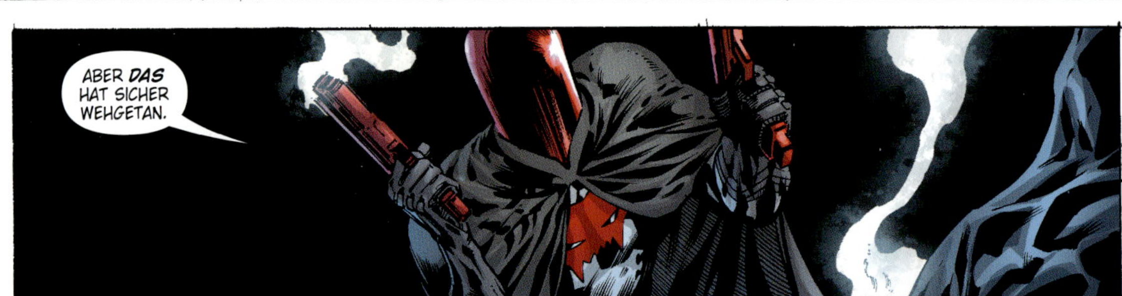
ABER **DAS** HAT SICHER WEHGETAN.
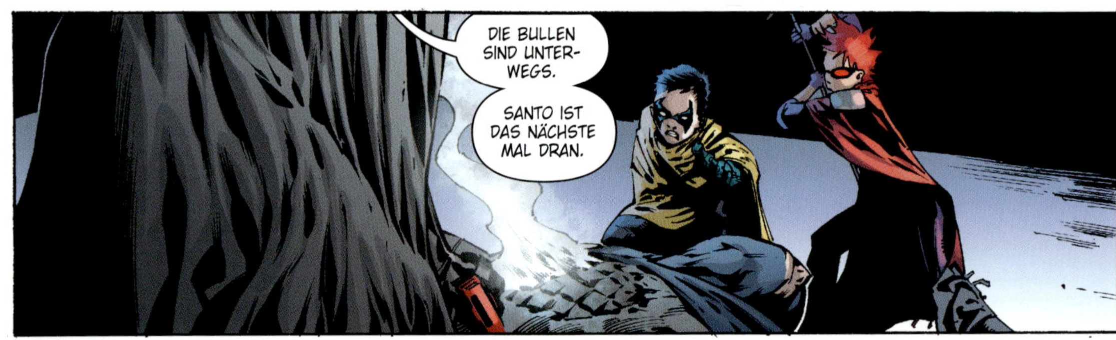
DIE BULLEN SIND UNTER-WEGS.
SANTO IST DAS NÄCHSTE MAL DRAN.
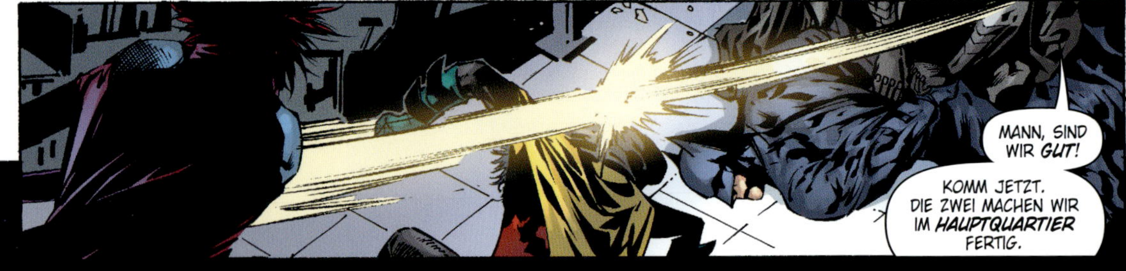
MANN, SIND WIR **GUT**!
KOMM JETZT. DIE ZWEI MACHEN WIR IM **HAUPTQUARTIER** FERTIG.
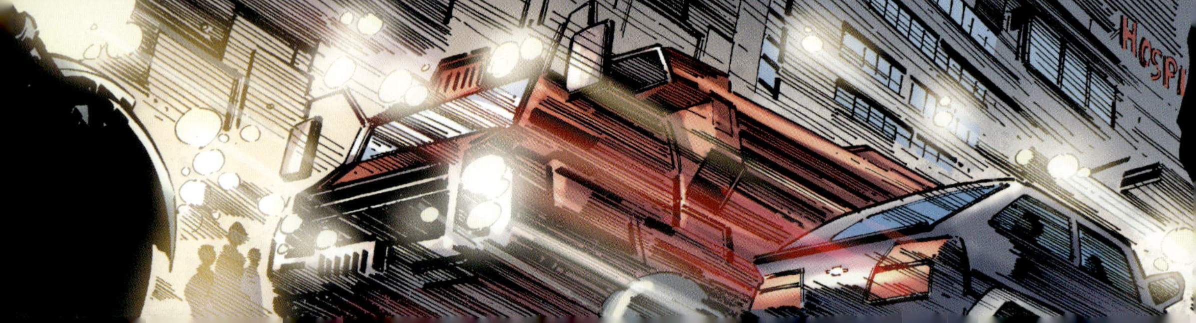
HOSPI

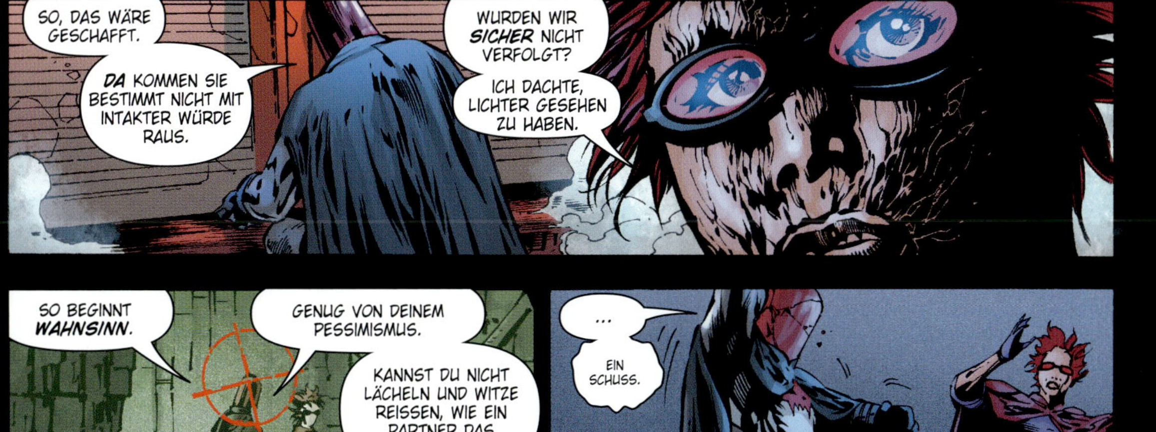
SO, DAS WÄRE GESCHAFFT.
DA KOMMEN SIE BESTIMMT NICHT MIT INTAKTER WÜRDE RAUS.
WURDEN WIR **SICHER** NICHT VERFOLGT?
ICH DACHTE, LICHTER GESEHEN ZU HABEN.

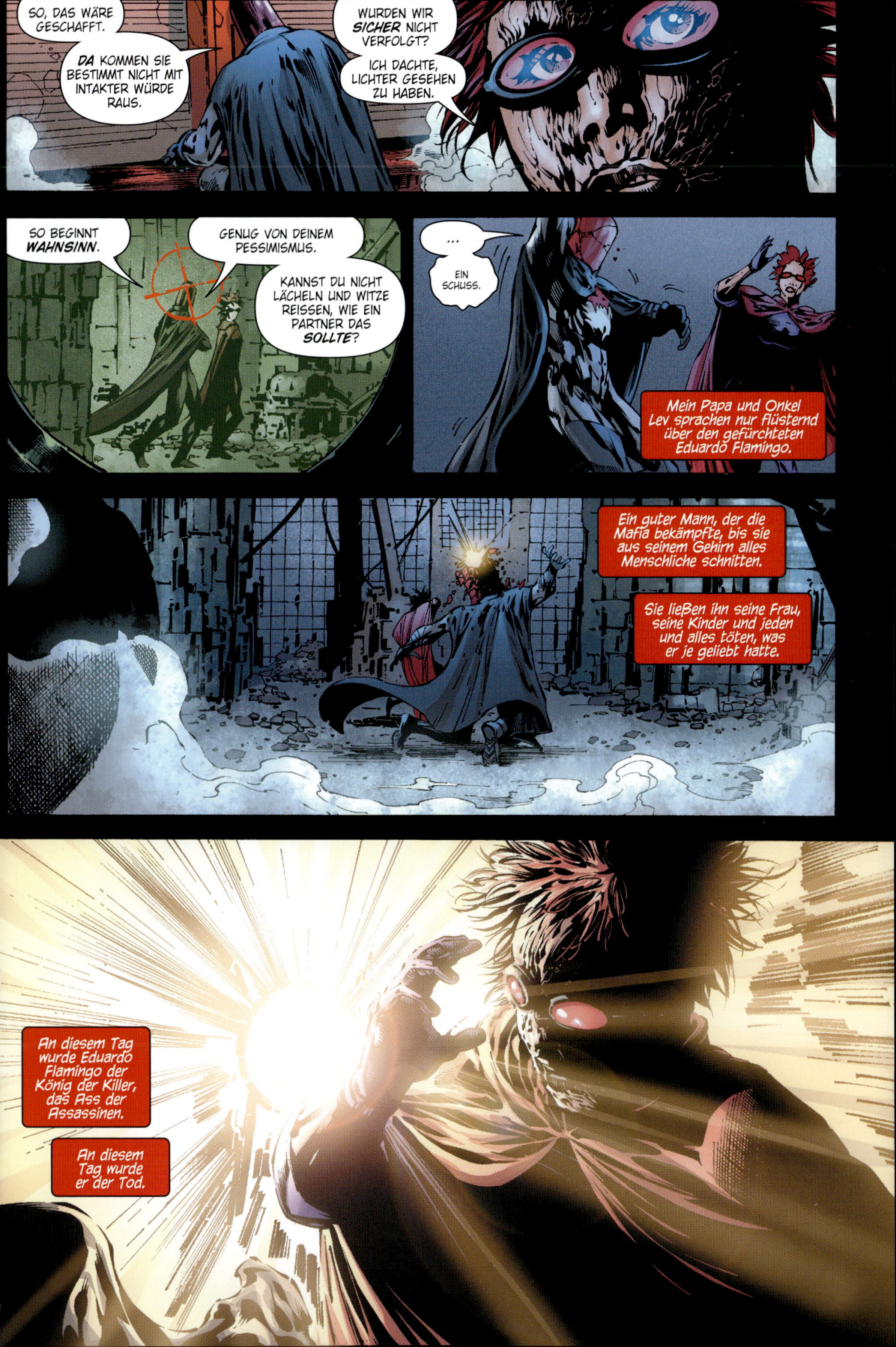

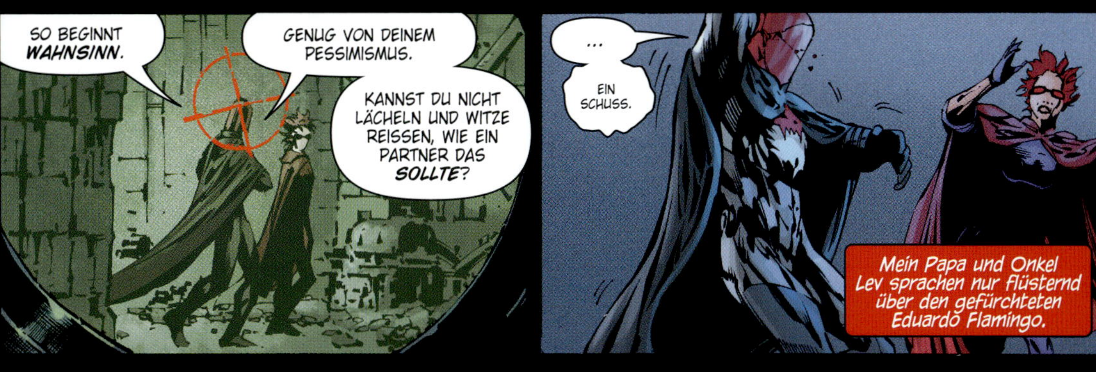
SO BEGINNT **WAHNSINN**.
GENUG VON DEINEM PESSIMISMUS.
KANNST DU NICHT LÄCHELN UND WITZE REISSEN, WIE EIN PARTNER DAS **SOLLTE**?
...
EIN SCHUSS.
Mein Papa und Onkel Lev sprachen nur flüsternd über den gefürchteten Eduardo Flamingo.

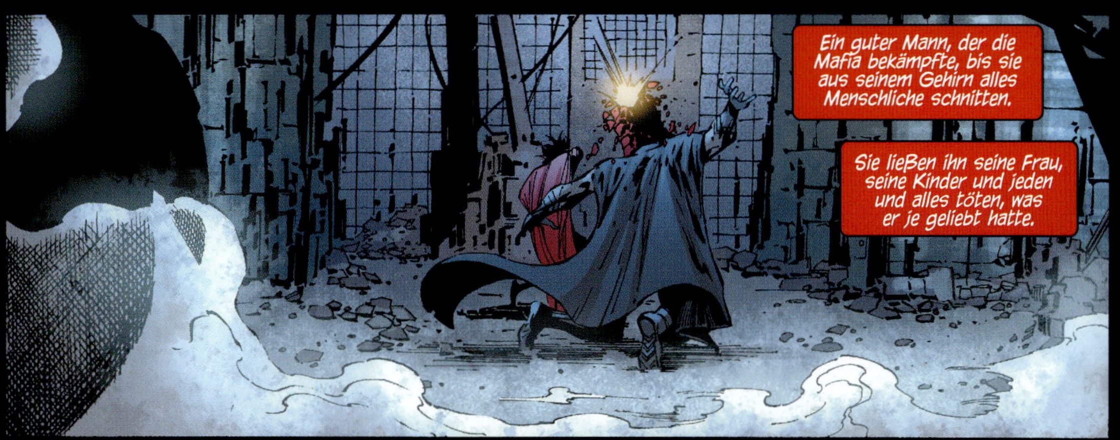
Ein guter Mann, der die Mafia bekämpfte, bis sie aus seinem Gehirn alles Menschliche schnitten.
Sie ließen ihn seine Frau, seine Kinder und jeden und alles töten, was er je geliebt hatte.
An diesem Tag wurde Eduardo Flamingo der König der Killer, das Ass der Assassinen.
An diesem Tag wurde er der Tod.

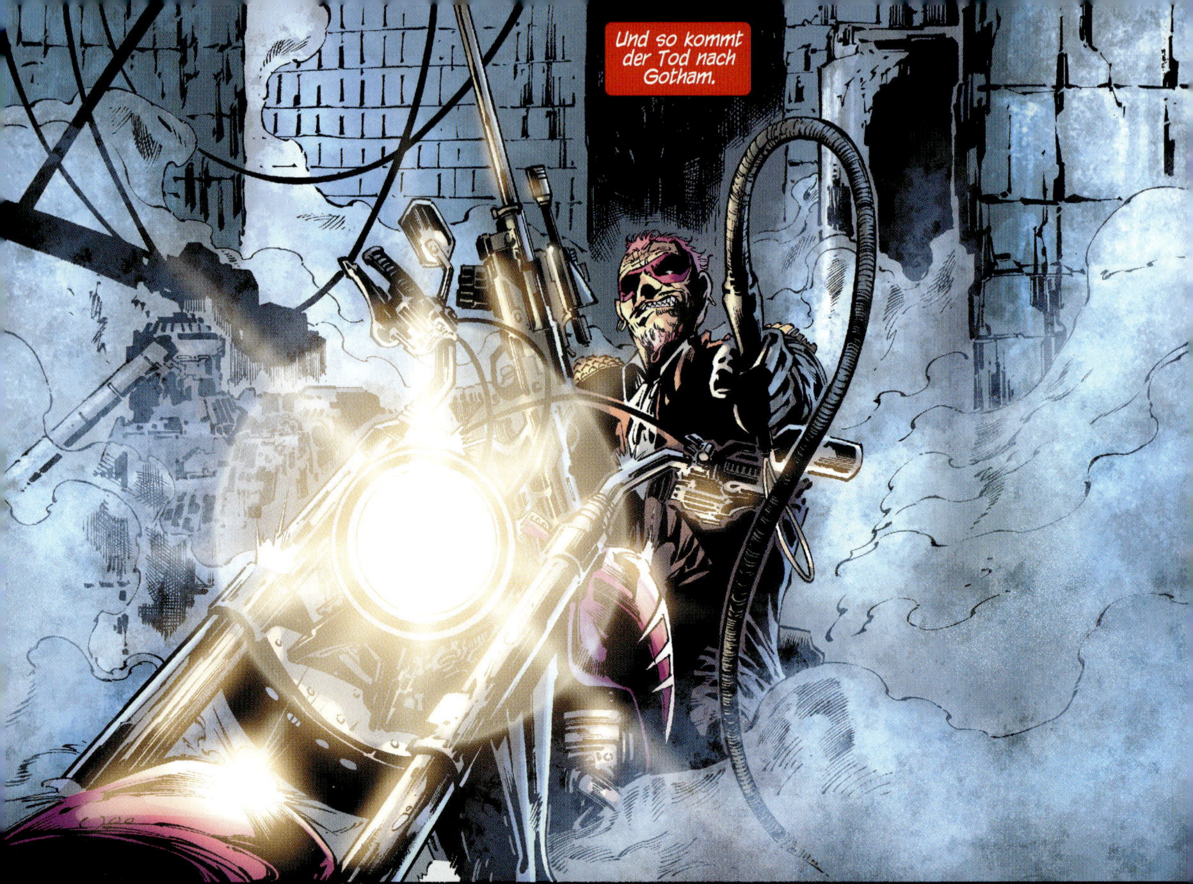

Und so kommt der Tod nach Gotham.

JETZT IN BATMAN UND ROBIN

FLAMINGO IST DA!

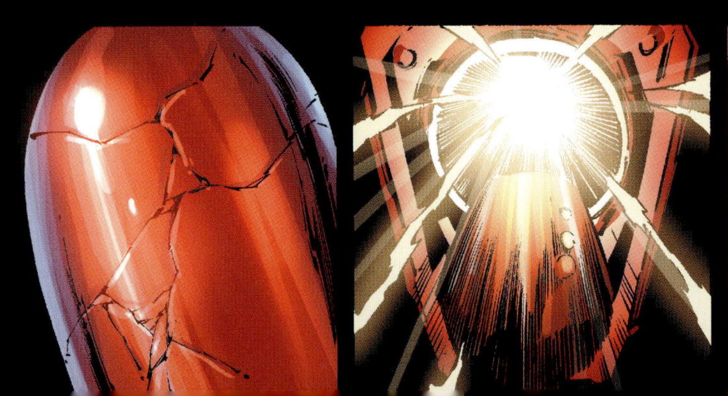

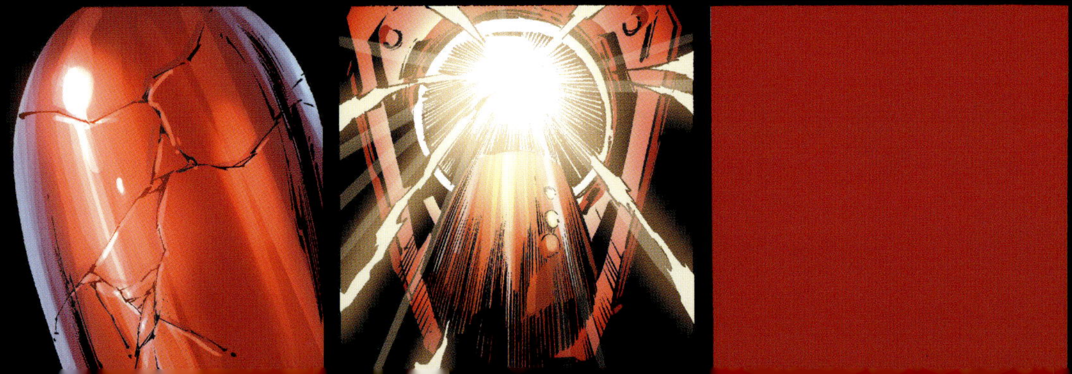

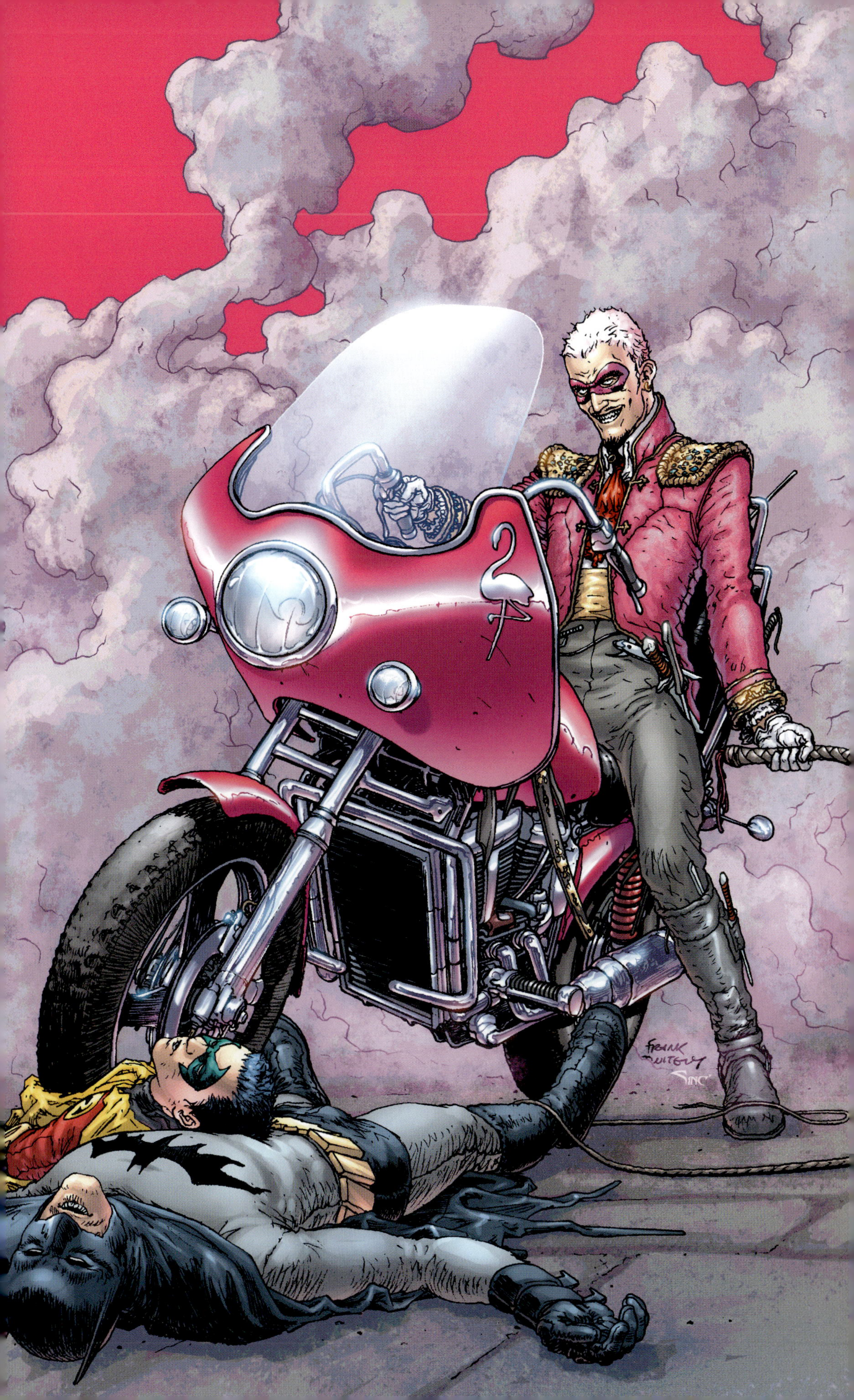

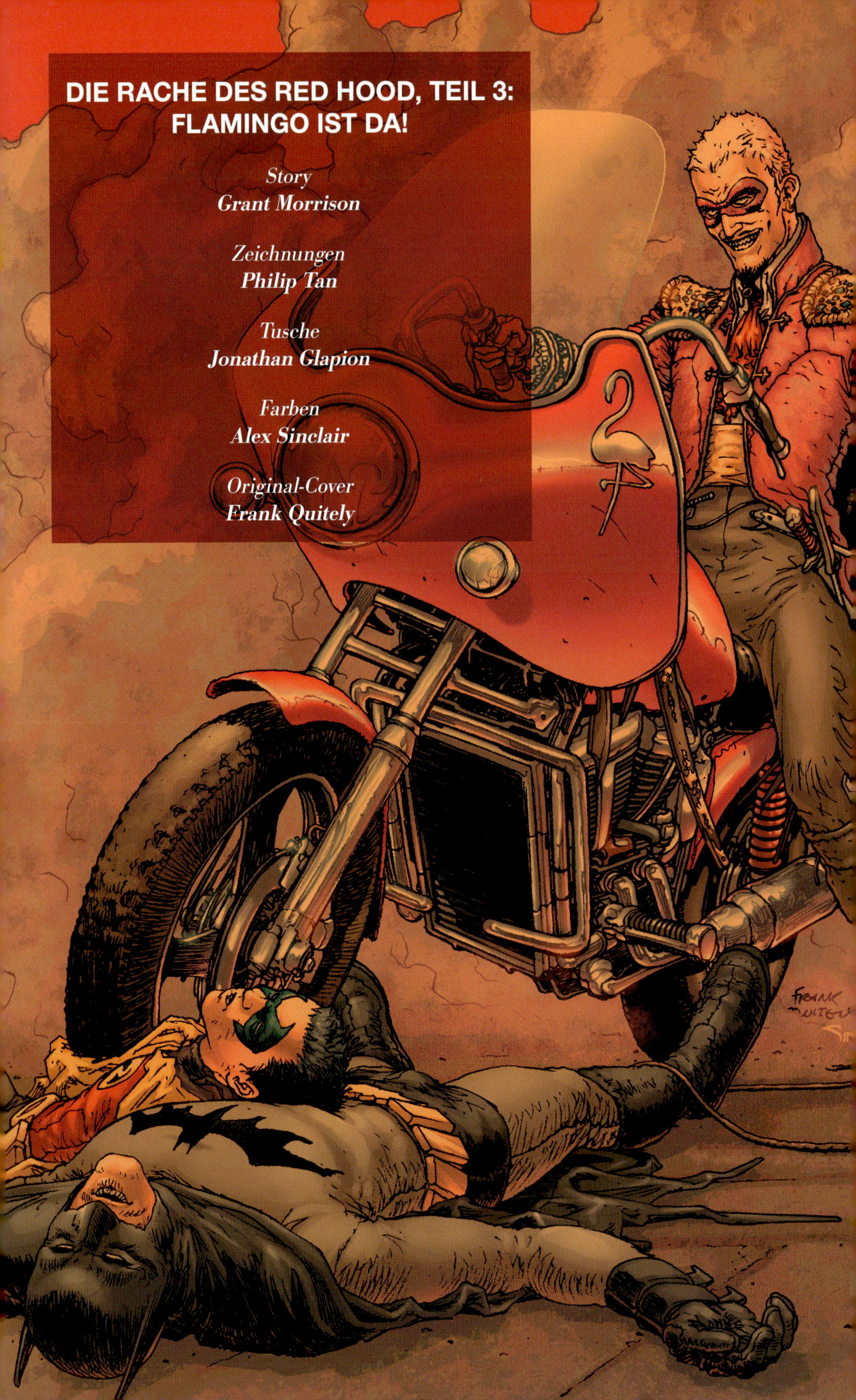

DIE RACHE DES RED HOOD, TEIL 3: FLAMINGO IST DA!

Story
Grant Morrison

Zeichnungen
Philip Tan

Tusche
Jonathan Glapion

Farben
Alex Sinclair

Original-Cover
Frank Quitely

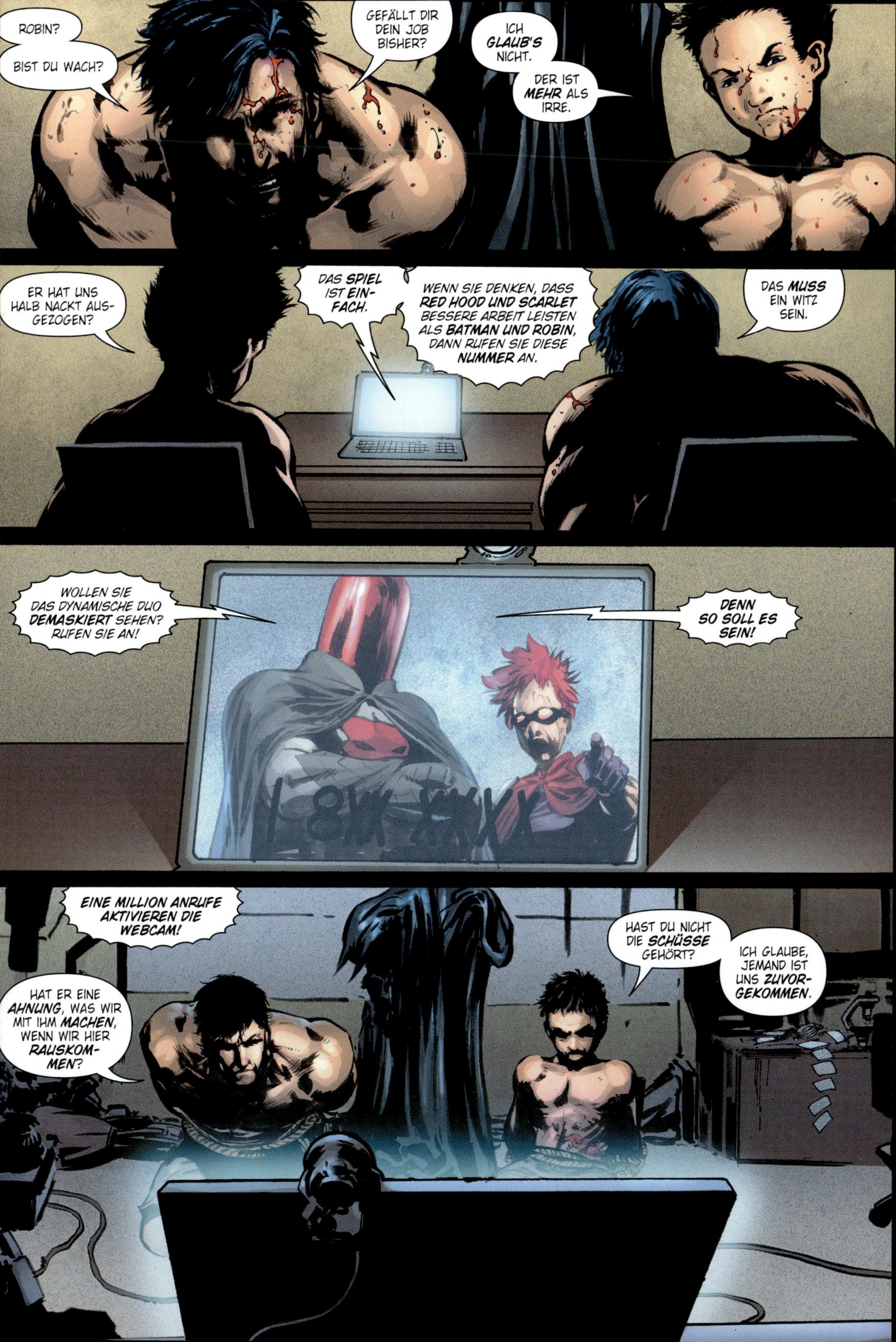
ROBIN?
BIST DU WACH?
GEFÄLLT DIR DEIN JOB BISHER?
ICH GLAUB'S NICHT.
DER IST MEHR ALS IRRE.
ER HAT UNS HALB NACKT AUSGEZOGEN?
DAS SPIEL IST EINFACH.
WENN SIE DENKEN, DASS RED HOOD UND SCARLET BESSERE ARBEIT LEISTEN ALS BATMAN UND ROBIN, DANN RUFEN SIE DIESE NUMMER AN.
DAS MUSS EIN WITZ SEIN.
WOLLEN SIE DAS DYNAMISCHE DUO DEMASKIERT SEHEN? RUFEN SIE AN!
DENN SO SOLL ES SEIN!
EINE MILLION ANRUFE AKTIVIEREN DIE WEBCAM!
HAT ER EINE AHNUNG, WAS WIR MIT IHM MACHEN, WENN WIR HIER RAUSKOMMEN?
HAST DU NICHT DIE SCHÜSSE GEHÖRT?
ICH GLAUBE, JEMAND IST UNS ZUVORGEKOMMEN.

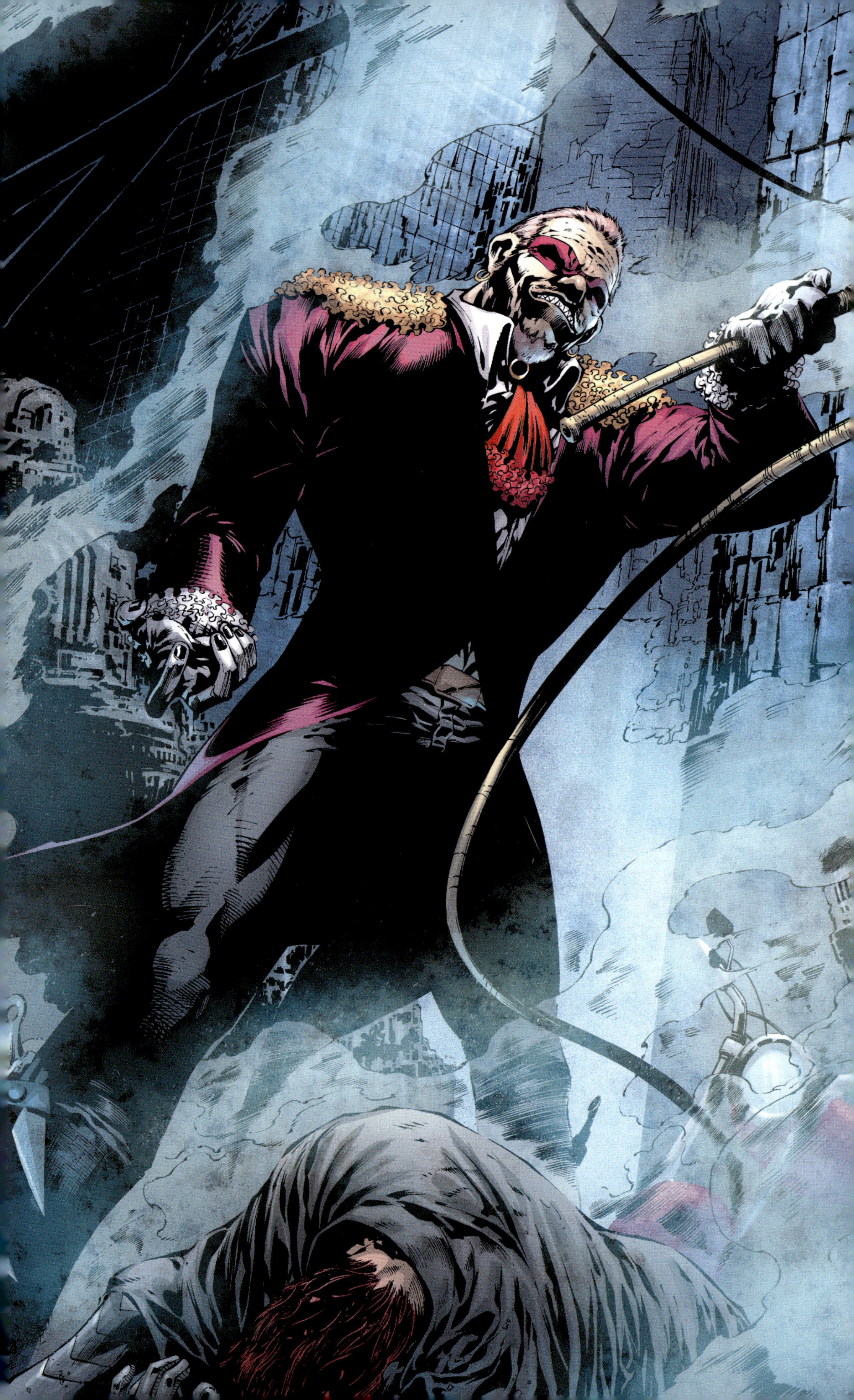

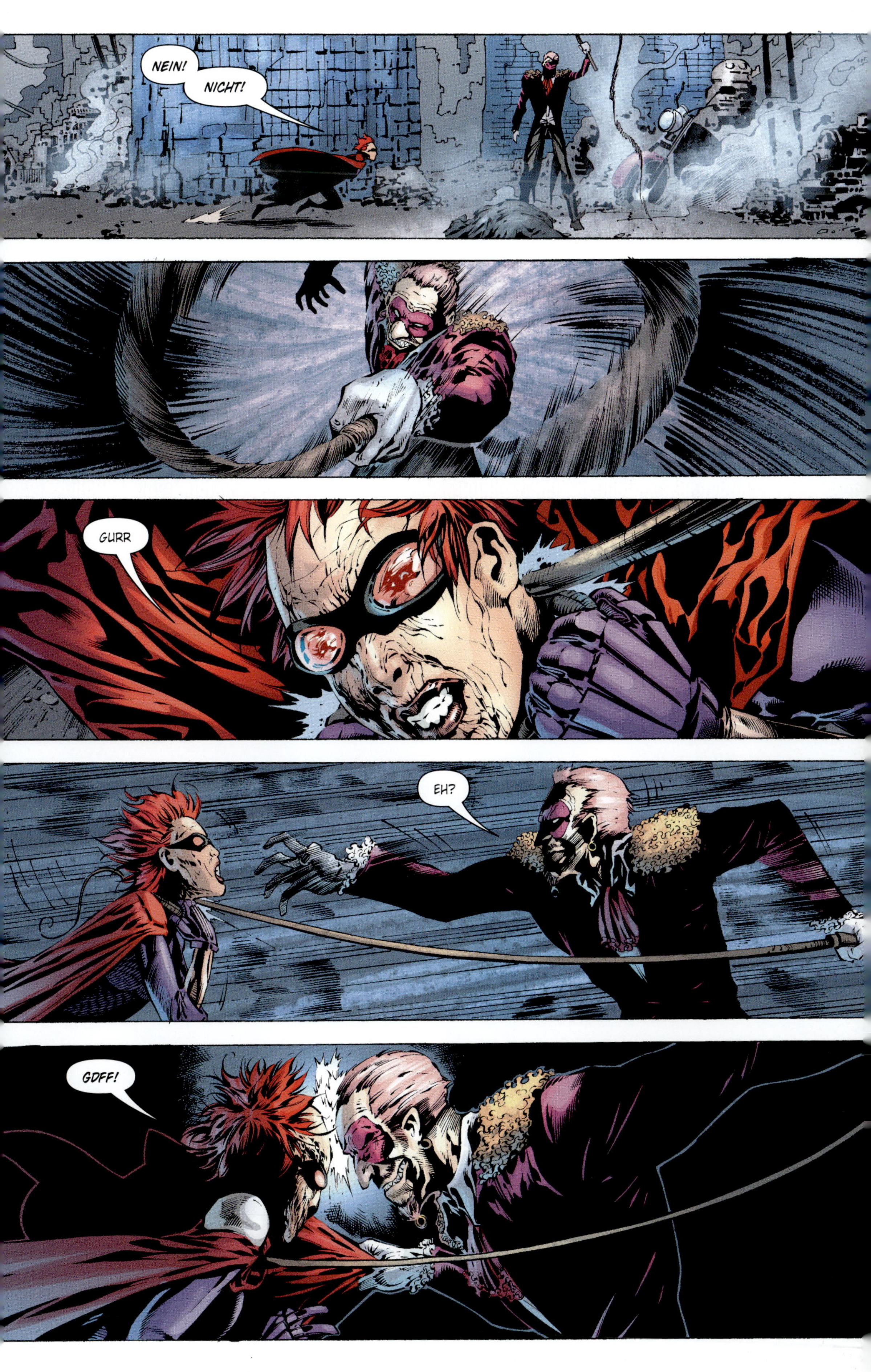
NEIN!
NICHT!
GURR
EH?
GOFF!

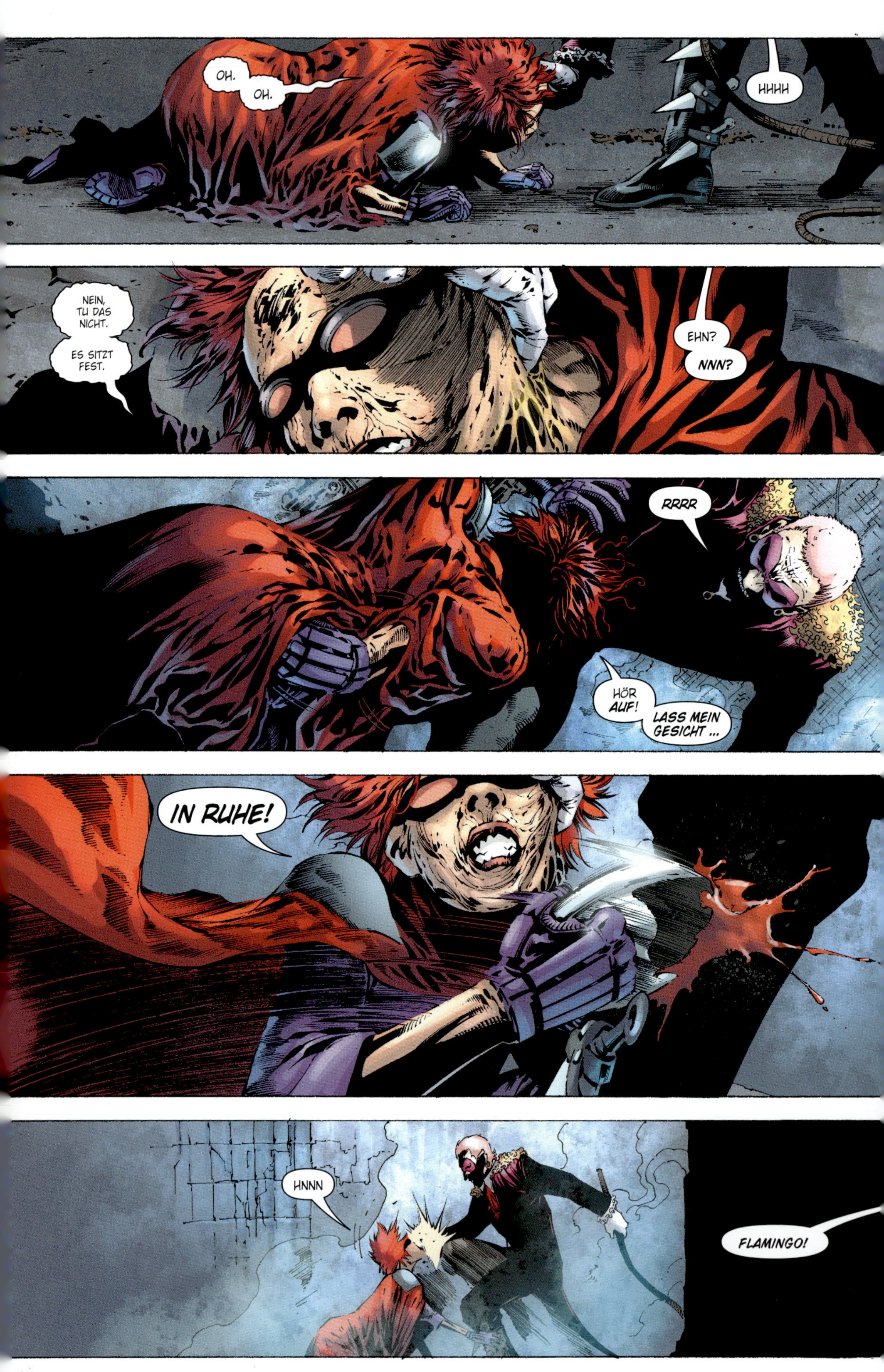
OH.
OH.
HHHH
NEIN, TU DAS NICHT.
ES SITZT FEST.
EHN?
NNN?
RRRR
HÖR AUF!
LASS MEIN GESICHT ...
IN RUHE!
HNNN
FLAMINGO!

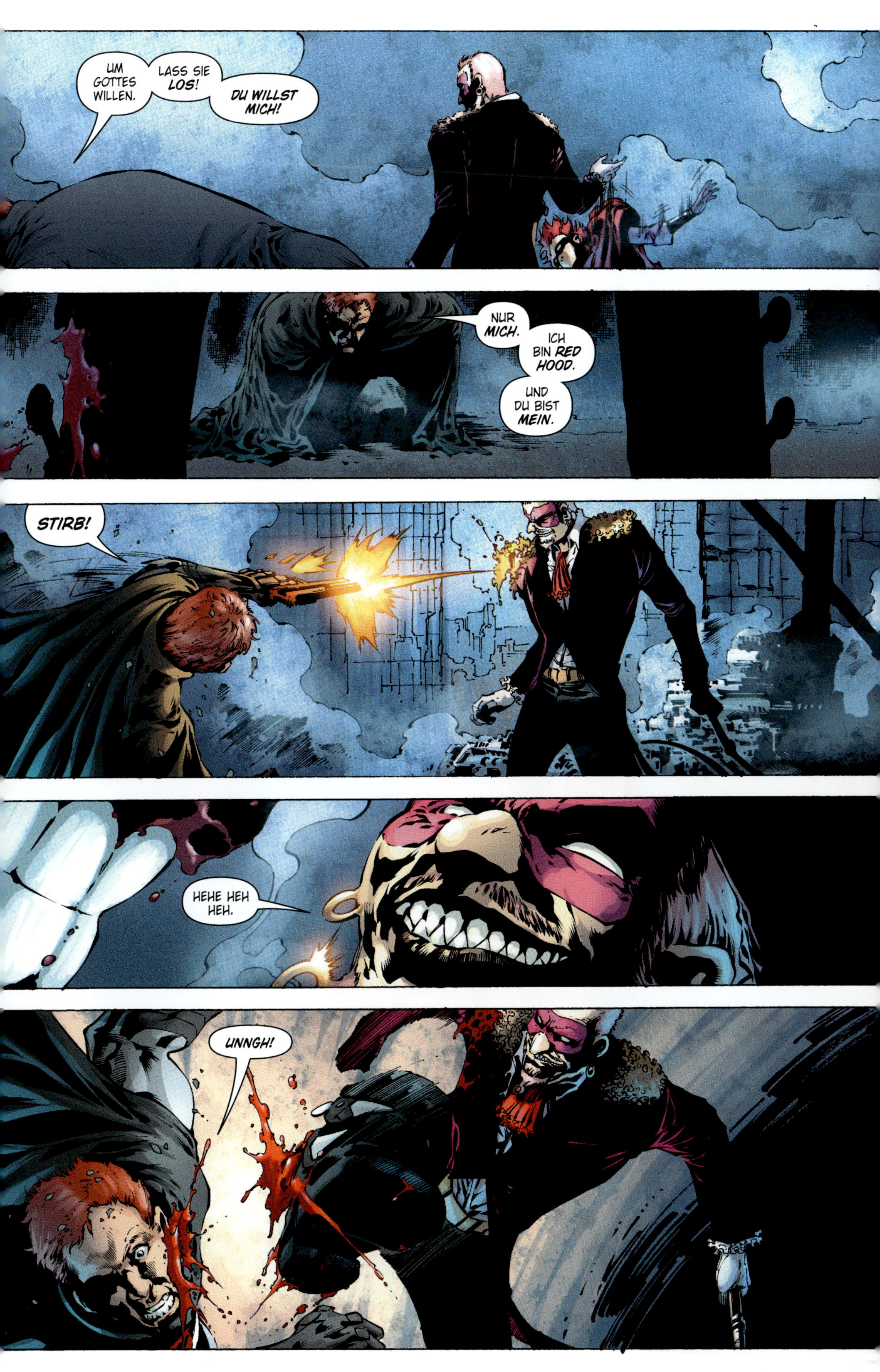
UM GOTTES WILLEN.
LASS SIE LOS!
DU WILLST MICH!
NUR MICH.
ICH BIN RED HOOD.
UND DU BIST MEIN.
STIRB!
HEHE HEH HEH.
UNNGH!

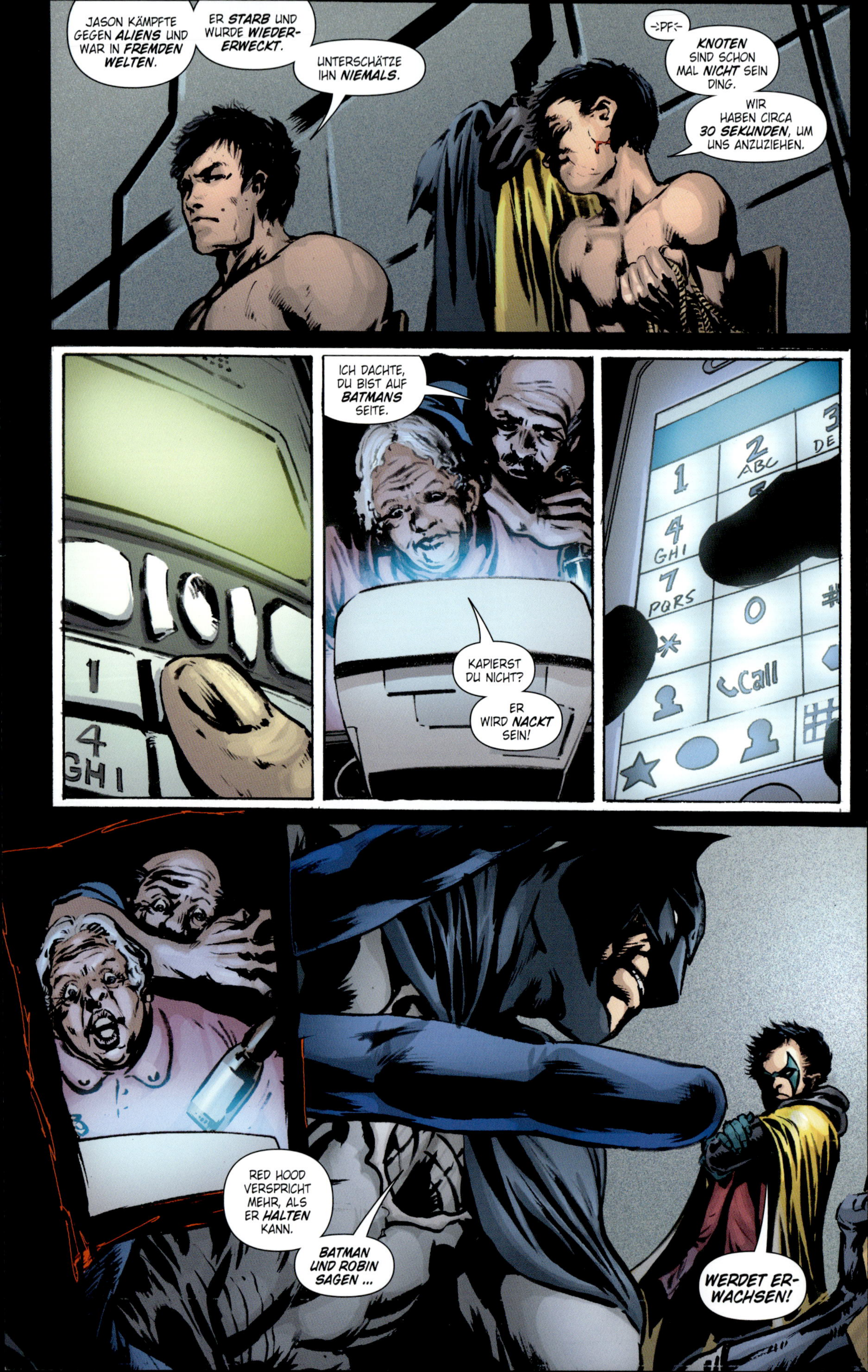

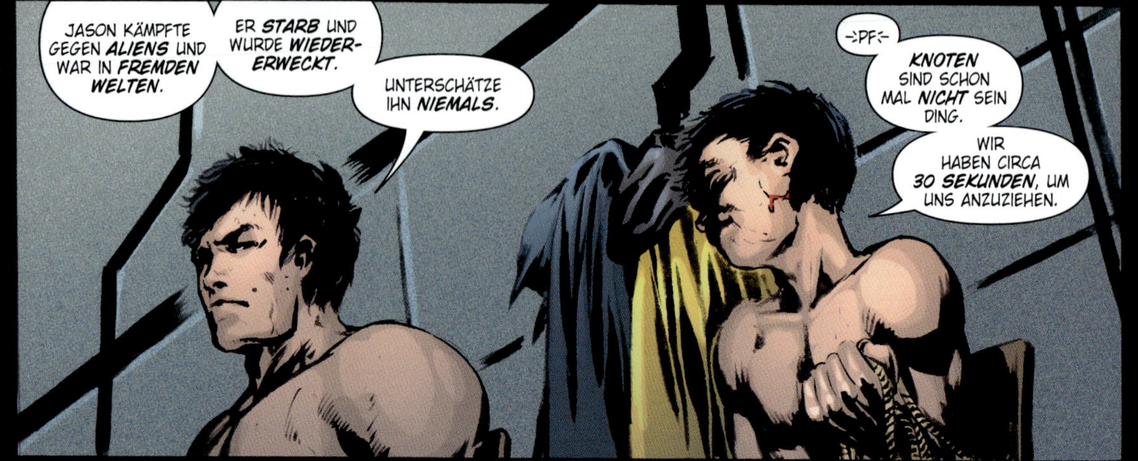
JASON KÄMPFTE GEGEN **ALIENS** UND WAR IN **FREMDEN WELTEN**.
ER **STARB** UND WURDE **WIEDER-ERWECKT**.
UNTERSCHÄTZE IHN **NIEMALS**.
-PF-
KNOTEN SIND SCHON MAL **NICHT** SEIN DING.
WIR HABEN CIRCA **30 SEKUNDEN**, UM UNS ANZUZIEHEN.

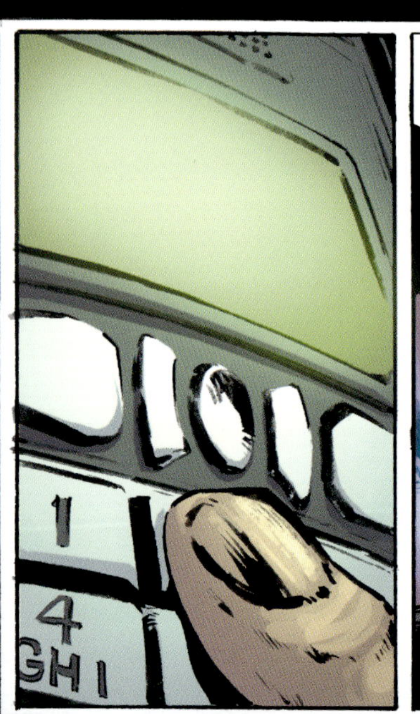

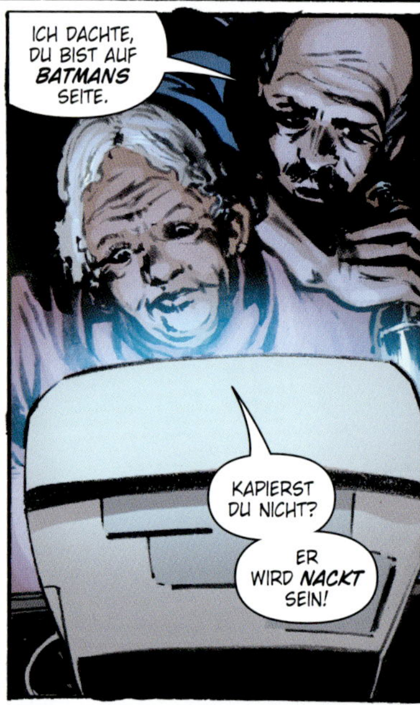
ICH DACHTE, DU BIST AUF **BATMANS** SEITE.
KAPIERST DU NICHT?
ER WIRD **NACKT** SEIN!

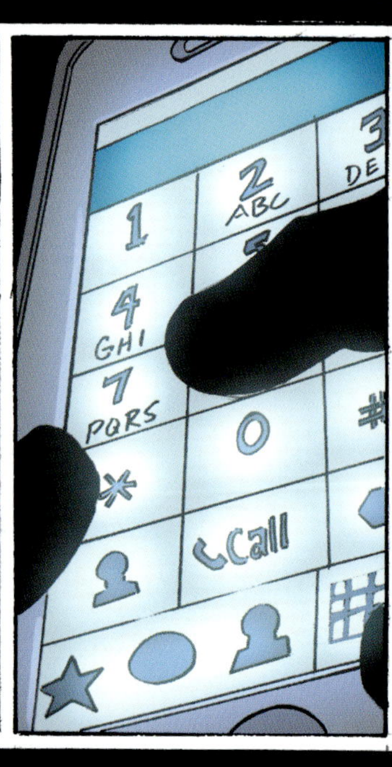
Call

RED HOOD VERSPRICHT MEHR, ALS ER **HALTEN** KANN.
BATMAN UND ROBIN SAGEN ...
WERDET ER-WACHSEN!

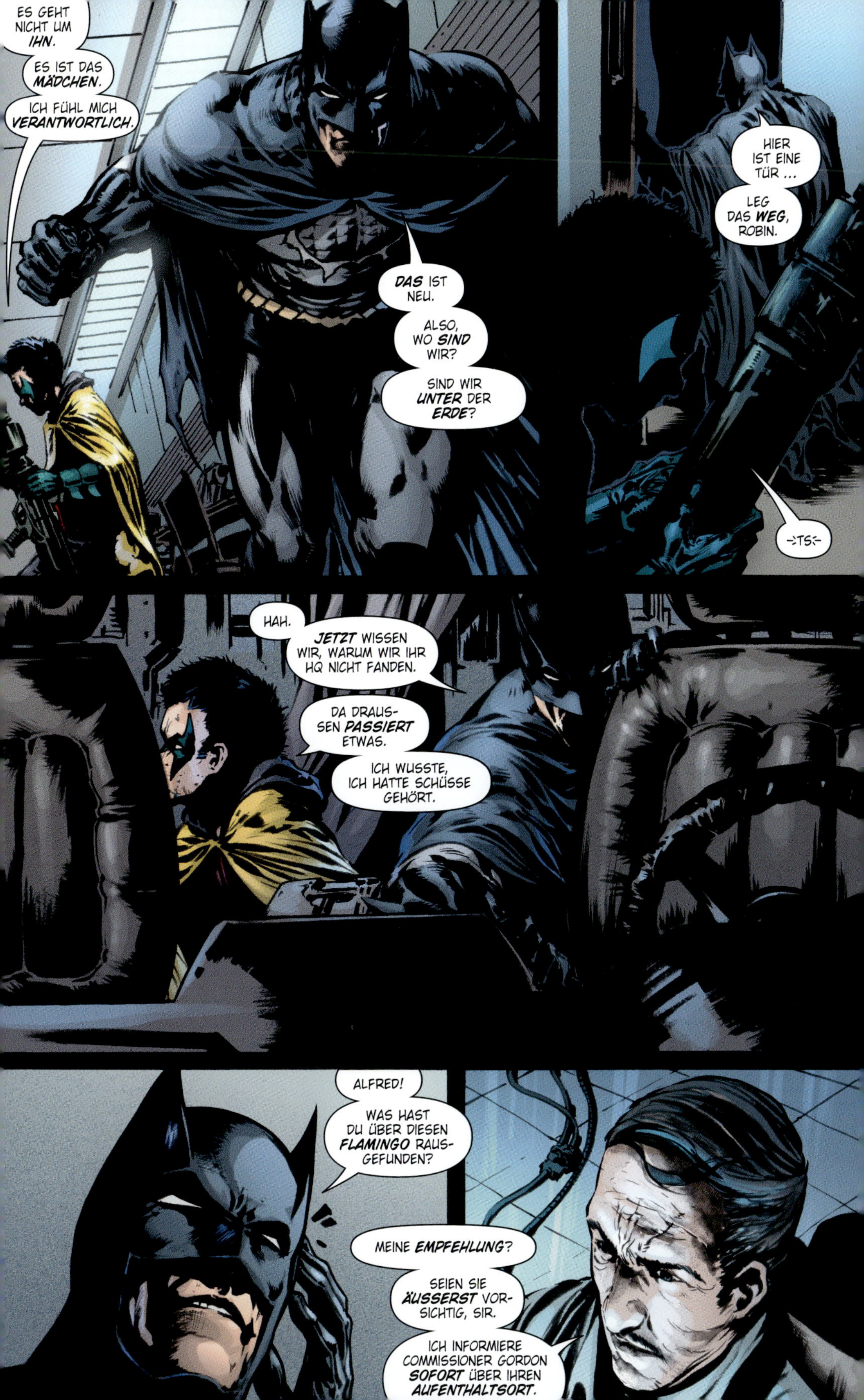

ES GEHT NICHT UM IHN.
ES IST DAS MÄDCHEN.
ICH FÜHL MICH VERANTWORTLICH.
DAS IST NEU.
ALSO, WO SIND WIR?
SIND WIR UNTER DER ERDE?
HIER IST EINE TÜR ...
LEG DAS WEG, ROBIN.
-TS-
HAH.
JETZT WISSEN WIR, WARUM WIR IHR HQ NICHT FANDEN.
DA DRAUS-SEN PASSIERT ETWAS.
ICH WUSSTE, ICH HATTE SCHÜSSE GEHÖRT.
ALFRED!
WAS HAST DU ÜBER DIESEN FLAMINGO RAUS-GEFUNDEN?
MEINE EMPFEHLUNG?
SEIEN SIE ÄUSSERST VOR-SICHTIG, SIR.
ICH INFORMIERE COMMISSIONER GORDON SOFORT ÜBER IHREN AUFENTHALTSORT.

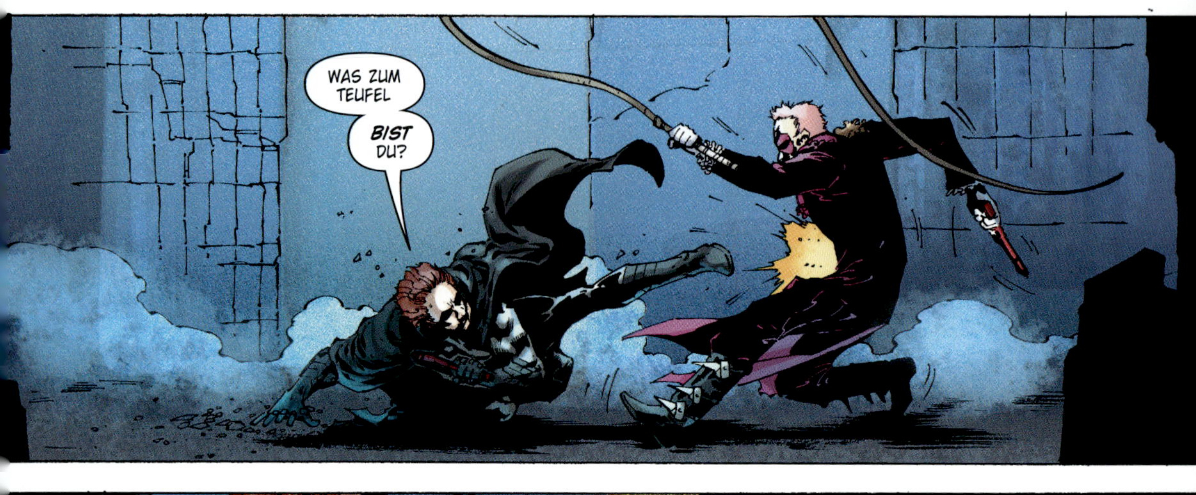
WAS ZUM TEUFEL
BIST DU?

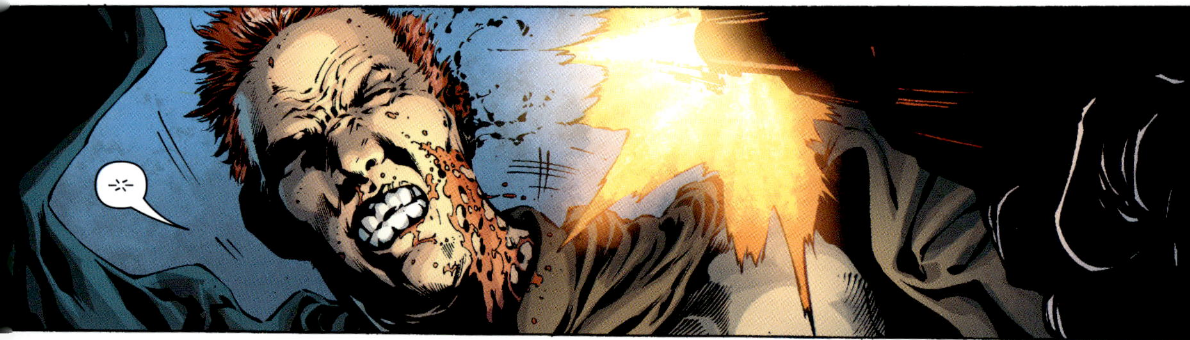
-:-

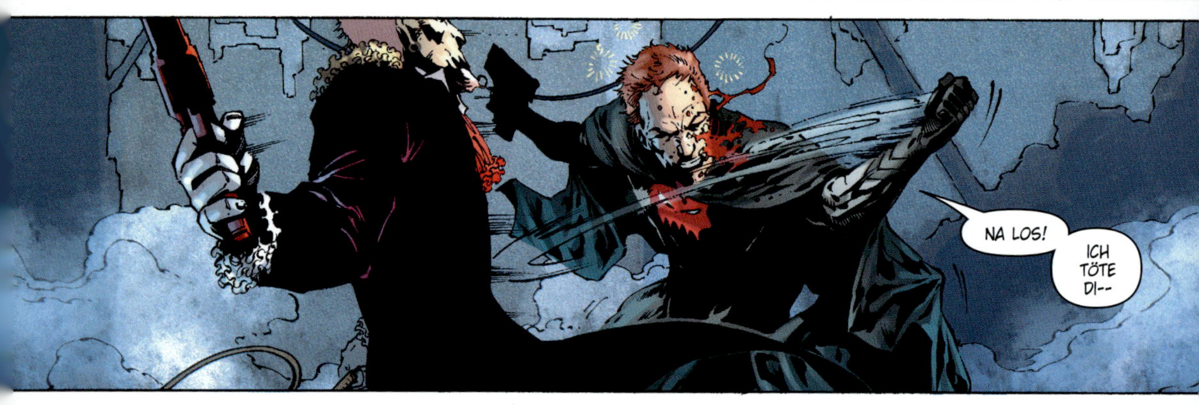
NA LOS!
ICH TÖTE DI--

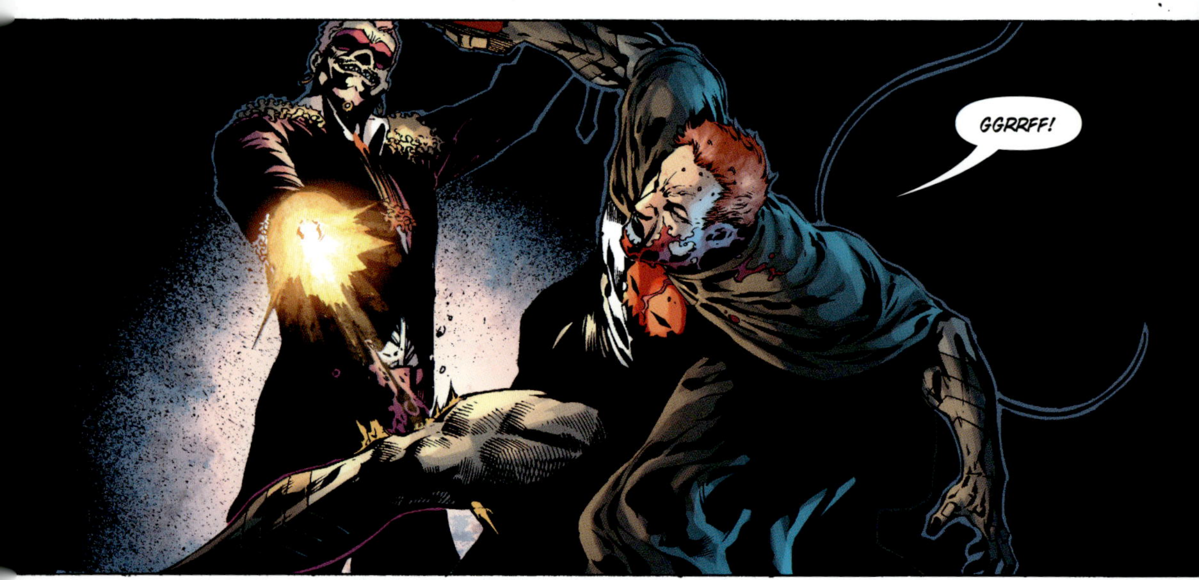
GGRRFF!

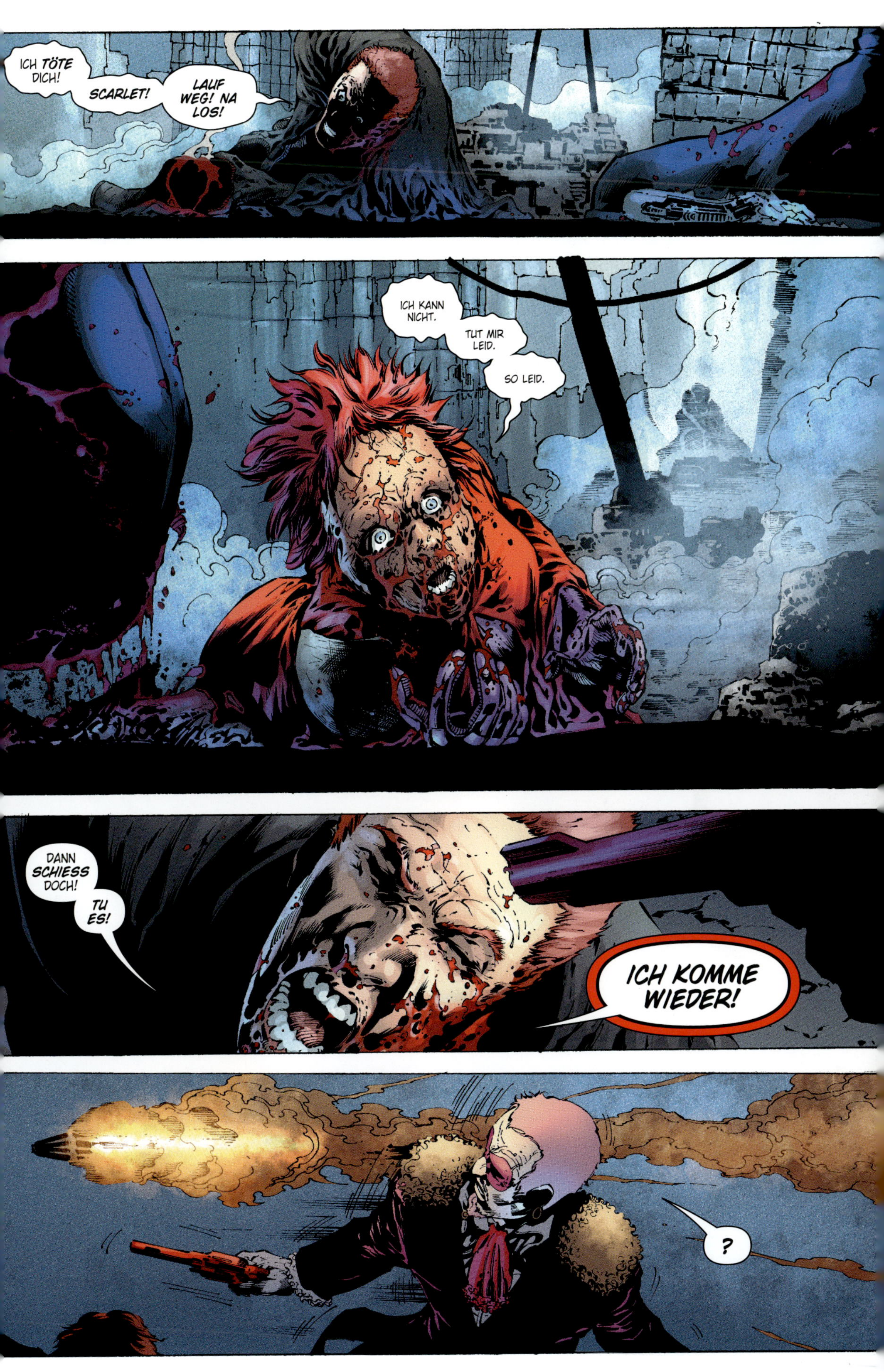
ICH TÖTE DICH!
SCARLET!
LAUF WEG! NA LOS!
ICH KANN NICHT.
TUT MIR LEID.
SO LEID.
DANN SCHIESS DOCH!
TU ES!
ICH KOMME WIEDER!
?

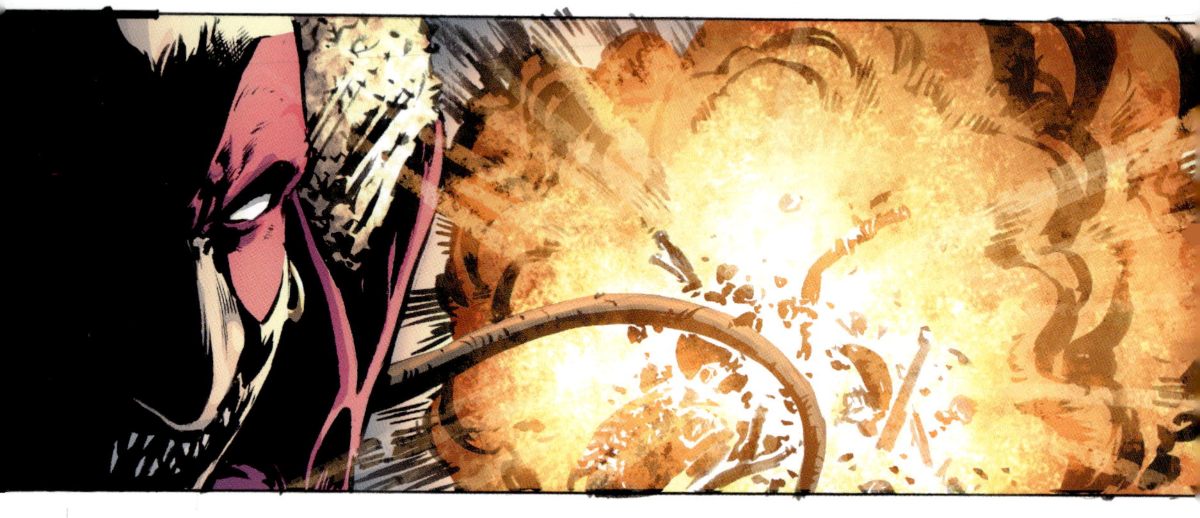
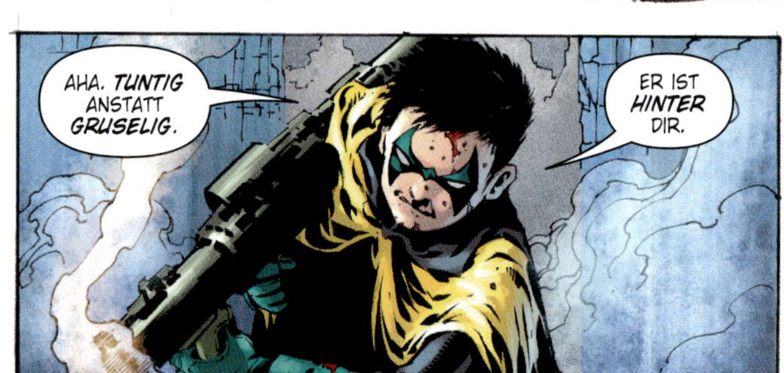
AHA. TUNTIG ANSTATT GRUSELIG.
ER IST HINTER DIR.
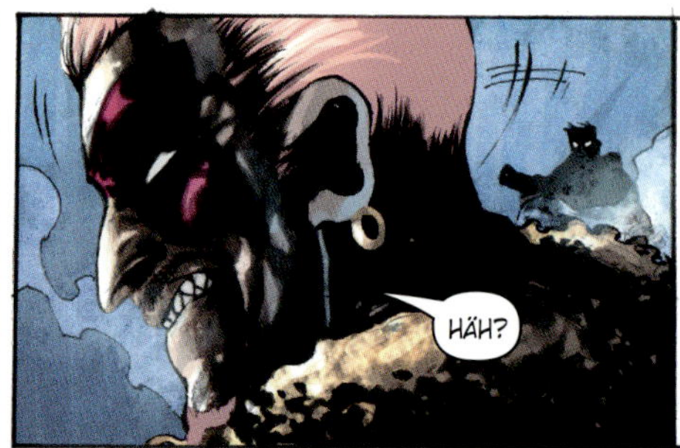
HÄH?
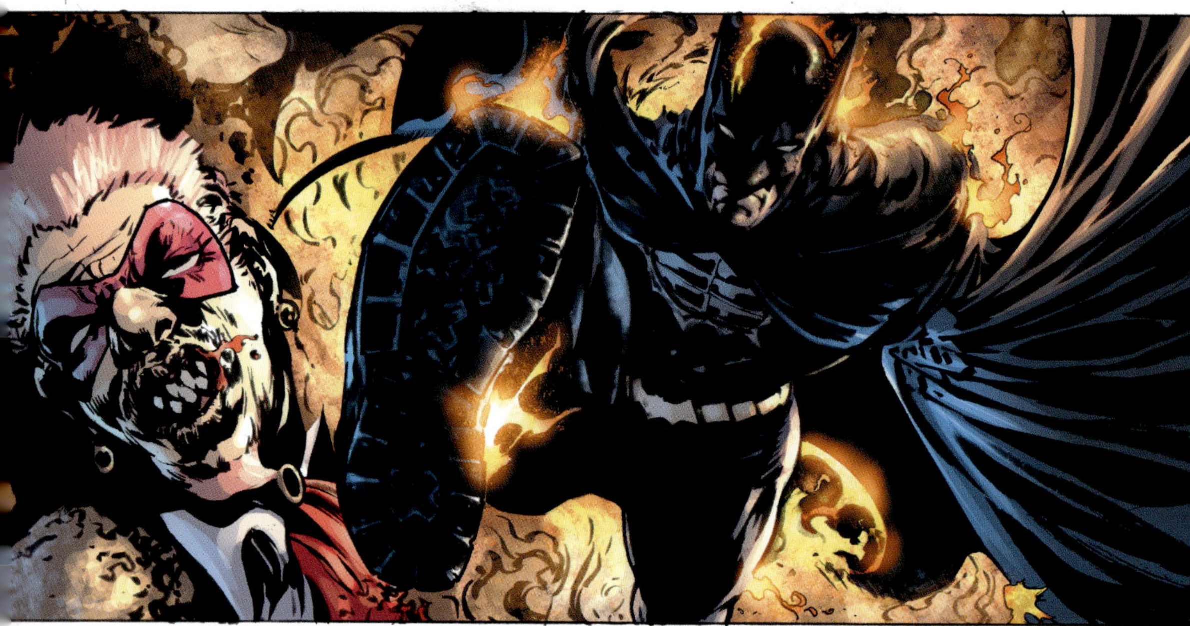
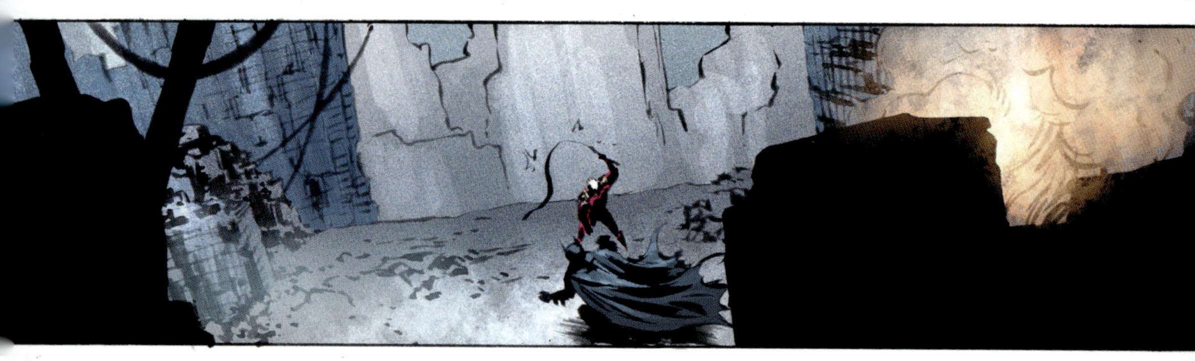

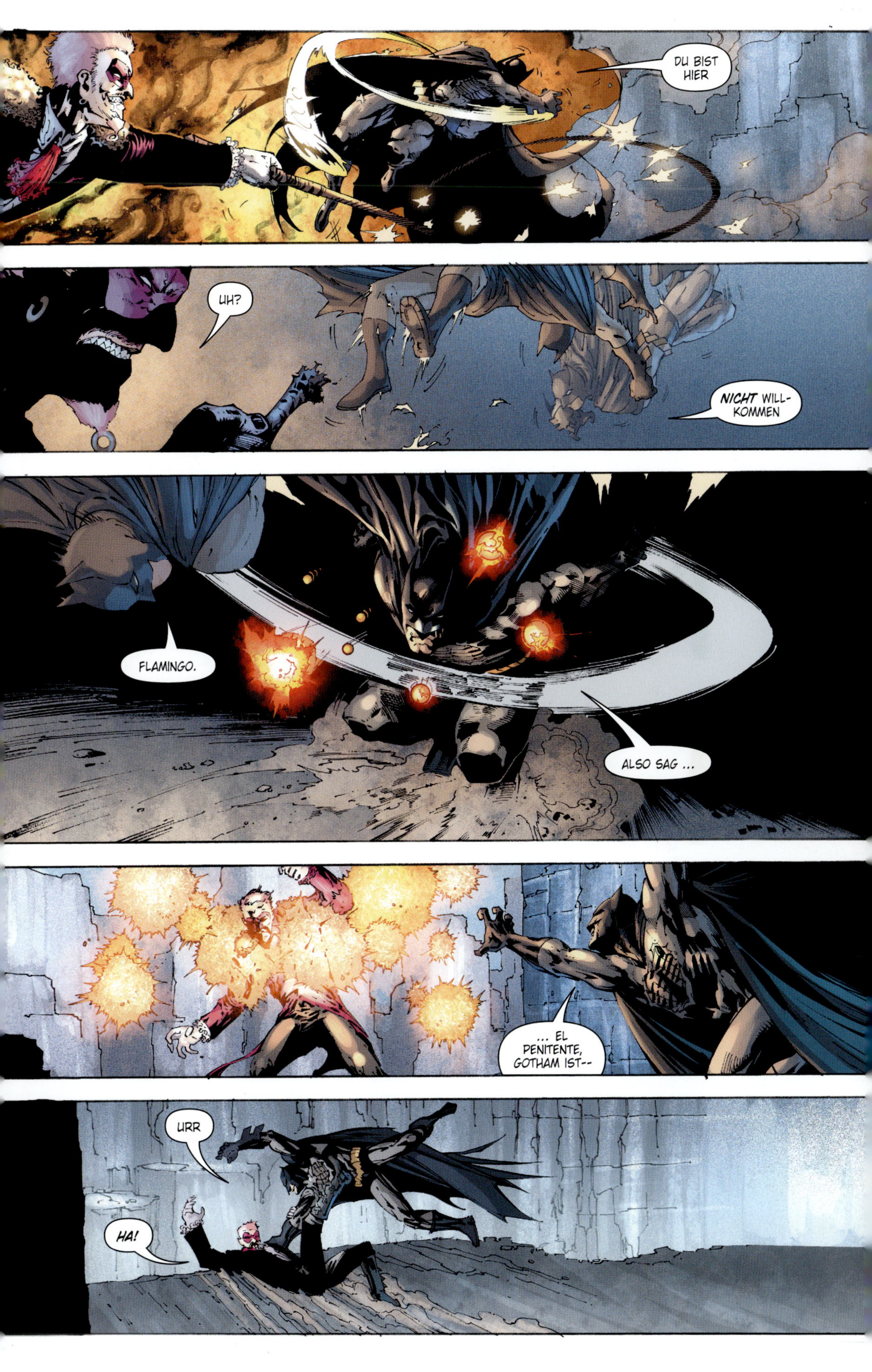
DU BIST HIER
UH?
NICHT WILL-KOMMEN
FLAMINGO.
ALSO SAG ...
... EL PENITENTE, GOTHAM IST--
URR
HA!

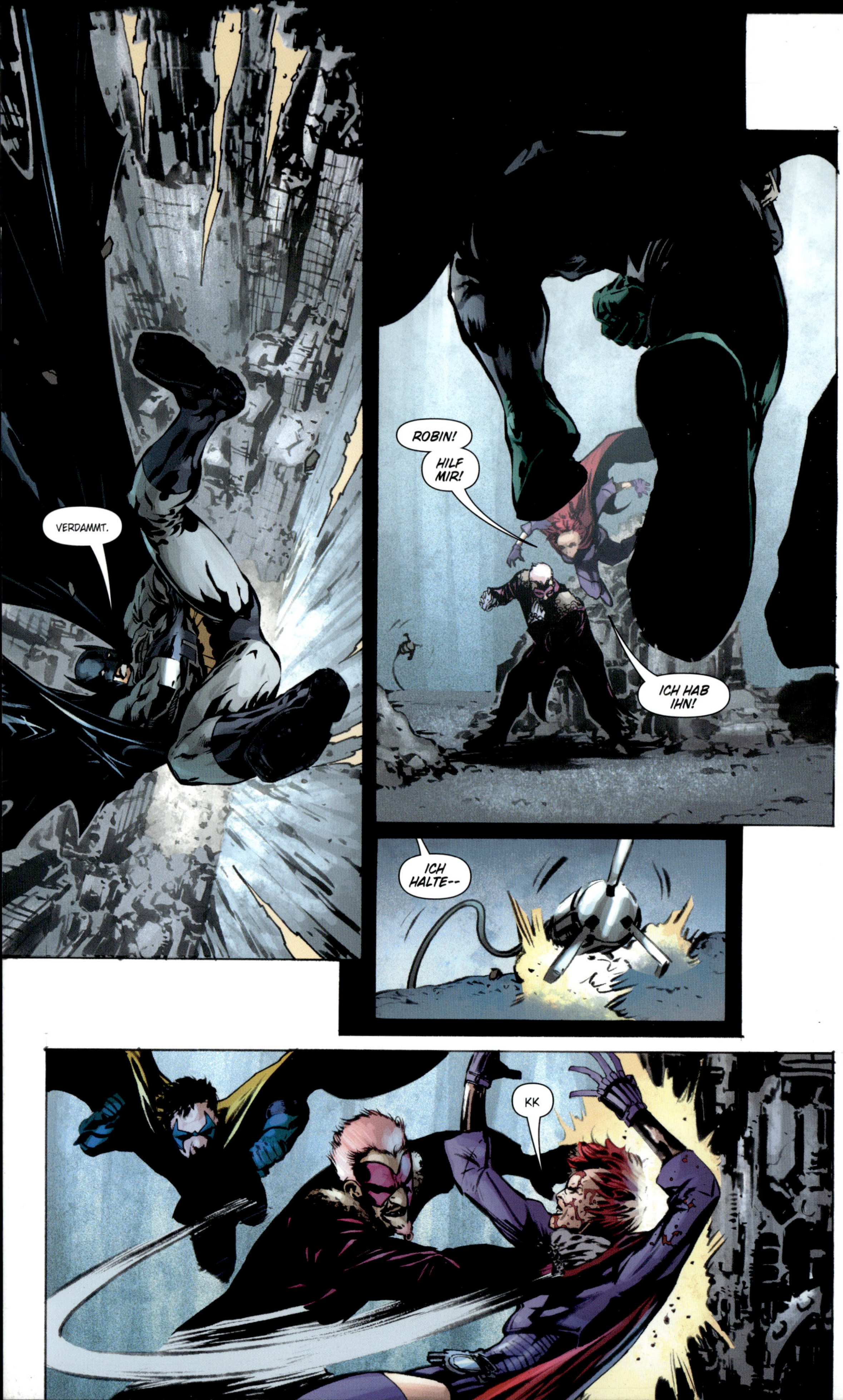

VERDAMMT.

ROBIN! HILF MIR!

ICH HAB IHN!

ICH HALTE--

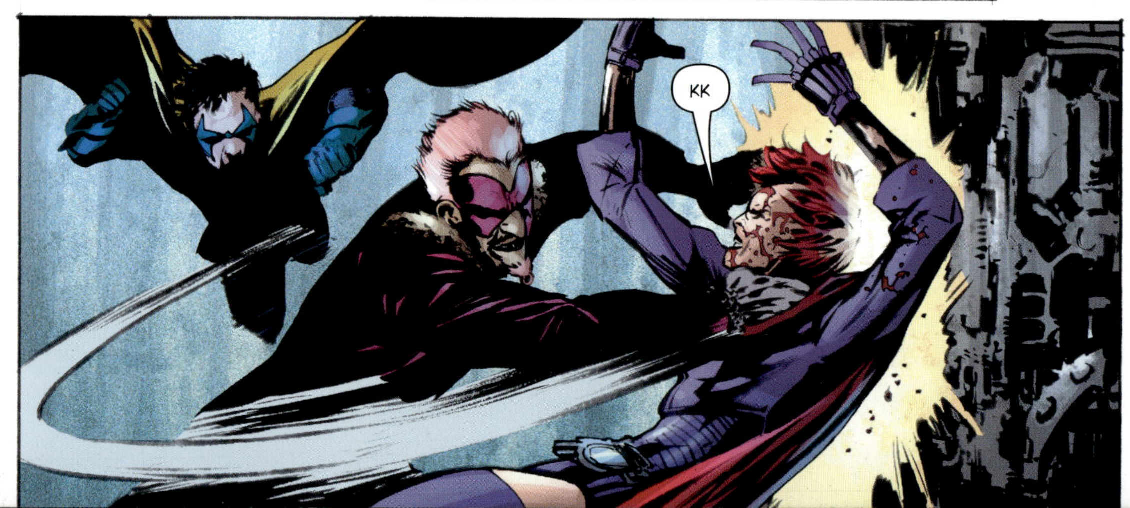

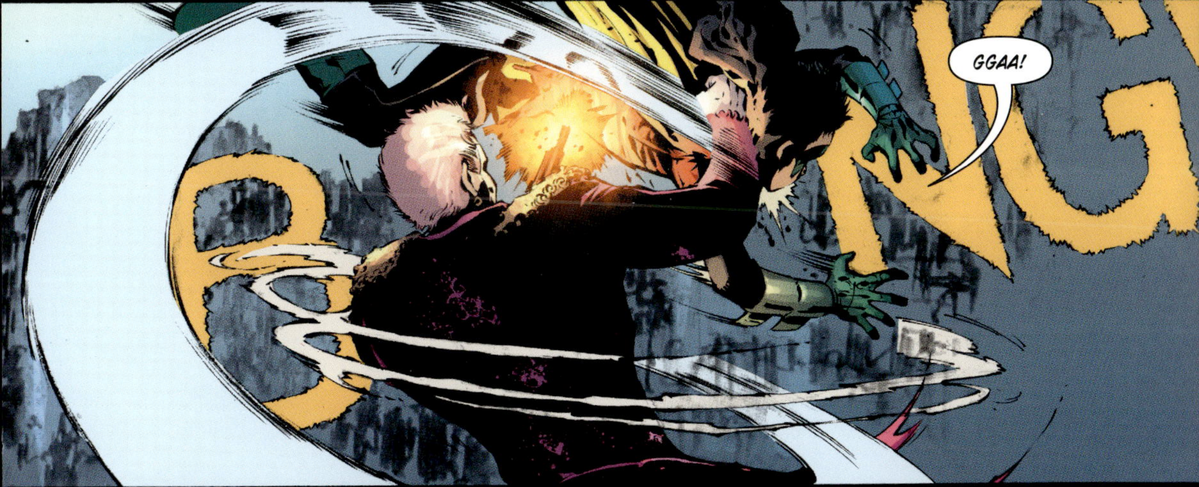
GGAA!

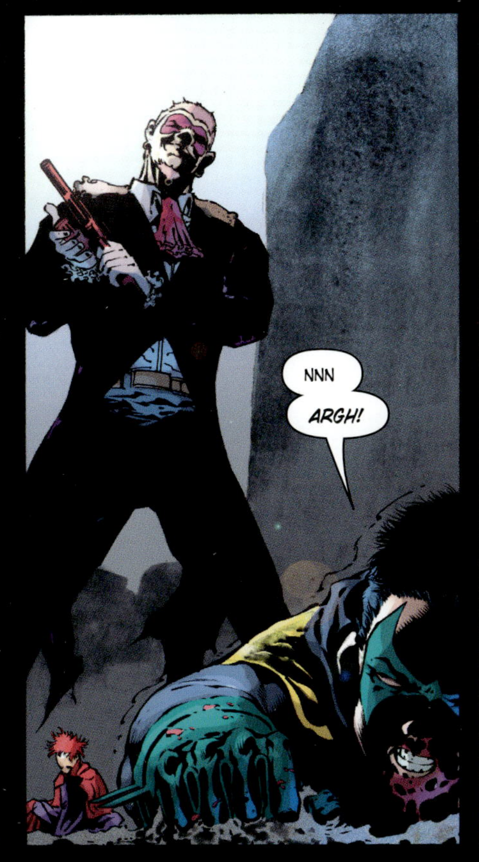
NNN
ARGH!

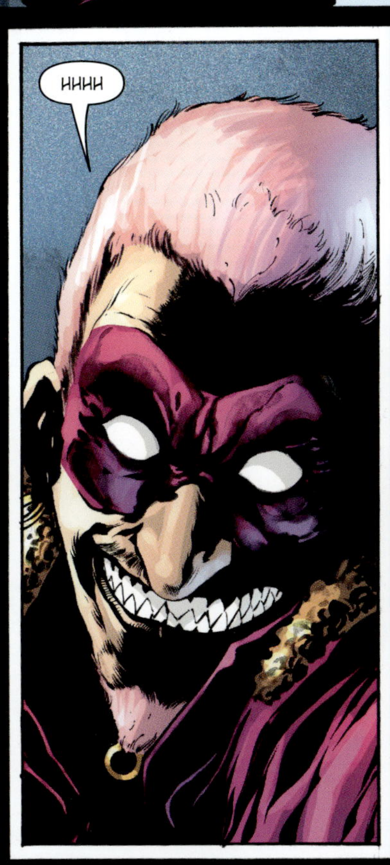
HHHH

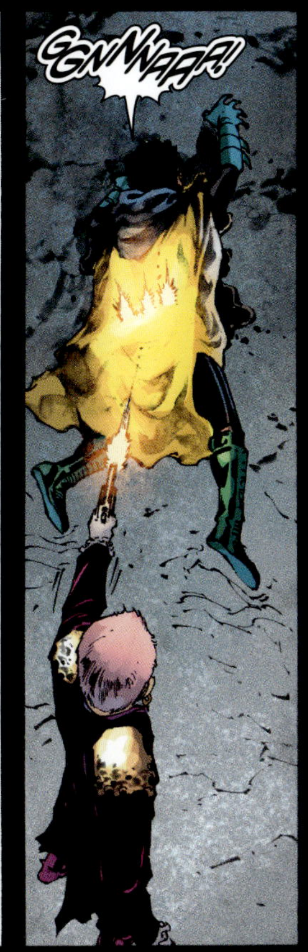
GGNNNAAR!

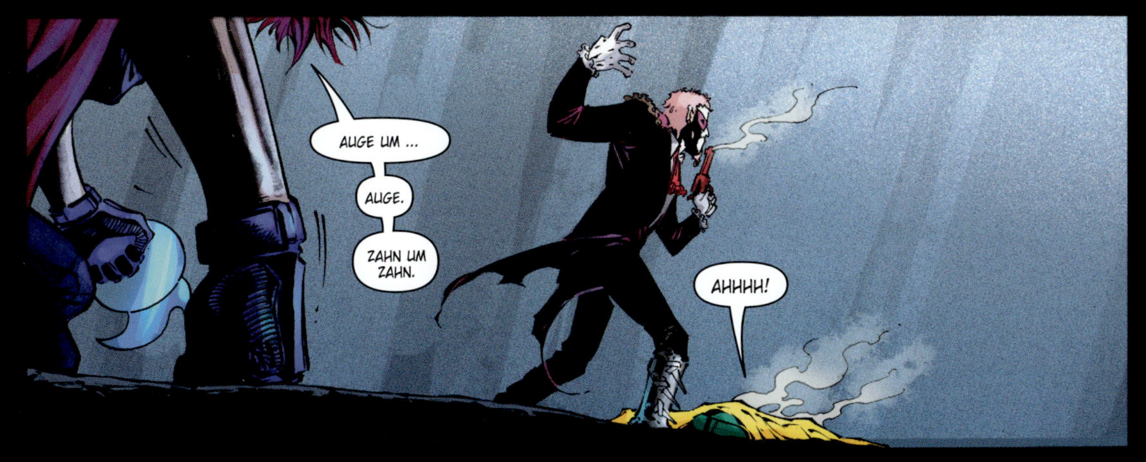
AUGE UM ...
AUGE.
ZAHN UM ZAHN.
AHHHH!

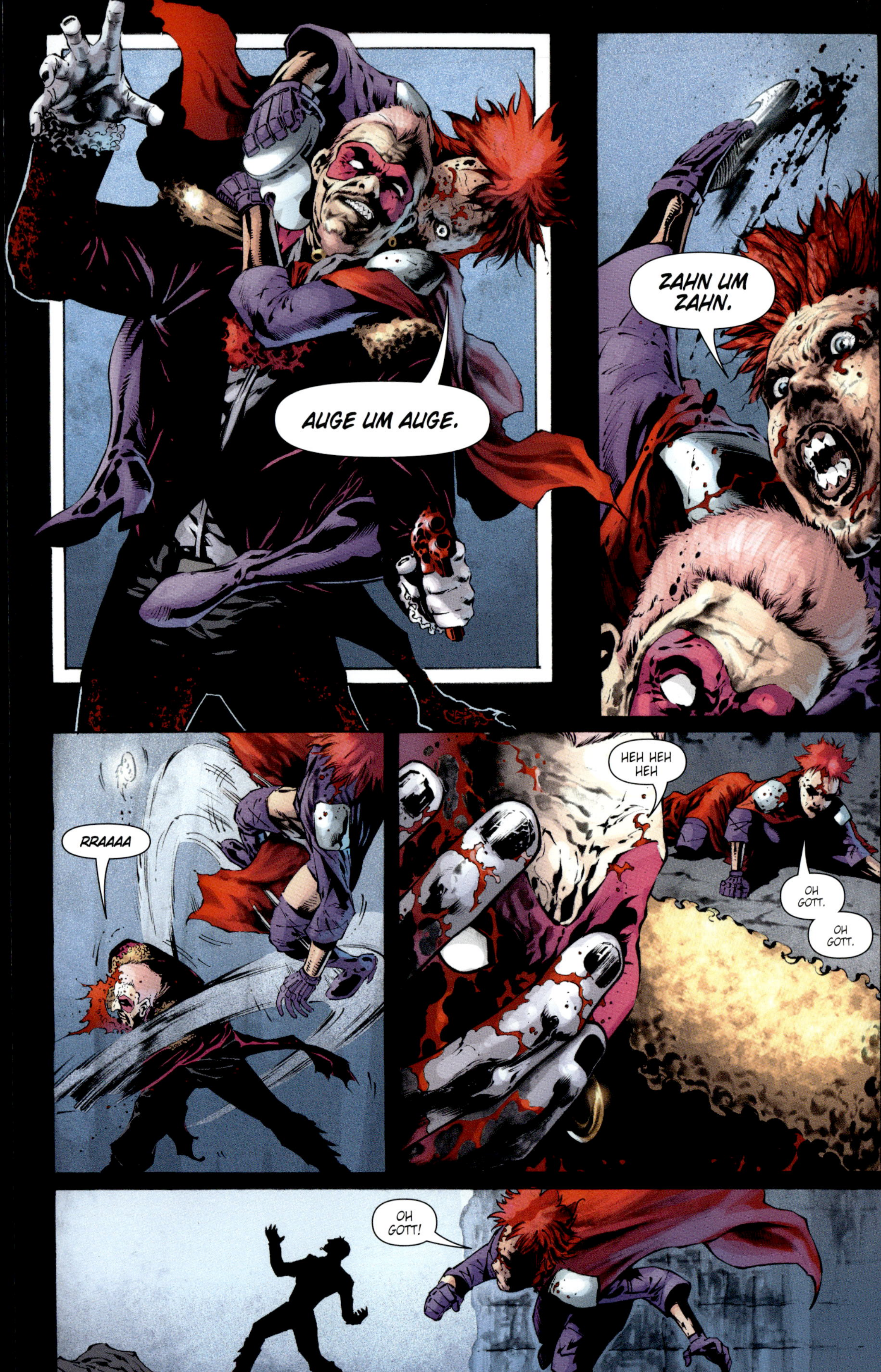
AUGE UM AUGE.
ZAHN UM ZAHN.
RRAAAA
HEH HEH HEH
OH GOTT.
OH GOTT.
OH GOTT!

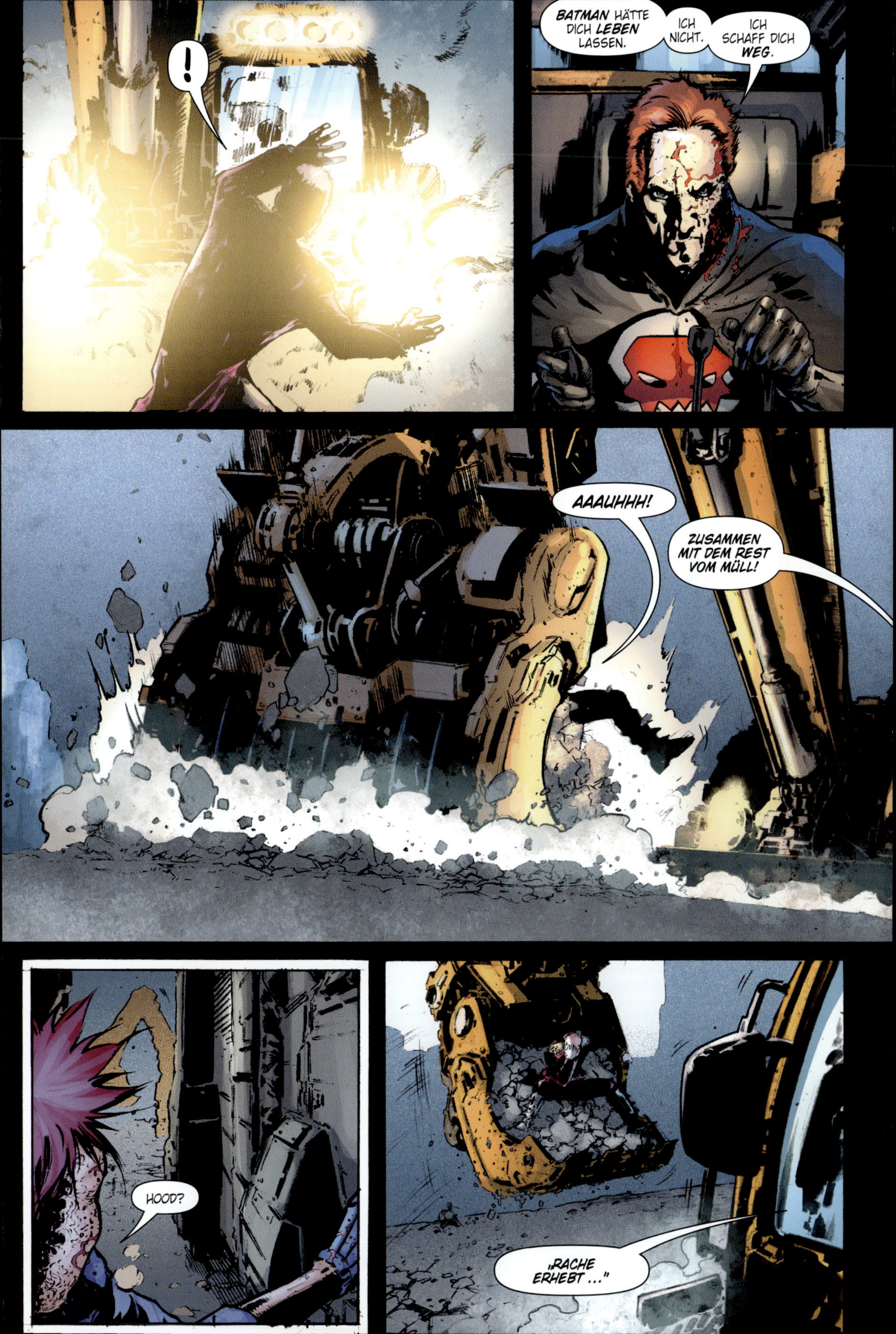

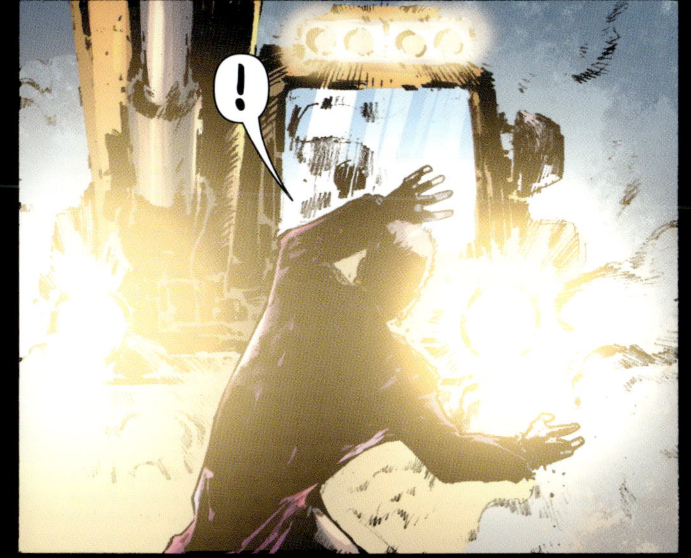
!

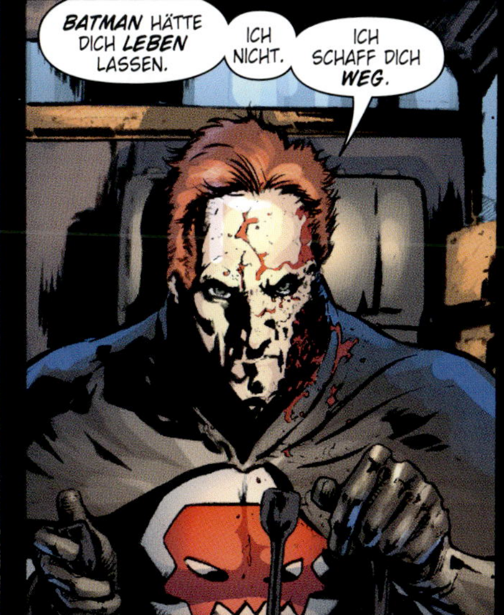
BATMAN HÄTTE DICH LEBEN LASSEN.
ICH NICHT.
ICH SCHAFF DICH WEG.

AAAUHHH!
ZUSAMMEN MIT DEM REST VOM MÜLL!

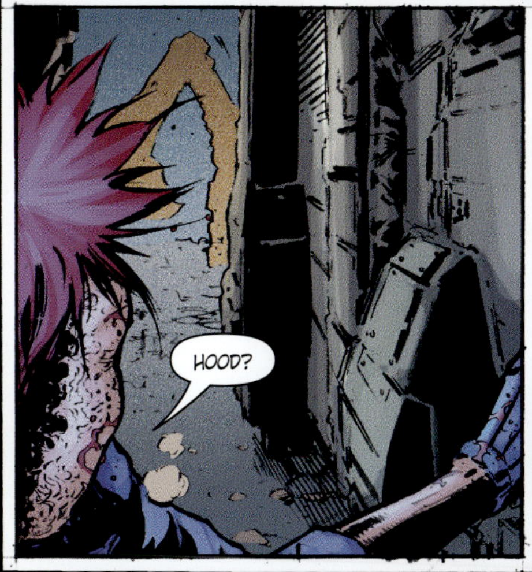
HOOD?

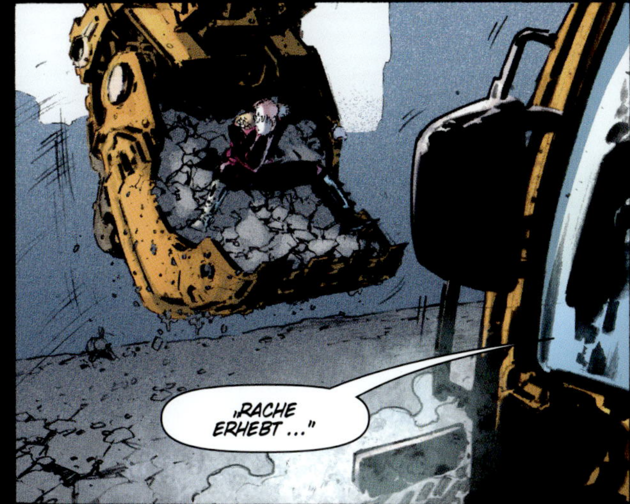
„RACHE ERHEBT ..."

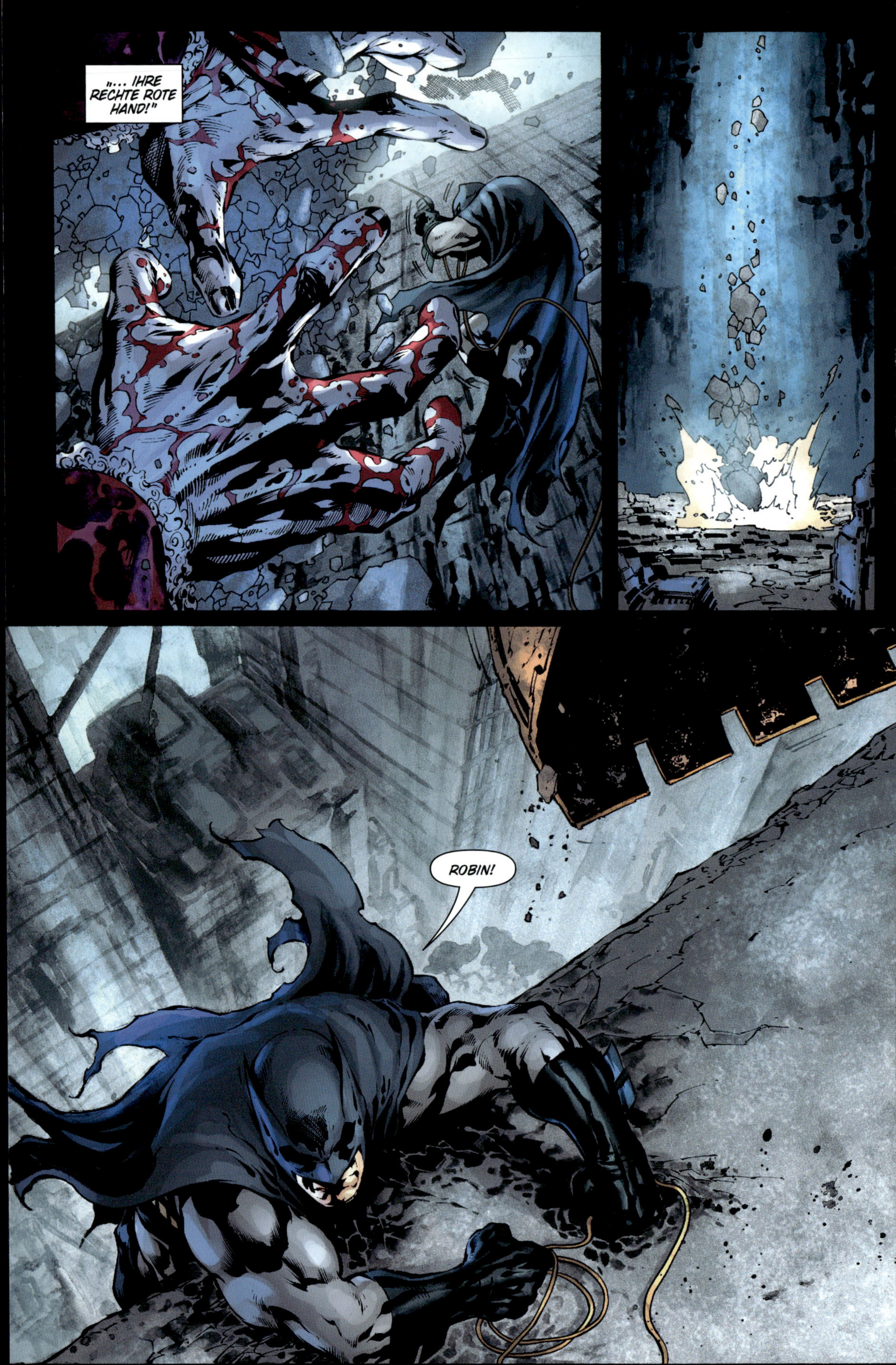

"... IHRE RECHTE ROTE HAND!"
ROBIN!

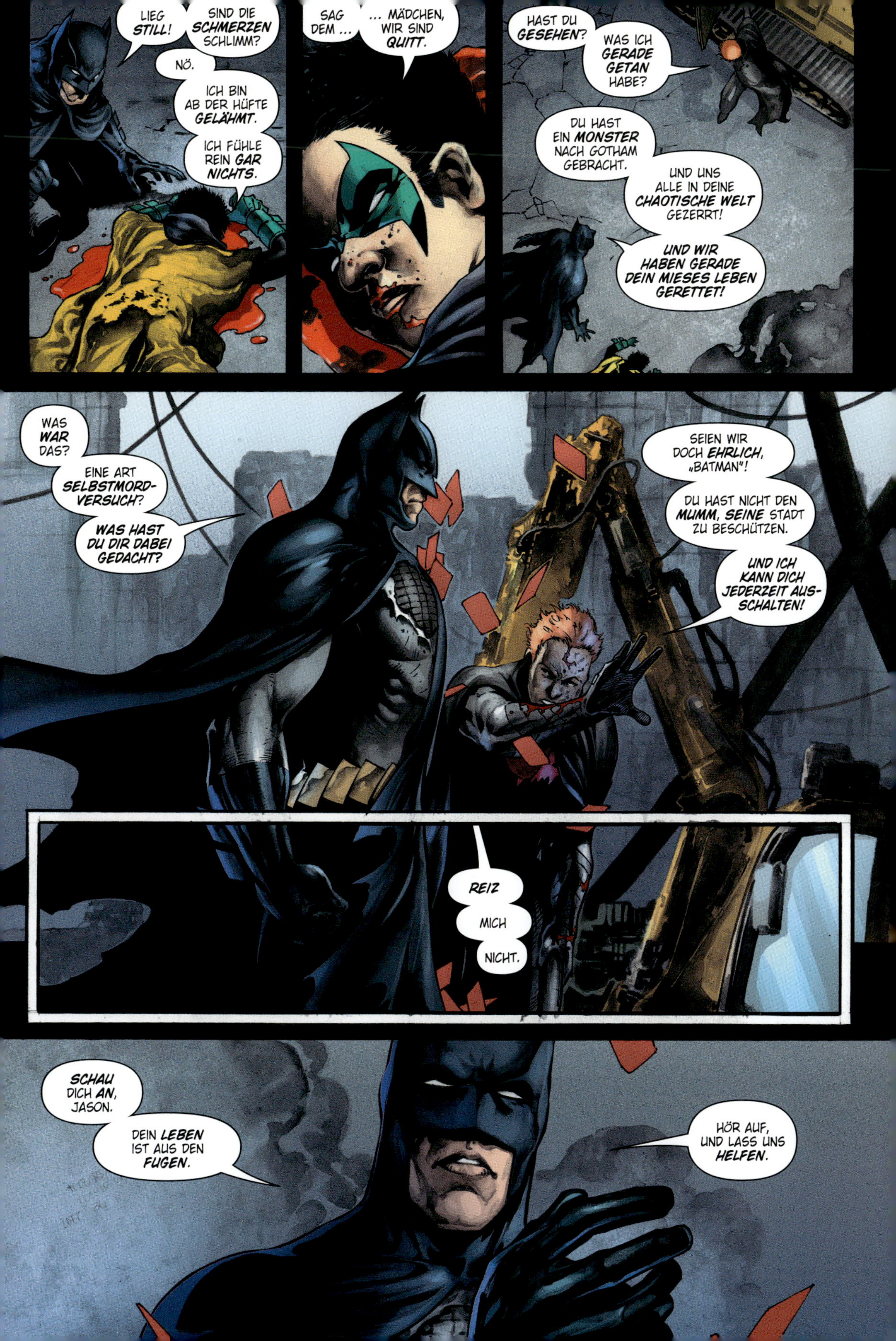

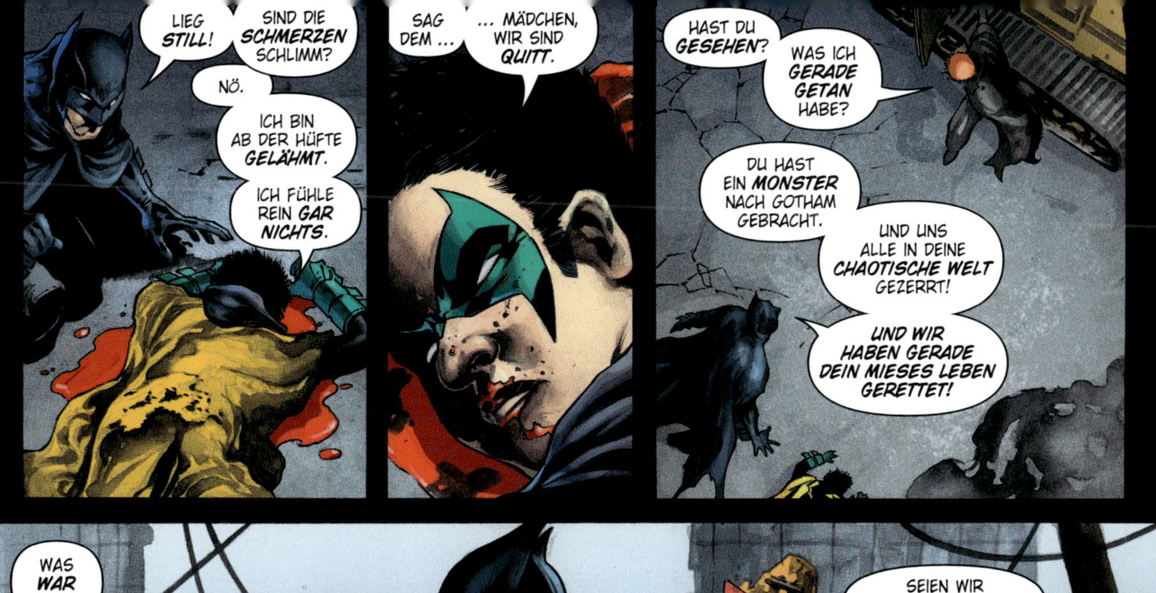

LIEG STILL!
SIND DIE SCHMERZEN SCHLIMM?
NÖ.
ICH BIN AB DER HÜFTE GELÄHMT.
ICH FÜHLE REIN GAR NICHTS.
SAG DEM ...
... MÄDCHEN, WIR SIND QUITT.
HAST DU GESEHEN?
WAS ICH GERADE GETAN HABE?
DU HAST EIN MONSTER NACH GOTHAM GEBRACHT.
UND UNS ALLE IN DEINE CHAOTISCHE WELT GEZERRT!
UND WIR HABEN GERADE DEIN MIESES LEBEN GERETTET!

WAS WAR DAS?
EINE ART SELBSTMORD-VERSUCH?
WAS HAST DU DIR DABEI GEDACHT?
SEIEN WIR DOCH EHRLICH, „BATMAN"!
DU HAST NICHT DEN MUMM, SEINE STADT ZU BESCHÜTZEN.
UND ICH KANN DICH JEDERZEIT AUS-SCHALTEN!
REIZ
MICH
NICHT.

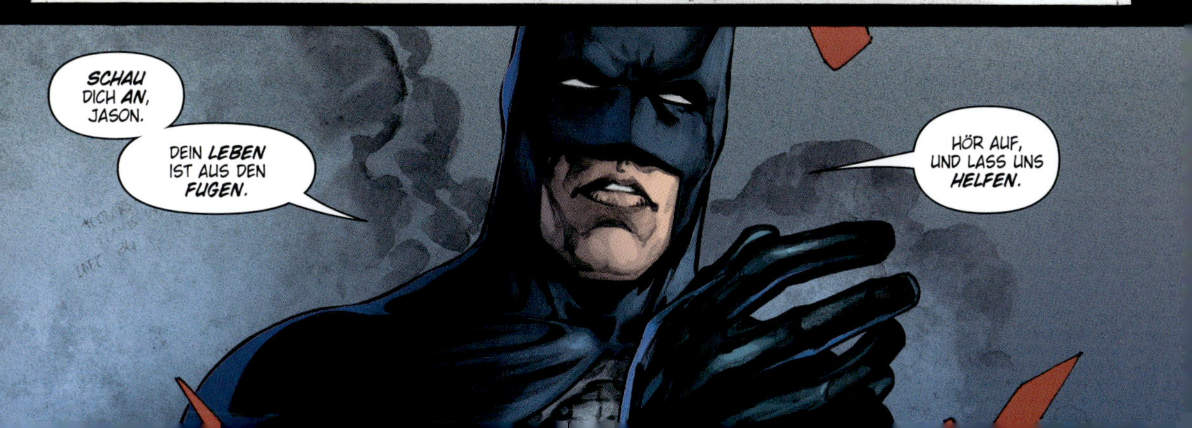

SCHAU DICH AN, JASON.
DEIN LEBEN IST AUS DEN FUGEN.
HÖR AUF, UND LASS UNS HELFEN.

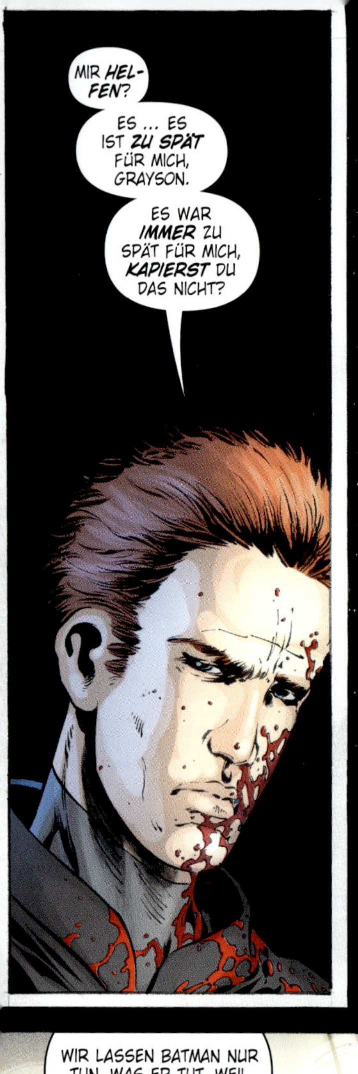
MIR HEL-FEN?
ES ... ES IST ZU SPÄT FÜR MICH, GRAYSON.
ES WAR IMMER ZU SPÄT FÜR MICH, KAPIERST DU DAS NICHT?

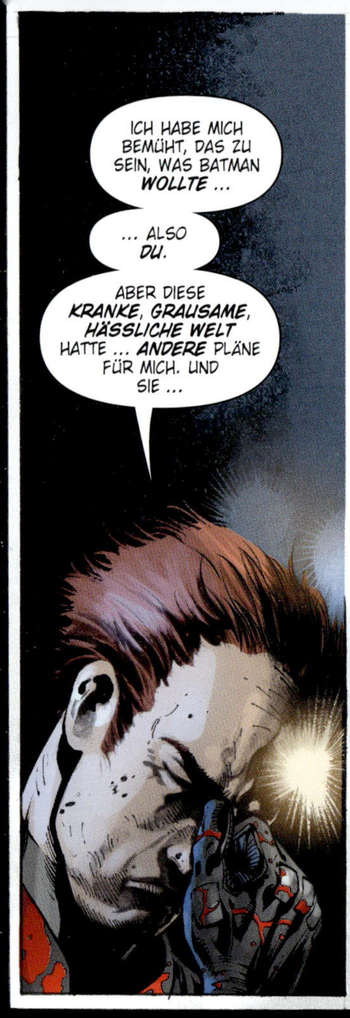
ICH HABE MICH BEMÜHT, DAS ZU SEIN, WAS BATMAN WOLLTE ...
... ALSO DU.
ABER DIESE KRANKE, GRAUSAME, HÄSSLICHE WELT HATTE ... ANDERE PLÄNE FÜR MICH. UND SIE ...

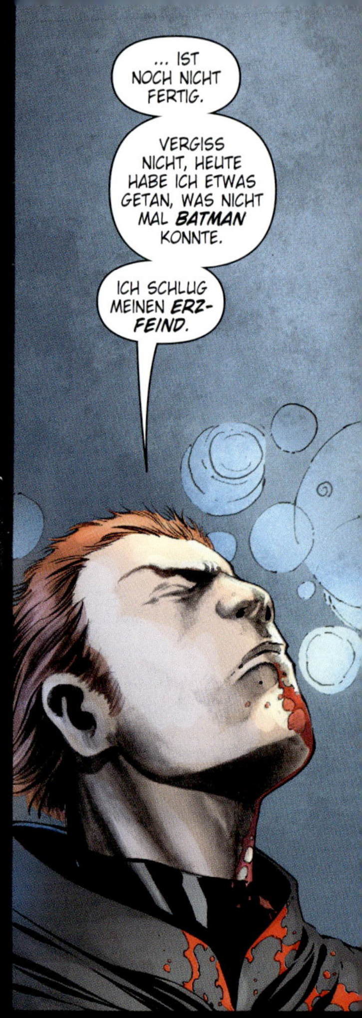
... IST NOCH NICHT FERTIG.
VERGISS NICHT, HEUTE HABE ICH ETWAS GETAN, WAS NICHT MAL BATMAN KONNTE.
ICH SCHLUG MEINEN ERZ-FEIND.

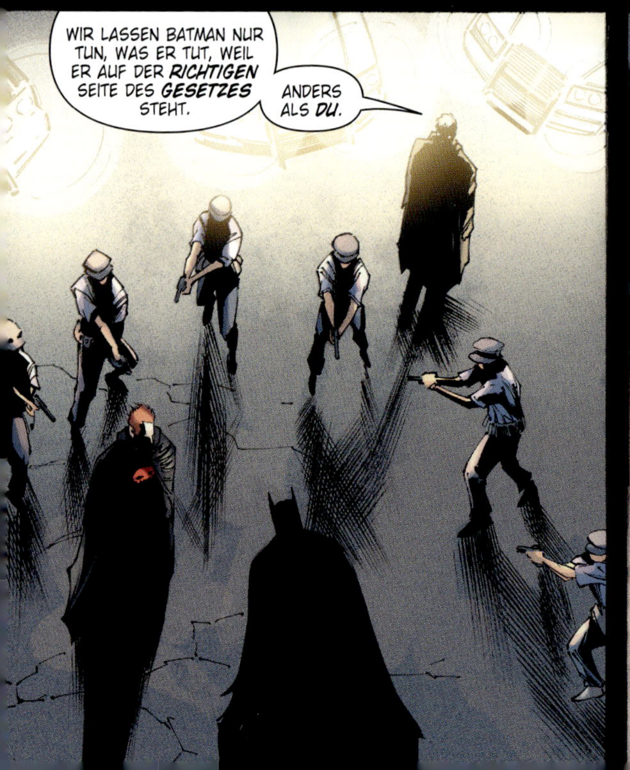
WIR LASSEN BATMAN NUR TUN, WAS ER TUT, WEIL ER AUF DER RICHTIGEN SEITE DES GESETZES STEHT.
ANDERS ALS DU.

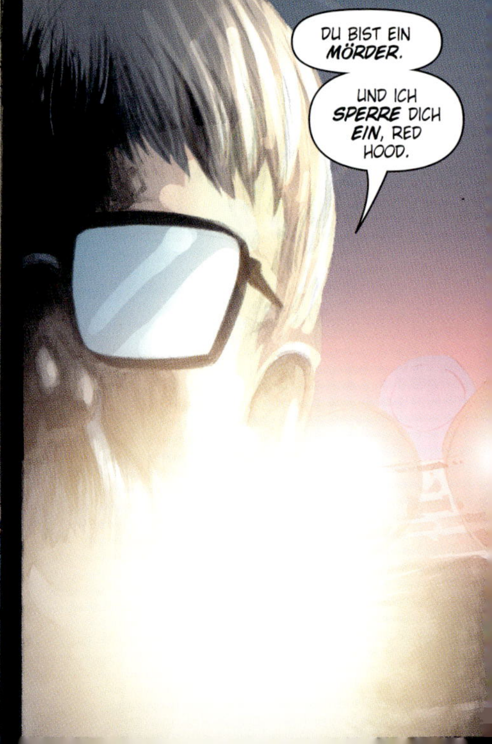
DU BIST EIN MÖRDER.
UND ICH SPERRE DICH EIN, RED HOOD.

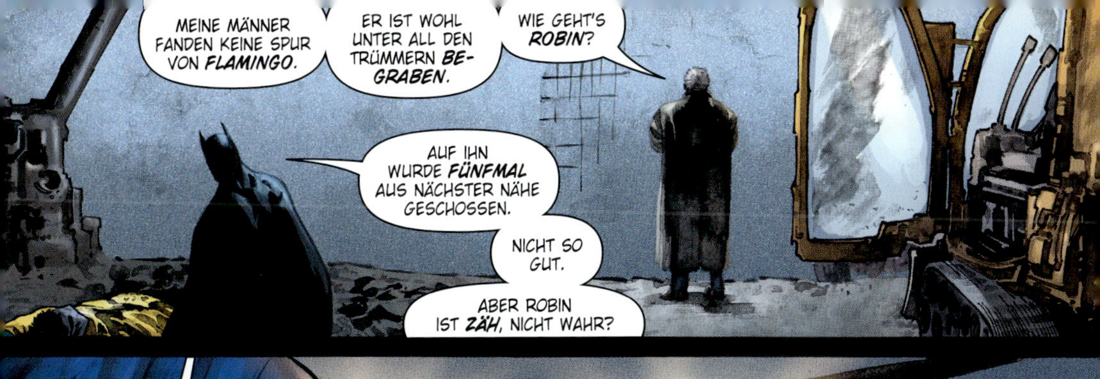
MEINE MÄNNER FANDEN KEINE SPUR VON FLAMINGO.
ER IST WOHL UNTER ALL DEN TRÜMMERN BEGRABEN.
WIE GEHT'S ROBIN?
AUF IHN WURDE FÜNFMAL AUS NÄCHSTER NÄHE GESCHOSSEN.
NICHT SO GUT.
ABER ROBIN IST ZÄH, NICHT WAHR?

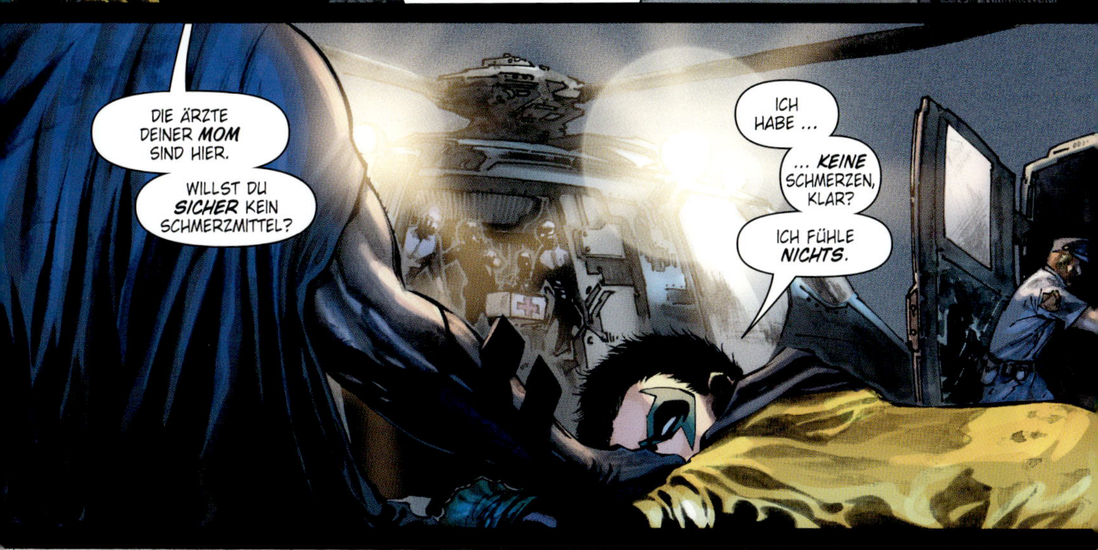
DIE ÄRZTE DEINER MOM SIND HIER.
WILLST DU SICHER KEIN SCHMERZMITTEL?
ICH HABE ...
... KEINE SCHMERZEN, KLAR?
ICH FÜHLE NICHTS.

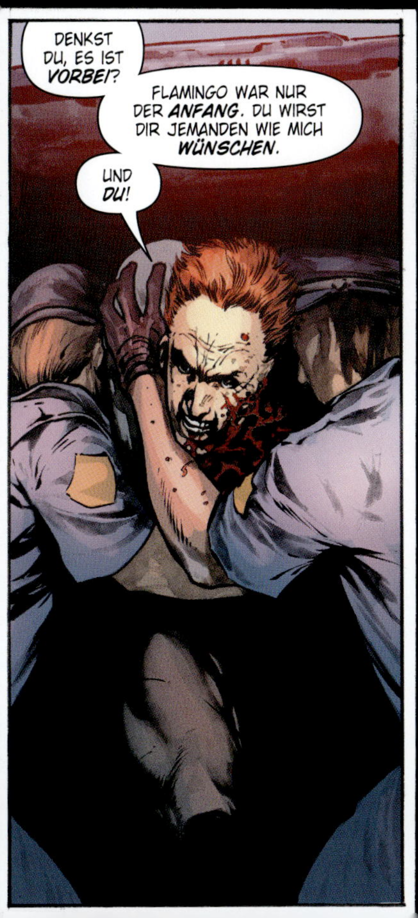
DENKST DU, ES IST VORBEI?
FLAMINGO WAR NUR DER ANFANG. DU WIRST DIR JEMANDEN WIE MICH WÜNSCHEN.
UND DU!

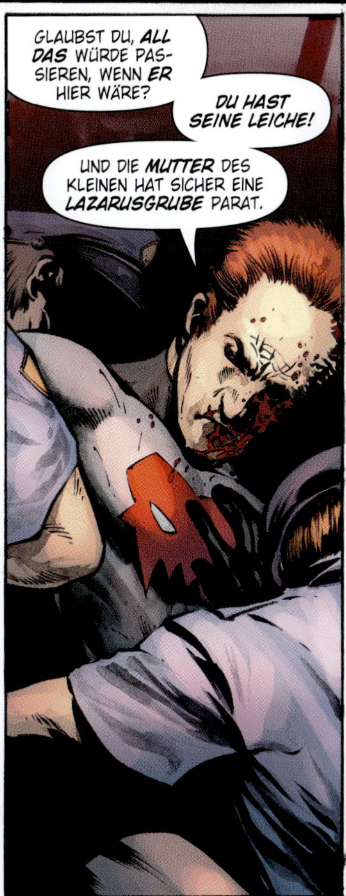
GLAUBST DU, ALL DAS WÜRDE PASSIEREN, WENN ER HIER WÄRE?
DU HAST SEINE LEICHE!
UND DIE MUTTER DES KLEINEN HAT SICHER EINE LAZARUSGRUBE PARAT.

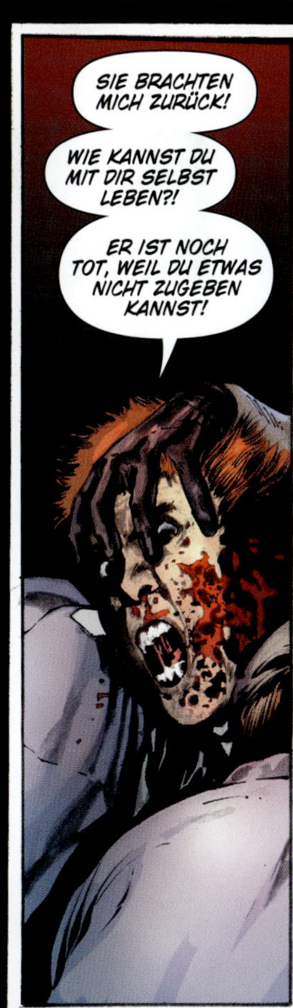
SIE BRACHTEN MICH ZURÜCK!
WIE KANNST DU MIT DIR SELBST LEBEN?!
ER IST NOCH TOT, WEIL DU ETWAS NICHT ZUGEBEN KANNST!

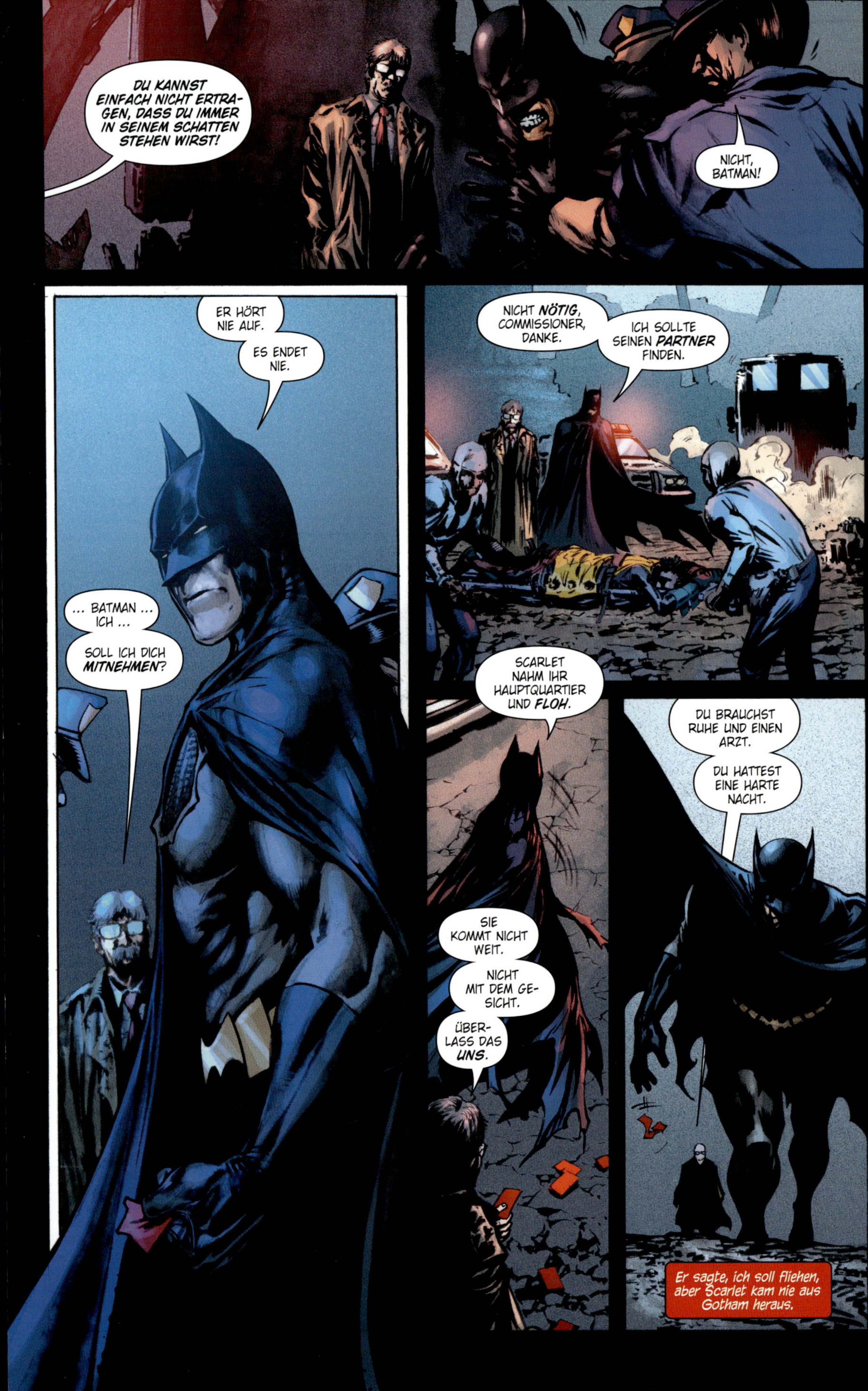

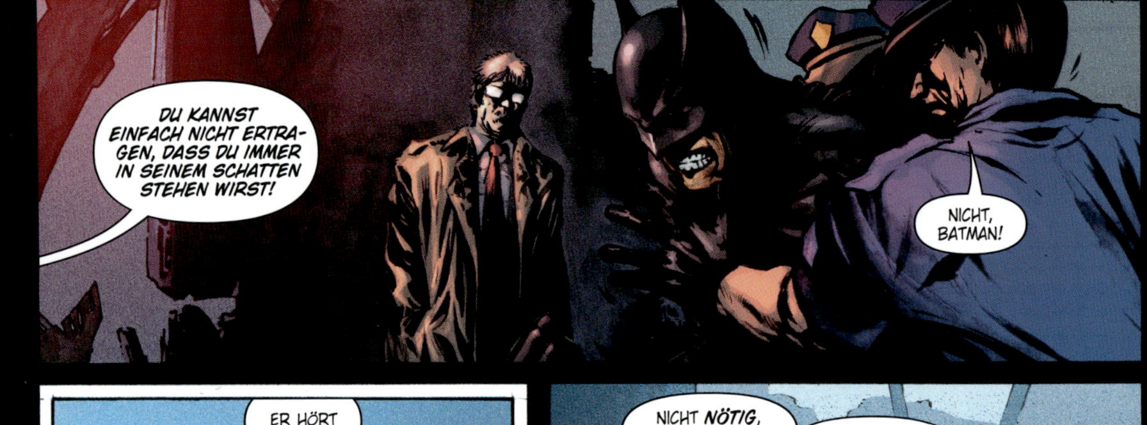
DU KANNST EINFACH NICHT ERTRAGEN, DASS DU IMMER IN SEINEM SCHATTEN STEHEN WIRST!
NICHT, BATMAN!

ER HÖRT NIE AUF.
ES ENDET NIE.
... BATMAN ... ICH ...
SOLL ICH DICH MITNEHMEN?
NICHT NÖTIG, COMMISSIONER, DANKE.
ICH SOLLTE SEINEN PARTNER FINDEN.
SCARLET NAHM IHR HAUPTQUARTIER UND FLOH.
SIE KOMMT NICHT WEIT.
NICHT MIT DEM GESICHT.
ÜBERLASS DAS UNS.
DU BRAUCHST RUHE UND EINEN ARZT.
DU HATTEST EINE HARTE NACHT.
Er sagte, ich soll fliehen, aber Scarlet kam nie aus Gotham heraus.

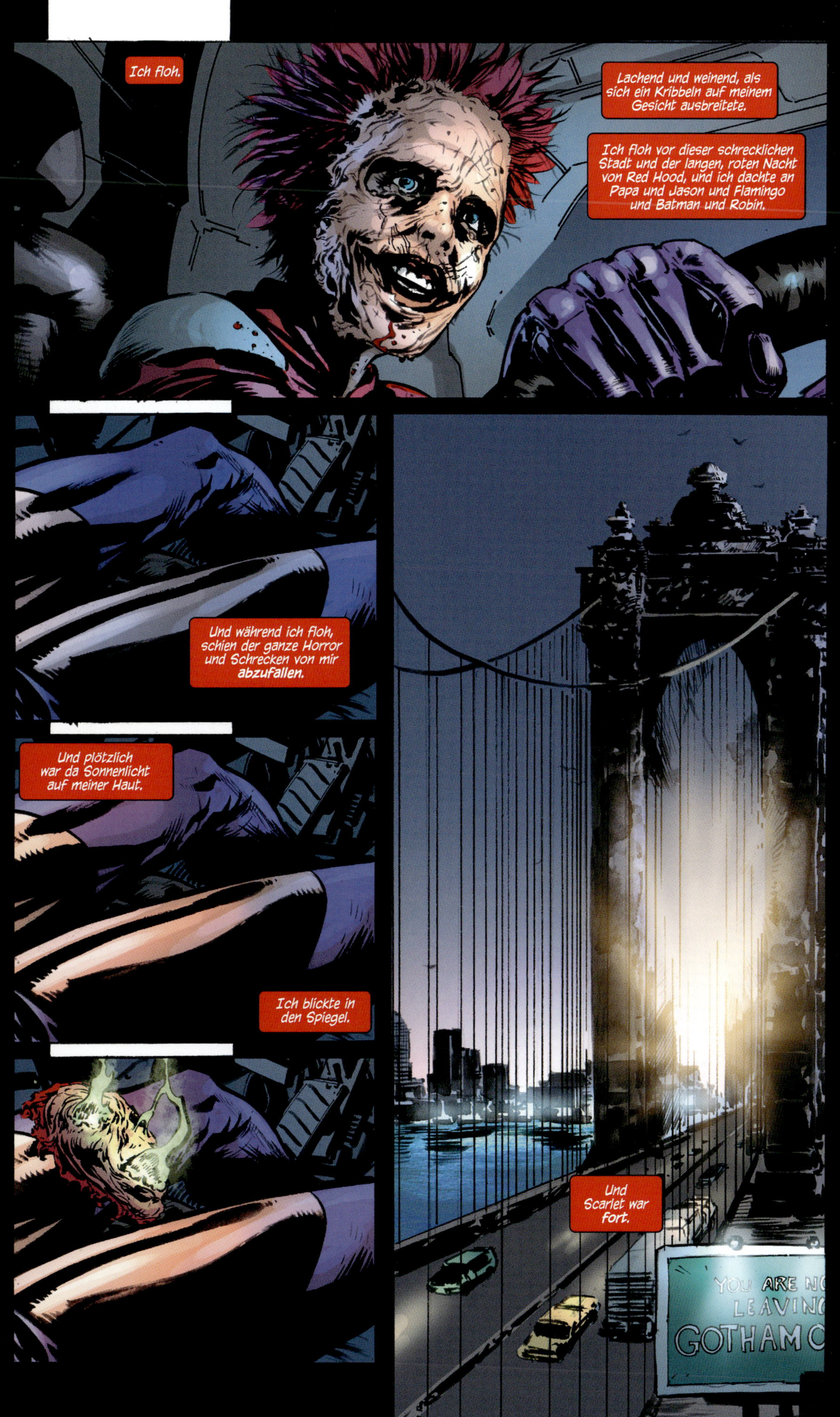
Ich floh.
Lachend und weinend, als sich ein Kribbeln auf meinem Gesicht ausbreitete.
Ich floh vor dieser schrecklichen Stadt und der langen, roten Nacht von Red Hood, und ich dachte an Papa und Jason und Flamingo und Batman und Robin.
Und während ich floh, schien der ganze Horror und Schrecken von mir abzufallen.
Und plötzlich war da Sonnenlicht auf meiner Haut.
Ich blickte in den Spiegel.
Und Scarlet war fort.
YOU ARE NO
LEAVING
GOTHAM C

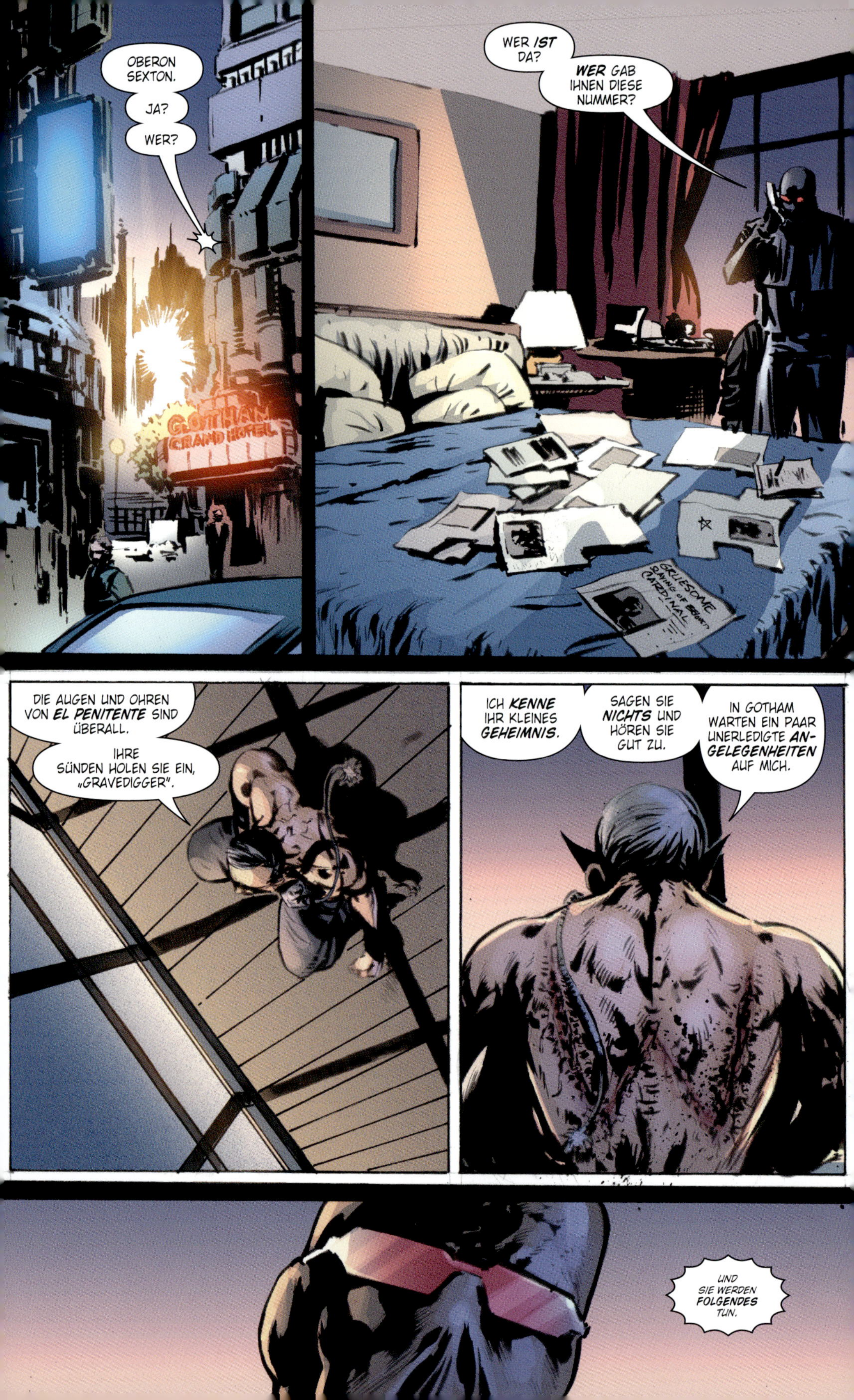

OBERON SEXTON.
JA?
WER?
GOTHAM GRAND HOTEL

WER *IST* DA?
WER GAB IHNEN DIESE NUMMER?

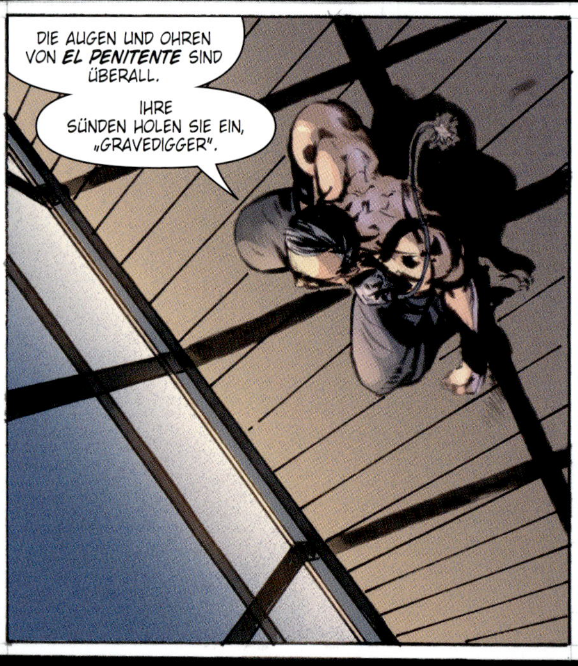

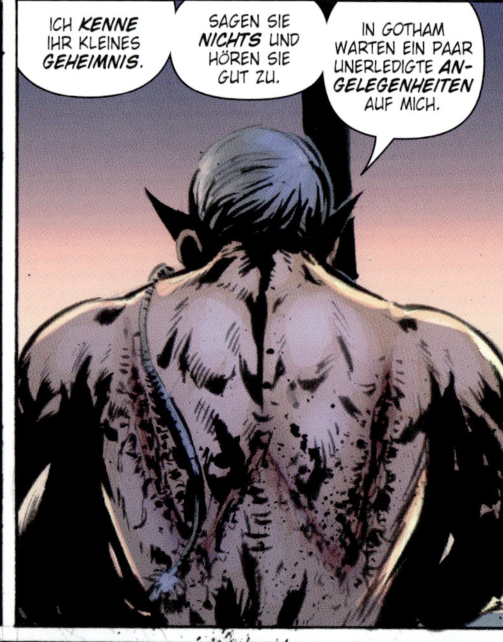

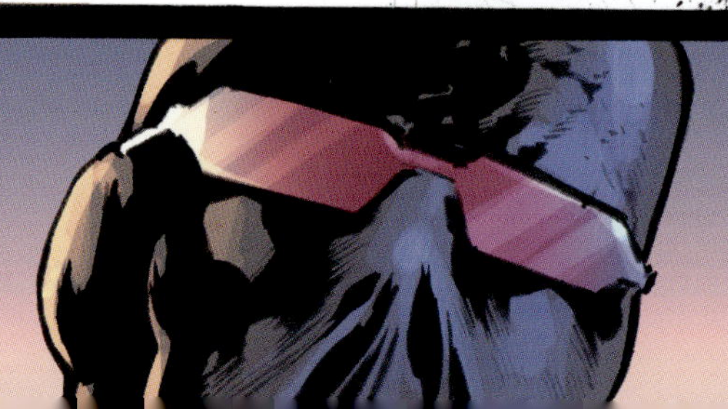

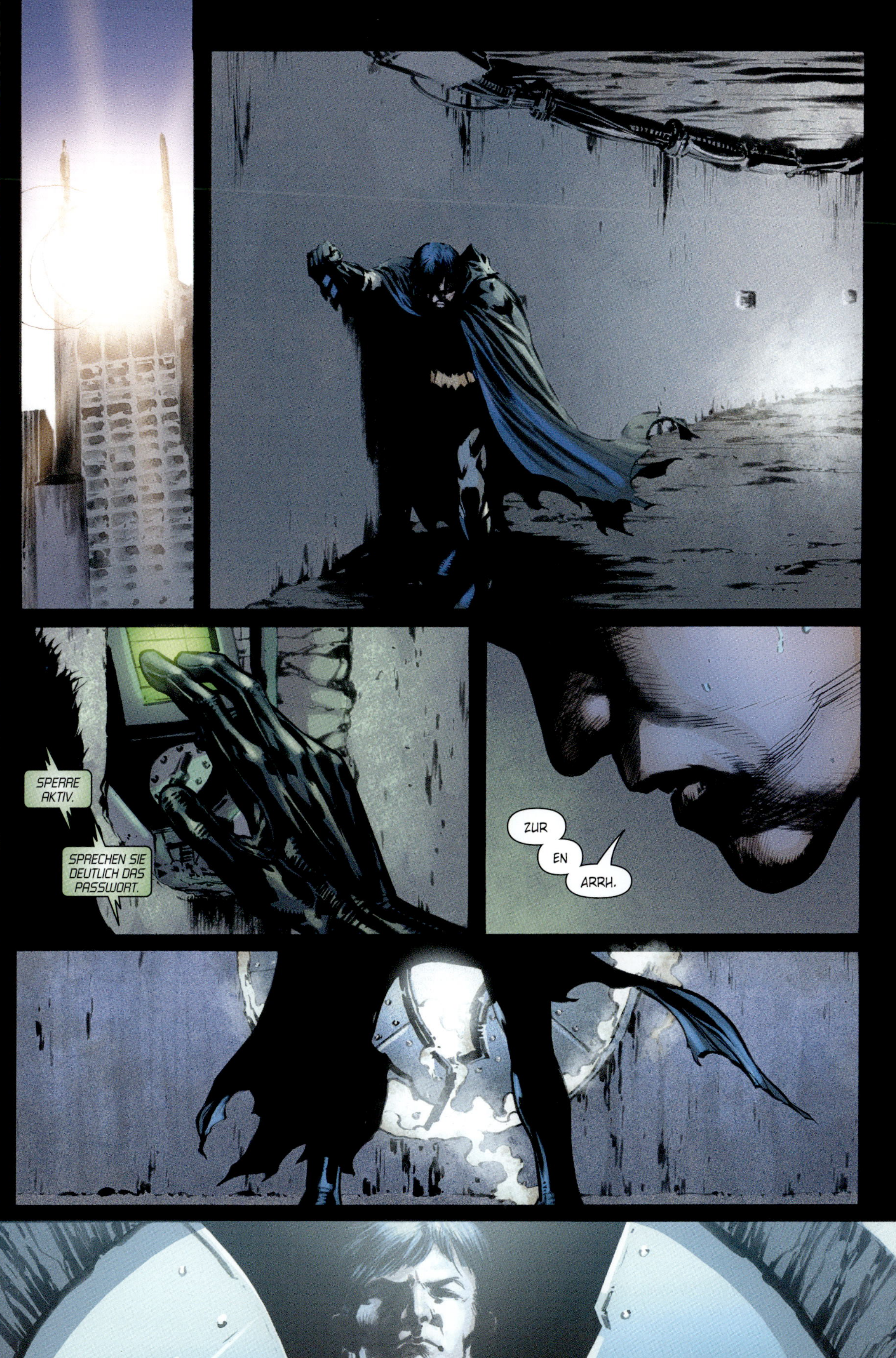
SPERRE AKTIV.
SPRECHEN SIE DEUTLICH DAS PASSWORT.
ZUR
EN
ARRH.

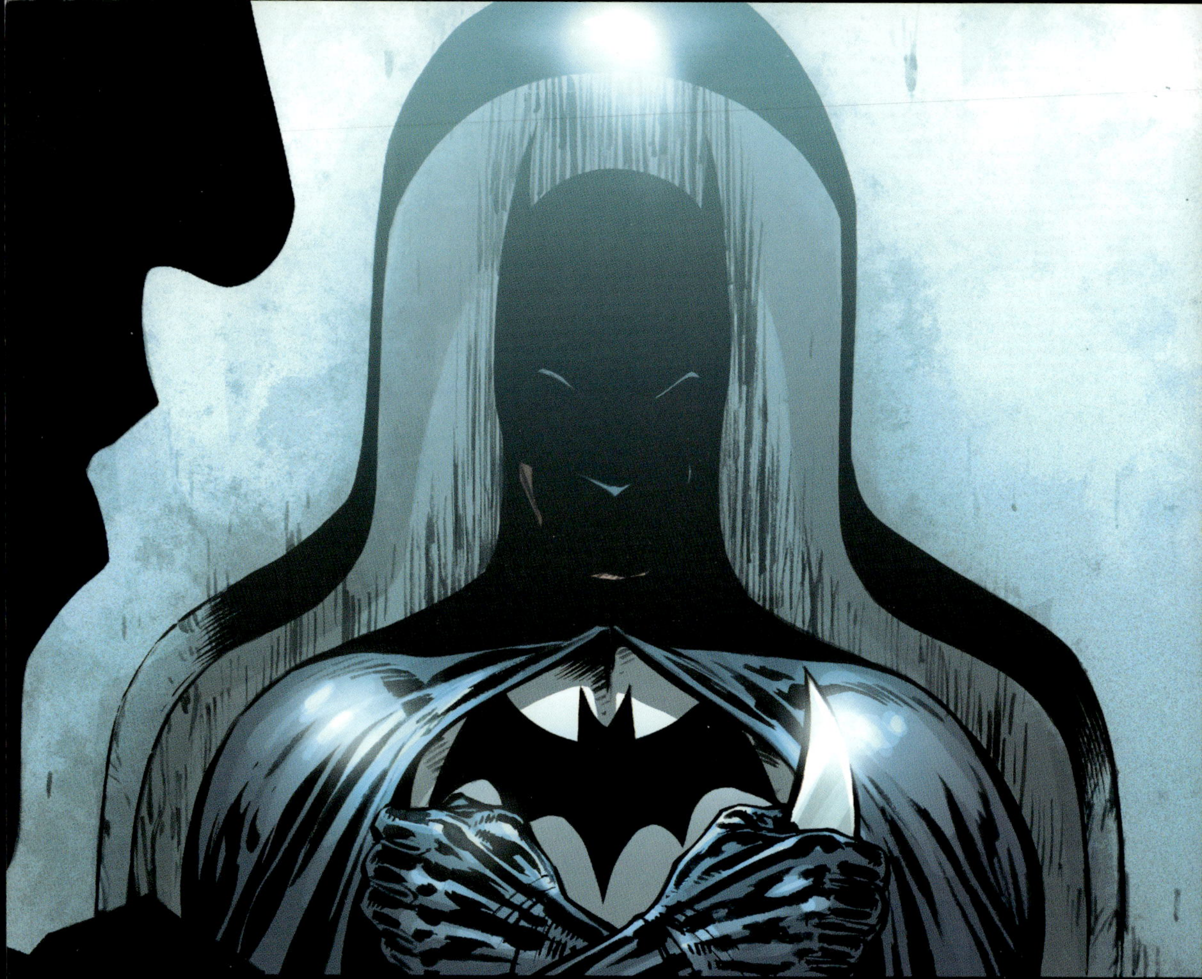

BALD IN BATMAN UND ROBIN

DER SCHWARZE RITTER

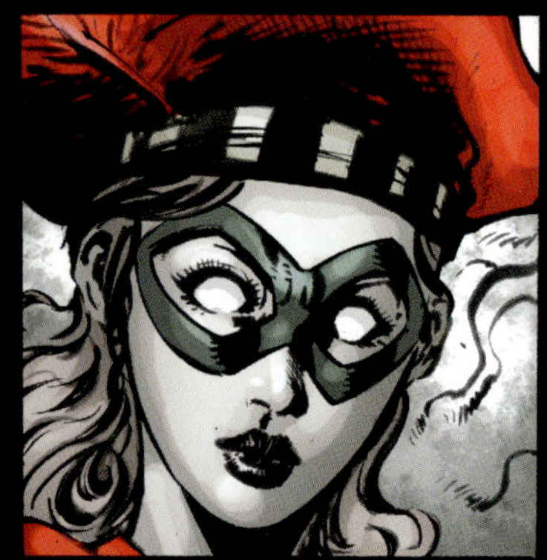
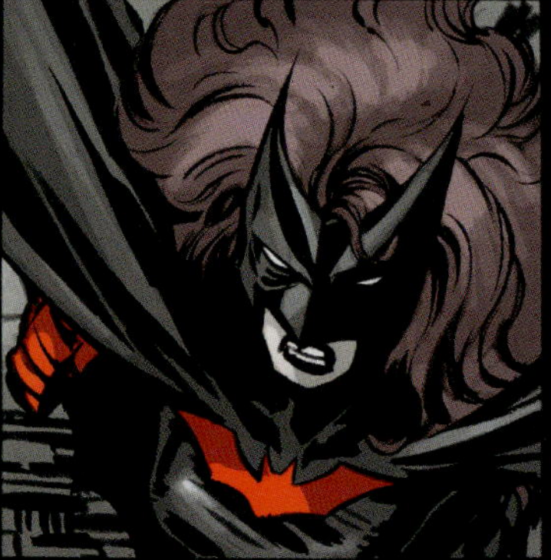
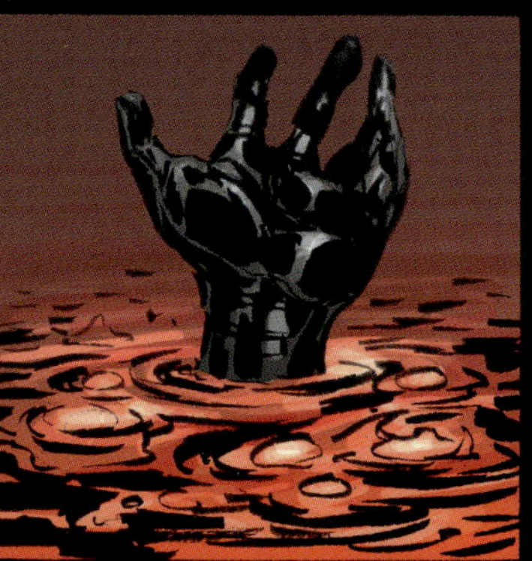

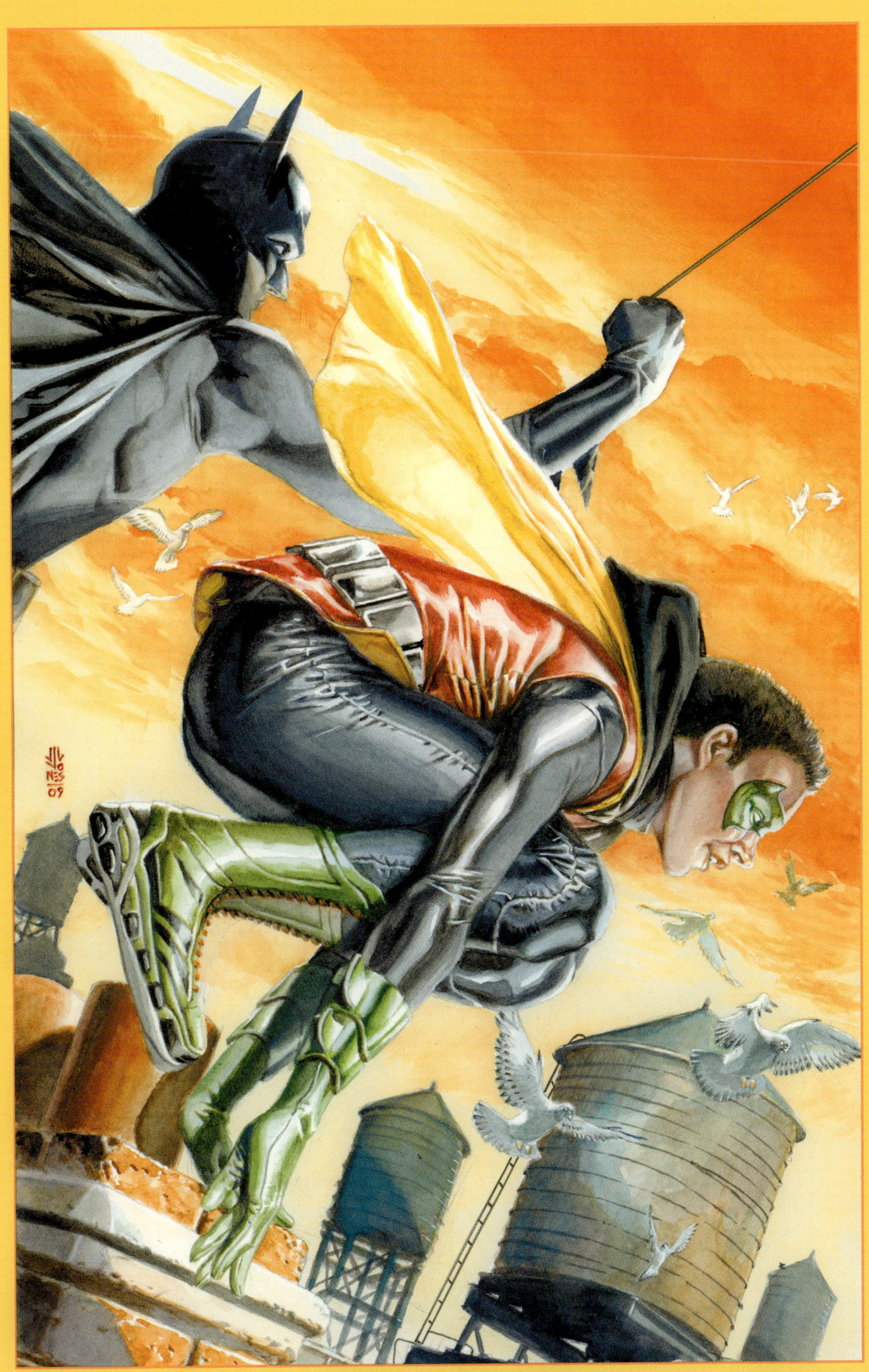

BATMAN AND ROBIN 1
Variant-Cover von J. G. JONES

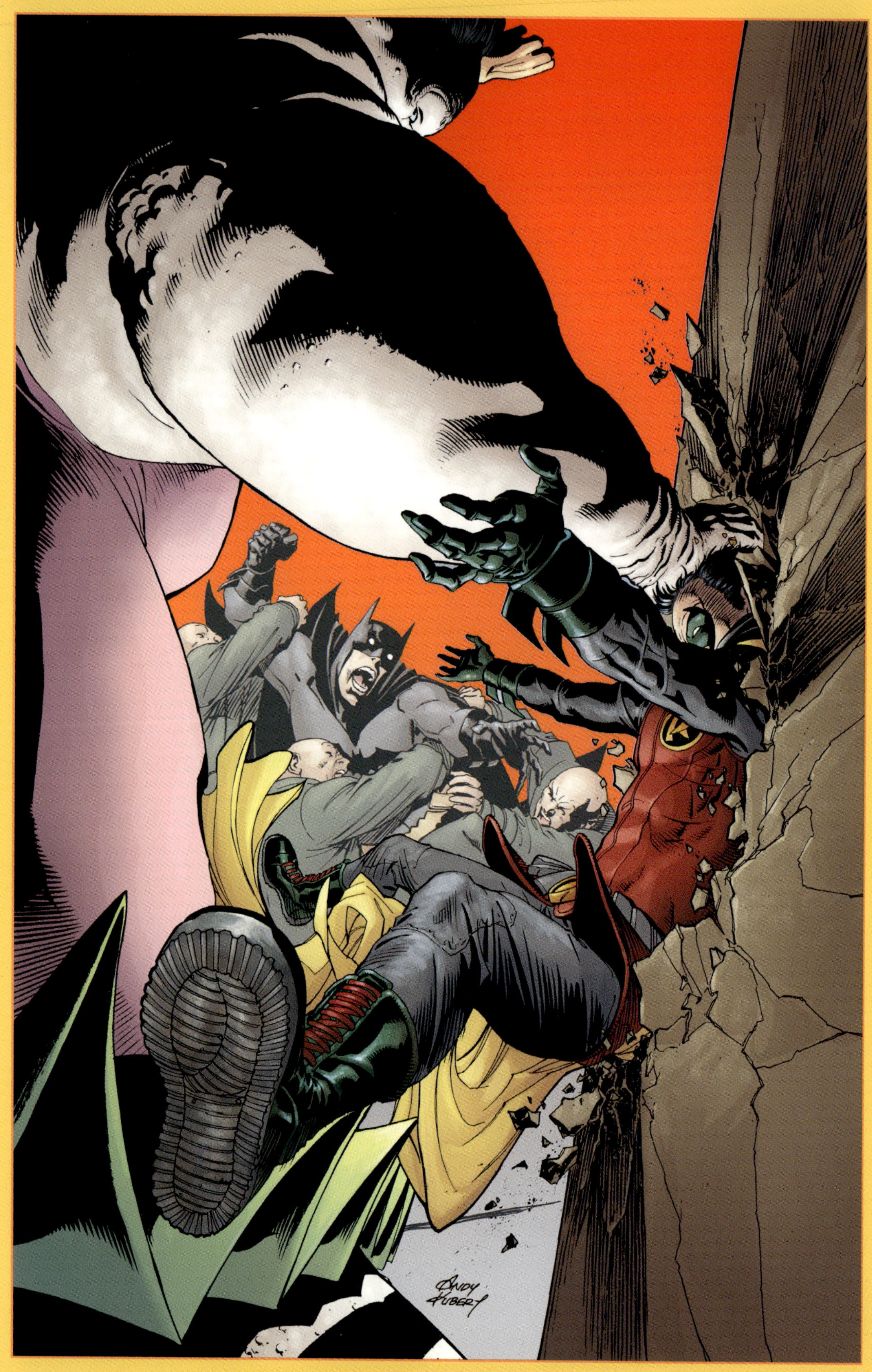

BATMAN AND ROBIN 2
Variant-Cover von ANDY KUBERT

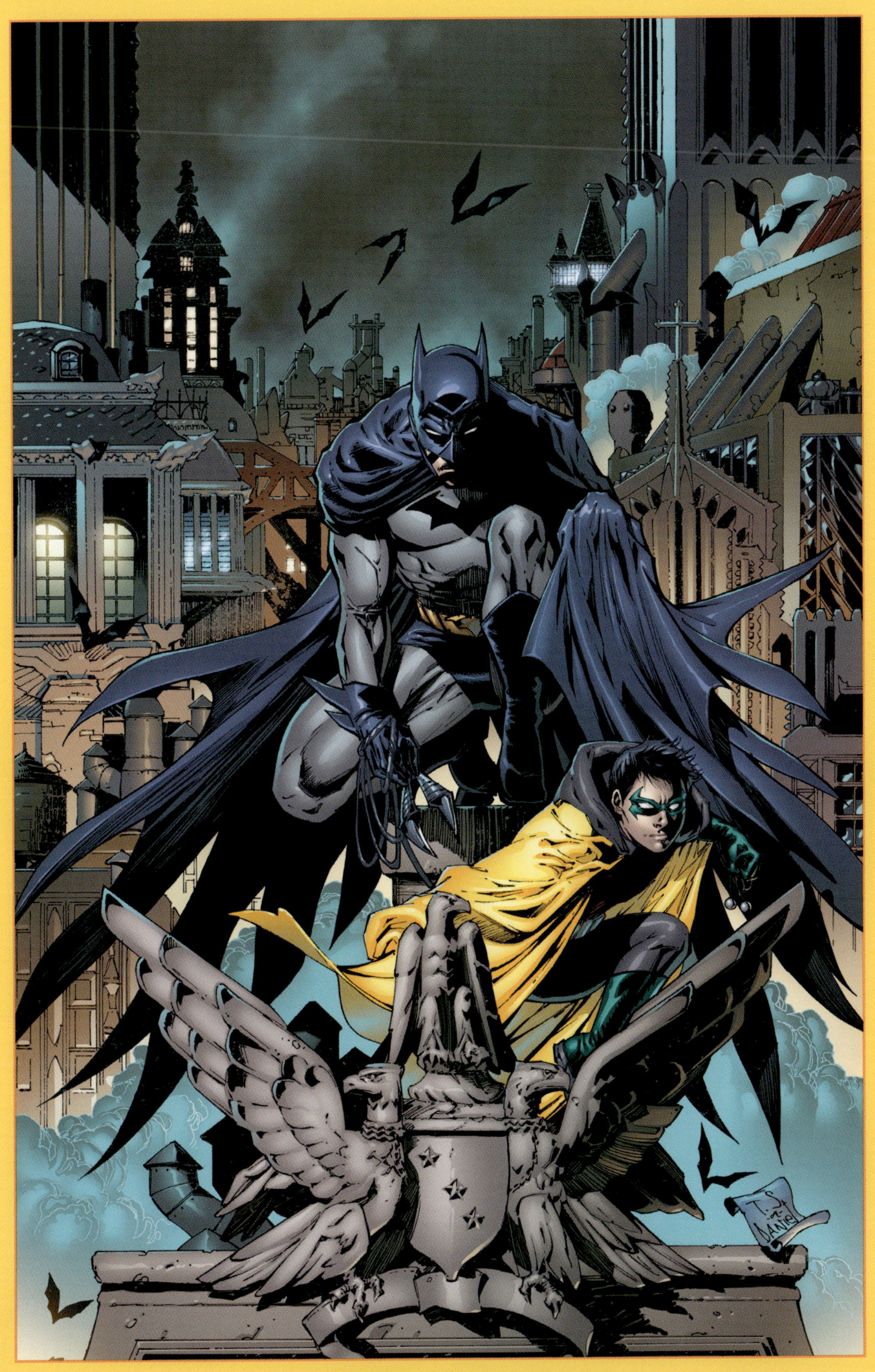

BATMAN AND ROBIN 3
Variant-Cover von TONY S. DANIEL

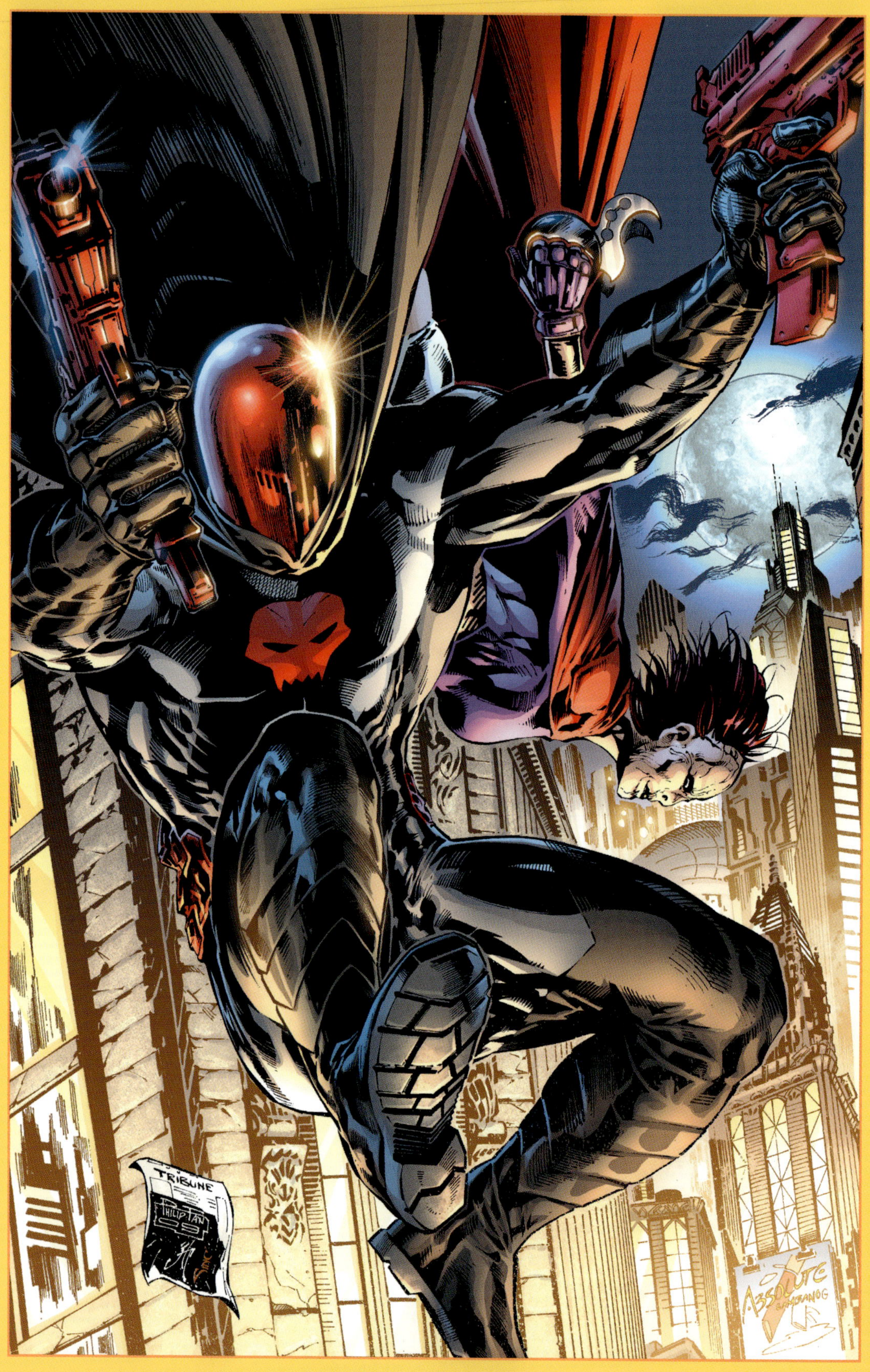

BATMAN AND ROBIN 4
Variant-Cover von PHILIP TAN

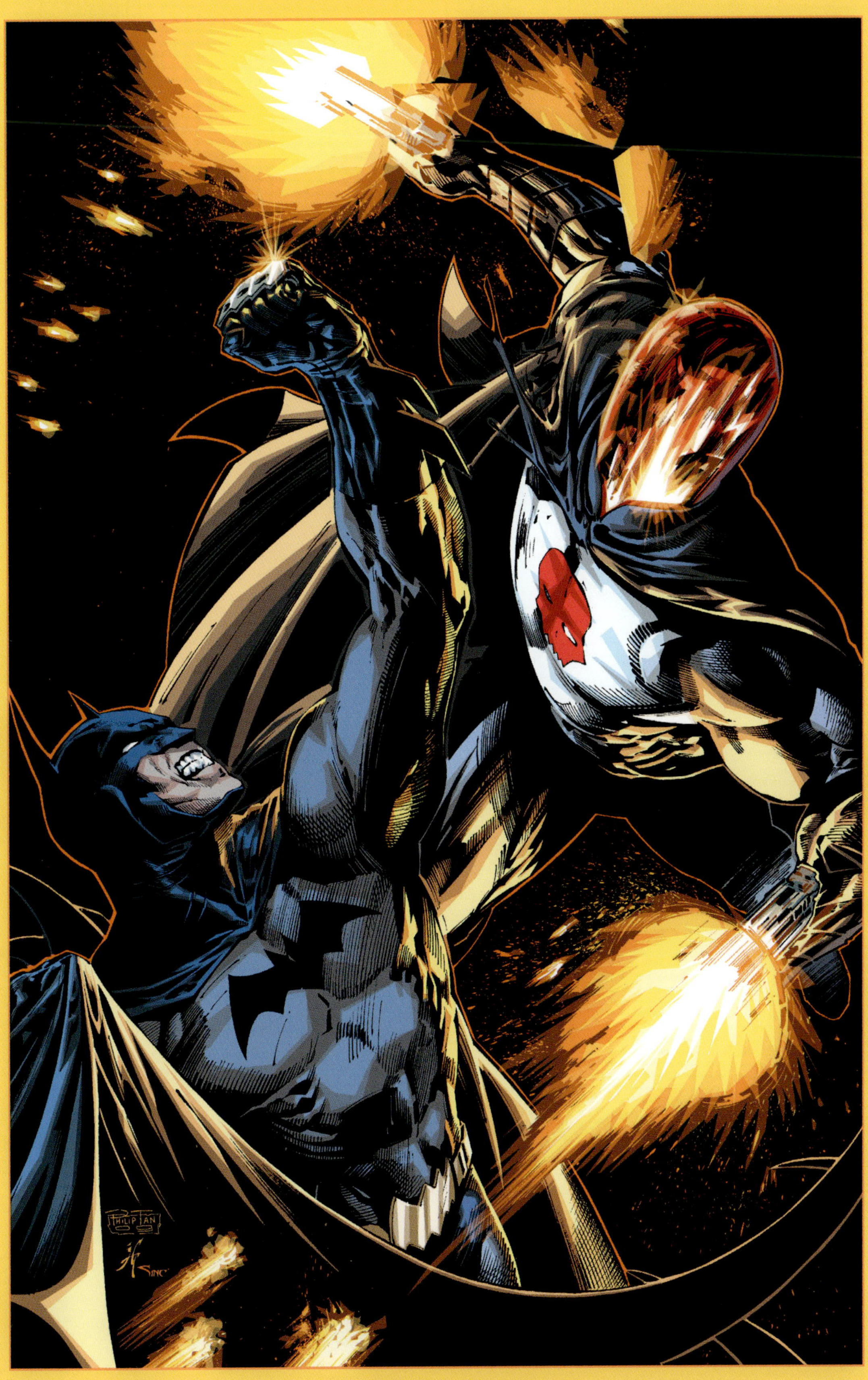

BATMAN AND ROBIN 5
Variant-Cover von PHILIP TAN

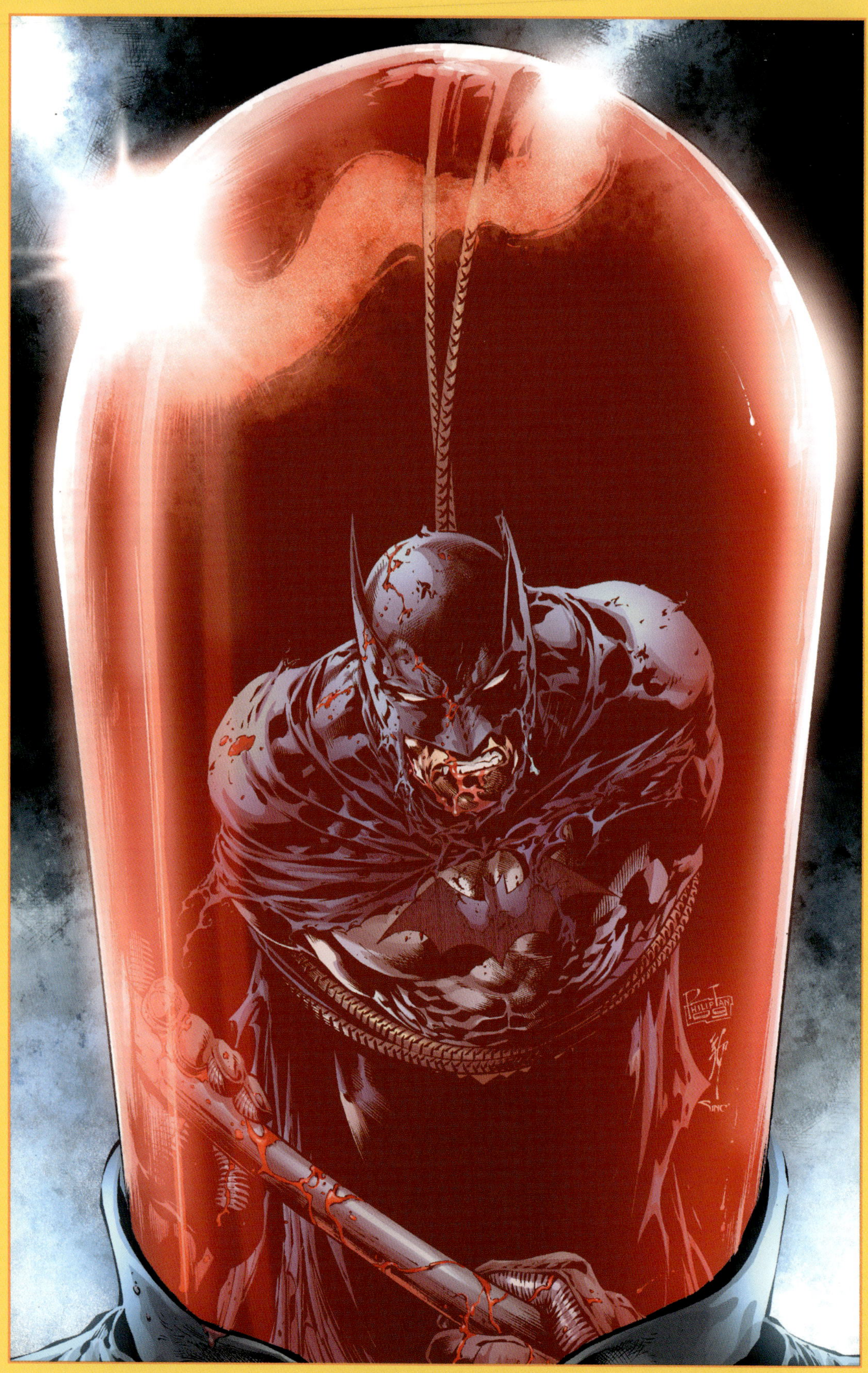

BATMAN AND ROBIN 6
Variant-Cover von PHILIP TAN

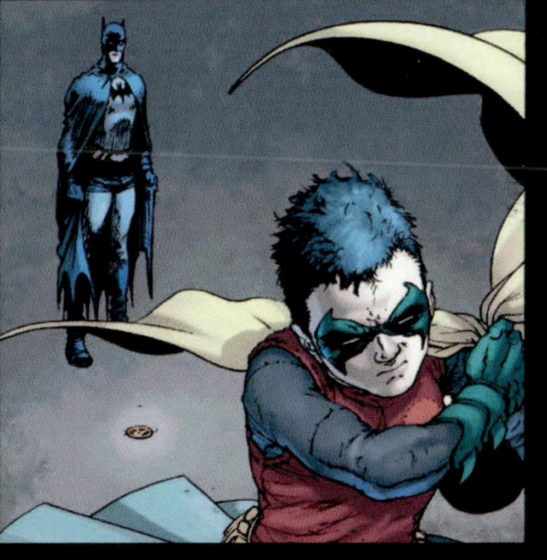

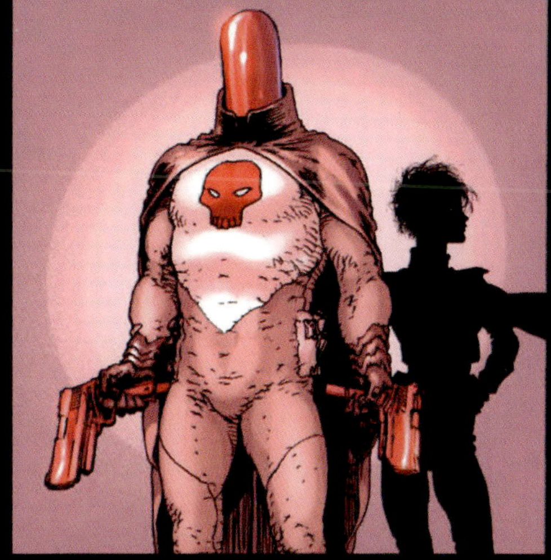

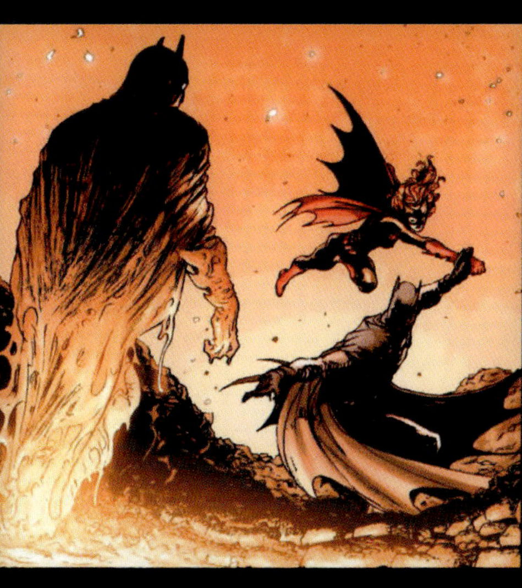

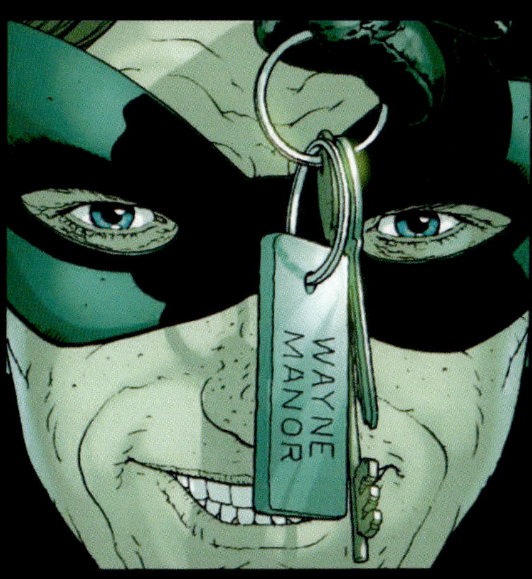

BATMAN NEU GEDACHT

Ein Blick auf den Schaffensprozess von BATMAN & ROBIN von Grant Morrison, Frank Quitely und Philip Tan.

(Bonus-Seiten übersetzt von Christian Langhagen)

DIE COVER

HEFT EINS

Bruce Wayne war fort, aber Batman durfte nicht sterben.

Mit Dick Grayson und Damian Wayne als Hautfiguren-Gespann wollten wir, dass sich die neue Serie sofort anders anfühlt und anders aussieht als das abzulösende Duo Bruce Wayne/Tim Drake.

Seit ich 2006 mit diesem Batman-Zyklus anfing, habe ich mich von einigen der vernachlässigten Bereiche aus Batmans langer Verlags- und Filmgeschichte inspirieren lassen – wie etwa dem „Sci-Fi"-Batman der 1950er und dem Titelstar der Fernsehserie aus den 60er-Jahren. Die Farbpalette der „Batman R.I.P."-Storyline, die BATMAN & ROBIN vorausging, basierte primär auf Rot und Schwarz und war eher düster und traurig gehalten. Deshalb haben wir für BATMAN & ROBIN hellere Farben gewählt, um den veränderten Tenor widerzuspiegeln.

Wenn man sich die Cover der 1950er-Jahre ansieht, bemerkt man eine offensichtliche Vorliebe für intensive, kontrastreiche Farben in den Logos.

Indem wir dies aufgriffen, konnten wir gestalterisch etwas scheinbar Un-Batman-mäßiges anpacken, derweil wir dabei Batmans grafische Vergangenheit zitierten – der pulsierende Kontrast von Lila und Grün oder Blau und Gelb und die großen, freien Hintergrund-Farbflächen, die in dieser Design-Ära beliebt waren, schienen uns reif für ein Comeback. Im Gegensatz zu den fließenden Linien und Paisleymustern der psychodelischen 60er-Jahre war die Op/Pop-Art der 50er-Jahre im Comic-Sektor geradlinig, schnörkellos, linear, modernistisch und, wie wir meinten, inzwischen wieder absolut zeitgemäß.

Unsere Absicht war es, die trashige, pulpige Energie der Reihe noch weiter zu intensivieren. Während „Batman R.I.P." von Industrial-Musik, dem tibetischen Totenbuch und Pop-Psychologie inspiriert war, sollte die Neuauflage von BATMAN & ROBIN schnell, wendungsreich und nahezu physisch sein, als würde ein wildgewordener Schimpanse fröhlich Farben durch den Raum schleudern – anders ausgedrückt: so grell, sensationell und leichtfertig, wie wir es nur hinbekommen konnten.

In Verlagskreisen gilt die Farbe Gelb als Tabu, denn der Marktforschung zufolge verkaufen sich gelbe Cover schlechter als die in anderen Farben, wobei sich Cover mit viel Rot am besten verkaufen. Dementsprechend wurde bis zur letzten Sekunde über den gelben Hintergrund für das Cover der ersten Ausgabe debattiert. Letztlich erschien es wie geplant und trug dazu bei, dass das Heft eines der meistverkauften Comics des Jahrzehnts wurde. Drei Nachdrucke waren die Folge (von denen jede eine andere Hintergrundfarbe verwendete).

Das Cover-Motiv musste simpel und ikonisch sein – das moderne Äquivalent zu Batman, der den Zirkusreifen auf dem Cover von DETECTIVE COMICS 38 hochhält, auf dem Robin als „Die Sensationsentdeckung von 1940!" angekündigt wurde. Wie diese Originalskizze zeigt, hat sich die Idee des Covers von der Konzeption bis zur Veröffentlichung kaum verändert.

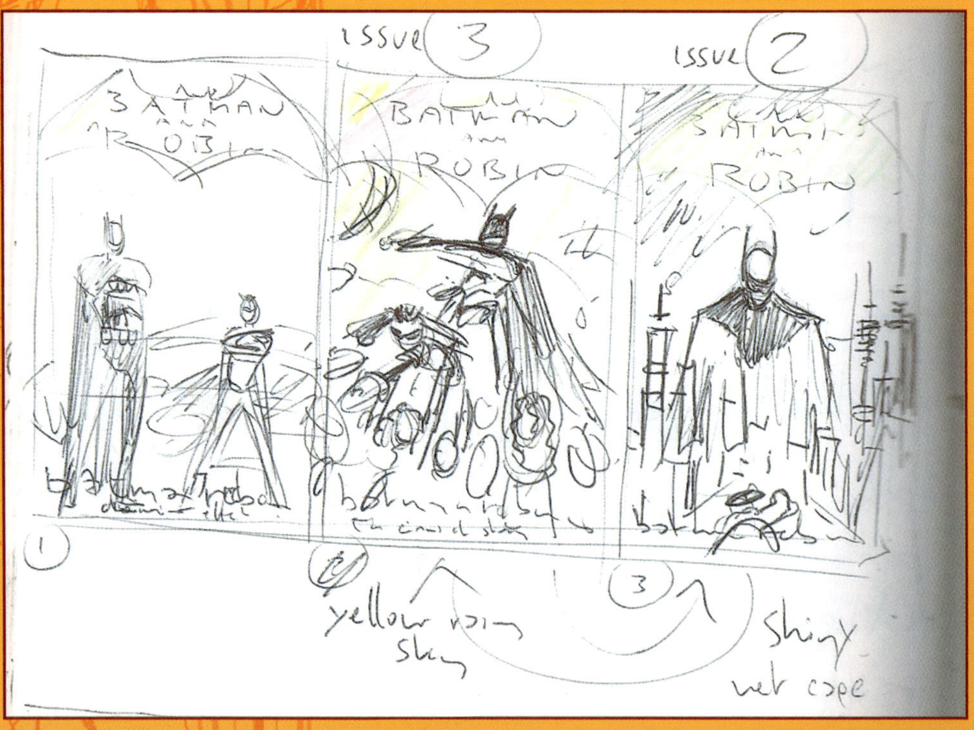

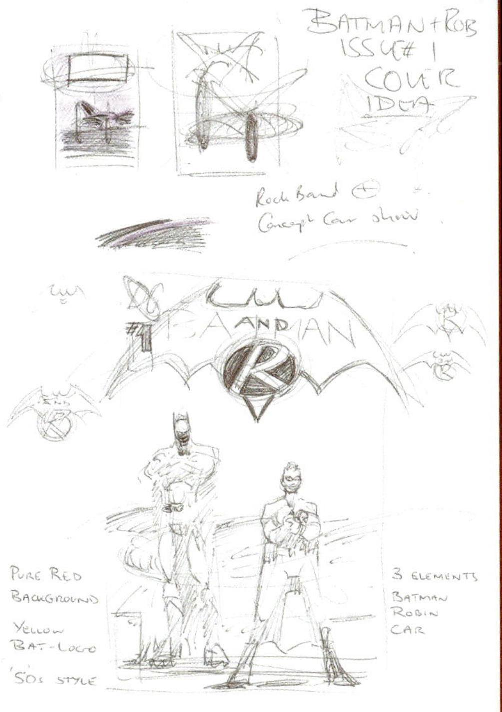
BATMAN+ROB
ISSUE# 1
COVER
IDEA
Rock Band +
Concept Car show
PURE RED
BACKGROUND
YELLOW
BAT-LOGO
'50s STYLE
3 ELEMENTS
BATMAN
ROBIN
CAR

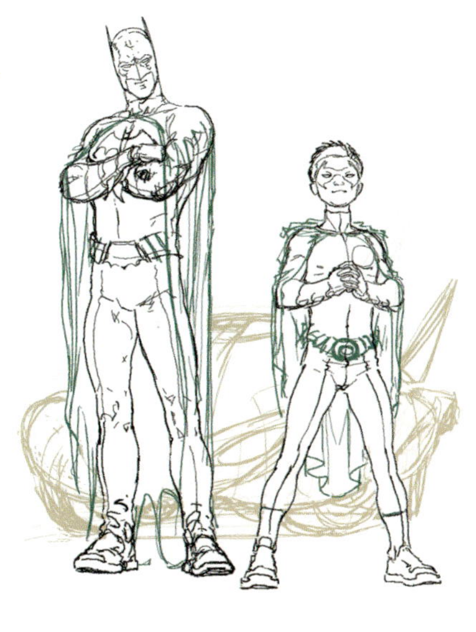

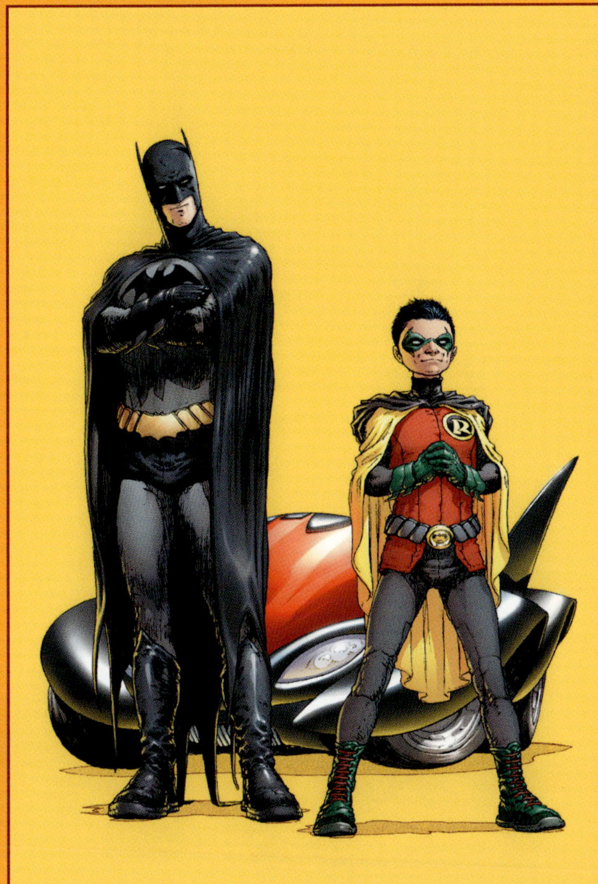

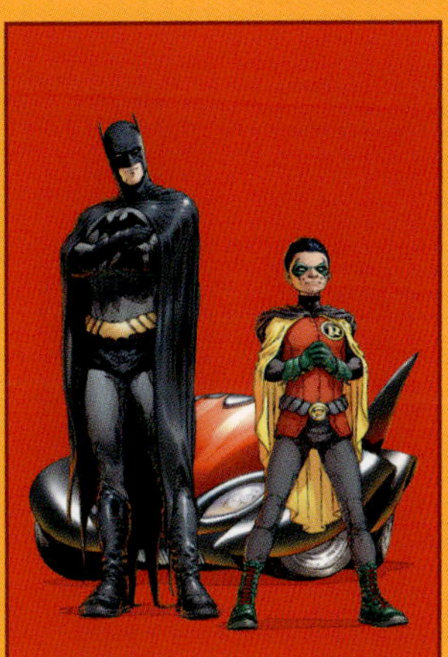

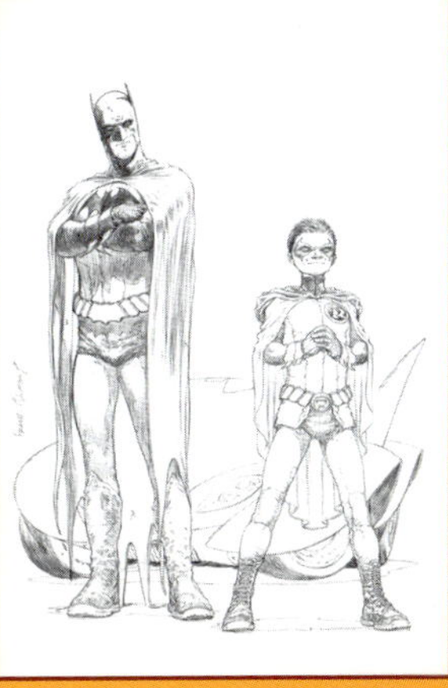

HEFT ZWEI

Der thematische Aufhänger war diesmal eine Variation des Designs der gezeigten Hefte – mit einem Batman, der riesenhaft und symbolträchtig über der Szenerie seines jüngsten Abenteuers schwebt.

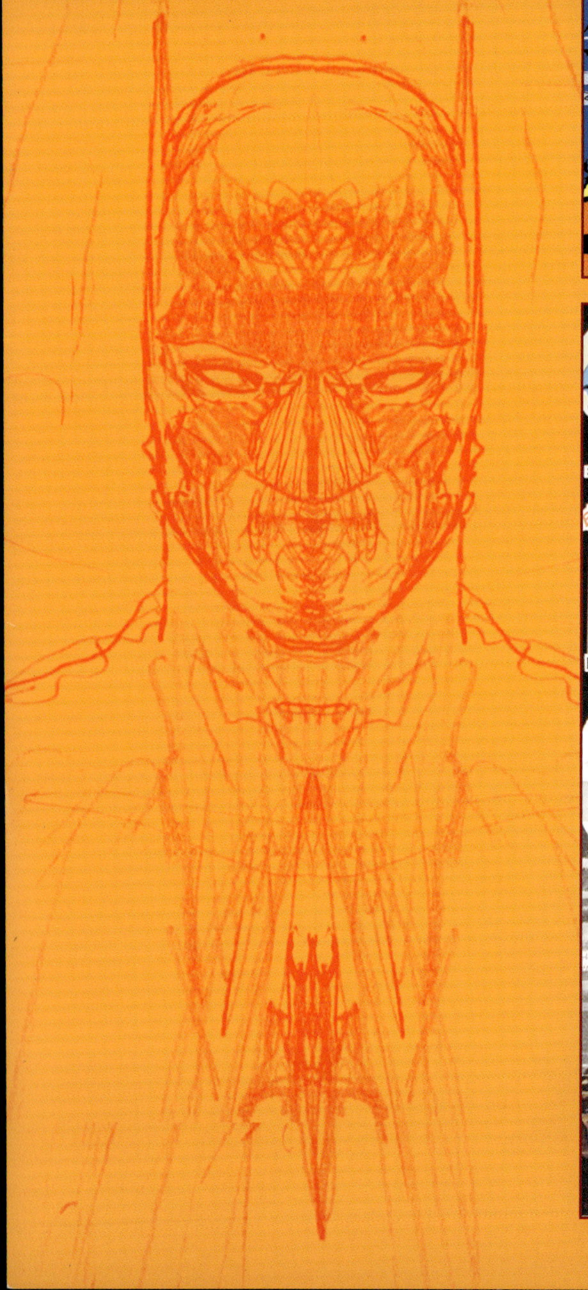

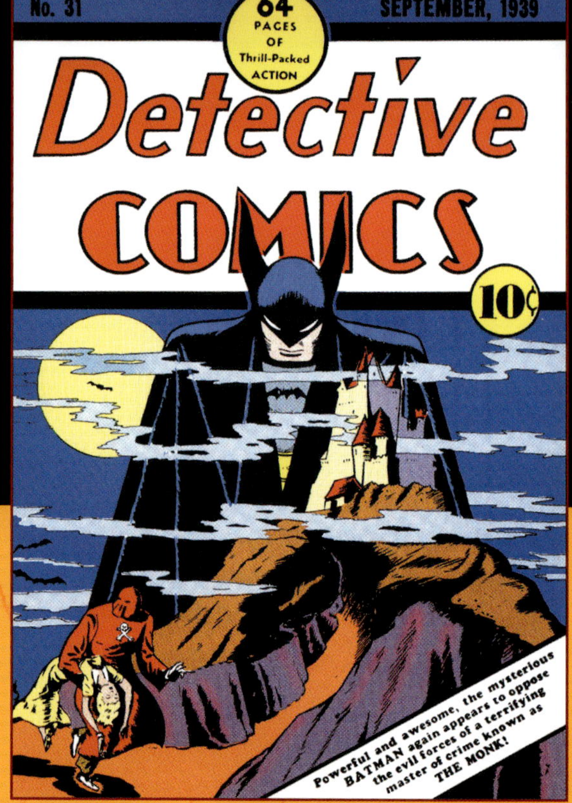

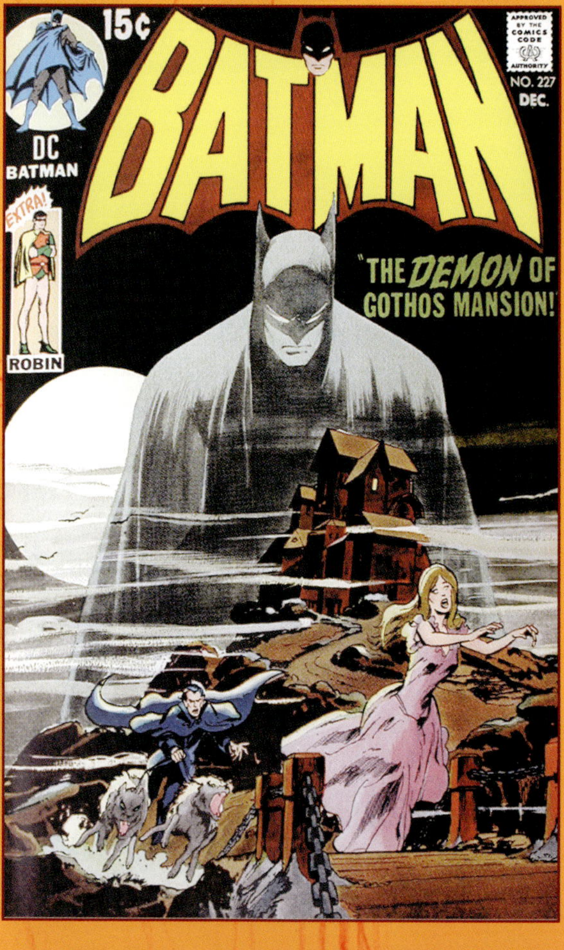

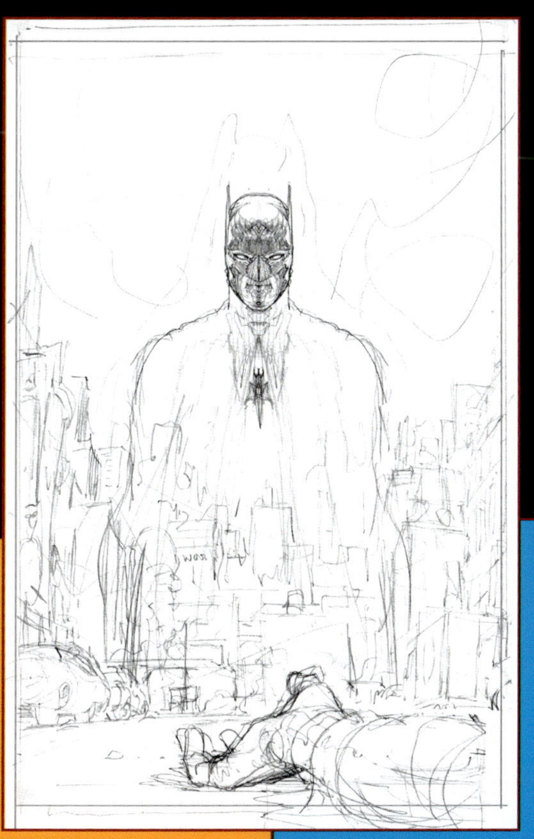

Mir kam aber die Wendung interessant vor, den „riesenhaften" Batman zu einem normalgroßen Mann zu machen, der schlicht über einem Modell der Stadt steht – einer Architekten-Nachbildung aus Balsaholz. Wir sehen Hand und Arm eines Toten, der auf der Main Street liegt und einen Dominostein hält, was die Gebäude und Autos perspektivisch auf Spielzeuggröße schrumpfen lässt. Ich schaffte es zwar, nichts davon Frank Quitely verständlich zu machen, doch zum Glück erwies sich das finale Cover dennoch als Klassiker, der ebenfalls mehrere Nachdrucke säumte, von denen jeder eine andere Hintergrundfarbe hatte.

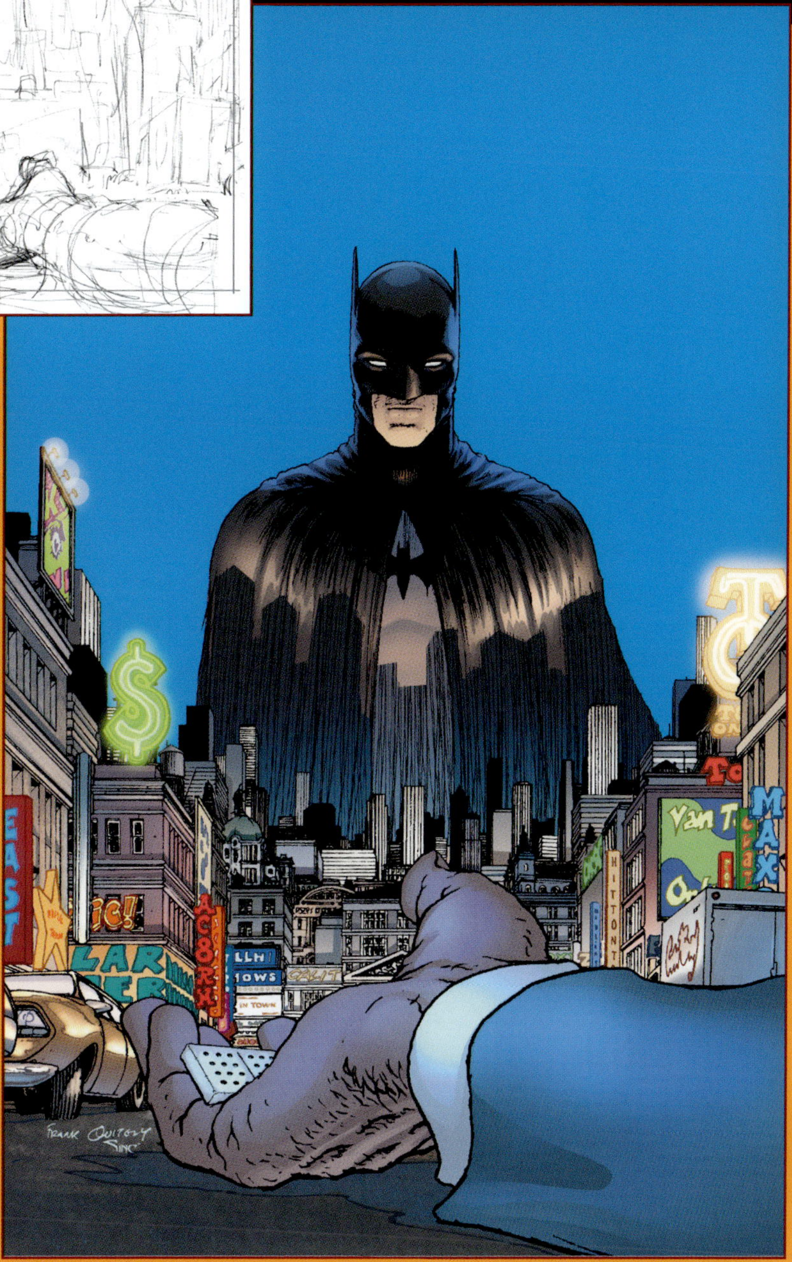

HEFT DREI

Dieses Cover war Teil einer Monatsinitiative, bei der DC „schräge Titelbilder" wollte (soweit ich weiß, gab es allerdings keine weiteren schrägen Titelbilder, was in uns den Verdacht weckte, einem Streich aufgesessen zu sein). Frank nutzte die Chance und zeichnete diesen Blick durch die Augen eines Dollotrons. Der Strudel, der die winzigen, kämpfenden Figuren von Batman und Robin umgibt, sorgt für die Illusion einer fortwährenden schlingernden Bewegung. Zusammen mit dem lila und lindgrünen Logo ist das Ergebnis angenehm psychedelisch!

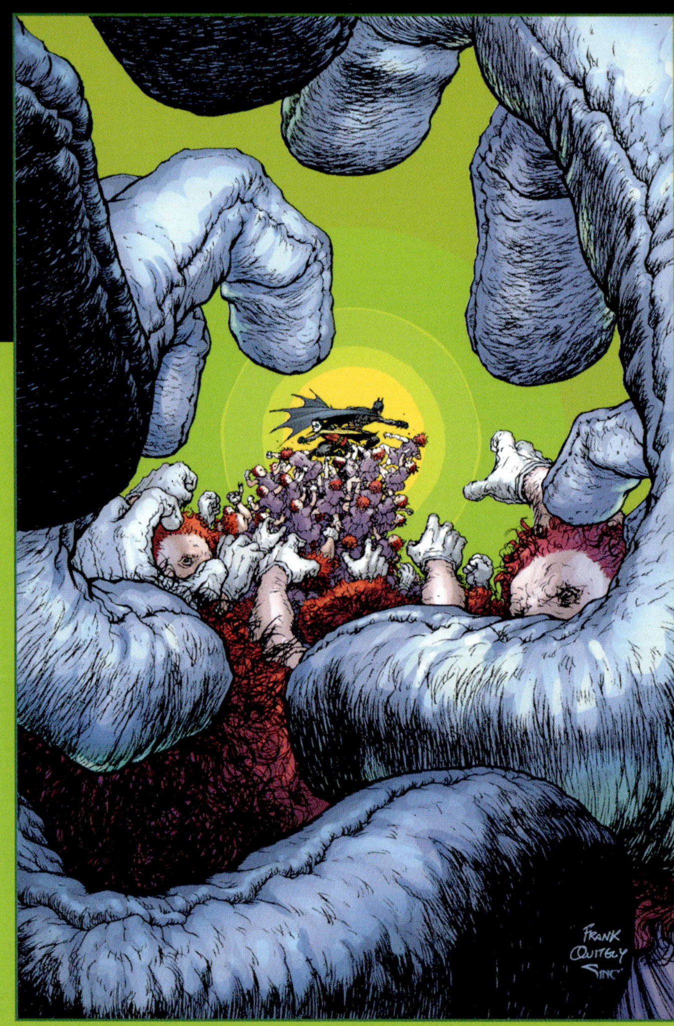

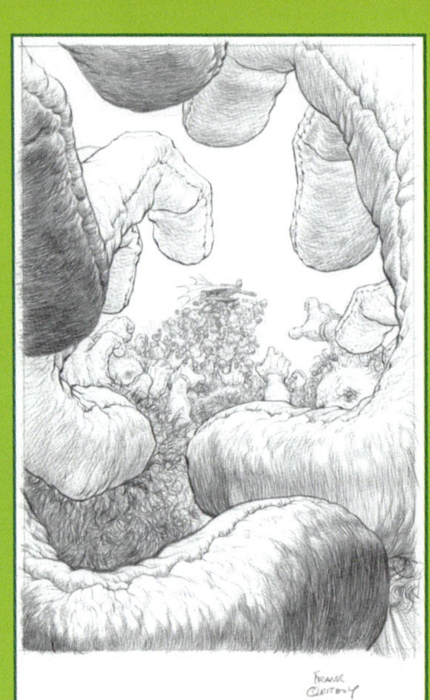

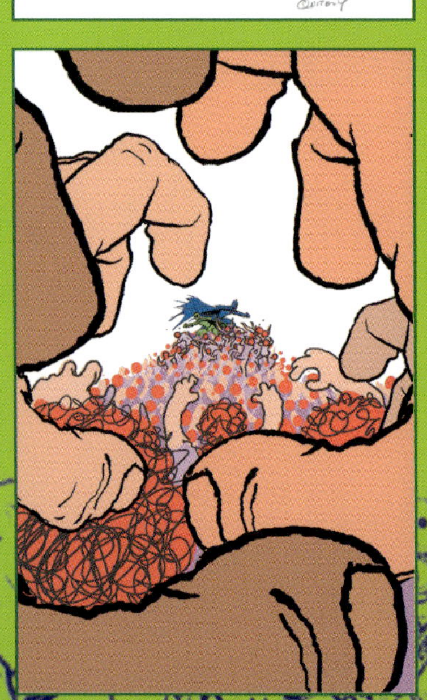

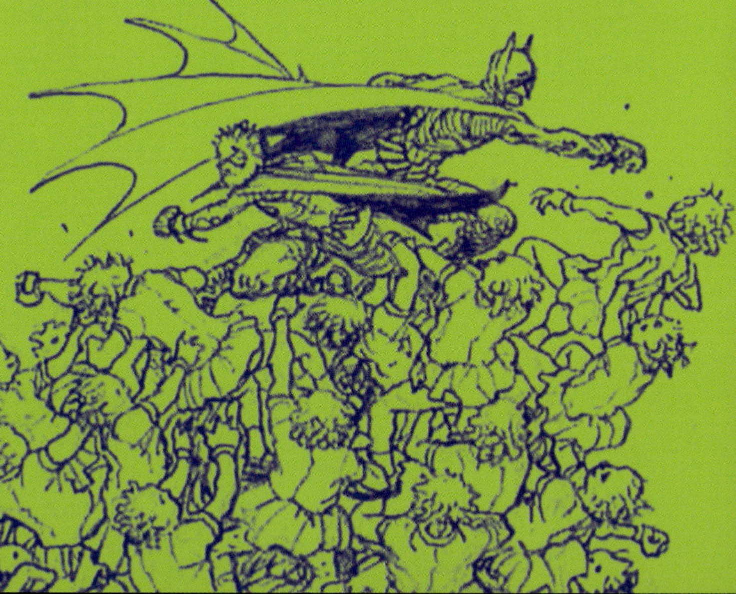

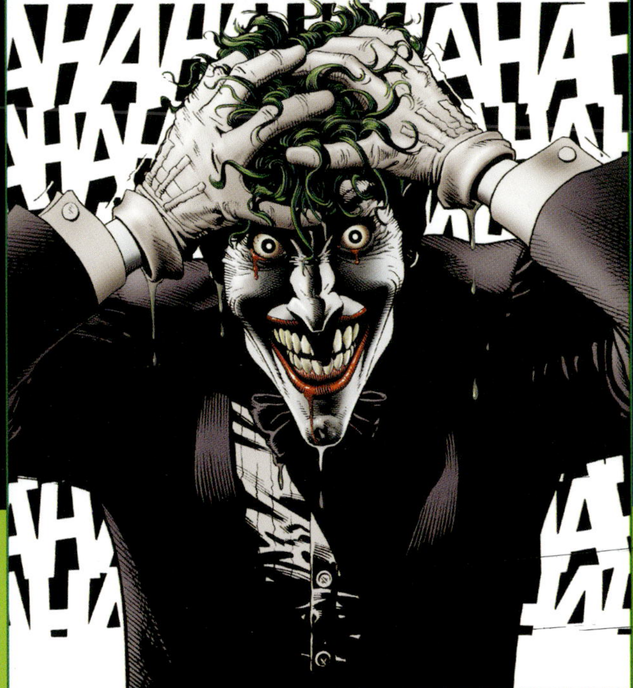

Dieses Cover führte zu einem wunderbar Beatles-esken Moment und wurde zum Gegenstand einer wilden Verschwörungstheorie und Fan-Interpretation, als ein Leser das Motiv aus nicht nachvollziehbaren Gründen – vielleicht angestachelt durch Professor Pygs Kopfüber-Besessenheit – um 180 Grad drehte. So entdeckte er geisterhafte Anflüge des berühmten Titelbildes von Brian Bolland, das dieser für Alan Moores Graphic Novel BATMAN: THE KILLING JOKE gezeichnet hatte.
Leider muss ich gestehen, dass dies gar nicht unser Vorhaben war, doch die unbestreitbare Erscheinung eines gesichtslosen Gesichts – eine Maske und eine Persönlichkeit aus schwindelerregender Räumlichkeit und Bedeutungsfetzen, die alle in die unausweichliche Anziehungskraft eines rechten Hakens von Batman münden – war so absolut sinnbildlich für den Joker, dass es sicherlich das Werk eines kosmischen Scherzboldes gewesen sein muss.

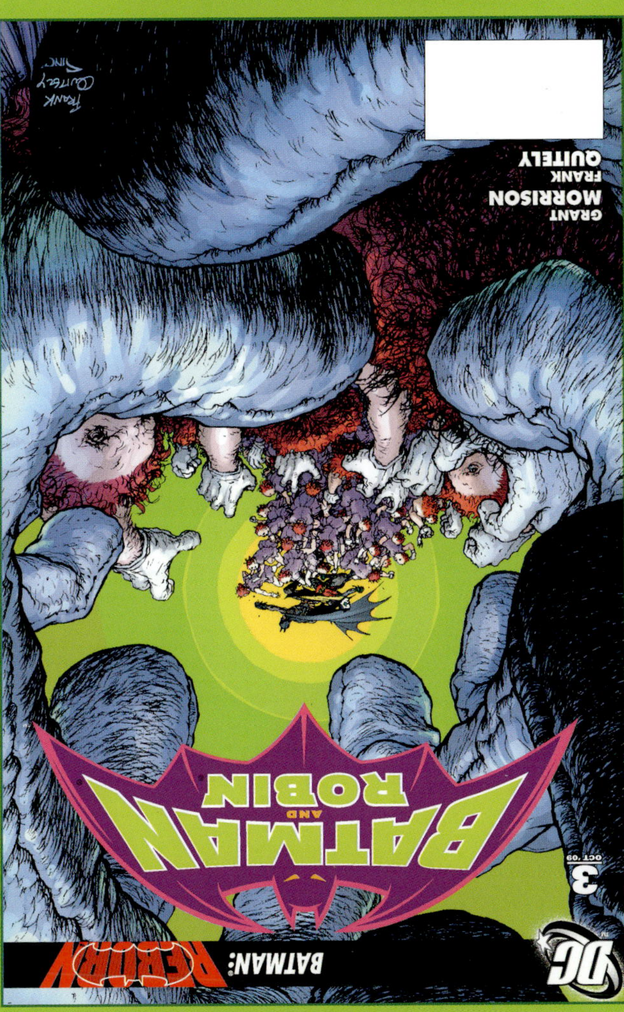

Was die Sache noch seltsamer und gleichzeitig irgendwie perfekter macht, ist die Tatsache, dass die Leser von BATMAN & ROBIN von Anfang an das Gefühl haben sollten, vom Joker heimgesucht zu werden. Obwohl er in dieser Ausgabe nicht persönlich in Erscheinung tritt, finden sich in der gesamten Serie zahlreiche absichtliche und sorgfältig eingefügte Hinweise auf die unheimliche Präsenz des Clownprinzen des Verbrechens – teilweise in Form von Szenen, die auf berühmte Joker-Momente der Vergangenheit anspielen oder diese in Erinnerung rufen.
Wenn also Quitelys verstecktes Joker-Bild tatsächlich völlig unbeabsichtigt zustande kam und dennoch perfekt zu den Themen der Geschichten selbst passt, kann man dies dann noch als „Zufall" bezeichnen? Oder ist „Zufall" nur unsere Bezeichnung für die Momente, in denen wir uns der furchterregenden Symmetrie der Existenz am deutlichsten bewusst werden? Seht nicht mich fragend an. Geht und fragt eure Mutter.

HEFT VIER, FÜNF & SECHS

Mit diesen Titelbildern kehrten wir zu meinen Designvorschlägen zurück. Somit gibt es keine weiteren „Magical Mystery Tour"-Momente voll sonderbarer Fügungen.

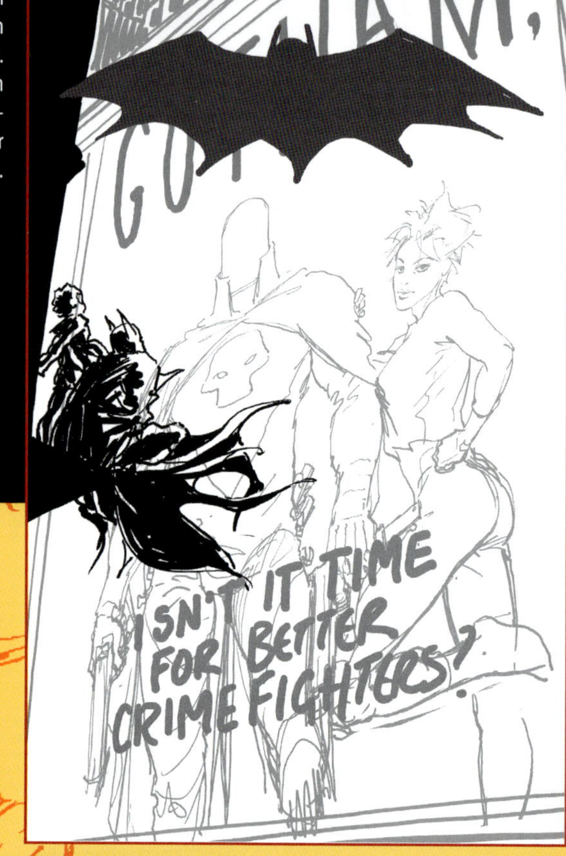

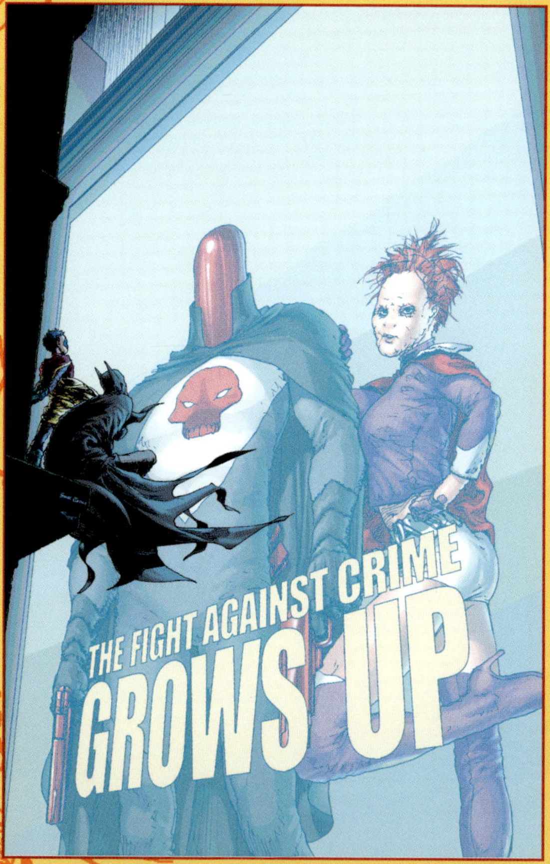

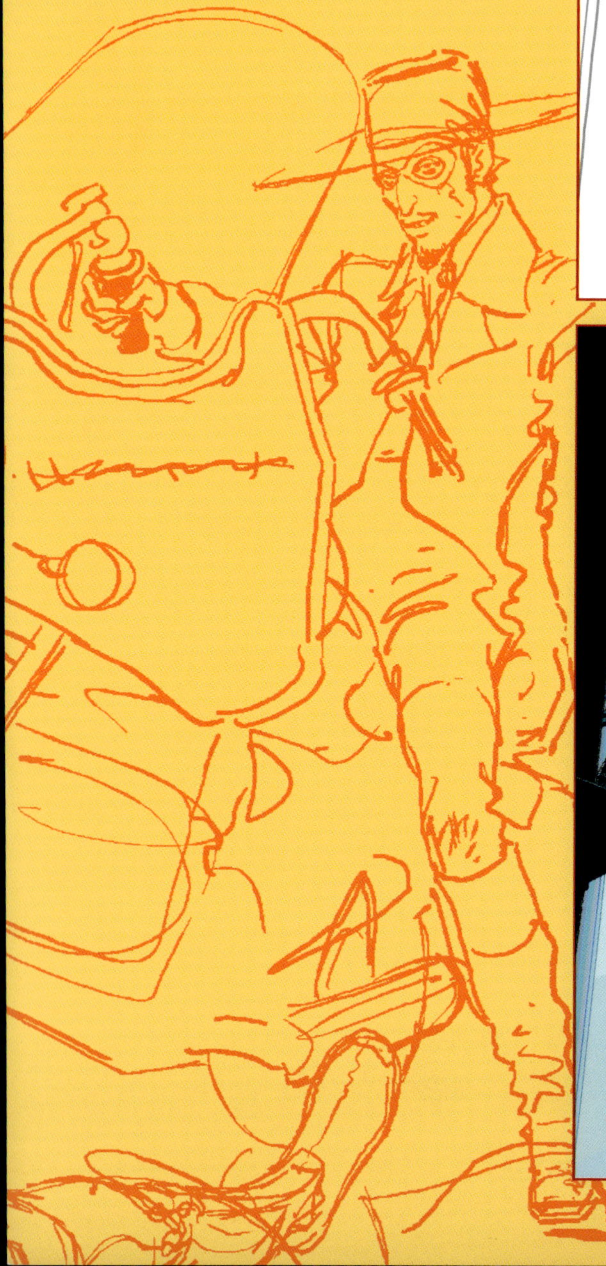

Bei Ausgabe 5 war Frank krank und kämpfte mit dem nahenden Abgabetermin. Also entschieden wir uns für eine starke, aber einfach zu zeichnende „Großaufnahme" der Köpfe, um ihm das Leben ein wenig leichter zu machen. Das Bild ist sehr unverblümt – eine knallbunte Gefahr droht, den Helden das Hirn rauszupusten. Das Übliche eben.

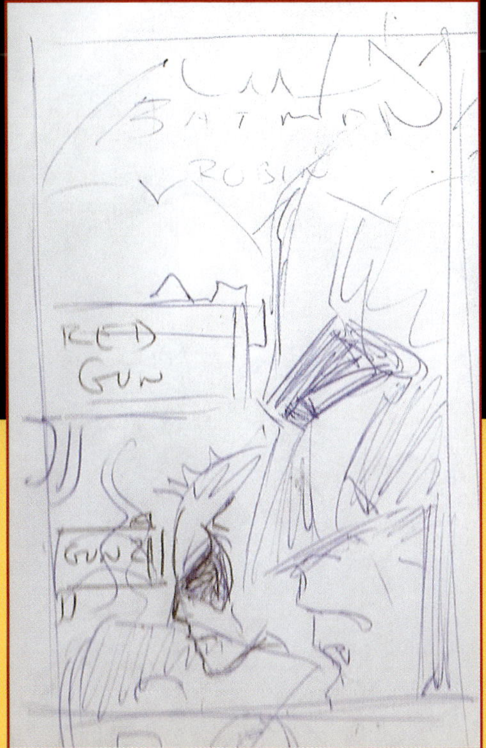

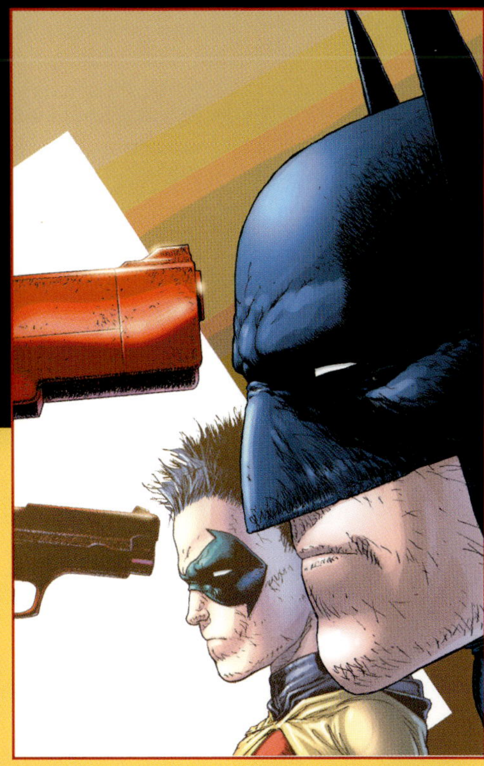

Cover 6 basiert auf dem Prince-Album Purple Rain. Und warum? Nun, das könnt ihr in meinen Anmerkungen zum Design von Flamingo nachlesen (auf Seite 174), auch wenn ihr nach der Lektüre nicht zwangsläufig schlauer sein werdet. Dies könnte das erste rosafarbene Batman-Cover überhaupt gewesen sein und wird wohl auch das letzte seiner Art bleiben.

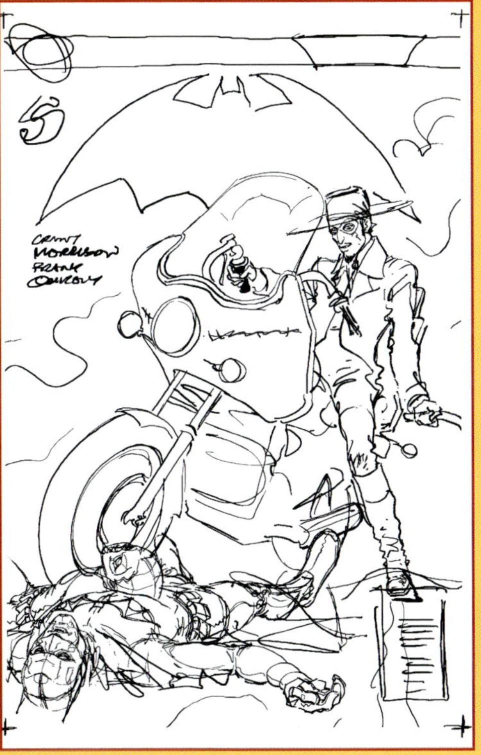

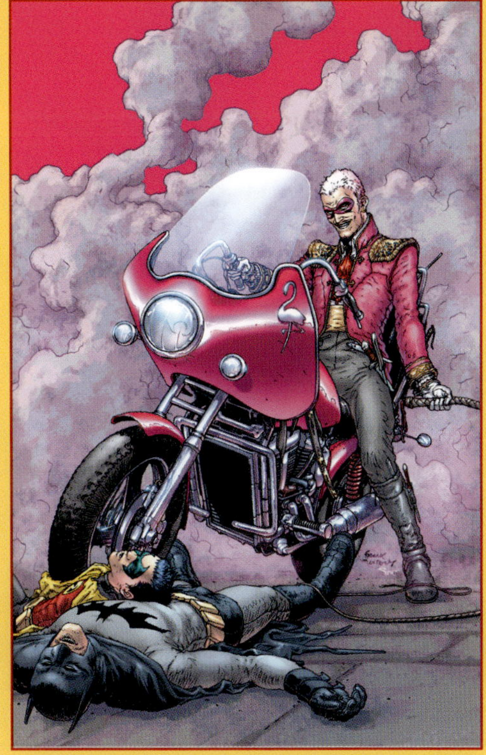

DIE ENTWÜRFE

BATMAN & ROBIN

Unsere neuen Versionen von Batman und Robin tauchten zum ersten Mal in einer Vorausblende zu Beginn von BATMAN Heft 681 auf. Zeichner Tony Daniel wurde gebeten, sie in Silhouette zu zeichnen, um mögliche Kostümänderungen nicht zu verraten, bevor sie genehmigt waren. Ich hatte einige größere Änderungen vorgeschlagen, darunter ein gelbes Fledermaus-Symbol in einem schwarzen Kreis – die Umkehrung des traditionellen Brustschilds – und ein gelb-graues Robin-Outfit, das von der Uniform des Robin von Erde-2 aus den 1960er-Jahren abgeleitet war.

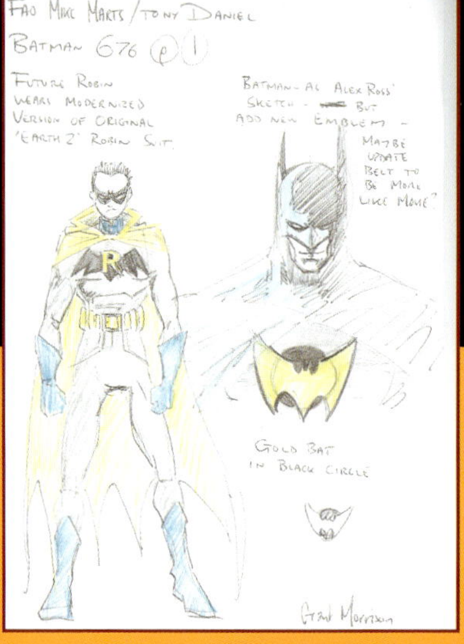

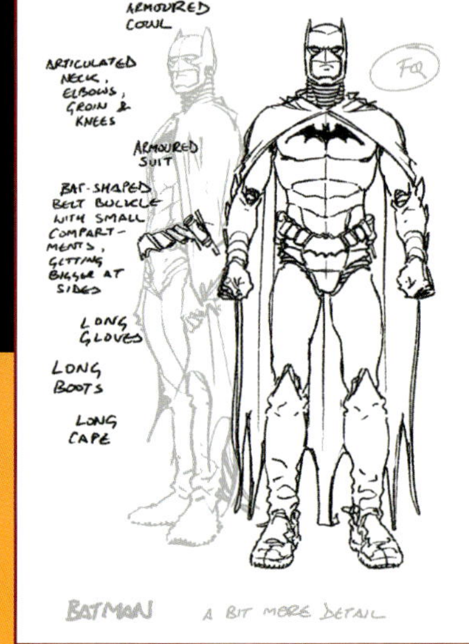

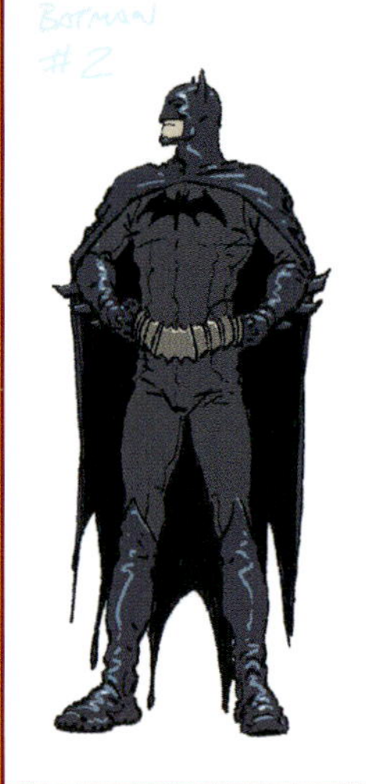

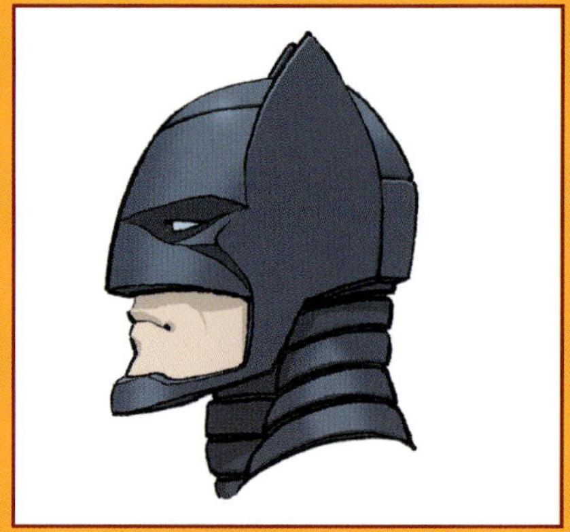

Frank Quitely fügte seine eigenen Ideen hinzu, wie etwa längere Stiefel für Batman und eine detailreichere, plattenbewehrte Kopfmaske. Letztlich wurden alle diese Umgestaltungen als zu „modellfremd" angesehen, und wir einigten uns auf etwas Vertrauteres.

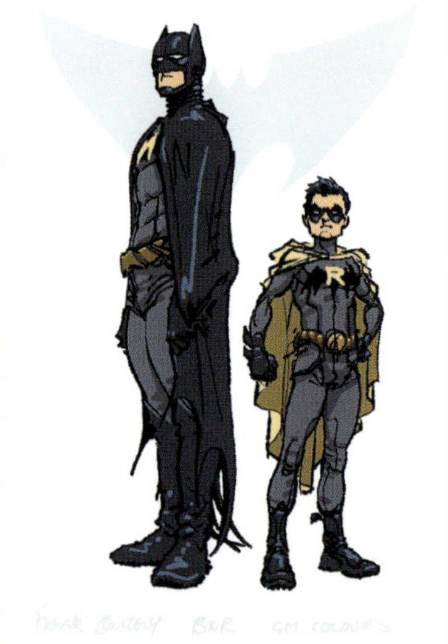

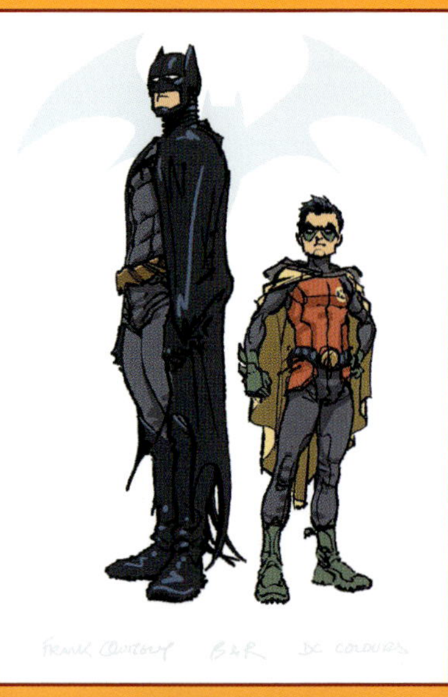

DAS BATMOBIL

Wir wollten nicht, dass unser Batmobil im Zeitalter der globalen Erwärmung und der Rezession den verchromten, benzinschluckenden Techno-Deco-Straßen-Ungetümen der Vergangenheit ähnelt. Ergo wurde das Batmobil von 2009 kompakt und kurvenreich gestaltet. Wie in Franks Skizzen zu sehen ist, ruht das neue Batmobil auf einer hydraulischen Federung, die es ihm ermöglicht, verschiedene Fahrkonfigurationen einzunehmen.

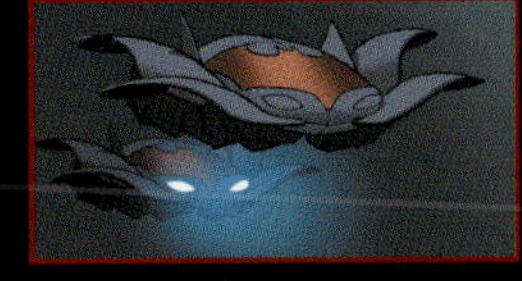

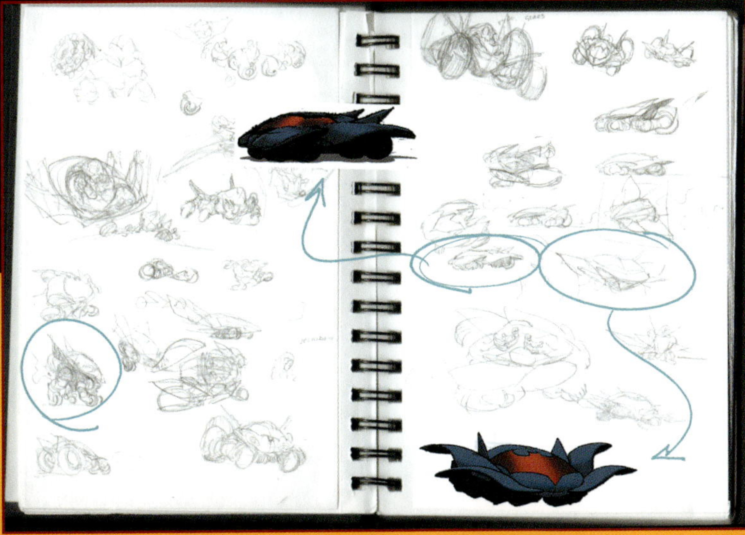

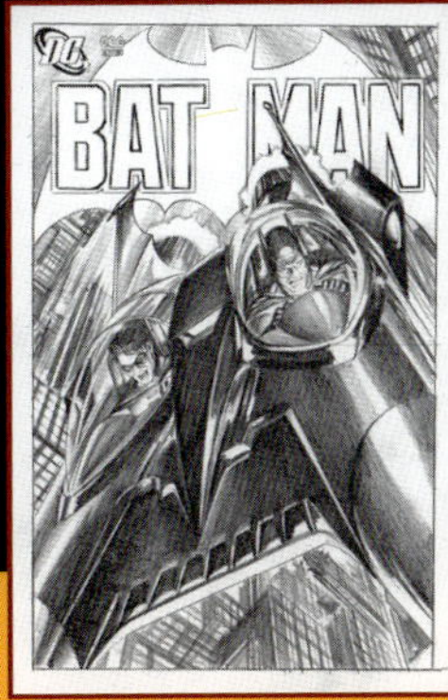

Die Idee für das fliegende Batmobil in BATMAN & ROBIN wurde von dieser schönen und überschwänglichen Skizze von Alex Ross angeregt, die 2007 als potenzielles BATMAN-Cover entstand.

RED HOOD & SCARLET

Red Hood ist ein ehrwürdiger Name für Bat-Bösewichte. Im Jahr 1951 wurde The Hood als mysteriöser Bösewicht eingeführt, der einen Smoking, einen roten Umhang und einen roten, reflektierenden pillenförmigen Helm trug. In der Geschichte entpuppte sich der Unglücksrabe unter der roten Kapuze als Kleinkrimineller, der prompt in einen Bottich mit Chemikalien fiel, um dann als weitaus berühmterer Batman-Erzfeind Joker wieder daraus aufzutauchen. Die gleiche Geschichte wurde natürlich auch in die Rückblende von THE KILLING JOKE eingeflochten.

Als in Judd Winicks „Under the Hood" eine neue Version von Red Hood auftauchte, entpuppte sich diese als der vermeintlich verstorbene zweite Robin Jason Todd. Eine Lederjacke und Jeans ersetzten die elegante formelle Kleidung des Originals, während der Kopfschutz selbst eher einem Motorradhelm als einer purpurnen Glasglocke ähnelte.

Wir beschlossen, dass Jasons zweiter Versuch, die Red Hood-Identität im öffentlichen Bewusstsein zu verankern, superheldenhafter sein sollte – Umhang, Strumpfhosen, geheimes Hauptquartier, der ganze Abwasch. In seinem neuesten Versuch, auf sich aufmerksam zu machen, würde der ehemalige Wunderknabe das Aussehen und die Vorgehensweise seines Mentors Batman noch unverhohlener imitieren. Der seltsame Pillenhelm und der Umhang wurden als Anspielung auf das ursprüngliche Design zurückgebracht.

Die Aufgabenstellung hinsichtlich Scarlet war einfach – ein weiblicher Robin-Ersatz, dessen schönes, junges Gesicht unter einer verschrumpelten Maske des Grauens verborgen war.

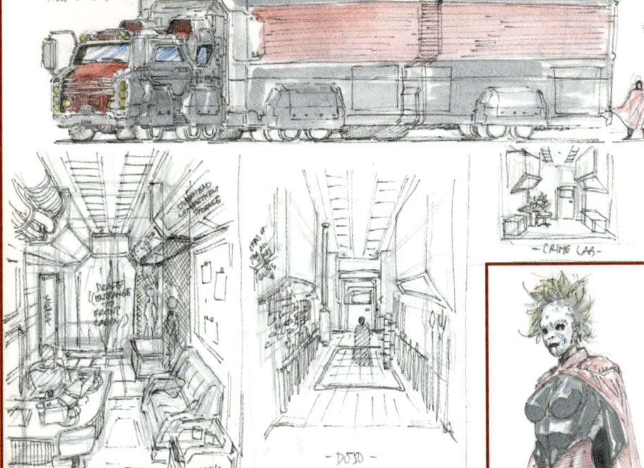

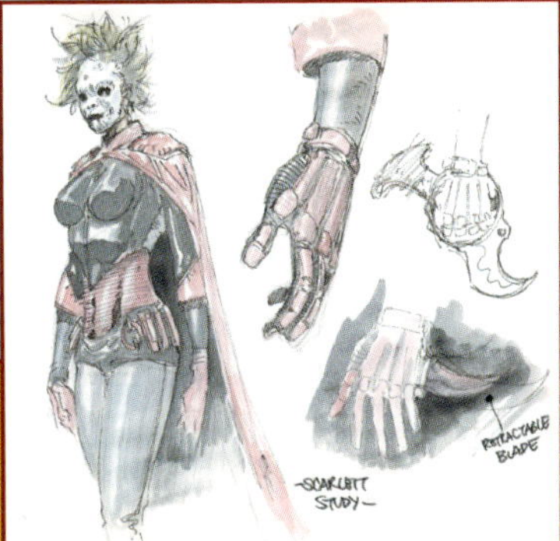

NEUE FIGUREN

PROFESSOR PYG

Pyg war samt seiner gedankengesteuerten Killer-Dollotrons bereits als gekreuzigte, auf dem Kopf stehende Leiche in Heft 666 meiner BATMAN-Serie mit Andy Kubert zu sehen. Ich hätte nicht gedacht, dass ich ihn oder eine der anderen in der Geschichte auftauchenden Figuren – Max Roboto, Candyman, Loveless, Jackanapes, Weasel und Flamingo – noch einmal verwenden würde, obwohl ich mir für alle von ihnen detaillierte Hintergrundgeschichten ausgedacht hatte. Manche Dinge lassen sich aber schlicht nicht verhindern – und so suhlte sich Pyg nun im soziopathischen Trog.

Der Name Pyg stammt aus dem Lied „Pygmalism" von Nick Currie (von Kahimi Karie auf ihrer CD *Tilt* als auch von Curries Alter Ego Momus auf der CD *Folktronic*). Der Name bezieht sich auf den griechischen Mythos, in dem sich der Bildhauer Pygmalion in eine von ihm geschnitzte Frauenstatue verliebt, die dann von der Göttin Aphrodite zum Leben erweckt wird. Pygmalion ist der Name des Theaterstücks von George Bernard Shaw, das als Vorlage für das Musical *My Fair Lady* diente. Er erzählt die Geschichte von Professor Henry Higgins, der eine Wette abschließt, dass er Eliza Doolittle, eine ungebildete Blumenverkäuferin aus Cockney, in eine überzeugend gut sprechende Dame der Gesellschaft verwandeln kann, um auf diese Weise zu beweisen, dass gute Erziehung der Natur überlegen ist.

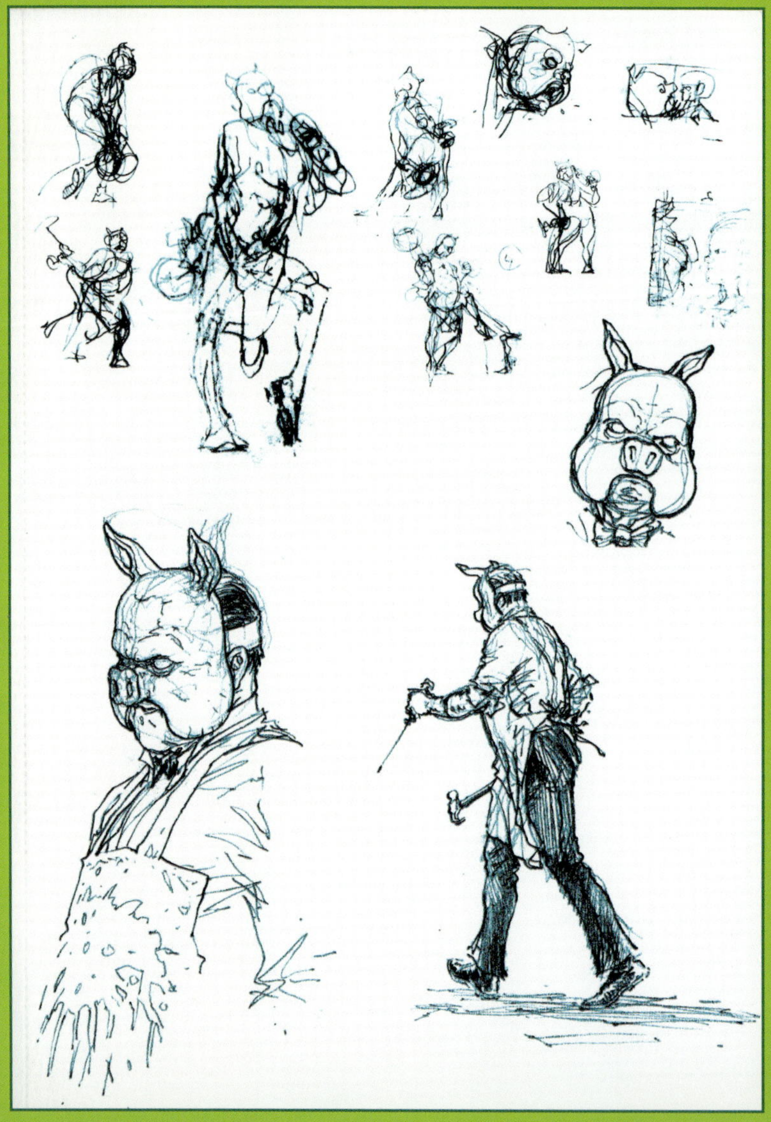

Wie Pygmalion erschafft Higgins seine eigene ideale Frau, und wie Pygmalion verliebt er sich in sie. Der Currie-Song schildert die Sicht der „Schöpfung" des Professors – „manchmal in der Nacht singe ich die Lieder, die Professor Pig mich gelehrt hat" – und gestaltet Pygmalion auf brillante Weise um, zu einer Geschichte über Gedankenkontrolle und Rebellion.

Die Garderobe von Professor Pyg erinnert an die Edwardianischen Anzüge, die Rex Harrison als Higgins an der Seite von Audrey Hepburns Eliza Doolittle in der 1964er Verfilmung von *My Fair Lady* trägt. Harrison verkörperte ebenfalls den beliebten Doctor Dolittle, der mit Tieren sprechen konnte.

Der Versuch, das weibliche Prinzip neu zu definieren und zu kontrollieren, indem man die Biologie zwingt, sich dem Willen des Künstlers zu beugen („Warum kann eine Frau nicht mehr wie ein Mann sein?", singt der frustrierte Higgins), fungiert einerseits als Verweis auf die „Ersatzmutter"-Versuche von Verhaltensforscher Harry Harlow, wie auch als Referenz auf die chaotischen Ur-Mutter-Mythologien des alten Babylons und Mesopotamiens. Der zerrüttete Geist des Zirkusartisten Lazlo Valentin vermengt all diese Verbindungen zu einem beängstigenden persönlichen Mythos, konstruiert zur Rechtfertigung seiner gestörten Aktivitäten als Professor Pyg.

DER ZIRKUS DES UNHEIMLICHEN

Da Dick Grayson als Trapezkünstler angefangen hatte, fühlte es sich richtig an, ihn bei seinem ersten Abenteuer als Batman gegen Schurken mit Zirkus-Thema antreten zu lassen. Solche hat es schon vorher gegeben, doch anstelle von klassischen Clowns und Dompteuren stellte ich mir den „Zirkus des Unheimlichen" als „extreme" Truppe vor, die den Leser beunruhigen sollte. Die Mitglieder basieren allesamt auf klassischen „Monsterschau"-Archetypen – der Echsenmann, die Bärtige, die Siamesischen Zwillinge und … ähm, der Mann, dessen Kopf in Flammen steht …

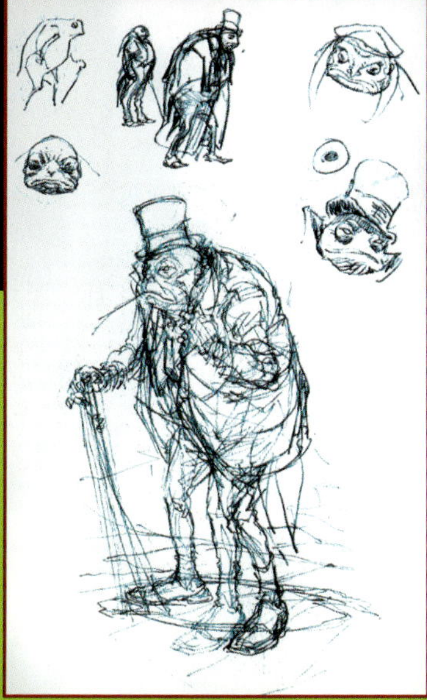

Mr. Toad – halb Mensch, halb Amphibie, ganz Draufgänger – basiert auf der gleichnamigen Figur aus Kenneth Grahames Roman *Der Wind in den Weiden* bis hin zur „wilden Fahrt" in seinem eigentümlichen Gefährt in der Introszene. Einige Batman-Schurken wurden den Büchern von Lewis Carroll entliehen, und mir schien der Zeitpunkt gekommen, das Werk eines anderen beliebten Kinderbuchautors zu plündern.

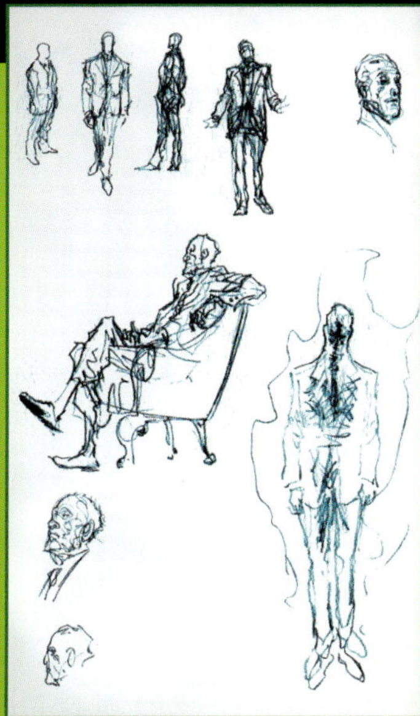

Phosphorus Rex war zuvor in BATMAN Heft 666 erwähnt worden. Seine Haut fängt bei Luftkontakt an zu brennen. Was alles sagt.

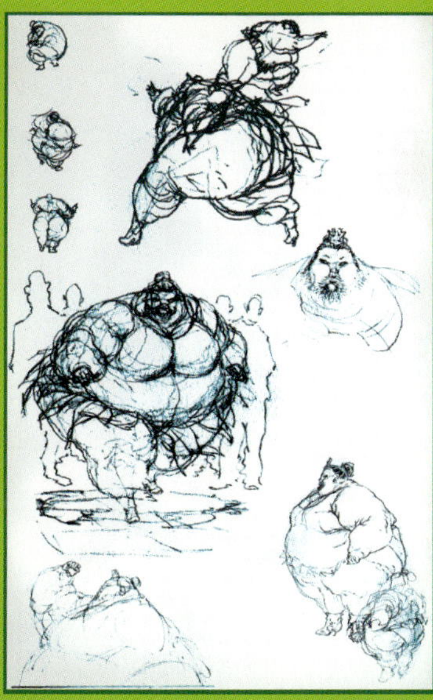

Big Top wurde zunächst als offensichtlich weibliche „bärtige Dame" entworfen, aber dann erschien es uns selbst für Damian Wayne zu ungalant, eine menstruierende Person derartig harsch zu verprügeln. Also haben wir die Figur männlicher aussehen lassen und nannten sie „er" – was Big Tops eigentümliche Anziehungskraft noch verstärkte.

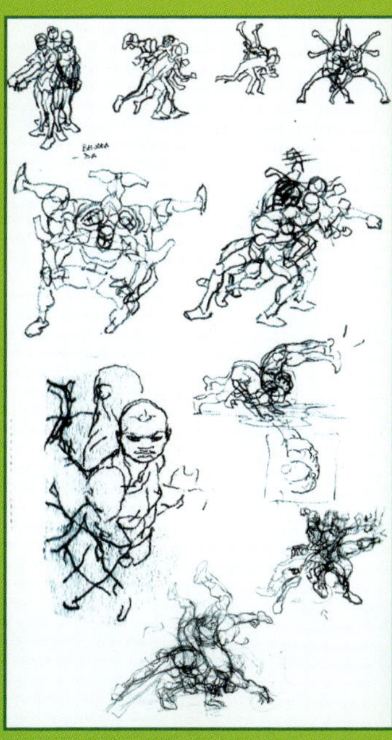

Siam war die Art von Herausforderung, die Frank Quitely liebt – miteinander verwachsene Kung-Fu-Drillinge. Wenn er nicht gerade an BATMAN & ROBIN schraubt, liebt Frank nichts mehr, als seine Zeit mit dem Zeichnen von perfekt konstruierten anatomischen Grotesken totzuschlagen – Menschen mit verdrehtem Oberkörper, sodass ihre Köpfe zwischen den Beinen hängen usw. Er überlegt sich, wie sie sitzen, essen, Fußball spielen oder Sex haben, und zeichnet sie dann bei eben jener Aktivität. Siam war entsprechend für ihn ein Klacks, aber das Design der Figuren ist dennoch ein technisches Meisterwerk, das all die Stunden des morbiden Aktzeichnens rechtfertigt. Bestaunt die Art und Weise, wie die drei ineinandergreifen und für Schwung und Gleichgewicht füreinander sorgen, wenn sie den Helden einheizen. Niemand außer Frank hätte dieses Schurken-Trio zeichnen können.

Oberon „The Gravedigger" Sexton

Zunächst schrieb sich sein Name „Auberon Sexton", doch dann passte ich die Schreibweise der des Feenkönigs aus Shakespeares *Ein Sommernachtstraum* an, um sowohl das Britische der Figur zu betonen wie auch Sextons „mysteriöse" Aura.

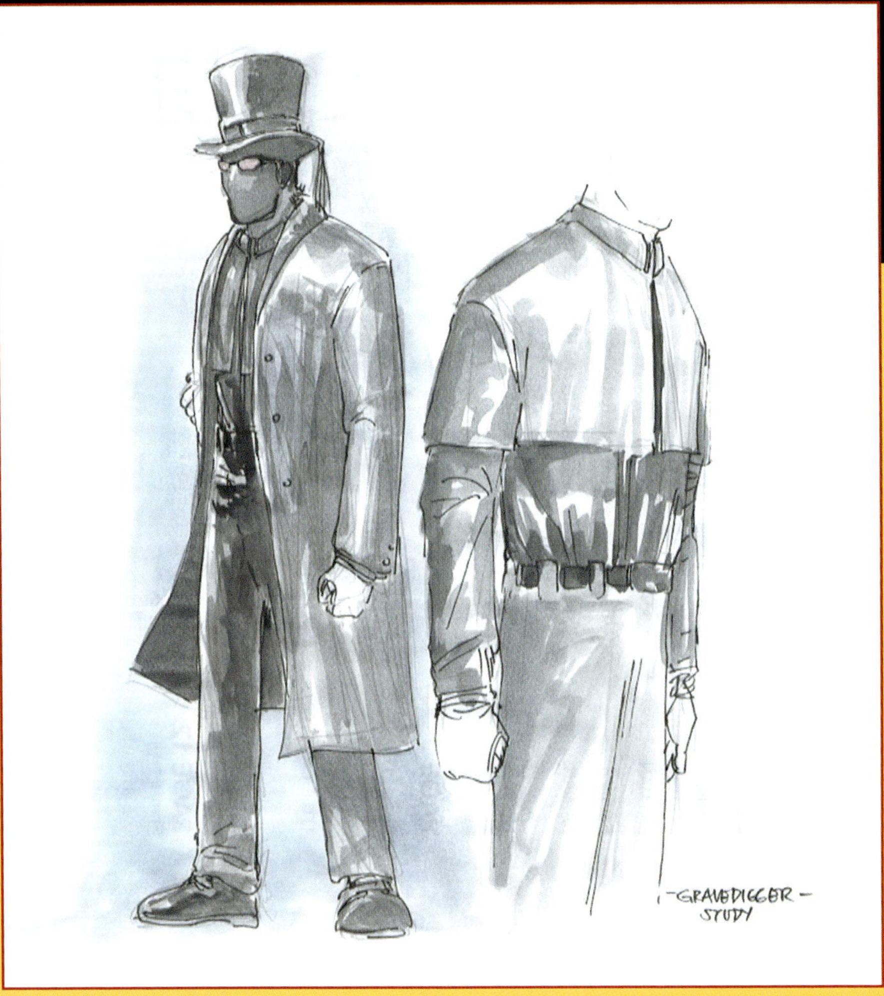

-GRAVEDIGGER-
STUDY

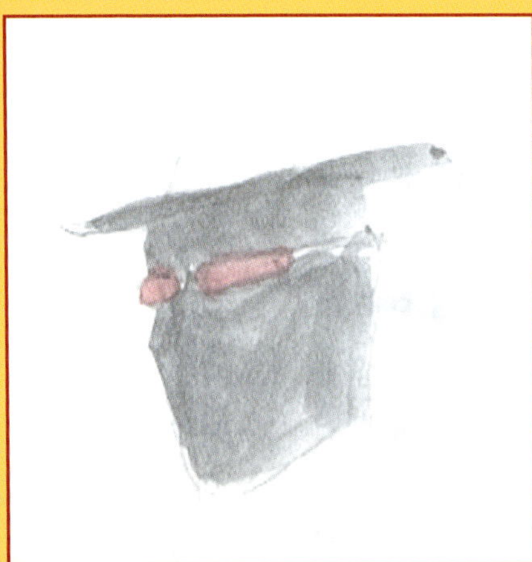

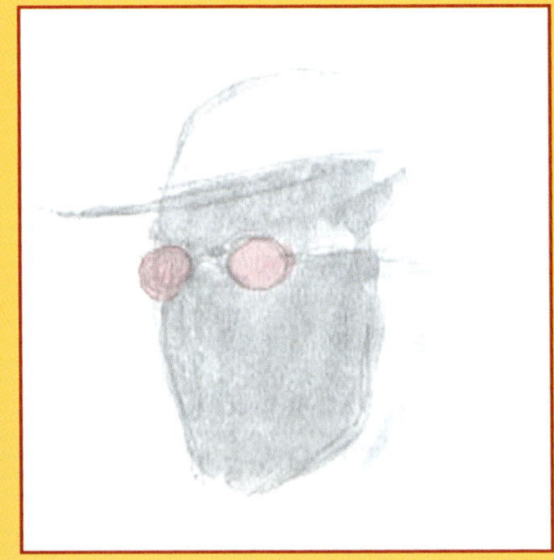

GOTHAMS GANGSTER

Als der Plot von BATMAN & ROBIN 4 ein Treffen diverser Verbrecherbosse von Gotham erforderlich machte, hatte niemand Lust auf einen weiteren Haufen gesichtsloser Mafiosi, die an einem großen Tisch hocken. Auch wenn die meisten von ihnen nur für ein paar Seiten eine Rolle spielten, machte es doch Spaß, ihnen Namen und eine kleine Vorgeschichte zu geben, die man in künftigen Batman-Geschichten ausschmücken könnte.

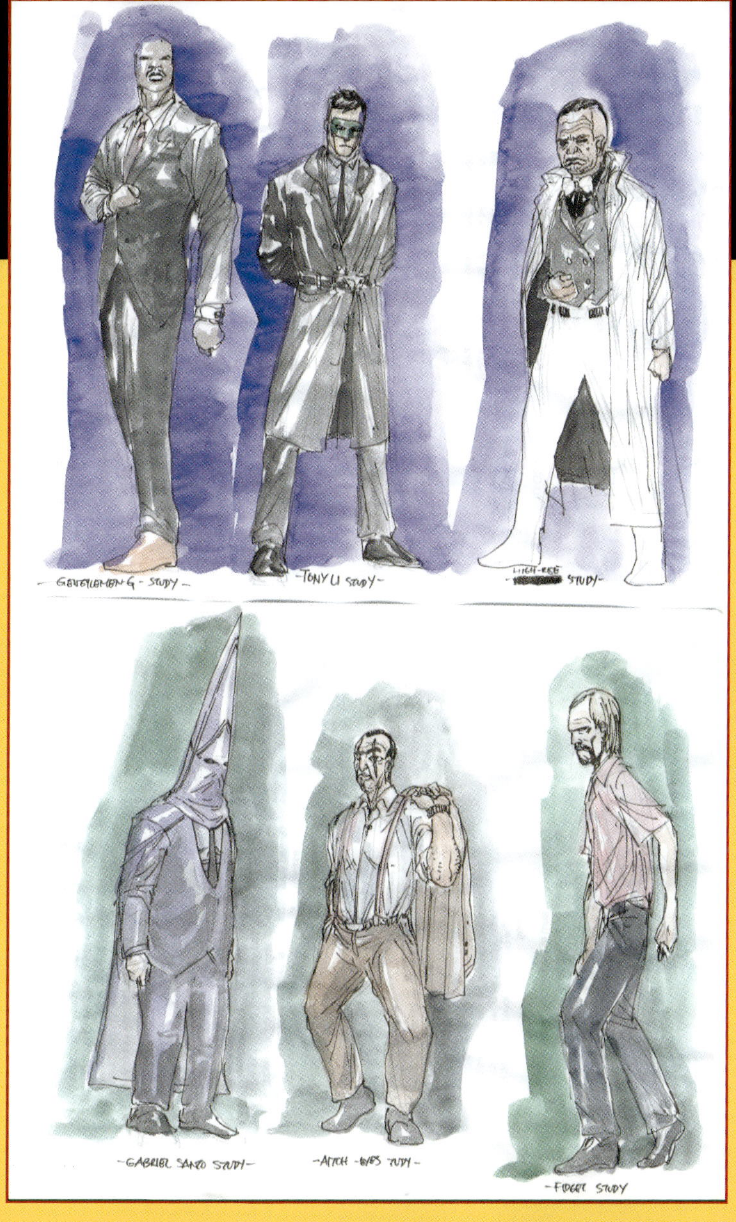

Ein Teil von Batmans Schurkengalerie – insbesondere die „Face"-Bösewichte wie Two-Face, Clayface und False Face – wurden eindeutig von Chester Goulds unverwechselbar grotesken Bösewichten aus den Comicstrip *Dick Tracy* inspiriert, also beschloss ich, ein paar Halunken im Gould-Stil in die Szenerie einzubringen; daher die Doppeldecker-Stirn von Romeo „High-Rise" Romero, sowie die vertikalen Gesichtsnarben von „Aitch-Eyes". Hingegen erinnert der Mafia-Buchhalter Rodney Fidget an einen unbedeutenden Batman-Bösewicht aus den 70er-Jahren von Denny O'Neill oder von Alan Grant aus den 90ern. Gentleman-G Merriwether, schick in seinem Ozwald Boateng-Anzug, wurde nach der Umstyling-Show *From Gs to Gents* benannt, während Tony Li, Triadenboss der Neon Dragons, an das Hongkong-Actionkino erinnert sowie an Quentin Tarantinos Crazy 88-Gang aus *Kill Bill*. Gabriel Santo – Abgesandter des rätselhaften *El Penitente* höchstpersönlich – trägt die Kapuze und die Robe des Penitente-Ordens der Flagellanten-Mönche. Jede einzelne dieser Figuren öffnet Türen zu möglichen weiteren Geschichten.

NEUE FIGUREN

FLAMINGO

Wie Professor Pyg war Flamingo ein weiterer Wegwerf-Charakter aus BATMAN Heft 666, der aber in meinem Kopf lebendig wurde und danach verlangte, sich seinen Weg in neue Geschichten zu bahnen. Einer der großen Einflüsse auf Batman – sowohl in der realen Welt, in der er als Figur erschaffen wurde, als auch in der fiktiven des jungen Bruce Wayne – ist Zorro, und die Idee, zu dieser ursprünglichen Wurzel zurückzukehren, um einen „bösen Zorro" als neuen Feind für Batman zu erschaffen, schien mir angemessen und überfällig. So wurde aus dem Kurzauftritt-Flamingo aus BATMAN 666 Eduardo Flamingo, ein lobotomierter Superkiller des mysteriösen Penitente-Kartells, mit eigener Entstehungsgeschichte, besonderen Fähigkeiten und Motiven. Während der wahnhafte Pyg in den Klang seiner eigenen Stimme verliebt ist, wirkt Flamingo zunächst wie eine reine Tötungs- und Chaosmaschine. Bei Flamingo gibt es kein Diskutieren, kein Appellieren. Er ist hier, um dich zu töten – und er wird dich töten. Ich mochte die Idee eines furchterregenden, amoralischen und hirngeschädigten Monsters, das noch immer zurechnungsfähig und stilbewusst genug ist, um sich in Pink zu kleiden und den anmutigen, aberwitzigen Flamingo als sein Emblem zu wählen.

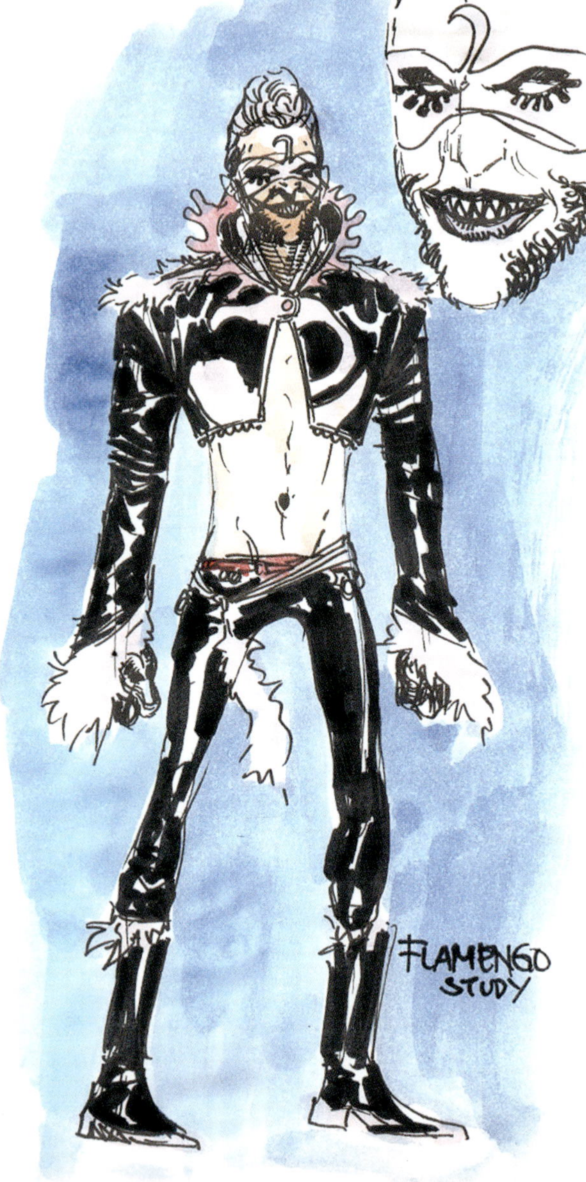

Eine weitere klar ersichtliche Inspiration für das Aussehen von Flamingo ist „der Künstler, der heute wieder als Prince bekannt ist" – insbesondere so, wie er auf dem Cover seiner Platte *Purple Rain* von 1984 zu sehen ist. Fragt mich nicht warum, aber „Batman und Robin vs. Prince" kam mir damals wie eine zwingende Idee vor.

– Grant Morrison
Los Angeles
November 2009

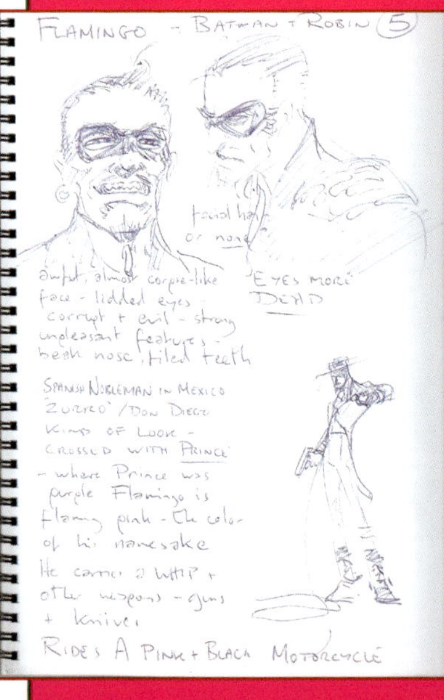

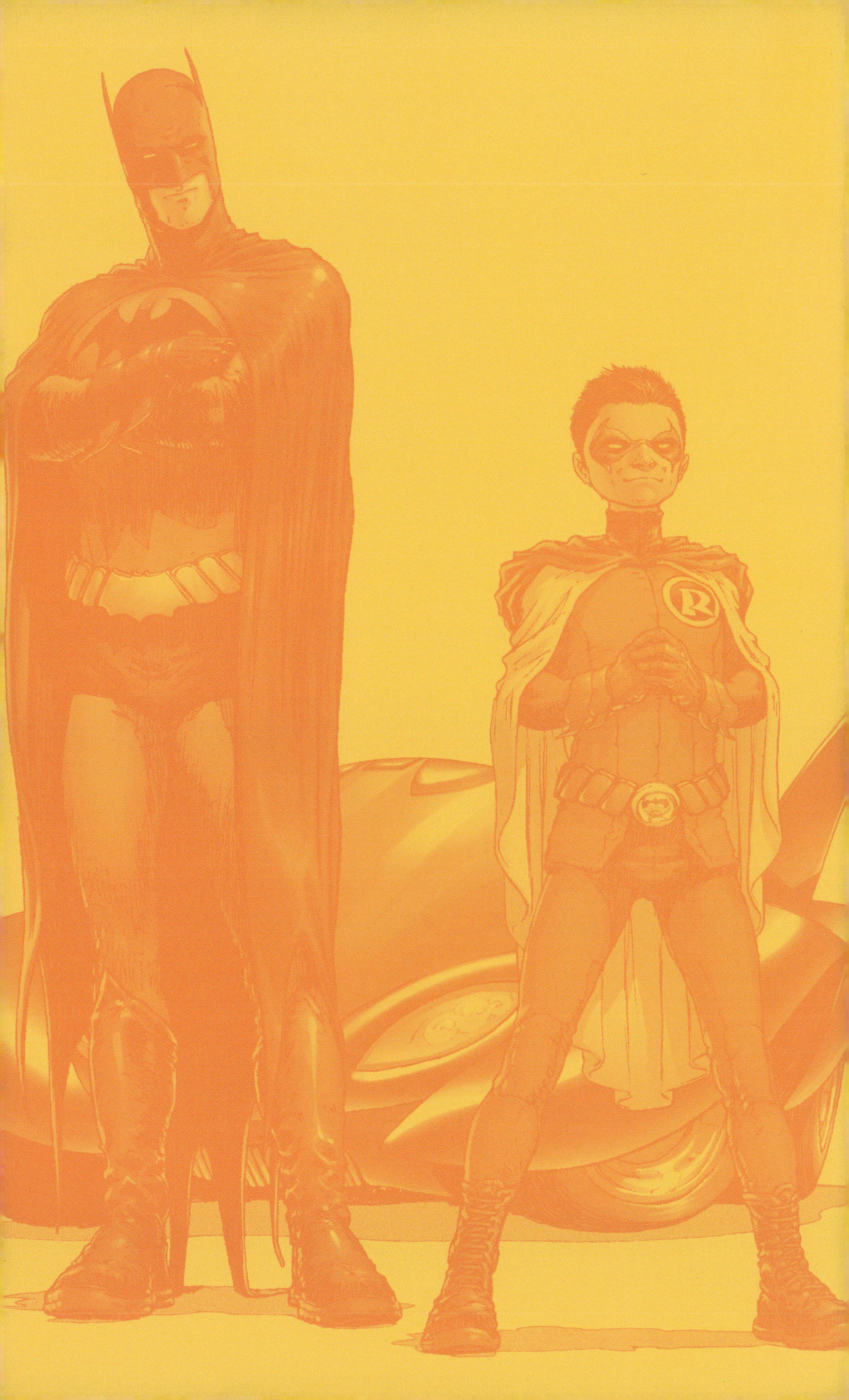

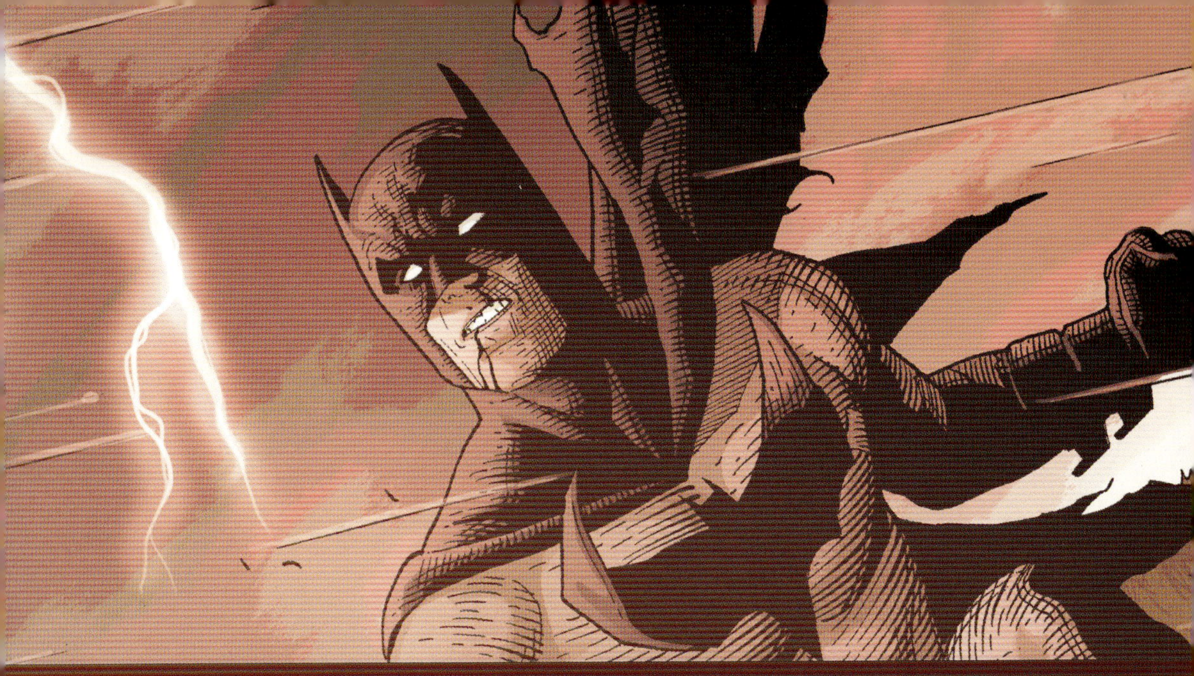

DAS KREATIV-TEAM

GRANT MORRISON zählt zu den versiertesten und revolutionärsten Comic-Schaffenden der Moderne. Morrison, 1960 in Schottland geboren, ist bekannt für komplexe Meta-Geschichten, die eine genaue Kenntnis der Comic- und Genre-Historie sowie das Bestreben nach Erneuerung widerspiegeln. Ende der 1970er-Jahre veröffentlichte Morrison erste Science-Fiction-Comics in britischen Magazinen wie *2000 AD*, danach folgte der Sprung auf den US-Markt. Mit den Serien DOOM PATROL, ANIMAL MAN und dem Graphic Novel-Bestseller BATMAN: ARKHAM ASYLUM wurde Morrison Ende der 1980er zum Superstar. Seither schrieb Morrison u. a. die Highlights KID ETERNITY, INVISIBLES, WE3, ALL-STAR SUPERMAN, MULTIVERSITY, SUPERMAN UND DIE AUTHORITY, das Event FINAL CRISIS, *New X-Men*, das als TV-Serie umgesetzte *Happy!* und *The Nameless*. Zudem revitalisierte Morrison in BATMAN, BATMAN & ROBIN, BATMAN INCORPORATED, SUPERMAN, JLA, WONDER WOMAN: ERDE EINS und GREEN LANTERN einige von DCs größten Ikonen. Ebenfalls aus Morrisons Feder stammt das Sachbuch *Superhelden: Was wir Menschen von Superman, Batman, Wonder Woman und Co. lernen können*.

FRANK QUITELY wurde 1968 in Glasgow geboren und ist einer der außergewöhnlichsten Künstler seiner Generation. Seine Karriere begann er in der schottischen Underground-Szene, später veröffentlichte er u. a. im *Judge Dredd Magazine* sowie diversen Anthologien. Berühmt sind seine Zusammenarbeiten mit Grant Morrison und Mark Millar. Während er mit Millar die revolutionäre Superheldenserie THE AUTHORITY und das von Netflix adaptierte *Jupiter's Legacy* in Szene setzte, arbeitete Quitely mit Morrison noch an ALL-STAR SUPERMAN, WE3, JLA: ERDE 2, FLEX MENTALLO aus dem DOOM PATROL-Universum, MULTIVERSITY und *New X-Men* zusammen. Des Weiteren realisierte der mit dem Eisner und dem Harvey Award ausgezeichnete Quitely Artwork zu Neil Gaimans SANDMAN-Kosmos, *2020 Visions* von Jamie Delano, THE KINGDOM: OFFSPRING von Mark Waid und viele Titelbilder. Abseits der Comic-Branche gestaltet er TV-Produktionen, T-Shirts und Band-Artwork.

PHILIP TAN stammt von den Philippinen, wo er auch studierte und seinen Abschluss in Architektur machte. Heute lebt der 1978 in Manila geborene Tan in Kanada. Eine seiner ersten Comic-Veröffentlichungen auf dem US-Markt war die Serie TALEWEAVER bei WildStorm. Seitdem steuerte er Artwork zu Geoff Johns' GREEN LANTERN-Saga vor dem Event BLACKEST NIGHT bei, bebilderte aber auch Greg Ruckas FINAL CRISIS: REVELATIONS. Es folgten HE-MAN UND DIE MASTERS OF THE UNIVERSE, HAWKMAN MEGABAND, PHANTOM STRANGER, NEW SUPER-MAN, THE OUTSIDERS, HELLBLAZER, *X-Men*, *The Black Order*, *The Invincible Iron Man*, *Shang-Chi* und eine Conan-Geschichte für *Robert E. Howard's Savage Sword*. Zudem fungierte Tan sowohl Mitte der 2000er als auch Anfang der 2020er als Zeichner von Todd McFarlanes *Spawn*-Comic-Serie. Zuletzt zeichnete Tan, der auch ein gefragter Cover-Künstler ist, die Fortsetzung von Frank Millers RONIN.